基于法国规范的国外公路设计关键技术应用指南

杨春晖　赵晓峰　主　编
王　卿　袁仁峰　童育强　副主编

人民交通出版社股份有限公司
北　京

内 容 提 要

本指南详细介绍了基于法国规范的公路勘察、设计主要专业(路线、路基、沥青路面、桥梁、路线交叉、安全设施、机电工程、岩土工程)的关键设计指标,并参考中国规范编写了本指南,易于国内技术人员迅速掌握法国规范的核心要点。

本指南可供海外公路勘察、设计以及施工技术人员参考使用,也可供科研和教学阅读使用。

图书在版编目(CIP)数据

基于法国规范的国外公路设计关键技术应用指南 / 杨春晖等编. — 北京:人民交通出版社股份有限公司, 2022.6

ISBN 978-7-114-17203-8

Ⅰ.①基… Ⅱ.①杨… Ⅲ.①道路工程—工程施工—设计规范—法国 Ⅳ.①U415-65

中国版本图书馆 CIP 数据核字(2021)第 256178 号

Jiyu Faguo Guifan de Guowai Gonglu Sheji Guanjian Jishu Yingyong Zhinan

书 名:	基于法国规范的国外公路设计关键技术应用指南
著 作 者:	杨春晖 赵晓峰 王 卿 袁仁峰 童育强
责任编辑:	潘艳霞 闫吉维
责任校对:	孙国靖 卢 弦
责任印制:	刘高彤
出版发行:	人民交通出版社股份有限公司
地 址:	(100011)北京市朝阳区安定门外外馆斜街 3 号
网 址:	http://www.ccpcl.com.cn
销售电话:	(010)59757973
总 经 销:	人民交通出版社股份有限公司发行部
经 销:	各地新华书店
印 刷:	北京市密东印刷有限公司
开 本:	787×1092 1/16
印 张:	21.25
字 数:	504 千
版 次:	2022 年 6 月 第 1 版
印 次:	2022 年 6 月 第 1 次印刷
书 号:	ISBN 978-7-114-17203-8
定 价:	160.00 元

(有印刷、装订质量问题的图书由本公司负责调换)

本书编写委员会

主　　编：杨春晖　　赵晓峰

副主编：王　卿　　袁仁峰　　童育强

编　　委：臧芝树　　李太芳　　唐　智　　林洋洋

　　　　　玉俊杰　　王　琛　　彭家一　　高　阳

　　　　　罗红杰　　王赤心　　邵宗平　　刘海彬

　　　　　刘玉龙　　周　锋　　赵　宾　　田泽野

　　　　　闫鸿翔　　杨冬冬　　李铁军　　杜　琳

序　言

中国公路工程咨询集团有限公司(以下简称"中咨集团")成立于1992年,为世界500强企业中国交通建设股份有限公司的全资子公司,具备工可-设计-投资-建设-管养全过程、一体化解决能力。连续5年(2016—2020年)保持中国公路设计企业综合信用AA评级,是中国公路行业唯一入围亚投行全球基础设施咨询合格供应商的勘察设计企业。

中咨集团自2006年开展海外业务以来,积极践行"一带一路"倡议,经过砥砺奋进的16年,项目分布在亚洲、非洲、欧洲、大洋洲和拉丁美洲的40多个国家和地区,涉及业务类型包括咨询、设计、施工、监理、检测、项目管理和总承包等,使用的技术标准涉及美标、法(欧)标、澳标、南部非洲规范等,结合已实施的设计项目,完成了法国主要标准规范的编译及对比研究。

从中咨集团从事的多个国别公路勘察设计项目来看,法国标准规范与中国标准规范差异较大,这种差异除了语言文字的障碍,还面临着大到文化、思维习惯及标准体系,小到文件编制、专业词汇等问题,导致在勘察设计过程中遇到诸多难题,尤其在具体专业细节问题上,比如道路几何设计参数、路基路面设计指标、桥梁设计方法、岩土勘察手段等。当与法国公路设计技术标准和理念不统一时,很难与欧洲监理团队在一个层面上进行沟通交流,从而降低设计工作效率,加长设计周期。

基于以上背景,中咨集团结合16年的国外公路设计项目,于2017年开展了"基于中法规范对比的公路设计关键技术应用研究"课题研究工作,全面系统地对中法规范体系及中法规范中路线、路基、沥青路面、桥梁、路线交叉、安全设施、公路机电、岩土工程勘察等方面关键技术指标进行了对比研究,编写完成了9个专题技术报告,形成了较为完整的中法公路设计指标差异化对比研究成果。研究成果为法语区国别项目的勘察、设计、施工提供了技术支撑文件,实用性强,具有指导意义。本指南是对以上研究成果的总结。

中咨集团在打造"以设计咨询为引领的世界一流基础设施全产业链综合服务商"的公司愿景下，充分发挥中咨集团公路交通行业设计咨询龙头和全产业链优势，坚守"建者无疆、交融天下"的企业精神，继续深度参与国家"一带一路"建设，共享技术成果，有力促进共同发展，与世界相交，与时代相通，为构建互联互通大格局持续奋进。

中国公路工程咨询集团有限公司党委书记、董事长
2022 年 3 月

前　言

中咨集团根据自身16年的海外工程勘察、设计经验,编写了《基于法国规范的国外公路设计关键技术应用指南》(以下简称"本指南")本指南具有两大特点:一是对基于法国规范的国外公路勘察、设计主要专业(路线、路基、沥青路面、桥梁、路线交叉、安全设施、机电工程、岩土勘察)进行关键设计指标的介绍,明确了法国规范体系下各专业相关技术指标;二是参考中国规范风格,同时考虑国内技术人员的习惯编制,使国内技术人员更易于理解和操作,并迅速掌握法国规范的核心要点。

本指南由杨春晖、赵晓峰主编,由杨春晖、赵晓峰起草第1章,第2章第1节,第3章第2、3、5节;袁仁峰、林洋洋、玉俊杰、刘玉龙起草第3章第1、4、6节,第7章第3节;唐智、王琛、闫鸿翔、田泽野起草第2章第2节,第4章;臧芝树、赵宾起草第2章第3节,第5章;童育强、刘海彬起草第2章第4节,第6章;王赤心、周锋起草第2章第5节,第7章第1、2节;罗红杰、李铁军起草第2章第6节,第8章;李太芳、王卿、彭家一、高阳、杜琳起草第2章第7节,第9章;邵宗平、杨冬冬起草第2章第8节,第10章。

本指南在编制过程中,得到了中国公路工程咨询集团有限公司和中国路桥工程有限责任公司领导的指导和帮助,何斌、杜博英、王涛、胡盛、俞永华、金生斌、赵晨等对本指南提出了宝贵的修改意见。此外,人民交通出版社股份有限公司对本指南顺利出版给予了大力支持,在此一并表示感谢。

本指南适用于法国区国别项目的公路勘察、设计、施工专业技术人员和管理人员阅读,为从事法标项目提供指导和参考。因法国标准体系庞大、繁杂,且限于课题研究水平及时间,本指南难免存在一些不足之处。请读者在使用过程中,将发现的问题及时反馈至编写单位(地址:北京市海淀区西三环北路昌运宫17号,邮编100089),以便修订时研用。

作　者
2022年3月

目 录

第1章 总则 ··· 1
第2章 术语和符号 ··· 2
  2.1 路线 ··· 2
  2.2 路基 ··· 4
  2.3 沥青路面 ··· 7
  2.4 桥梁 ··· 9
  2.5 路线交叉 ··· 13
  2.6 安全设施 ··· 14
  2.7 机电工程 ··· 15
  2.8 岩土工程勘察 ··· 15
第3章 路线 ··· 19
  3.1 道路功能及等级选择 ·· 19
  3.2 道路通行能力 ··· 22
  3.3 横断面设计 ·· 23
  3.4 平面设计 ··· 40
  3.5 纵断面设计 ·· 62
  3.6 几何参数说明 ··· 68
  参考文献 ·· 72
第4章 路基 ··· 74
  4.1 路基设计相关概念 ··· 74
  4.2 路基排水设计 ··· 77
  4.3 路基稳定性分析 ·· 82
  4.4 挡土墙设计 ·· 85
  4.5 软土地区路基设计 ··· 100
  参考文献 ·· 117
第5章 沥青路面 ··· 119
  5.1 沥青路面结构类型 ··· 119
  5.2 路面结构设计使用年限 ··· 120
  5.3 交通参数 ··· 120
  5.4 等效温度 ··· 124
  5.5 路面承台等级确定 ··· 125

	5.6 调整系数的确定	125
	5.7 路面材料及参数选取	127
	5.8 路面结构容许值与计算值	130
	5.9 路面结构验算	131
	5.10 路面结构设计流程	133
	参考文献	133

第6章 桥梁 134

	6.1 设计理念原则与方法	134
	6.2 公路桥梁典型作用及作用组合	137
	6.3 材料特性	157
	6.4 正截面承载力	166
	6.5 斜截面抗剪承载力	172
	6.6 应力、变形、裂缝控制	176
	6.7 钢结构稳定计算	183
	6.8 钢结构连接验算	199
	6.9 基本构造要求	209
	参考文献	232

第7章 路线交叉 233

	7.1 路线交叉分类及选型	233
	7.2 互通式立体交叉	233
	7.3 平面交叉	242
	参考文献	247

第8章 安全设施 248

	8.1 法国交通标志设计	248
	8.2 法国交通标线设计	256
	8.3 法国护栏设施设计	260
	8.4 法国轮廓标、隔离栅等其他设施设计	264
	参考文献	266

第9章 机电工程 268

	9.1 一般规定	268
	9.2 照明系统	268
	9.3 收费系统	271
	9.4 监控系统	273
	参考文献	277

第10章 岩土工程勘察 278

	10.1 勘察等级	278
	10.2 岩土工程勘察任务分级	278
	10.3 岩土的鉴别与分类	279

10.4 勘察工作量布置···280
10.5 常见原位测试及其成果应用···281
10.6 地下水监测及水和土的腐蚀性评价··288
10.7 岩土参数的统计推荐与地基承载力计算···································293
参考文献···327

第1章 总则

1.1 本指南适用于基于法国规范的国外公路勘察、设计,法国标准相关的城市道路设计可参考使用。

1.2 本指南涉及路线、路基、沥青路面、路线交叉、桥梁、安全设施、机电工程、岩土工程勘察共8个主要公路专业。

1.3 在应用过程中,可结合指南中各专业参考文献的具体条文进行深入理解和使用。

第 2 章　术语和符号

2.1　路线

2.1.1　主要术语

路肩　Accotement
行车道外边缘至路基边缘之间的带状部分。

紧急停车带　Bande d'arrêt d'urgence
路肩的一部分,毗邻行车道,没有任何障碍物,铺设路面,其设置目的是便于车辆在行车道以外紧急停车。也称硬路肩。

路缘带　Bande dérasée
位于行车道的边缘,通常会铺设路面,没有任何障碍物。

右侧路缘带　Bande dérasée de droite
位于行车道右侧的路缘带。

左侧路缘带　Bande dérasée de gauche
位于行车道左侧的路缘带。

中间带　Terre-plein central
两幅路行车道左侧边缘间的带状部分,由中央分隔带和两条左侧路缘带组成。

中央分隔带　Bande mediane
中间带不可行驶的部分,位于两条左侧路缘带中间。

土路肩　Berme
设置在紧急停车带或路缘带外侧边缘,通常会植草。

行车道　Chaussée
供车辆正常行驶的带状部分。

停车视距　Distance d'arrêt
正常行驶的车辆停车需要的常规理论距离。通过制动距离与识别-反应时间内车辆行驶的距离之和计算。

出口操作视距　Distance de manœuvre de sortie
在出口附近,驾驶员做出改变方向的选择以及进行必要的操作所需要的常规距离。

中等交通量 Trafic modéré

年平均日交通量小于10000veh/d，每个方向第30小时的交通量小于1400uvp的交通状态。

慢车专用道 Voie spécialisée pour véhicules lents

在纵坡较大的路段(上坡或下坡)，设置的供慢车行驶的辅助车道。

可行驶宽度 Largeur roulable

路面经过整平和加固并可供车辆行驶的宽度，包括行车道、紧急停车带(或右侧路缘带)和左侧路缘带。

安全净区 Zone de sécurité

紧邻行车道外侧的空间，包含路肩及以外的范围，除公路自身配套设施外的其他物体不应侵入。

不干扰距离 Distance de non-perturbation

指道路使用者不会混淆的，下一出口信号标志与当前出口信号标志的最小距离。

2.1.2 主要符号

E.1.00m——最早驶入点，在合流匝道上，汇流鼻端宽度达到1.00m的横断面位置；

S.1.50m——最早驶出点，车辆分流时，路面加宽值达到1.50m的横断面位置；

S.5.00m——最晚驶出点，在分流匝道上，分流鼻端宽度达到5.00m，设置J14a或J14b标志牌的横断面位置；

AU70——速度为70km/h的城市干线；

BAU——紧急停车带；

BDD——右侧路缘带；

BDG——左侧路缘带；

D30、Da30——预告标志；

D40、Da40——预警标志；

D50——警示标志；

d_a——直线段的停车视距；

d_{ac}——曲线段的停车视距；

d_{ms}——出口操作视距；

d_{vm}——标记视距；

H_m——最小净高；

L_1——第一类高速公路；

L_2——第二类高速公路；

L_c或l_c——识别视距；

L_{clo}——缓和曲线长度；

L_d——增加车道时的渐变段长度；

L_i——减少车道时的渐变段长度；

L_r——横断面顺接时的过渡段长度；

n_p——不干扰距离；

R_{dm}——设置最小超高的圆曲线半径；

R_{dn}、R_{nd}——不设超高的圆曲线最小半径；

R_m——圆曲线最小半径；

TMJA——年平均日交通量；

UVP——标准车当量数；

VA——辅助车道；

VR——专用车道；

VSA90、VSA110——限速90km/h、110km/h的城市干线；

VSVL——慢车专用道。

2.2 路基

2.2.1 主要术语

土基上部 Partie supérieure de terrassement

即PST层，原土(挖方情况下)或填料(填方情况下)约1m厚的上部区域，土基上部是垫层的承载层，如未设置垫层，则为路面各层的承载层。

土基整平层 Arase de terrassement

即AR层，土基上部(PST)中用于支撑垫层(若设置有垫层)的面。

垫层 Couche de forme

即CDF层，位于土基上部和路面之间的一层。

路面承台 Plate-forme de chaussée

垫层和土基上部结合起来称为路面承台(PF)，如果未设置垫层，路面承台则等同于土基整平层。

有机土体 Masse de sol organique

有机物含量大于3%的土体。

边坡 Talus

为保证路基稳定，在路基两侧做成的具有一定坡度的坡面。

行车道 Voie

交通用语，指供各种车辆纵向排列、安全顺适地行驶的公路带状部分，其一般由车道组成，而车道就是供单一纵列车辆行驶的部分。

车辆荷载 Charge véhicule

车辆在建筑物上静止或运动时对建筑物产生的作用力。通过对实际车辆的轮轴数目、前后轴的间距、轮轴压力等情况的分析、综合和概括。

地震力 Charge sismique

结构物由于地震而受到的惯性力、土压力和水压力的总称。由于水平振动对建筑物的影响较大，因而一般只考虑水平振动。

边坡稳定安全系数　Facteur de sécurité de la stabilité du talus

沿假定滑裂面的抗滑力与滑动力的比值。当该比值大于 1 时,坡体稳定;等于 1 时,坡体处于极限平衡状态;小于 1 时,边坡即发生破坏。

重力式挡土墙　Mur poids

以自身重力来维持其在土压力作用下稳定的挡土墙。

加筋土挡土墙　Remblais renforcés

由填土、拉带和镶面砌块组成的且由加筋土承受土体侧压力的挡土墙。

主动土压力　Poussée de terre active

挡土墙向外(或向前)移动,使墙后土体的应力状态达到主动极限平衡状态时,填土作用在墙背的土压力。

承载能力极限状态　États limites ultimes

结构或构件达到最大承载能力,或达到不适于继续承载的变形的极限状态。

可压缩性土　Sol compressible

天然含水率高、天然孔隙比大、抗剪强度低、压缩性高的细粒土,包含淤泥、淤泥质土、泥炭、泥炭质土等。

液化土　Sol liquéfié

在振动作用下,饱和砂土或粉土变密,孔隙水压力急剧上升,有效应力下降,当有效应力接近于零时,土颗粒间的抗剪强度约等于零,形成"液体"现象。

2.2.2　主要符号

A——细粒土;

B——砂砾质土;

C——粗颗粒土;

D——对水不敏感的土;

D_{max}——土体颗粒最大粒径;

I_p——塑性指数;

VBS——土体亚甲蓝值;

LA——洛杉矶磨耗值;

MDE——微狄瓦尔磨耗值,用于评价土体的耐损耗性;

FS——砂性土的易碎性指数;

w_n——土体中粒径为 0~20mm 部分的天然含水率;

w_{opn}——标准击实试验的最佳含水率;

I_c——稠度指数;

IPI——土体直接显示指数(CBR 试验方法测得的无负载正常含水率的值);

PST——土基上部;

PF——路面承台;

AR——土基整平层;

EV——变形模量;

γ_{dfc}——路基层底干密度；
γ_{dmoy}——整个土层的平均干密度；
γ_{dOPN}——标准击实时的最大干密度；
$Q_{(T)}$——设计流量；
$C_{(T)}$——地表漫流系数；
S_{BVA}——汇水面积；
$i_{(T)}$——平均降雨强度；
R——土体的漫流能力系数；
$P_{(10)}$——重现期为10年的日降雨量；
k_n——粗糙系数；
R_h——水力半径；
S_n——流水断面面积；
p_n——设计纵坡；
I——水力梯度；
α_i——第 i 个土条底滑面的倾角；
c_i、φ_i——第 i 个土条滑弧所在土层的黏聚力和内摩擦角，根据滑弧的位置，取相应土层的黏聚力和内摩擦角；
$m_{\alpha i}$——系数；
l_i——土条底面滑动圆弧长度；
W_i——第 i 个土条重力；
$A(1)$——荷载的基准计算值；
a_2——车道宽度修正系数；
V_0——一条车道的标准宽度，V_0 值如下：1级为3.5m，2级为3.0m，3级为2.75m；
k_v——地震垂直向加速度系数；
t_m——最大牵引力；
r_{ck}——每米加筋层的特征强度；
R_h——作用于加筋体基础之上的水平向合力；
R_v——作用于加筋体基础之上的竖直向合力；
C_{fk}——地基土的黏聚力；
F_h、F_v——沿水平方向和竖直方向地震惯性力；
NSPT——锤击计数的测量值；
v_s——剪切波速；
σ'_{vo}——总覆盖层压力；
S_l——土体侧向变形所引起的沉降；
S_s——次固结沉降；
Γ——填方重度；
C_a——次固结系数；

ρ_ω——贯入比；

σ'_p——预固结压力；

σ'_{v0}——所分析点的土层的垂直压力；

$g(z)$、$g_{max}(0)$、$\Delta g_{max}(t)$——土层移动的代表性函数；

$\overline{c}_u$——平均黏附力；

$s(t)$——瞬间 t 的沉降量。

2.3 沥青路面

2.3.1 主要术语

路面结构　Structure de chaussée

承载路基上设置的所有材料的结构层，用于分散原地面上由于车辆通行而产生的应力，如图 2-1 所示。

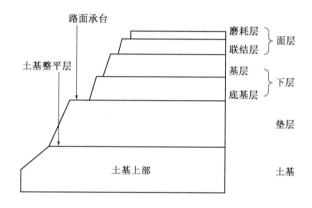

图 2-1　路面结构

标准轴　Essieu de référence

荷载 P_0 等于 130kN 的单轴双轮组。

重型车辆　Poids lourd

根据 NF P 98-082 标准的规定，车辆总重量额定值（PTAC）大于 35 kN 的车辆。

交通量　Trafic

特定时期内的车辆通行数（根据车道宽度，选择一条车道或整条道路）。确定路面结构层厚度时，仅考虑载重型车量交通量。

重型车辆年平均日交通量　Trafic moyen journalier annuel（TMJA）de Poids lourds

在计算期内，就交通量最大的车道，所统计到的所有载重货车交通量，用年平均日交通量（TMJA）表示。

交通量等级　Classe de trafic

根据年日平均交通量（TMJA）确定，用 Ti 表示。

车轴的侵害　Agressivité d'un essieu

根据道路疲劳损伤预估,用 A_i 表示。与荷载为 P_0 的参考标准轴经过时造成的损伤相比,此类侵害是指荷载为 P 的轴通过时造成的疲劳损伤。

重型荷载平均影响系数　Coefficient d'agressivité moyen（CAM）

与路面结构类型和道路分类有关,指重型车辆各轴的侵害 A_i 之和除以组成该交通量的载重货车数后得到的系数,用 CAM 表示。

等效累计交通量　Trafic cumulé équivalent（NE）

在规定的设计期限内,交通量最大的车道上重型车辆累计通行数的标准轴数量,用 NE 表示。

设计期限　Durée de dimensionnement

计算路面结构尺寸所选的设计年限 n。

风险　Risque

在设计期限内不进行任何结构维护操作的情况下,可能出现需要进行类似于路面重建加固工程损坏的概率 $r(\%)$。

材料等级　Classement des matériaux

不同的材料等级所对应试验项目不同。材料等级越高,所要求的抗疲劳性能越高,试验项目也不同。

2.3.2　主要符号

N_{PL}——设计年限内累计重车(载重 >35 kN)交通量;

C——设计期限累计交通量系数;

Ti——根据 TMJA 划分的交通量等级;

$E(10℃;10Hz)$——10℃条件下,10Hz 或 0.02s 时沥青的劲度模量;

$E(\theta_{eq};10Hz)$——等效温度下,10Hz 或 0.02s 时沥青的劲度模量;

ε_6——疲劳试验中,加载次数为 10^6 后的沥青混合料应变值;

b——疲劳试验中,曲线的斜率;

S_N——疲劳试验结果的分散标准偏差;

S_h——各结构层厚度的标准偏差;

σ_6——疲劳试验中,加载次数为 10^6 后的水稳材料应力值;

K_c——校准系数;

K_r——风险系数;

K_s——路基系数;

K_d——不连续系数;

CAM——重型荷载平均影响系数;

d/D——集料的最小和最大粒径尺寸;

Q_{PF}——整平层加垫层的容许冻结量;

IA——容许冻结指数;

IR——冻结指数。

2.4 桥梁

2.4.1 主要术语

设计标准 Norme de conception
描述各个极限状态满足条件的定量公式。

设计状况 Situation de conception
表现某时间段内发生的真实状况的一些物理状态,此时间段内,设计要证明未超出相关的极限状态。

短暂设计状况 Situations de projet transitoires
在比结构设计使用寿命短得多的时间段内有较高的发生概率的相关设计状况。
注:短暂设计状况与结构的使用或所处的临时情况有关,例如,施工或修复阶段。

持久设计状况 Situations de projet durables
和结构设计使用寿命一样长的时间段内的相关设计状况。
注:通常是指结构的正常使用状态。

偶然设计状况 Situations de projet accidentelles
结构遭遇包括火灾、爆炸、撞击、局部破坏在内的特殊设计状况。

地震设计状况 Situations de projet sismiques
结构遭遇地震作用的特殊设计状况。

设计使用寿命 Durée d'utilisation
一个假定的时间段,在此期间,结构或其一部分通过预期的维护,但不需要大的维修,能用于其指定的目的。

荷载工况 Cas de charges
相容的荷载布置情况。其中,荷载为同时考虑变形和缺陷的用于特定验证的固定可变作用和永久作用。

极限状态 États limites
一种状态,超出此状态,结构不再能满足相关的设计标准。

承载能力极限状态 États limites ultimes
与结构坍塌或其他类似的破坏形式相关联的状态。
注:该状态基本达到结构或构件的最大承载能力。

正常使用极限状态 États limites de service
一种状态,超出此状态,结构不再能满足正常使用要求。

不可逆正常使用极限状态 États limites de service irréversible
超出正常使用要求的作用移除后,仍有作用效应存留的正常使用极限状态。

可逆正常使用极限状态 États limites de service réversible
超出正常使用要求的作用移除后,无作用效应存留的正常使用极限状况。

抗力　Résistance structurelle
结构构件或组件或其横截面承受作用而不发生机械破坏的能力,如抗弯、抗压曲、抗拉。

强度　Force
材料抵抗作用的能力,通常用应力单位表示。

可靠度　Fiabilité
结构或构件满足设计指定要求(包括设计使用寿命)的能力。可靠度通常以概率表示。
注:可靠度涵盖了结构的安全性、适用性和耐久性。

作用　Action
a)施加在结构上的一组荷载(直接作用);
b)由温度变化、湿度变化、不均匀沉降或地震等引起的强迫位移或加速度(间接作用)。

作用效应　Effet d'action(E)
作用(或作用效应)在结构构件上的效应(例如,内力、矩、应力、应变),或在整个结构上的效应(例如,挠度、扭转)。

永久作用　Action permanente(G)
作用在整个基准期内,其大小随时间的变化可以忽略或总在同一方向上变化(单调递增或递减),直到达到极限值。

可变作用　Action variable(Q)
量值随时间变化不可忽略的作用。

偶然作用　Action accidental(A)
通常是持续时间很短但其值很大的作用。在结构设计使用寿命中,在给定的结构上不一定出现的作用。
注1:除非采取合适的方法,否则预计在很多情况下偶然作用可导致严重的后果。
注2:撞击、雪、风、地震作用可能是可变作用或是偶然作用,依据有效的统计分布信息来判断。

地震作用　Action sismique(A_E)
由地震地面运动引起的作用。

2.4.2　主要符号

f_{ck}——混凝土圆柱体抗压强度标准值;

$f_{ck,cube}$——混凝土立方体抗压强度标准值;

f_{cm}——混凝土28d龄期的抗压强度平均值;

f_{ct}——混凝土轴心抗拉强度;

$f_{ct,sp}$——混凝土劈裂抗拉强度;

$f_{ctm,fl}$——混凝土抗弯拉强度;

$f_{ctk,0.05}$、$f_{ctk,0.95}$——混凝土抗拉强度的5%和95%分位值;

f_{ctm}——混凝土抗拉强度平均值;

f_t——钢筋极限抗拉强度;

f_{yk}——钢筋屈服强度;

f_{yd}——钢筋抗拉强度设计值;

f_{pk}——预应力钢筋抗拉强度;

$f_{p0,1k}$——预应力钢筋屈服强度;

f_{yk}——钢筋抗拉强度标准值;

f_y——钢材屈服强度;

f_u——钢材极限强度;

$f_{vw,d}$——焊缝的设计抗剪强度;

f_{yb}——螺栓屈服强度;

f_{ub}——螺栓极限抗拉强度;

f_u——板的极限抗拉强度;

f_{ywd}——抗剪钢筋设计屈服强度;

E_s——钢筋弹性模量设计值;

E_{cm}——混凝土弹性模量;

E_{cd}——混凝土弹性模量设计值;

E_d——荷载的作用效应设计值;

M_{dy}, M_{dz}——绕 y 轴和 z 轴的弯矩设计值(包括二阶效应);

M_{Rdy}, M_{Rdz}——绕 y 轴和 z 轴的截面抗弯承载力(包括二阶效应);

M_{cr}——开裂力矩;

$M_{b,Rd}$——设计屈曲抵抗力矩;

M_{0Eqp}——准永久荷载组合下的一阶弯矩;

M_{0Ed}——设计荷载组合下的一阶弯矩;

M_2——名义二阶弯矩;

N_{cr}——开裂轴力;

N_{Rd}——截面抗压承载力;

N_{Ed}——在正常使用极限状态下作用在考虑的部分横截面上的轴向力;

N_B——屈曲荷载;

$N_{cr,TF}$——弹性弯扭屈曲力;

$N_{cr,T}$——弹性扭转屈曲力;

N_{Ed}——由荷载和预加应力引起的轴向力;

F_d——作用 F 的设计值;

F_k——作用 F 的标准值;

F_{rep}——作用 F 的相关代表值;

F_{td}——纵向钢筋中拉力的设计值;

F_{cd}——在纵向构件轴线方向上混凝土压力的设计值;

$F_{w,Ed}$——单位长度焊缝力的设计值;

$F_{w,Rd}$——单位长度焊缝的设计抗力;

R_d——抗力设计值;

X_d——材料和产品作用特性设计值;

X_k——材料和产品标准值;

η——考虑尺寸效应或温度湿度影响的转换系数；
γ_m——材料特性分项系数；
γ_c——混凝土材料分项系数；
γ_s——钢筋材料分项系数；
γ_{Rd}——考虑抗力模型不确定性的分项系数；
γ_{Sd}——考虑计算模型不确定性的分项系数；
γ_f——作用分项系数；
K_c——开裂影响系数；
K_s——钢筋影响系数；
K_r——轴向力修正系数；
K_φ——徐变修正系数；
φ_{ef}——有效徐变系数；
ν——考虑混凝土受剪开裂的折减系数；
ν_1——考虑剪切开裂的折减系数；
a_d——几何尺寸设计值；
b_{eq}——截面等效宽度；
h_{eq}——截面等效高度；
λ_y, λ_z——绕 y、z 轴长细比；
i_y, i_z——绕 y、z 轴回转半径；
A_{cn}——混凝土净截面面积；
A_s——纵向钢筋总面积；
A_c——混凝土截面面积；
A_{sl}——伸至该截面以外的受拉钢筋面积；
A_{sw}——抗剪钢筋截面面积；
$A_{sw,max}$——抗剪钢筋的最大有效截面面积；
A_p——预应力钢筋的横截面面积；
A——毛截面面积；
A_{net}——净截面面积；
$A_{s,min}$——受拉区域最小配筋面积；
A_{eff}——均布压力下横截面的有效面积；
λ——受压区有效高度系数；
η——受压区有效强度系数；
α_T——材料线膨胀系数；
α_{cc}——考虑抗压长期效应以及加载方式不利影响的系数；
α_{ct}——考虑抗拉长期效应以及加载方式不利影响的系数；
φ_0——名义徐变系数；
φ_{RH}——相对湿度对名义徐变的影响系数；
I_c——混凝土横截面的惯性矩；

I_s——纵向钢筋对混凝土截面中心的惯性矩；
I——构件截面惯性矩；
S——在中性轴上方面积对中性轴的面积矩；
$W_{eff,min}$——仅承受绕相关轴的力矩的横截面的有效截面模量；
σ_{cp}——由轴向荷载和/或预加应力引起的在中性轴处的混凝土压力；
σ_{cp}——混凝土设计轴向力或预应力产生的平均压应力；
$\sigma_{p,max}$——预应力钢筋的最大容许张拉应力；
σ_s——开裂后钢筋最大应力容许值；
ε_{sm}——荷载组合条件下的钢筋平均应变；
ε_{cm}——裂缝间的混凝土平均应变；
e_N——只受压横截面的相关质心轴的位移；
L_{cr}——所考虑的屈曲面上的屈曲长度；
n——轴压比；
n_{bal}——最大抗弯承载力对应的轴压比；
λ——长细比；
b_w——受拉区横截面的最小宽度；
l_x——所考虑截面距离传递长度起始点的距离；
l_{pt2}——预应力构件传递长度的上限值；
α——抗剪钢筋与垂直于剪力的梁轴线之间的角度；
θ——混凝土压杆与垂直于剪力的梁轴线之间的角度；
z——内力臂；
s——箍筋间距；
d_m——螺母和螺栓头直径的较小值；
t_p——板的厚度；
c_{min}——最小混凝土保护层厚度；
$c_{min,b}$——黏结要求的最小保护层厚度；
$c_{min,dur}$——环境条件的最小保护层厚度；
$\Delta c_{dur,st}$——使用小应变的钢筋造成的最小保护层厚度折减；
$\Delta c_{dur,add}$——采用其他保护措施而造成的最小保护层厚度折减；
c_{nom}——名义保护层厚度。

2.5　路线交叉

主线　Voie principale
在交叉中居主导地位的公路。

互通式立体交叉　E′changeur
交叉公路之间立体交叉并相互连通的交叉。

枢纽型互通式立体交叉　E′changeur de noeud
为高速公路之间提供连续、快速的交通转换功能的互通式立体交叉。

服务型互通式立体交叉　E'changeur de service

为地方交通提供接入和转换功能的互通式立体交叉。

支线　Branche

枢纽型互通立交匝道。

连接线　Raccordement

服务型互通立交匝道。

辅助车道　Voie auxiliaire

为出入主线车辆调整车速、车距、变换车道或为平衡车道等而平行设置于主线直行车道外侧的附加车道。

集散车道　Voie collectrice

为隔离交织区、减少主线出入口数量而设置于主线外侧并与主线隔离的附加道路。

匝道　Bretelle

在互通式立体交叉中,交叉公路之间的连接道。

出口匝道　Bretelle de sortie

供车辆驶出主线的匝道。

入口匝道　Bretelle d'entrée

供车辆驶入主线的匝道。

加速车道　Voie d'accélération

为来自低速车道的车辆加速并驶入高速车道而设置的附加车道。

减速车道　Voie de décélération

为驶离高速车道的车辆减速并驶入低速车道而设置的附加车道。

直接式出入口　voie de décélération

匝道出入主线时,设置一个折角的倾斜式变速车道的出入口。

平行式出入口　Sortie ou entrée parallèle

匝道出入主线时,增加一个辅助车道作变速车道的出入口。

专用式出入口　Sortie ou entrée spéciale

匝道出入主线后,主线减少车道的出入口。

环形交叉　Rond-point

采用环形车道的交叉口。

2.6　安全设施

2.6.1　主要术语

交通标志　Panneau de signalisation

以颜色、形状、字符、图形等向道路使用者传递信息,用于管理交通的设施。

交通标线　Marquage de la circulation

由施划于道路上的各种线条、箭头、文字等所构成的交通设施,主要是向道路使用者传递道路交通规则。

护栏　Barrière

一种纵向吸能结构,通过自体变形或车辆爬高来吸收碰撞能量,从而最大限度地减少对乘员的伤害。

轮廓标　Delineator trafic

沿公路设置,用以指示公路方向、车行道边界的视线诱导设施。

隔离栅　Clôture

用于阻止人、畜进入公路或沿线其他禁入区域,防止非法侵占公路用地的设施。

防眩设施　Installation anti-éblouissement

防止夜间行车受对向车辆前照灯炫目影响的设施。

2.6.2　主要符号

W——功能宽度;

DBA——整体式混凝土护栏。

2.7　机电工程

照明功率密度　Densité de puissance d'éclairage(LPD)

建筑的房间或场所,单位面积的照明安装功率(含镇流器、变压器的功耗),单位为 W/m^2。

不停车电子收费系统　Système de péage électronique(ETC)

通过安装在车辆风窗玻璃上的车载电子标签与在收费站自动收费车道上的微波天线之间进行的专用短程通信,利用计算机联网技术与银行进行后台结算处理,从而达到车辆通过高速公路或桥梁收费站无须停车而能交纳通行费的目的。

路侧单元　Unité latérale de la route(RSU)

ETC 系统中安装在路侧,采用专用短程通信技术,与车载单元进行通信,实现车辆身份识别、电子扣分的装置。

可变信息标志　Panneau à messages variables(VMS)

采用图形、文字、色彩或其组合等方式向道路使用者提供动态交通信息的交通标志。

2.8　岩土工程勘察

2.8.1　主要术语

工程地质勘察　Etude géotechnique

根据建设工程的要求,查明、分析、评估建设场地的地质环境特性和岩土工程条件,编制勘察文件的活动。

勘察等级　Catégories géotechniques

根据构筑物损坏的后果等级、现场条件及基础验算情况综合确定的勘察级别。

粗粒土　Sols à grains grossiers

粒径小于 0.08mm 的颗粒含量不超过 50% 的土。

细粒土　Sols à grains fins

有机质含量小于10%、粒径小于0.08mm的颗粒含量超过50%的土。

标准贯入试验　Essai de pénétration standard（SPT）

使用64kg的穿心锤,以75cm的自由落距,将一定规格的贯入器预先贯入钻孔孔底以下15cm,然后测记继续贯入30cm过程中锤击数的试验方法。

动力触探试验　Essai de pénétromètre dynamique（DPT）

用一定质量的穿心锤和一定的自由落距,将一定规格的圆锥形实心探头贯入土中一定深度并测记贯入过程中锤击数的测试方法。

静力触探试验　Essai de pénétromètre statique（CPT）

将一定规格和形状的探头按规定的速率贯入土中,同时测记贯入过程中探头所受到的阻力(比贯入阻力或端阻、侧阻及孔隙水压力)的测试方法。

梅纳旁压试验　Essai pressiométrique Ménard

在钻孔中,采用梅纳旁压仪对测试段孔壁施加径向压力使地基土体产生相应变形,测得土体压力与变形的原位测试方法。

蠕变压力　Pression de fluage

旁压试验曲线直线段终点所对应的压力值。

极限压力　Pression limite

旁压试验曲线上蠕变压力之后曲线段的垂直压力轴渐近线所对应的压力值。

偏心距　Excentricité

偏心受力构件中轴向力作用点至截面形心的距离。

2.8.2　主要符号

岩土物理性质和颗粒组成：

w——含水率；

w_L——液限；

w_p——塑限；

I_L——液性指数；

I_P——塑性指数；

I_C——稠度指数；

S_r——饱和度；

C_u——均匀系数；

C_c——曲率系数。

岩土变形参数：

a——压缩系数；

C_v——垂直固结系数；

E_0——变形模量；

E'——排水杨氏模量。

岩土强度参数：

c——黏聚力；
φ'——有效内摩擦角；
C_U——不排水抗剪强度；
P_f——旁压试验蠕变压力；
P_l——旁压试验极限压力。

静力触探及标准贯入试验指标：

q_c——静力触探锥尖阻力；
q_{ce}——等效锥尖阻力；
f_s——静力触探侧壁阻力；
R_f——静力触探摩阻比；
N——标准贯入试验锤击数；
C_N——标准化系数；
E_r——能量转化率；
$(N_1)_{60}$——上覆有效垂直应力为100kPa，能量转化率为60时的标准贯入试验相对击数；
k_c——基于静力触探计算的承载力系数。

动力触探试验参数：

q_d——动贯入阻力；
N_{10L}——轻型动力触探击数；
N_{10H}——重型动力触探击数；
N_{10A}、N_{10B}、N_{10SA}、N_{10SB}——超重型动力触探击数。

旁压试验参数：

E_m——旁压模量；
P_l^*——旁压试验净极限压力；
P_f^*——旁压试验净蠕变压力；
P_{le}^*——旁压试验等效净极限压力；
q_u'（q_b、q_{net}）——极限承载力；
q_0'——完工后基底上的有效垂直应力；
q_{ref}'——参照应力；
μ——孔隙水压力；
D——桩长；
D_e（D_{ef}）——等效埋置深度；
k_p——基于旁压试验计算的承载力系数；
q_s——侧壁摩阻力；
α——流变系数；
σ_{v0}'——一定深度土的有效垂直应力。

其他：

e——偏心距；

ξ——桩的承载力特征强度和抗拉强度的相关系数。

注：括号内符号为 NF P94-261 及 NF P94-262 规范符号。

第3章 路线

本指南研究的法国路线设计规范如下：
(1)《高速公路设计指南》(CEREMA,2015)；
(2)《道路设计与几何技术指南——干线公路规划》(SETRA,1994)(以下简称《干线公路规划》)；
(3)《双向单车道(2×1)公路设计指南》(SETRA,2011)(以下简称《2×1公路设计指南》)；
(4)《城市结构性道路设计指南》(VSA90/110,CEREMA,2014)(以下简称《VSA90/110》)；
(5)《城市结构性道路设计指南》(AU70,CERTU,2013)(以下简称《AU70》)；
(6)《道路几何设计参数说明》(SETRA,2006)(以下简称《几何参数说明》)；
(7)《关于高速公路长大纵坡设计的通知》(SETRA,1997)(以下简称《长大纵坡设计》)。

3.1 道路功能及等级选择

法规公路的基本特征包括公路类型和公路等级。其中，公路类型用于确定所适用的设计规范；公路等级主要决定路线的主要几何特征，包括车道数量、交叉形式、服务设施以及可能的布局规划。

这些公路基本特征的选择取决于业主在道路功能和服务等级方面确定的目标。基本特征的选择需要以总体布局为基础，同时考虑周边环境、社会经济和财政方面的限制条件。

3.1.1 《高速公路设计指南》

1）高速公路功能

高速公路主要连接中远距离的城市和功能区，为道路使用者在安全性、快速通达性、舒适性和沿线附属设施等方面提供高水平的服务。

2）等级选择

根据路线平面和纵断面的特征，高速公路可分为两种类别：L_1型和L_2型。具体根据高速公路所处的环境(地形、占地等)选择类别。

(1)L_1型：适用于平原微丘区，受地形限制较小，最大容许速度为130km/h。
(2)L_2型：适用于山区，受经济和环境的影响，最大容许速度为110km/h。

除L_1型和L_2型高速公路外，地形特别复杂的路段称为困难路段的高速公路，其设计指标可适当降低。

不同类别的连续路段的长度应至少为十几公里，若类别发生改变，应让道路使用者感受到明显的变化。在遵守路线几何设计连续性规则的同时，须确保不同路段之间良好的过渡。

3.1.2 《干线公路规划》

1）干线公路功能

由于L形高速公路已在前面说明，T形道路已被双向单车道（2×1）型公路道路代替，所以本部分主要针对R形公路的几何设计进行阐述。

R形公路是指构成主要乡村公路网的多功能公路，被称为"城际主干道"，R形公路的主要特征见表3-1。

R形公路的主要特征　　　　　　　　　　表3-1

公路类型	R形公路（多功能公路）	
	一般公路	城市间交通要道
车道数（单向）	1条	2条
交叉口	平面交叉	平面交叉
是否封闭	不封闭	不封闭
市区外限速	90km/h	110km/h 或 90km/h
是否穿越市区	是	是
公路等级	R60 或 R80	
使用范围	中长距离的城市间交通要道	
交通流量	一般（单车道）	大（双车道）

R形公路应设置必要的平面交叉，连接居民区、农田等。出于安全考虑，双向四车道R型公路上的平面交叉在中央分隔带不设置开口。

2）等级选择

考虑到地形和造价的限制，在进行几何设计时，对R形公路的不同等级进行划分，具体如下：

（1）R60：适合起伏地形，兼顾造价和行车舒适性。

（2）R80：适合较平缓的地形，是使用较多的类型。

对现有公路进行改扩建，对目标公路类型的限定比较严格，但对等级的要求则相对宽松，可以在遵循其安全规定的范围内作相应的调整。

3.1.3 《2×1公路设计指南》

双向单车道（2×1）公路是介于高速公路和R形公路之间的一种类型。其基本特征为：每个方向设1条基本车道，部分路段考虑超车需求设置超车道，且不穿越人口聚集的居民点区域。一般路段限速为90km/h，而在超车道上，限速为110km/h。双向单车道（2×1）公路具有较高的安全级别，并具有可靠的服务水平，其通常被纳入省级甚至是国家级的公路网中，它主要有以下两大功能：

（1）干线功能：连接中远距离的城市。

(2)集散功能:连接国家级的干线公路网,通往重要的经济区或旅游点,连接城际干线公路网和一些普通城市公路。

3.1.4 《VSA90/110》

1) VSA90/110 功能

VSA90/110 主要布设在城市周边地区(环形道路、辐射公路),可以穿越农业区、林区和其他自然区域,局部偶尔穿越密集甚至非常密集的建筑区域,其主要功能如下:

(1)人员和货物进入城市地区;

(2)往来于城市地区内不同活动中心之间。

其承载的交通类型的特点如下:

(1)与局部道路网的交汇十分频繁,但与城际干线的交汇频率较小;

(2)交通量在非高峰时段和高峰时段之间存在巨大差异;

(3)过境交通属于少数,在设计上不用优先考虑;

(4)根据实际情况,提供的服务水平允许出现一定程度的降级。

2) 等级选择

VSA90/110 有两种等级,分别为:

(1)限速为 90km/h 的城市主干道,即 VSA90;

(2)限速为 110km/h 的城市主干道,即 VSA110。

3.1.5 《AU70》

1) AU70 功能

AU70 具有连接城际干线道路网与传统城市道路网的功能,有时还承担两种类别的道路之间过渡的功能。在正常情况下,所有道路使用者均可进入 AU70。但是,基于通行目标的设计原则可限制一些道路使用者进入行车道,同时基于交通特点设置中央分隔带和侧分带,该类型的道路需设置交叉与城市道路相连。

设计时必须通过以下措施最大限度地保持和周边环境间的衔接:

(1)交叉道路及其位置,这是对街区生活至关重要的横向功能连接。当交叉点距离较远时,需考虑为行人和非机动车设置横向设施;

(2)通过用地规划为行人和非机动车修建专用车道,并美化环境(例如绿化);

(3)对 AU70 道路及其征地进行处理,使其融入周边城市环境。道路附属设施(信号标志、护栏、围墙和声障板等)也需要特别注意与公路的区别。

2) 等级选择

依据服务的交通量大小,AU70 的道路等级可分为以下三类:

(1)中等交通量情况下,行车道未分隔的道路,包含 2 条或 3 条行车道,交叉形式以平面交叉为主;

(2)交通量大的情况下,行车道进行分隔,每个方向上有 2 条车道,必要时设置 1 条公交车道,交叉形式以平面交叉为主;

(3)交通量非常大或服务水平要求较高时,交叉形式以立体交叉为主。

3.2 道路通行能力

3.2.1 服务水平分级

服务水平是对道路运行状况以及道路使用者对其服务的定性度量,分为6个等级。

(1)自由流:道路使用者几乎不受路段上其他车辆的影响。速度的选择是自由的,机动性很高,舒适度极佳,道路使用者保持最少的注意力。

(2)交通稳定:路段上其他车辆的出现开始影响道路使用者的行为,速度的选择是自由的,但可操作性降低,便利性极佳,道路使用者只需注意周围的车辆即可。

(3)车辆不间断,但流量有限:其他车辆的存在会影响道路使用者,速度的选择将不再自由,并且操作车辆时需要保持警惕。随着道路使用者感受到周围较多的车辆,舒适度迅速下降。

(4)持续的高密度交通:速度和可操作性大大降低,舒适度很低,道路使用者必须不断避免与其他车辆相撞,流量略有增加,可能会进入饱和状态。

(5)交通量饱和:速度低但稳定,机动性在很大程度上取决于其他车辆,道路使用者会感到很拥堵。

(6)拥堵:速度不规则,而且会有交通堵塞的现象,会时不时停下等待空间通行,行驶过程中必须保持高度警惕,舒适度几乎为零。

道路服务水平等级是在特定地点或路段,具体根据道路状况、交通状况和法律法规来划分。道路通常提供五种服务水平等级(F级由于过于不稳定而被取消)。使用颜色代码来说明交通状况,例如绿色(A和B级)、琥珀色(C和D级)及红色(E级)。

3.2.2 《高速公路设计指南》通行能力

1)设计交通量

高速公路的几何设计包括公路一般路段、互通式立体交叉匝道的车道数量、收费站收费车道的数量、服务设施的数量和类型等。

通常按照"第30小时"的交通量来确定尺寸,以 uvp(相当于中国规范的折算小客车数量 pcu)表示,并已纳入重车的换算交通量。

此外,根据公路投入使用时预计的交通量和公路网功能的发展前景,以费用最少且达到最佳服务的方式确定尺寸,在发展的不确定性和长期前景之间,通常考虑20年的发展前景。

2)中等交通量的高速公路

如果一条高速公路在投入运营时的年平均日交通量小于10000veh/d,则将其称为中等交通量的高速公路。对于中等交通量的高速公路,可允许其在最繁忙的行车方向上的交通量达到1400uvp/h。

3)车道数量

高速公路一般路段上,每个方向上的车道数量为2~4条。除了偶发的以及特殊的季节性高峰交通量情况之外,最繁忙车道上每小时的车流量不应超过饱和交通流,即1800uvp/h。偶发的以及特殊的季节性高峰交通量情况会导致设置一条平时很少使用的额外车道。

3.2.3 《干线公路规划》通行能力

大多数主要公路的交通流量每年都会出现短暂的饱和期,在饱和期内,车流量会很大,导致服务水平降级,这属于正常现象。

一般情况下,可按照"第30小时"的交通量作为设计依据,但必须同时考虑到工程造价。

年平均日交通量和第30小时交通量比值根据不同的公路类型而变化,通常为5(例如夏季高峰)~9(年均稳定交通流量)。

一条双车道公路的最大交通流量为2700~2800uvp/h,但此现象出现的时间非常短。事实上,交通流量超过2000uvp/h后,交通流就很不稳定,所以采用2000uvp/h作为双车道公路的基准通行能力。

3.2.4 《2×1公路设计指南》通行能力

双向单车道(2×1)公路适合中等水平的交通量需求,其特征年年平均日交通量(TMJA)为10000veh/d(自然数),中长期内不超过15000veh/d。对于这样的交通量而言,所提供的服务水平在大部分时间是较高的。

双向单车道(2×1)公路也可考虑用于较高的特征年年平均日交通量(TMJA),即15000~20000veh/d。但在这种情况下,使用此类型的道路将导致服务水平降低,行驶速度会显著低于允许的限制速度,并且在或多或少重复的周期内具有很高的饱和风险。然而,这种情况仍然可以接受,特别是对于集散功能而言。

这些交通量水平被视为作为参考的量值,但是对于交叉口的交通量水平要单独考虑。在所有情况下,只有进行点对点模式下的交通量研究(结合重型货车的比例和交通量分布),才能通过描绘服务水平和不同期限内道路饱和度的特征来确定设计参数。

3.2.5 《VSA90/110》通行能力

横断面设计中确定的行车道的基准通行能力为1800uvp/h。

3.2.6 《AU70》通行能力

通过对主线交通量和总体通行能力的研究以及业主确定的服务水平目标,确定行车道数量,这些交通量数据是估算行车道数量的先决条件。

一般路段上的交通量按照以下规则进行量化:
(1)基准通行能力为1800uvp/h,通行密度大;
(2)设计通行能力为1500uvp/h,通行畅通。

3.3 横断面设计

3.3.1 《高速公路设计指南》

1)常规交通的一般路段的横断面
常规交通的一般路段的横断面见图3-1。

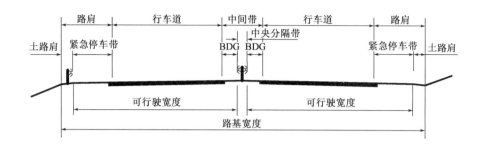

图 3-1 常规交通的一般路段的横断面
注:BDG 为左侧路缘带。

(1)行车道

每个行车方向包括 2~4 条车道,每条车道宽度为 3.50m。

(2)中间带

中间带将两个行车方向进行物理隔离,其由以下两个部分构成:两条左侧路缘带和中央分隔带。

①左侧路缘带

左侧路缘带的作用是允许行车轨迹出现轻微的偏差以及避免撞击安全护栏,同时保证视距。左侧路缘带上应没有任何障碍物,且路面与相邻行车道没有高差,其宽度为 1.00m。

②中央分隔带

中央分隔带的作用是将两个行车方向进行分隔以及用于一些设施(安全护栏、标志牌、集水和排水结构物等)的设置,也可用于结构物桥墩埋设和景观布置,其宽度取决于所埋设设施的需求。

如果宽度小于或等于 3.00m,中央分隔带应稳固并且铺筑路面,以便于养护。如果宽度大于 3.00m,则可铺草皮或种植灌木。当中央分隔带宽度足够宽时,也可保持原地面和原有植被,此时应在左侧路缘带(BDG)的路缘石外设置 1.00m 宽的土路肩。

为保证车辆在必要时从道路一侧驶向另一侧,需按一定间距设置中央分隔带开口。

中央分隔带开口设置在桥涵结构物、隧道、立交桥、收费站的两侧,间距通常为 3~5km。

(3)路肩

路肩包括紧急停车带和土路肩。

①紧急停车带(BAU)

紧急停车带的作用是方便车辆在行车道之外紧急停车,或让偏离路线的车辆重新回到行车道上以及为救援、维修、运营服务提供便利。

紧急停车带从行车道边缘处开始,包括右侧边缘带。紧急停车带上铺筑路面,可供重车停车。行车道和紧急停车带不应有高差。

紧急停车带宽度一般为 2.50m,当重车的交通量超过 2000veh/d(双向合计)时,其宽度采用 3.00m。

②土路肩

土路肩的主要作用是保证视距以及设置安全护栏、标志牌、排水设施等。其宽度主要取决于要安装的安全护栏所需的空间,且至少为 1.00m,也可与坡度不超过 25% 的横向坡度的排水设施融为一体。

(4)安全净区

对于 L_1 型公路而言,安全净区的宽度为 10m,从行车道边缘算起;对于 L_2 型公路而言,安全净区的宽度为 8.50m。在挖方路段,安全净区的高度不超过 3m,见图 3-2。

图 3-2　挖方路段的安全净区示意图

在安全净区内,不应侵入除公路自身配套设施外的其他设施如下:

①障碍物:树木、电杆、砌体、支撑杆、岩壁、结构物支座等;

②露天水沟;

③深度超过 50cm 的沟渠(坡度小于 25% 的沟渠除外);

④坡度超过 70% 的挖方护坡或围堤;

⑤坡度超过 25% 且高度超过 4m 填方,或突然出现起伏不平且高度超过 1m 的填方。

(5)中等交通量的高速公路一般路段上的横断面

对于中等交通量的高速公路,可对横断面做出以下调整,以缩减横断面宽度:

①左侧路缘带和左侧行车道的宽度减小到 4.00m,且优先将左侧车道变窄,其次再将左侧路缘带变窄;

②用宽度为 2.00m 且铺筑 1.00m 路面的右侧路缘带(BDD)代替紧急停车带。

2)桥涵结构物的横断面

对于桥涵结构物的横断面,行车道、紧急停车带和路缘带与其在一般路段上的宽度一致。

对于车行天桥,在高速公路可行驶宽度的所有位置上,结构物都须留出 4.75m 的净空高度。此外,还应预留出 0.10m 的额外高度,以便将来重铺路面。轻型结构(人行天桥、标志牌的桁架)的净空高度要增加 0.50m。

3)局部路段的特殊横断面

(1)一般路段横断面渐变

如果在经过多方考虑(经济条件、征地、土方工程量)之后,横断面不能采用正常的尺寸,则可在局部路段采用减小横断面的方式。

在因特殊条件导致横断面减小的路段,应严格减小横断面,并应避免将减小的横断面与小半径圆曲线路段或大纵坡路段相结合。

可对横断面做出以下调整：
①左侧路缘带和左侧行车道的宽度减小到4.00m，且优先将左侧行车道变窄，其次再将左侧路缘带变窄。
②用宽度为2.00m且铺筑1.00m路面的右侧路缘带代替紧急停车带。
（2）桥涵结构物横断面渐变
①一般桥涵结构物横断面渐变
一般桥涵结构物的横断面可按照一般路段横断面减小的方式减小。在既有高速公路改扩建加宽的情况下，可以用铺面宽度1.00m的右侧路缘带代替紧急停车带，以节约造价。
②特殊桥涵结构物横断面渐变
特殊桥涵结构物缩小横断面主要是由于特殊的原因（临时施工、结构物养护、事故等），其每个行驶方向上的最小可行驶宽度见表3-2。

特殊桥涵横断面最小可行驶宽度（单侧，m）　　　　表3-2

中等交通量2×2车道的高速公路	8.75
2×2车道的高速公路	9.75
2×3车道的高速公路	14.00

（3）安全净区
在特别困难路段，安全净区的宽度可减小至7m。
4）慢车专用道（VSVL）
该车道的宽度为3.50m，位于铺面宽度1.00m的路缘带以及设置的安全岛的右侧。该车道的起点处有一条130m的渐变段。在慢车专用道的终点，应划地面标线。
5）横断面的变化
（1）增加一条车道（直接式）
可在行车道的左侧或右侧增加一条车道，应确保右侧车道的连续性并遵循130m的渐变长度。增加车道的示意图见图3-3。

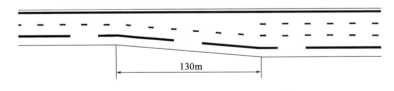

图3-3　增加车道示意图

（2）减少一条车道（车道偏移和恢复）
一般路段车道的偏移和恢复不同于互通式立体交叉或服务设施的进口和出口。
根据出现偏移的行车道位置可分为偏移和恢复两种形式。通常右侧出现偏移的处理更为简单（图3-4）。左侧出现偏移和恢复的会涉及与原始断面相连接的公路附属设施的衔接问题（图3-5）。
渐变段长度和过渡段长度见表3-3。

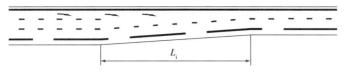

图 3-4 无连接设施时减少车道示意图

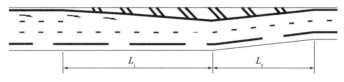

图 3-5 有连接设施时减少车道示意图

渐变段长度和过渡段长度   表 3-3

类型	L_1 型	L_2 型
渐变段长度 L_i (m)	470	310
过渡段长度 L_r (m)	250	200

6) 普通公路改扩建为高速公路

如果改扩建造价较高,可采取如下措施:

(1) 紧急停车带为 2.5m,即使重车的交通量超过 2000veh/d;

(2) 左侧行车道和左侧路缘带的整体宽度不超过 4.00m;

(3) 如果既有桥涵每个方向可行驶的宽度能达到 8.5m,可以维持现状。

3.3.2 《干线公路规划》

1) 干线公路标准横断面

干线公路的标准横断面示意图见图 3-6。

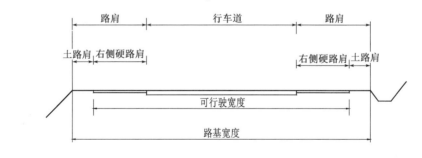

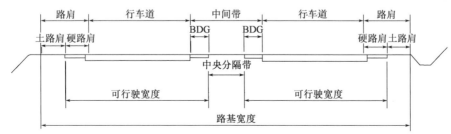

图 3-6 路基标准横断面示意图

注:BDG 为左侧路缘带。

2) 一般路段的横断面

(1) 车道数量

车道数量的确定要考虑交通量、服务水平、经济和政策因素。常见的类型有：2车道、3车道或2×2车道。从安全角度考虑，2×2车道公路需设置中央分隔带。

(2) 车道的宽度

车道宽度通常采用3.5m。当交通量不大、重载车比例小时，行车道宽度可以缩减到3.0m。在山区困难路段，车道宽度也可以适当缩减。

(3) 路肩

路肩包括硬路肩和土路肩。

①硬路肩

从路面边缘算起，包括：

a. 右侧路缘带，路面的附加宽度，与路面结构相同，其宽度通常为0.25m；

b. 铺筑路面部分(能够支承一辆载重货车的临时停车)。

硬路肩的主要功能如下：

a. 提供富裕宽度，提高行车的安全性和舒适性，从这一意义上讲，它又可称为"补偿区"；

b. 提供紧急通道用作避险，能够避免"多车辆"相撞；

c. 供行人或非机动车辆使用；

d. 保护行车道路面。

硬路肩尺寸确定和处理方法见表3-4。

硬路肩尺寸确定和处理方法　　表3-4

公路类型	新建公路	改扩建公路
R形，2~3车道	硬路肩宽度为2m(至少1.75m)，铺设路面或压实	硬路肩宽度为1.75m，铺设路面或压实
R形，2×2车道	硬路肩宽度为2m，铺设路面或压实	硬路肩宽度为1.75m，铺设路面或压实
山区困难路段	宽度根据实际情况确定，需压实	

注：从安全角度考虑，硬路肩最小宽度(1.75m或2m，视道路类型而定)已被证明是可行的。采用较大的宽度可以改善道路服务水平，条件允许时可采用2.50m的宽度。

②土路肩

土路肩位于硬路肩的外侧，通常植有草皮。土路肩的宽度为0.75~1.00m。路肩示意图见图3-7。

(4) 中间带

中间带的主要功能是分隔对向的车辆，包括中央分隔带和左侧路缘带。

对于位于城市周围的公路，进出通道较多，应当考虑到行人和非机动车，最高车速应控制在90km/h(甚至70km/h)，中央分隔带宽度不小于1.5m，设置立缘石(立缘石高度应小于40cm)，左侧路缘带的宽度为0.5m。

对于荒芜的农村公路(无任何居民出入口)，中间带的宽度小于12m，左侧路缘带的宽度不小于1m,中间带的尺寸可以根据需要来确定。

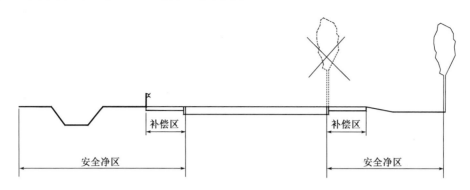

图3-7 路肩示意图

对于旅游交通车流量很大的公路,中间带的宽度可能会很大(宽度≥12m,可根据情况变更),宜植草皮或种植小灌木,左侧路缘带的宽度为1m。

(5)安全净区

安全净区的宽度从行车道边缘算起,安全净区的宽度要求如下:

①改扩建公路采用4m;

②新建公路或在现有公路上新种植树木时,采用7m(R形的2~3车道,R形的2×2车道,限速90km/h);

③R形的2×2公路并限速110km/h时,采用8.5m。

3)桥隧结构物横断面

桥隧工程的横断面示意图见图3-8。

图3-8 桥隧工程的横断面示意图

注:(1)为扶手或防护装置;(2)为人行道或两轮车道;(3)为非机动车道。

(1)非机动车道

一般情况下,应保证至少2.00m宽的非机动车道。特殊情况下,其宽度至少为1.25m。当预测年交通量(20年)超过10000veh/d(双向四车道公路达到15000veh/d),应考虑2m的宽度。当设置中间带时,左侧路缘带的宽度为1m,特殊情况下可以缩小,但不能小于0.5m。

(2)人行道

人行道的宽度至少为1m。当行人较多时,人行道的宽度至少为1.25m。

3.3.3 《2×1公路设计指南》

1)一般路段的横断面

一般路段的横断面示意图见图3-9。

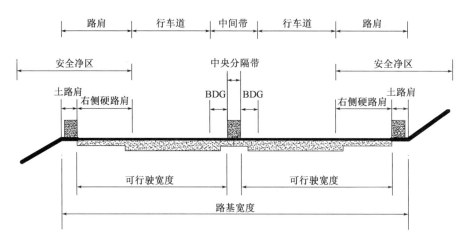

图3-9 一般路段的横断面示意图

注:BDG 为左侧路缘带。

(1)可行驶宽度

双向单车道(2×1)公路主要包含以下两种横断面形式:半幅仅有一条车道的路段(PT1断面)和半幅含有两条车道的超车路段(PT2断面)。

对于半幅仅有一条车道的路段(图3-10),其单侧最小可行驶宽度通常为6.75m。

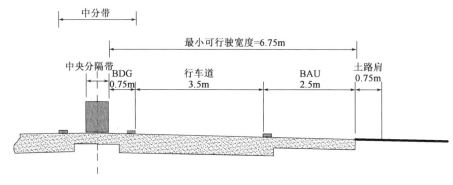

图3-10 PT1断面示意图

注:BDG 为左侧路缘带;BAU 为紧急停车带(硬路肩)。

该宽度可保证:

①在正常运营时,若有一辆车停在距离紧急停车带右侧边缘30cm处,可保证一辆重型车以80~90km/h的速度从其左侧超车。

②在某半幅路交通中断时,另外半幅路可用作临时双向行驶的道路,此时可保证两辆轻型车以90km/h的速度进行错车。

③若在行车道、中间带上进行养护作业,或有车辆发生故障停在行车道上,侧面还有富余

宽度供车辆通行。

对于半幅含有两条车道的超车路段(图3-11),其单侧最小可行驶宽度为8.50m。

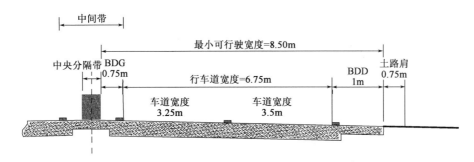

图3-11 PT2断面示意图
注:BDG为左侧路缘带;BDD为右侧路缘带。

(2)横断面组成

①行车道

PT1断面中的单车道或PT2断面中的右侧行车道的宽度为3.5m。PT2断面中的左侧车道的宽度为3.25m。

②中间带

中间带上设置护栏是为了确保两个行驶方向的隔离,其宽度由以下两个部分构成,分别是两条左侧路缘带和中央分隔带。中间带的宽度要与护栏、标志牌、桥墩以及支撑杆的尺寸大小相兼容。

中间带上优先选用混凝土护栏,但是在某些情况下(特别是考虑冬季的可通行性),可选用金属护栏。

a. 左侧路缘带(BDG)

左侧路缘带的作用是允许行车轨迹出现轻微的偏差以及避免撞击安全护栏,并保证视距。左侧路缘带上应铺筑路面,并且与相邻行车道没有高差,其宽度为0.75m。

b. 中央分隔带

中央分隔带的作用是将两个行车方向进行分隔以及用于一些设施(安全护栏、标志牌、集水和排水结构物)的铺设,有时也用于布设桥墩及景观结构物。其宽度取决于上面所铺设的设施。为了节约造价,中央分隔带的宽度可以取最小值,即满足安装安全护栏的宽度。

③路肩

路肩包括一条紧急停车带(BAU)或右侧路缘带(BDD)、土路肩。

a. 紧急停车带(BAU)或右侧路缘带(BDD)

紧急停车带从行车道右侧边缘处开始,包括含有行车道边缘线的行车道超宽部分以及不含任何障碍物、有铺面且能够容纳停靠的重型车的部分。行车道和紧急停车带(BAU)之间不应有任何缝隙。

PT1型横断面包括一条宽2.50m、稳固且铺面的紧急停车带。PT2型的横断面不包括紧急停车带,但有一条铺面宽度1m的右侧路缘带。

b. 土路肩

其宽度由护栏的宽度决定,最小宽度为 0.75m。可结合坡度不超过 25% 的排水设施一同设置。

④安全净区

安全净区的宽度从行车道边缘算起,对于速度 90km/h 的路段为 7.00m,对于速度 110km/h 的路段为 8.50m。在挖方段,安全净区的高度不超过 3.00m。在安全净区,除公路自身独立的的结构物和附属设施外,不应侵入其他设施。安全净区示意图见图 3-12。

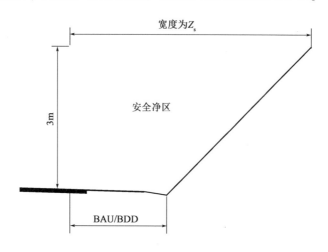

图 3-12 安全净区示意图

注:BAU 为紧急停车带;BDD 为右侧路缘带。

2)桥涵结构物的横断面

(1)标准桥涵结构物的横断面

对于标准桥涵结构物的横断面,路幅宽度和横断面各部位的宽度与一般路段相同。

(2)非标准桥涵结构物的横断面

对于非标准桥涵结构物的横断面,横断面至少包含 11.00m 的可行驶宽度,包括两条 3.50m 的车道、两条最小 1.25m 的右侧路缘带和一条宽度为 1.50m 的中间带,见图 3-13。

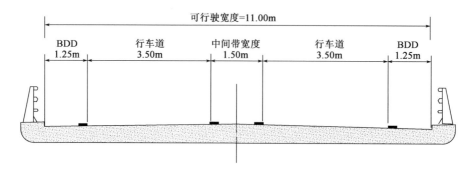

图 3-13 非标准桥涵结构物最小横断面示意图

注:BDD 为右侧路缘带。

3）横断面的变化

（1）增加一条车道

增加车道需在起点处设置一条长度等于130m的渐变段L_d，见图3-14和表3-5。

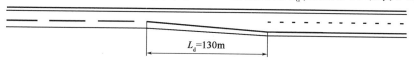

图3-14　增加一条车道示意图

注：L_d为增加车道时的渐变段长度。

横断面变化几何参数表　　　　　　　　　　　　　　　　　　　表3-5

几何特征		标线			
L_i（减少车道）	L_d（增加车道）	L	$L/2$	导流箭头	
				第1区间长度	第2区间长度
310m	130m	156m	78m	91m	78m

（2）减少一条车道

渐变段尽量设于直线段，也可设在左转弯曲线上，但是要避免设置在右转弯曲线上，渐变段长度（L_i）为310m，见图3-15和表3-5。

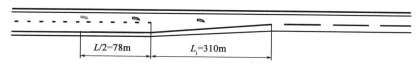

图3-15　减少一条车道示意图

注：L为预警标志的长度；L_i为减少车道时的渐变段长度。

3.3.4　《VSA90/110》

1）一般路段的横断面

VSA90/110一般路段横断面见图3-16。

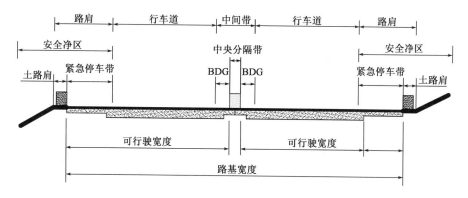

图3-16　横断面示意图

注：BDG为左侧路缘带。

(1)行车道

行车道宽度为 3.00~3.50m。

①VSA90 的一般规定

a.最右侧车道的标准宽度为 3.50m,其他车道的标准宽度为 3.25m,在没有重载车的情况下可以减少到 3.00m。

b.在重载车交通量较大的情况下,内侧车道的尺寸应设计为 3.50m。

c.左侧路缘带以及最左侧车道宽度之和最小为 3.75m。

②VSA110 的一般规定

a.行车道的标准宽度为 3.50m。中间车道可减小到 3.25m。左侧车道也可减小到 3.25m,在无重载车时甚至可减小到 3.00m。

b.在重载交通量较大的情况下,第二条车道的尺寸应设计为 3.50m。

c.左侧路缘带以及左侧车道宽度之和最小为 4.00m。

③特殊车道

a.专用车道(VR)

在 VSA90/110 上,可以为某些道路使用者预留专门车道,例如公交车、出租车、合租车等。这些车道可位于以下位置:

(a)一般行车道上:位于右侧行车道或左侧行车道。

(b)受保护的位置:中间带上。

b.辅助车道

辅助车道(VA)是指根据交通量需求,准许所有车辆临时使用的用于增加基础设施通行能力的行车道。该车道始终位于行车道的右侧,尺寸与其他行车道相同。

(2)中间带

中间带由中央分隔带和左侧路缘带组成。

①左侧路缘带

左侧路缘带的作用是允许行车轨迹出现轻微的偏差以及避免撞击安全护栏,并保证视距。

左侧路缘带上面没有任何障碍物,应铺筑路面,与相邻行车道没有高差。其标准宽度为 1.00m,特殊情况下,其宽度可减小至 0.75m。

②中央分隔带

中央分隔带的作用是对两个行车方向进行分隔,用于一些设施(安全护栏、标志牌、集水和排水结构物)安设,以及必要情况下埋设结构物的墩柱,其宽度取决于所埋设的构件尺寸等。为改善视距,其宽度可增加。

(3)紧急停车带(BAU)

VSA90/110 通常包括一条宽度 2.50m 的紧急停车带。当重车超过 2000veh/d(双向合计)时,其宽度应采用 3.00m。

当 VSA90/110 穿越建筑密集的城区时,紧急停车带(BAU)的维护成本较高,此时可考虑取消紧急停车带,设置一条至少宽 1.00m 的右侧路缘带。

(4)土路肩

土路肩的主要作用是保证视距以及安装安全护栏、标志牌等设施。其可与排水设施中融为一体。其宽度主要取决于要安装的设施所需的空间,且至少为 0.75m。

(5) 安全净区

安全净区宽度从行车道边缘算起,对于 VSA110,宽度为 8.50m,对于 VSA90,宽度为 7.00m。在挖方段,安全净区的高度不超过 3.00m,见图 3-17。

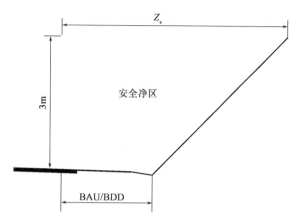

图 3-17 安全净区示意图

注:Z_s 为安全净区宽度;BAU 为紧急停车带;BDD 为右侧路缘带。

2) 桥涵结构物的横断面

(1) 横断面宽度

一般情况下,桥涵结构物的横断面应保持与一般路段相同。而对于非标准桥涵结构物,应具有足够的可行驶宽度,该可行驶宽度应不小于下列的规定:

① 双向四车道(2×2)公路

双幅桥:2×9.75m;

单幅桥:20m。

② 双向六车道(2×3)公路

双幅桥:2×14m;

单幅桥:28.50m。

(2) 净高

最小净高(H_m)为结构物在其寿命期间具有的最低高度,以确保车辆安全通行。应在可行驶宽度及两侧各增加 0.10m,确保最小净高。

1986 年 10 月 17 日,有关公路网结构物高度设计的通告中确定了国道和高速公路上桥涵结构物的最小净高如下:

① 高速公路:$H_m = 4.75$m;

② 重要的交通干线:$H_m = 4.50$m;

③ 国家路网中的其他道路:$H_m = 4.30$m。

在省级和市镇级的道路上,桥涵结构物的最小净高由相关公路法确定。

① 省级道路:应在整个行车道宽度上预留至少 4.30m 的净空高度;

② 市镇级道路:跨越市镇级道路的桥涵结构物下,应在整个行车道宽度上预留至少 4.30m

的净空高度；

在设计结构物时，在最小净高的基础上应增加0.1m。

3) 横断面的变化

(1) 横向偏移

如果横断面的变化引起行车道上一条车道出现横向偏移，宜在平曲线中将其引入。发生变化的行车道相较于行车道原始中轴线的渐变率不得超过1/37，所有车道分界线随着该变化而变化。

(2) 增加一条车道

一般情况下，应优先在道路左侧增加一条车道。如果增加的车道为专用车道，那么可将其建立在右侧。如果增加的车道是一条辅助车道，则始终将其建立在右侧。

无论所增加的车道是在左侧还是右侧，应确保右侧车道的连续性，并设置130m的渐变段。增加一条车道的示意图见图3-18和图3-19。

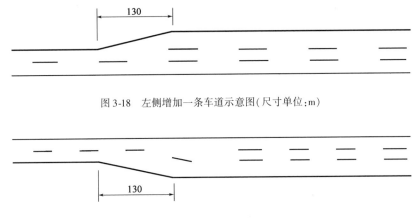

图3-18　左侧增加一条车道示意图(尺寸单位:m)

图3-19　右侧增加一条车道示意图(尺寸单位:m)

(3) 减少一条车道

①对于VSA110而言，渐变段长度为310m；

②对于VSA90而言，渐变段长度为234m。

减少一条车道的示意图见图3-20和图3-21。

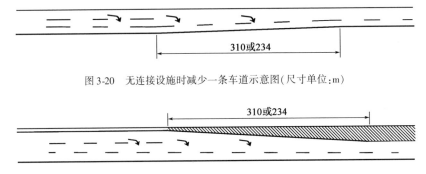

图3-20　无连接设施时减少一条车道示意图(尺寸单位:m)

图3-21　有连接设施时减少一条车道示意图(尺寸单位:m)

3.3.5 《AU70》

1)一般路段的横断面

AU70 横断面主要包括两种类型:普通双向道路(2 条或 3 条车道)和行车道分隔的道路。普通双向道路(2 条或 3 条车道)的横断面见图 3-22。

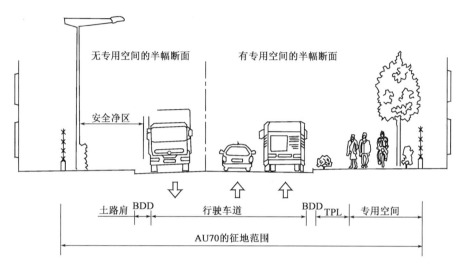

图 3-22　普通双向道路(2 条或 3 条车道)横断面示意图
注:BDD 为右侧路缘带;TPL 为侧分带。

行车道分隔的道路的横断面见图 3-23。

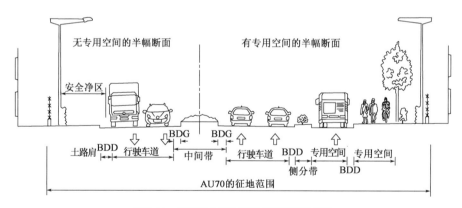

图 3-23　行车道分隔的道路的横断面示意图
注:BDG 为左侧路缘带;BDD 为右侧路缘带。

(1)行车道

行车道的标准宽度为 3.00m,在重载车交通量大的路段或公交车道上,车道宽度可达到 3.50m。

对于双向四车道(2×2),可以将最左侧车道减小到 2.80m(此时应设置左侧路缘带,且最左侧行车道禁止载重车通行)。

对于不含公交专用车道的行车道,最小可行驶宽度规定如下:

①双向双车道:最小可行驶宽度为 7.00m;

②双向三车道:最小可行驶宽度为 9.60m;

③双车道单向道路:最小可行驶宽度为 6.60m(如果最左侧车道禁止载重车通行,则为 6.40m)。

对于含公交专用车道的行车道,最小可行驶宽度规定如下:

①含 1 条一般行车道和 1 条公共汽车车道,最小可行驶宽度为 7.10m;

②含 2 条一般行车道和 1 条公共汽车车道,最小可行驶宽度为 10.10m(如果最左侧车道禁止载重车通行,则为 9.90m)。

(2)右侧路缘带(BDD)

路缘带包含在可行驶宽度中,且没有任何障碍物。

AU70 的右侧路缘带的标准宽度为 0.50m(在没有安全护栏的情况下,最小可减少至 0.30m)。

(3)中间带

中间带确保两个行驶方向的分隔,其宽度取决于其组成部分,即左侧路缘带和中央分隔带。中间带的宽度还要与护栏的宽度、标志牌、桥墩等的尺寸大小相兼容。但是,在中间带上没有任何设施的情况下,建议采用最小宽度 1.60m,以便预留安放护栏的空间。

①左侧路缘带(BDG)

左侧路缘带的作用是允许行车轨迹出现轻微的偏差以及避免撞击安全护栏。上面没有任何障碍物。左侧路缘带宽度应与中间带上安放的护栏相兼容。在没有安放护栏时,其最小宽度为 0.30m。

路缘带一般划标线。当左侧路缘带的宽度等于 0.30m 时,最左侧车道和左侧路缘带的整体宽度小于或等于 3.30m,且设置路缘石时才可以取消标线。

②中央分隔带

中央分隔带将两个行车方向进行分隔,因此其通常是不可跨越的。双向四车道(2×2)道路必须设置中央分隔带。

中央分隔带上可以安设一些设施(护栏、标志牌、公共照明的灯杆、栽种植物等)以及可能的结构物墩柱。在没有护栏时,需设置 T 形路缘石。

中央分隔带的宽度取决于安设的设施以及是否存在路缘带,见图 3-24。设置标志牌需要宽 1.50m 的中央分隔带和宽 0.30m 的左侧路缘带,如果没有左侧路缘带,则需要设置宽 2.10m 的中央分隔带。

中央分隔带可局部加宽,主要是在靠近交叉路口时。例如,为了在中央分隔带上设置用于左转的专用车道、行人安全岛等。

中间带上是否设置护栏取决于车辆在驶出行车道时发生正面撞击的风险。AU70 是否设置护栏取决于下面两个参数:

a.纵坡坡率 P 是否大于 4%;

b.平面圆曲线半径 R 是否小于 400m。

表 3-6 明确了在何种情况下应在中央分隔带上设置护栏。

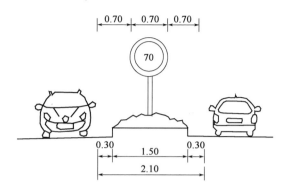

图 3-24 中央分隔带示意图(尺寸单位:m)

设置护栏情况表　　　　　　　　　　　　　表 3-6

半　　径	$P \leqslant 4\%$	$P > 4\%$
$R < 400m$	必须设置护栏	必须设置护栏
$R > 400m$	设置路缘石	建议设置护栏

(4)土路肩

土路肩的最小宽度为 1.00m。

(5)安全净区

安全净区从行车道边缘算起,宽度为 4m。

(6)侧分带(TPL)

侧分带用于分隔一般行车道和专用于其他交通方式的空间(公交专用道、自行车道、人行道等)。其上面可以安设一些设施(护栏、标志牌、公共照明的灯杆、植物等)。

侧分带位于行车道边缘之外,包括行车道右侧路缘带和专用车道的路缘带,根据下列两条标准确定宽度:

①上面安设的设施的尺寸;

②分隔的用途。

最小侧分带宽度的确定方法与中央分隔带一样,见图 3-25 和图 3-26。

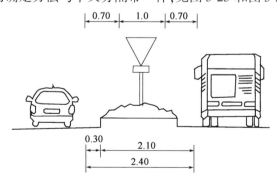

图 3-25　轻型车和有左侧路缘带的公共汽车之间的侧分带(尺寸单位:m)

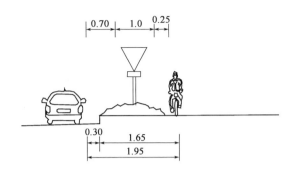

图 3-26　轻型车和无左侧路缘带的自行车之间的侧分带(尺寸单位:m)

2）横断面的变化

优先在交叉路口处增加或取消车道。

（1）增加一条车道

若增加一条车道的偏移宽度为 D，则所需的渐变段长度为偏移宽度 D 的 37 倍，见图 3-27。

图 3-27　增加一条车道示意图

（2）减少一条车道

对于 AU70，减少一条车道时的渐变段长度为 78m，见图 3-28。

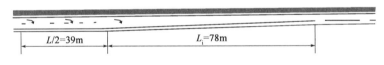

图 3-28　减少一条车道示意图

（3）中央分隔带、行车道、左侧路缘带或右侧路缘带的宽度发生变化

如果横断面的变化（横断面的一个或多个组成部分加宽或变窄）导致行车道横向发生偏移，渐变段长度采用偏移宽度 D 的 37 倍（除了减少一条车道的情况）。

3.4　平面设计

3.4.1　《高速公路设计指南》

1）平面

平面尺寸设计原则旨在确保每种类型的高速公路均达到良好的安全性和舒适性。

如果由于造价因素或为了更好地布设路线，公路可设计为分离式路基。

（1）圆曲线半径

平面圆曲线半径应符合表 3-7 中所列限值的规定。

圆曲线半径限值表 表3-7

类别	第一类高速公路 L_1	第二类高速公路 L_2
最小半径 R_m(m)	600	400
不设超高的最小半径 R_{dn}(m)	1000	650

建议用大半径圆曲线替代长直线。

在不会大幅度增加造价的前提下,圆曲线半径采用大于或等于 $1.5R_{dn}$ 是合理的,从而提高舒适度并更好地满足视距条件。

(2)圆曲线的连接

在遵循了以下圆曲线连接规则的情况下,才可使用半径适中($<1.5R_{dn}$)的圆曲线:

①借助较大半径的圆曲线在 500～1000m 的长度上引入半径适中的圆曲线。在这种情况下,两个圆曲线半径应满足的条件是:$R_1 \le 1.5R_2$,其中,R_1 是第一个圆曲线半径,R_2($<1.5R_{dn}$)是第二个圆曲线半径。该建议在危险路段是必须满足的,例如在经过一段较长的下坡之后的路段、在靠近互通式立体交叉的路段、在靠近服务设施的路段和在经常结冰的区域。

②由缓和曲线连接的反向圆曲线之间不需设置直线段。两个同向圆曲线之间直线长度应不小于200m。

(3)缓和曲线

直线同半径小于 $1.5R_{dn}$ 的圆曲线相连接处,需要设置缓和曲线。

缓和曲线的长度应大于或等于下面两个数值中的较大值:$14|\Delta\delta|$ 和 $R/9$,其中,R 是指圆曲线的半径(单位为 m),$\Delta\delta$ 是圆曲线和直线的横坡差值(以%表示)。

2)超高

(1)超高值

半径小于 R_{dn} 的圆曲线,应设置超高;半径大于或等于 R_{dn} 的圆曲线,不需要设置超高。

①在直线段和不设超高的曲线段

路面横坡朝向外侧,坡度为2.5%。

紧急停车带 BAU(或右侧路缘带 BDD)的坡度与相邻行车道路面的坡度相同,若由于技术原因,除带有边缘分界线的行车道加宽部分之外,其他部分坡度可达到4%。

左侧路缘带(BDG)和中央分隔带的坡度与相邻路面的坡度相同。

土路肩的横向坡度为8%。如果土路肩与排水设施融为一体,则其横向坡度可达到25%。

②设置超高的曲线段

路面的横向坡度根据 $1/R$ 进行线性计算,介于 R_{dn} 的2.5%和 R_m 的7%之间。曲线内侧的紧急停车带 BAU(或右侧路缘带 BDD)的坡度与相邻行车道路面的坡度相同。在超高小于4%的路段,外侧 BAU(或 BDD)的坡度与行车道保持一致。在超高不小于4%的路段,外侧 BAU(或 BDD)的坡度朝向外侧,数值为1.5%。路面加宽区域的坡度与行车道相同。

(2)超高的变化

超高通常是沿着缓和曲线线性变化。

①超高旋转点

当中间带有铺面时,超高旋转点一般位于路基的中轴线上,否则,超高旋转点位于行车道的左侧边缘。

②路面水的排放

在超高过渡时,应在不影响路面排水和线形美观的前提下确定超高过渡段(超高介于 -1% ~ $+1\%$ 之间)的长度。

在超高渐变段上,路面的排水要求行车道上任一点的合成坡度不小于 0.5%。

在超高路段上,中间带的设计要能够排放外侧行车道上的汇水。

3)视距

高速公路要有良好的视距,以便为道路使用者提供更好的行驶安全性和舒适性。

(1)一般规定

①速度

指行车道上容许的限制速度。

②观察点

轻型车驾驶员的观察点位于距离地面 1.00m 高并距离车道右侧 2.00m 的位置。

③被观察点

对于一辆车而言,被观察点至少是两个后灯,位于距地面 0.60m 的高度处,其与车辆行驶的右侧轨迹线的横向距离分别是 1.00m 和 2.50m。

(2)视距规则

①一般路段的视距

一般路段的视距指前后两辆车之间的停车距离 d_a。有时由于某些因素的限制,不可能在所有情况下都能满足停车视距,设计时应尽量减少这种情况发生的次数,减轻由于视距不足造成的事故的严重程度。

在车辆靠近需要特别减速的危险点或区域时,必须保持停车视距,这些危险点或区域包括车道数量减少处、入口点、收费站、桥涵结构物和隧道等。

②靠近入口处的视距

在靠近高速公路入口处,将互通式立体交叉视为一个节点,驾驶员应能够做出方向选择并进行必要的操作。

③高速公路出口处的视距

在出口上游,视距条件一方面取决于其自身的出口设施,另一方面取决于与出口相关的方向标志,即 D50 型指示牌、D40 或 Da40 型指示牌、D30 或 Da30 型指示牌。

对于通往出口的全部车道,所有指示牌的视距应不小于识别视距 l_c。在出口设施方面,对于在预告标志上游 d_{ms} 距离处的观察者而言,预告指示牌(D30 或 Da30 型)和物理分流点的视距应从行车道最右侧的两个车道开始生效。

物理分流点将通过路标具体标记出来,在理论点 S.5.00m 处考虑设置该路标。其整个部分的最小高度规定如下:

a. 对于直径 2m 的 J14a 路标而言,高度为 1.0m;

b. 对于直径 1m 的 J14a 路标而言,高度为 0.8m;

c. 对于 J14b 板桩路标而言,高度为 1.85m。

如果通往出口的行车道汇流到一条车道,将保留直径 1m 的路标。

板桩式设施将预留在交通枢纽处,可用于较大交通量的分流点,以改善视距。
高速公路直接式出口视距示意图见图3-29,高速公路平行式出口视距示意图见图3-30。

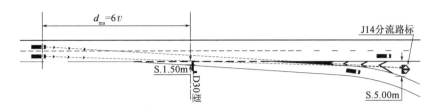

图3-29 高速公路直接式出口视距示意图
注:v为速度,见式(3-3)。

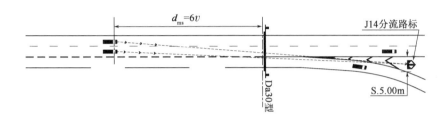

图3-30 高速公路平行式出口视距示意图

注:d_{ms}为出口操作视距;S.1.50m为最早驶出点;S.5.00m为最晚驶出点,即分流鼻端宽度达到5.00m的横断面位置。

④高速公路入口处的视距
主路右侧车道上的车辆距 E.1.00m 点处的视距最小值为停车视距,见图3-31。

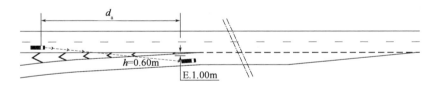

图3-31 高速公路入口处视距示意图
注:d_a为停车视距;E.1.00m为最早驶入点。

⑤互通式立体交叉的视距
互通式立体交叉的视距应满足以下要求:
a. 在每个分流点或合流点处,应能满足与前方车辆的停车视距;
b. 在靠近弯道时,应能在圆弧起点看见车道分界线(标记视距 d_{vm}),以便能辨认出曲线并及时做出反应;
c. 在靠近平面交叉时,应能满足平面交叉的视距条件,同时应考虑到被交路的实际速度;
d. 在到达服务设施前,应能在服务设施前150m处看见入口标志。
⑥安全岛的视距
在高速公路右侧车道设置安全岛时,四周的视距应至少等于停车视距。

⑦停车道上的视距

在右车道或在慢车专用道上,驾驶员至少可在标志牌前 170m 处看到高度 2.50m、边长 2.50m 的标志牌。

(3) 视距检验规则

因高速公路上车辆行驶速度高,故对视距的要求很重要。如果不能保证遵守规定的几何尺寸,那么应对设计方案进行检验。

通常应在遵循视距规则的同时考虑路线平面、纵断面和特殊点(出入口、收费站等)之间的协调,并与边坡或中间带(挖方边坡的距离、设施的位置、植被高度等)相适应。

当无法按照视距规则设计时,可以允许局部降低最大行驶速度,前提是道路使用者应能清楚地感知到道路的处理方式及其环境的变化。

(4) 局部视距降低

对于根据前述规则在可见距离处已经观察到的元素,允许观察者在随后局部中断对该元素的感知。这种类型的中断通常是由特定的横向障碍物(桥墩、信号标牌等)引起的。在观察者能够看到目标 1s 之后,这种视距中断的距离不得超过观察者 2s 的行驶距离。局部视距降低示意图见图 3-32。

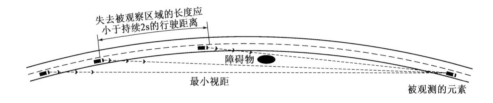

图 3-32　局部视距降低示意图

4) 困难路段的高速公路平面

位于山岭重丘区的高速公路属于 L_2 型高速公路。L_2 型高速公路适用的地形较复杂的地区,造价高。在山岭重丘区连续或频繁出现至少 10km 的特殊困难路段,可以考虑采用困难路段的高速公路的设计标准。

针对困难路段的高速公路,部分设计可按照下面所述的要求,其他设计应按照 L_2 类型公路的规定执行。具体规定如下:

(1) 视距

允许降低最高速度,相应地降低了视距要求。

(2) 平面

将最小圆曲线半径(R_m)减小至 240m。

圆曲线之间连接的规定很重要,采用半径小于 R_{dn} 的圆曲线,尤其是与不同类型的相邻圆曲线进行连接时要遵守这些规定。

设置更小的圆曲线($R < 1.5R_m$),需要具有良好的视距。

(3) 缓和曲线

半径大于 R_{dn} 的圆曲线不需要设置缓和曲线。

当设置缓和曲线出现困难时,根据需要可将缓和曲线长度减小至 $8.4|\Delta\delta|$。

在 S 形曲线段内,超高可在连接圆曲线的两个缓和曲线上线性变化。

5)将普通公路改扩建为高速公路

在任何情况下,L_2 型高速公路路段的限值必须遵守,如果某个路段位于特别困难地区则例外。

在同一方向、不设缓和曲线的两条圆曲线之间,直线段长度可减少至 100m。

只要有良好的视距和识别条件,平面和纵断面的协调原则就不能单独修改现有的路线布局。

6)附录——主要视距

(1)停车视距(d_a)

停车视距运用识别-反应时间段(取值 2s)内驶过的距离与刹车距离(在常规条件下,将车速从 v 变为 0 进行刹车操作时驶过的距离)之和计算。直线段停车视距见式(3-1):

$$d_a = 2v + \frac{v^2}{2g[\gamma(v) + p]} \tag{3-1}$$

式中:v——速度(m/s);

$\gamma(v)$——平均等效减速度(m/s^2),其数值取决于 v;

p——纵坡坡率(%)。

在互通式立体交叉区域的车道内,如果曲线路段的圆曲线半径 R 采用中等半径值,当 $R < 5v$(速度 v 的单位为 km/h,R 的单位为 m)时,应使用曲线段的停车距离 d_{ac} 代替停车距离。用类似于停车距离的方法计算曲线段内的停车距离,且刹车距离增加 25%,见式(3-2):

$$d_{ac} = 2v + 1.25 \frac{v^2}{2g[\gamma(v) + p]} \tag{3-2}$$

(2)出口操作视距(d_{ms})

出口操作视距为车辆 6s 内驶过的距离,见式(3-3):

$$d_{ms} = 6v \tag{3-3}$$

式中:v——速度(m/s)。

(3)标记视距(d_{vm})

标记视距为车辆 3s 内驶过的距离,见式(3-4):

$$d_{vm} = 3v \tag{3-4}$$

式中:v——速度(m/s)。

(4)识别视距(L_c 或 l_c)

识别视距为车辆 5s 内驶过的距离,并至少等于 125m。

如果 $v > 90$km/h,$l_c = 5v$(其中 v 的单位为 m/s);

如果 $v \leq 90$km/h,$l_c = 125$m。

(5)主要视距汇总表

主要视距见表 3-8。

主要视距汇总表　　　　　　　　　　表 3-8

速度(km/h)	30	50	70	90	110	130
速度(m/s)	8.3	13.9	19.4	25	30.6	36.1
平均等效减速度 $\gamma(v)$	0.46	0.46	0.44	0.40	0.36	0.32

续上表

直线段的停车距离 d_a(m)	25	50	85	130	195	280
当 $R<5v$ 时,曲线段的停车距离 d_{ac}(m)	30	55	95	150	230	335
出口操作视距 d_{ms}(m)	50	85	120	150	185	220
标记视距 d_{vm}(m)	25	45	60	75	95	110
识别视距 l_c(m)	—	—	125	125	155	185

注:以上视距数值四舍五入至5的倍数。

3.4.2 《干线公路规划》

1)平面

公路的平面应能保证良好的安全性和舒适性,需按照公路类型确定最小半径。

过多使用大半径曲线(封闭公路和无沿线居民出入通道的公路除外)会促使驾驶员连续高速行车,不利于安全,尤其不利于平面交叉和某些需要降低车速地点的安全。

(1)圆曲线半径值与路线总体设计

R 型公路圆曲线半径限值见表3-9。

圆曲线半径限值表(m)　　表3-9

公路类型	R60	R80
圆曲线最小半径 R_m	120	240
不设超高的圆曲线最小半径 R_{nd}	600	900

①新建公路

新建公路有以下设计要点:

a. 避免过多使用大半径圆曲线;

b. 优先运用直线(良好视距条件下,直线运用不少于50%);

c. 在大于1km的直线段后要避免设置半径小于300m的圆曲线,在0.5~1km的直线段后要避免设置半径小于200m的圆曲线;

d. 当圆曲线相互连接时(即使中间设置直线),两个圆的半径 R_1 和 R_2 需满足:$0.67 < R_1/R_2 < 1.5$,除非 R_1 和 R_2 都大于500m;

e. 避免采用卵形、C形和凸形曲线。

新建公路还需注意以下特殊情况:

a. 直线段太长(5~10km,甚至更长):在新建公路的设计中,要尽力避免直线段太长,但有时难以避免(隧道等);

b. 小半径(小于120m):在这种情况下,不用考虑表3-9中半径的最小值,按困难路段进行特殊设计。

②改扩建公路

一般情况下,应满足表3-9中圆曲线半径的最小值。

在特殊情况下(直线太长,半径过小)的处理如下:

a. 若大于 500m 的直线段连接的圆曲线半径小于 150m, 应加大圆曲线半径, 根据情况, 该半径可以达到 150m、200m 或者更大;

b. 对于平均半径小于 250m 的连续曲线路段应进行校验, 对于小半径曲线应加以改善;

c. 半径小于 250m 的曲线处应进行视距校验;

d. 通过事故分析(安全诊断)来修正路线(或其他方面)的不当之处。

涉及现有公路改扩建需要注意的以下两点:

a. 当对某一处平曲线实施改扩建时, 采取加大半径的方法并非总是合适的(比如为了达到某种类型公路的最小半径)。

b. 现有公路上很长的直线段(5~10km, 甚至更长), 会促使驾驶员处于注意力不集中的状态(尤其是长途行车时), 进而出现安全问题, 但这不是改变路线的理由。可以在其他方面寻求解决办法, 比如在相当长的直线段上设置隆声带, 这样有利于提高驾驶员的注意力。

(2)线形与超车

路线上应设置超车路段, 并保证足够的超车视距。为此, 路线需在一定间距内设置直线或大半径平曲线、凹形竖曲线(或凸形竖曲线, 但凸形竖曲线半径要大于 30000m)。超车区域的长度至少为 800m, 并保证 500m 的超车视距。

(3)线形设计

当圆曲线半径小于 R_{nd} 时, 应设置缓和曲线。

同向圆曲线间应设置直线段, 直线段长度应至少同较大半径上的车辆以运行速度 v_{85} 在 3s 时间的行驶距离 L 相等, 即 $L = 3 \times v_{85}$, v_{85} 的单位为 m/s, L 的单位为 m。在通常情况下可以取 $L = 75m$, 它与 3s 和 90km/h 的 v_{85} 相匹配。

以下线形不应采用:

①半径相近的两个同向圆曲线组成的曲线;

②C 形曲线;

③凸形曲线。

这些线形会使驾驶员感到不适, 从而使安全性降低。

路线中可采用 S 形曲线。当 S 形曲线的两个圆均未设置缓和曲线时, 宜在两个圆曲线间设置长度为 50m 的直线段。

(4)缓和曲线

当圆曲线半径 $R < R_{nd}$ 时, 应设置缓和曲线, 见表 3-10。缓和曲线长度不推荐采用较大数值。

缓和曲线长度表   表 3-10

横 断 面	缓和曲线的长度
2 车道公路	$L = \inf(6R^{0.4}, 67)$
3 车道公路	$L = \inf(9R^{0.4}, 100)$
2×2 车道公路	$L = \inf(12R^{0.4}, 133)$

在某些困难情况下, 缓和曲线长度可比规定值小。在某些特殊情况下, 可以取消缓和曲线, 尤其是在山区公路上。

2）加宽和超高

（1）加宽

在圆曲线半径小于200m时，需要进行路面加宽。这种加宽通常是有好处的，每个车道采用$50/R$的加宽值，R表示圆曲线半径（m），在山区公路，每个车道加宽值可以减小为$25/R$。

（2）超高

①行车道超高

最小超高的半径R_{dm}见表3-11。

最小超高的半径值　　表3-11

公路的类型	R60	R80
最小超高的半径R_{dm}(m)	450	650

超高的设置规则如下：

a. 当圆曲线半径R大于或等于R_{nd}时，不设置超高；

b. 当圆曲线半径R小于R_{nd}，且大于等于R_{dm}时，设置最小超高2.5%；

c. 当圆曲线半径R小于R_{dm}，超高值是按照R_{dm}时的超高2.5%和R_m时的超高7%采用线性内插法计算求出；

d. 在特殊情况下，最大超高值采用5%，最小半径R_m相同。

②硬路肩超高

路缘带与相邻行车道的超高相同。

对于硬路肩（不包括路缘带），已经压实或植有草皮，超高可采用下列规定：

a. 当路面超高不大于4%时，超高内侧和外侧的硬路肩超高均与行车道相同；

b. 当路面超高大于4%时，超高内侧的硬路肩超高与行车道相同，超高外侧的硬路肩超高朝向外侧，坡度为1.5%。

（3）超高过渡

对于无中间带的双向行车道，超高旋转轴为路线中线；对于设有中间带的公路，超高旋转轴为各自行车道内侧边缘，超高的过渡是沿缓和曲线线性变化。

然而，当路线纵坡接近0%，缓和曲线的长度大于$14 \times |d_1 - d_0|$，应分段设置超高过渡（d_0和d_1是以%表示的代数值，是指初始横向坡度和圆曲线的超高坡度）。

（4）直线段和不设超高的曲线段

路面横坡朝向外侧，坡度为2.5%。

对于紧急停车带BAU（或右侧路缘带BDD），带有边缘分界线的行车道加宽部分的坡度与相邻行车道路面的坡度相同，其他部分坡度采用4%。

左侧路缘带（BDG）的坡度与相邻路面的坡度相同。

土路肩的横向坡度为8%。

3）视距

驾驶员需要良好的视距条件，若在荒芜的乡村地区，实际车速相对较高，所需要的视距较大（车速90km/h，相当于25m/s）。

为保证视距，应注意以下要点：路线设计（平面、纵断面、横断面、交叉工程）满足规范要求;各路段的运行速度不同,所需的视距有所差异;对视距进行检验,不足之处加以改进。

(1)速度

速度是计算视距的前提条件。

按照国际惯例,速度通常采用运行速度v_{85}。

(2)视距规则

必要的视距通常取决于速度、反应时间和必要的操作距离(制动、改变路径和启动)。

①转弯处的视距

驾驶员应当在接近转弯处时能够感知方向变化并及时改变其行为(路径、速度)。

在一般情况下,必要的视距相当于转弯处上游车辆以运行速度v_{85}在3s时间的行驶距离,即$3×v_{85}$,v_{85}的单位以m/s表示。

观察点:高度为1m,位于路面右边缘2m处。

被观察点:高度为0m,位于转弯起点处的行车道中心线上。

②停车视距

当路面有障碍物时,视距应当大于制动距离。

观察点:高度为1m,位于路面右边缘2m处。

被观察点:高度为0.35m(车尾信号灯高度),位于行车道中心线上(手工计算时可以简化为路面右边缘2m处)。对于经常有边坡坠物的道路,被观察点的高度可以减小为0.15m。

制动距离包括刹车距离(在道路潮湿条件下,车辆速度由v_{85}降为0的距离)加上反应时间内(反应时间按2s计)行驶的距离。

在曲线上,假如圆曲线半径$R<5v$(速度v的单位为km/h,R的单位为m)刹车距离将增大25%。

随速度v_{85}变化的刹车距离值见表3-12。

刹车距离表　　　　　　　　　　　表3-12

v_{85}(km/h)	20	30	40	50	60	70	80	90	100
d(在直线上,m)	15	25	35	50	65	85	105	130	160
d(在曲线上,m)	15.5	26.5	40	55	72	95	121	151	187

若保证制动距离的视距会导致大规模的土方工程,可在路面边缘外侧预留3m的通道,并保证绕过障碍物所需的视距(视距相当于$3v_{85}$,速度v_{85}以m/s计);当视距不能保证时,应降低运行速度。

③平面交叉的视距

次要公路上的视距应满足主要公路上车辆以运行速度v_{85}在8s(最少为6s)时间的行驶距离,即$8v_{85}$或$6v_{85}$(v_{85}的计量单位为m/s)。

在3车道公路上或设有中间带(中间带宽度不超过5~6m)的2×2车道公路上,视距为车辆以运行速度v_{85}在9s(最少为7s)时间的行驶距离。

观察点:高度为1m,在次要公路上,距离主要公路路面边缘4m。

被观察点:高度为1m,位于主要公路行车道中心线上。

对于左转弯进入次要公路的车辆,应保证相应的视距。

④超车视距

超车视距主要应用于双车道或 3 车道公路,其跟车速有关,一般情况应大于 500m,应保证路线长度中 25% 的路段是满足超车视距的。

观察点:高度为 1m,位于行车道中心线。

被观察点:高度为 1m,位于行车道中心线。

需注意以下两点:

a. 不管哪一种公路类型,超车视距最小值均至少保证 500m;

b. 在可超车路段应设置相应的路面标线。

⑤公路改扩建视距要求

对于改扩建公路,应满足各种视距要求,所涉及的主要因素如下:

a. 侧面的障碍物;

b. 位于公路周围的物体(标牌、边坡、树木、农作物、楼房、建筑物、墙壁等)都有可能遮挡视野;

c. 凸形竖曲线半径;

d. 曲线上的移动遮挡物。

与超车视距有关的因素中,应当考虑到可能由待超车车辆构成的移动遮挡物。实际上,在推荐的平面半径范围内,曲线能提供必要的视距。

3.4.3 《2×1 公路设计指南》

1)平面

(1)圆曲线

①行车道

在行车道上,圆曲线最小半径见表 3-13。

行车道圆曲线半径限值表　　　　表 3-13

半径最小值			路面横坡
圆曲线最小半径	R_m	240m	±7%
不设超高的圆曲线最小半径	R_{dn}	400m	±2.5%

设计时应优先考虑半径约为 $1.5R_{dn}$ 的较大圆曲线。

②超车道

在限速为 110km/h 的超车道上,圆曲线最小半径见表 3-14。

超车道圆曲线半径限值表　　　　表 3-14

半径最小值			路面横坡
圆曲线最小半径	R_m	400m	±7%
不设超高的圆曲线最小半径	R_{dn}	650m	±2.5%

(2)缓和曲线

直线同半径小于 $1.5R_{dn}$ 的圆曲线相接,应设置缓和曲线。

缓和曲线的长度(以 m 计)等于以下两个值中较小的一个:

①$6R^{0.4}$ 和 67(R 为圆曲线半径),适用于速度在 90km/h 的路段;
②$12R^{0.4}$ 和 133,适用于速度在 110km/h 的路段。

2) 超高

(1) 超高值

① 行车道

在直线段和半径大于不设超高的最小半径 R_{dn} 的曲线路段,路面设置双向路拱,路拱值为 -2.5%。

当圆曲线半径小于不设超高的最小半径 R_{dn} 时,应设置超高。

在半径等于最小半径 R_m 的曲线路段,路面的超高为 7%。

当圆曲线半径介于 R_{dn} 和 R_m 之间时,超高值应根据 $1/R$ 线性内插计算,超高介于 2.5% 和 7% 之间,与圆曲线半径相关。

对于一般行车道,超高计算见式(3-5):

$$\delta = -4.25 + \frac{2700}{R} \tag{3-5}$$

对于超车道,超高计算见式(3-6):

$$\delta = -4.70 + \frac{4680}{R} \tag{3-6}$$

式中:δ——用百分数表示的超高值;

R——圆曲线半径(m)。

② 路缘带和紧急停车带

在直线路段和不设超高的曲线路段,右侧路缘带和紧急停车带的横坡与相邻行车道路面的横坡一致。

在设置超高的曲线路段,在超高内侧,右侧路缘带和紧急停车带的超高与相邻行车道路面的超高一致;在超高外侧,右侧路缘带和紧急停车带的超高应满足以下两点要求:

a. 若行车道的超高小于 4%,为 -2.5%;

b. 若行车道的超高介于 4% ~ 7% 时,右侧路缘带和紧急停车带的超高降为 -1.5%,变化从路面超高达到 4% 的点开始,直到路面超高达到 7% 的缓和曲线的末端。

在所有情况下,带有路面标线的附加宽度应保持与相邻行车道相同的超高。

③ 土路肩

土路肩的横坡为 -8%。如果土路肩与排水设施融为一体,则其横向坡度可达到 25%。

(2) 超高的变化

① 超高渐变方式

a. 对于曲线外侧的道路,超高沿着缓和曲线变化,其过渡方式是线性的;

b. 对于曲线内侧的道路,超高变化是从外侧路面的超高达到 2.5% 的点开始的,其过渡方式也是线性的。

超高变化示意图见图 3-33。

② 超高的旋转轴

超高的旋转轴通常为中间带的中轴线。如果由于某些原因,相反方向的两条行车道相对于该轴有所偏移,那么每条行车道的超高旋转轴为中央分隔带的边缘线。

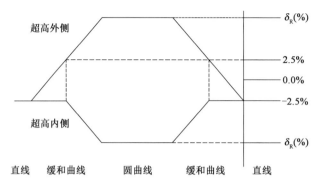

图 3-33 超高变化示意图

③径流水的排放

为保证径流水的快速排放,超高变化在 -0.5%~0.5% 的路段长度应尽量缩短,并在中间带设置排水设施,以汇集和排放曲线外侧路面的径流水。

3)视距

(1)一般规定

①速度

计算视距时考虑的速度 v 为路段上限速度。

②观察点

轻型车驾驶员的视线位于距离地面 1m 高的地方,距离其所在车道右侧边缘 2m。

③被观察点

对于一辆停在行车道上的汽车而言,被观察点是两个车尾灯中的任意一个,距地面 0.60m 的高度处,距其所处的车道右侧边缘的距离分别为 1.00m 和 2.50m。

(2)停车视距

对于停车视距(d_a),规定如下:

①直线段或圆曲线半径 $R \geqslant 5v$(速度 v 的单位为 km/h,R 的单位为 m)的曲线段采用直线停车视距(d_a),见表 3-15。

该距离为 2s 的感知-反应时间内以速度 v 行驶的距离加上制动距离(常规条件下车辆的速度从 v 降为 0 的期间行驶的距离),见式(3-1)。

直线段或 $R \geqslant 5v$ 的曲线段停车视距表(m)   表 3-15

项　　目		速度 v(km/h)			
		入口/出口		一般路段	
		50	70	90	110
	平均等效减速度(m/s²)	0.46	0.44	0.40	0.36
纵坡	-7%~-6%	55	95	150	230
	-6%~-5%	55	90	145	220
	-5%~-4%	55	90	145	215

续上表

项 目		速度 v(km/h)			
		入口/出口		一般路段	
		50	70	90	110
纵坡	−4% ~ −3%	55	90	140	210
	−3% ~ −2%	55	90	140	210
	−2% ~ −1%	55	85	135	205
	−1% ~ 0	50	85	135	200
	0 ~ 1%	50	85	130	195
	1% ~ 2%	50	85	130	190
	2% ~ 3%	50	85	130	190
	3% ~ 4%	50	80	125	185
	4% ~ 5%	50	80	125	185
	5% ~ 6%	50	80	125	180
	6% ~ 7%	50	80	120	175

注:停车视距采用四舍五入到5的倍数。

②在 $R<5v$ 的曲线段,采用曲线段停车视距(d_{ac})。
按照与直线段停车视距类似的方法确定,制动距离增加25%,见式(3-2)。
$R<5v$ 曲线段停车视距值见表 3-16。

$R<5v$ 的曲线段停车视距表(m) 表 3-16

项 目		速度 v(km/h)			
		入口/出口		一般路段	
		50	70	90	110
平均等效减速度(m/s²)		0.46	0.44	0.40	0.36
纵坡	−7% ~ −6%	70	115	185	285
	−6% ~ −5%	70	115	180	275
	−5% ~ −4%	65	115	180	270
	−4% ~ −3%	65	110	175	265
	−3% ~ −2%	65	110	175	260
	−2% ~ −1%	65	110	170	255
	−1% ~ 0	65	105	165	250
	0 ~ 1%	65	105	165	245
	1% ~ 2%	65	105	160	240
	2% ~ 3%	65	105	160	235
	3% ~ 4%	60	100	160	230
	4% ~ 5%	60	100	155	230

续上表

项　目		速度 v(km/h)			
		入口/出口		一般路段	
		50	70	90	110
纵坡	5%~6%	60	100	155	225
	6%~7%	60	100	150	220

注:曲线段停车视距采用四舍五入到 5 的倍数。

此表中的曲线段停车视距数值为《2×1 公路设计指南》中的原始数值,经计算发现,此数值比根据公式(3-2)计算的结果偏大。

直线段停车视距见图 3-34。曲线段停车视距见图 3-35。

图 3-34　直线段停车视距示意图

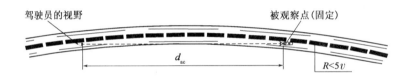

图 3-35　曲线段停车视距示意图

(3)特殊点的视距

在靠近任一特殊点时,驾驶员应能够做出相应的选择并进行必要的操作。

①出口处的视距

出口操作视距 d_{ms} 被定义为车辆以限速在 6s 时间内行驶的距离。

驾驶员在行车道上应能够感知到距最早驶出点(S.1.50m)的距离为 d_{ms},并要求:

a. 预告标牌均正面放置在该点右侧;

b. 分流鼻宽度为 5m,分流鼻处标牌高 1m。

出口处的视距见图 3-36。

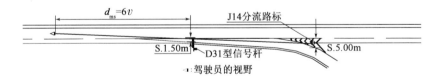

图 3-36　出口处的视距示意图

注:d_{ms} 为出口操作视距;S.1.50m 为最早驶出点;S.5.00m 为最晚驶出点。

当靠近出口匝道时,驾驶员应能够在以下两点之间的操作区域内满足停车视距:
a. d_{ms} 起点处;
b. 匝道的最晚驶出点(S.5.00m)。
靠近出口匝道的视距见图 3-37。

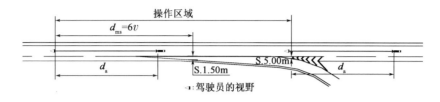

图 3-37　靠近出口匝道的视距示意图

注:d_a 为停车视距;d_{ms} 为出口操作视距;S.1.50m 为最早驶出点;S.5.00m 为最晚驶出点。

②入口处的视距
入口处的视距采用停车视距,目标车辆位于最早驶入点(E.1.00m)处的入口匝道上。
入口处的视距见图 3-38。

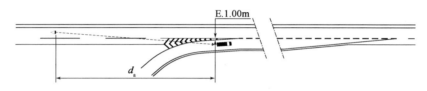

图 3-38　入口处的视距示意图

注:d_a 为停车视距;E.1.00m 为最早驶入点。

③靠近和进入环岛处的视距
a. 靠近环岛处
应满足距高度 1m 的 B21 型标志牌 250m 的视距要求。当靠近环岛时,任何情况下都应该满足停车视距。靠近环岛处的视距见图 3-39 和图 3-40。

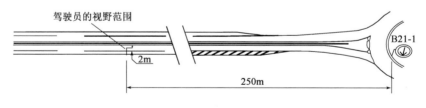

图 3-39　靠近环岛处的视距示意图(B21 标志牌)

b. 环岛入口处
进入环岛路口的驾驶员可以清楚地看见有优先行使权的车辆,并为其让道或停车避让。环岛入口处的视距见图 3-41。
必须确保在距入口 15m 处能完全看见环形车道左侧四分之一区域的空间。
中心岛在距路缘石 2m(若没有路缘石,则距离中心岛边缘 2.5m)范围内不得有障碍物(如较高的树木)。

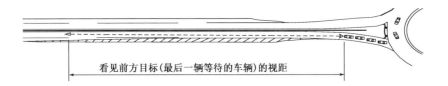

图 3-40 靠近环岛处的视距示意图(最后一辆等待的车辆)

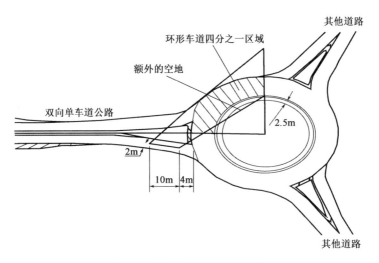

图 3-41 环岛入口处的视距示意图

④靠近车道渐变段的视距

在靠近车道变窄处时,驾驶员在渐变段起点(位于最后一个 C28 标志牌的位置)和渐变段终点应满足停车视距的要求,见图 3-42。

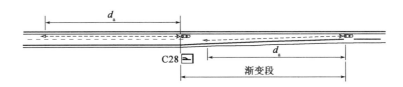

图 3-42 车道渐变段的视距示意图(行车道右侧变窄示例)

注:d_a 为停车视距。

⑤靠近桥涵结构物的视距

在靠近桥涵结构物时,应满足停车视距。

⑥靠近安全岛的视距

靠近安全岛时,应满足停车视距。

⑦靠近停车区的视距

驾驶员应至少在标志牌前 170m 处可以看到高度 2.5m、边长 2.5m 的标志牌。

⑧靠近和下穿桥隧结构物时的视距

在靠近和下穿桥涵结构物时,应满足停车视距。

⑨靠近服务区入口时的视距

靠近服务区入口时,应满足停车视距。

⑩靠近收费站时的视距

当靠近收费站时,应满足停车视距。

(4)双向单车道(2×1)公路和地方道路之间连接线上的视距

驾驶员在进入双向单车道(2×1)公路和地方道路之间的连接线时应满足下列要求:

①在靠近转弯处时,在圆曲线起点处的最小视距应等于车辆以限速3s的行驶距离,以便于驾驶员能够察觉出曲线并及时做出调整;

②对于连接线上的平面交叉,其视距要求必须符合关于平面交叉的相关规定;

③在连接线上,全程保证一般路段的停车视距。

3.4.4 《VSA90/110》

1)平面

(1)圆曲线最小半径

对每种类别的VSA,圆曲线有最小半径(R_m)和不设超高的最小半径(R_{dn}),见表3-17。

圆曲线半径限制表   表3-17

半 径 类 型	类 别	
	VSA90	VSA110
超高 $d=7\%$ 时的最小半径 R_m	240m	400m
不设超高的最小半径 R_{dn}	370m	650m

当道路存在结冰现象时,可以将最大超高限制为5%。在此情况下,圆曲线最小半径与5%超高相对应,对于VSA90,最小半径为255m,对于VSA110,最小半径为420m。

不推荐经常使用超大半径,以防超速。

(2)缓和曲线

设置缓和曲线有两个目的:

①平面线形过渡,有利于驾驶员操作;

②超高过渡。

当圆曲线半径$R<1.5R_{dn}$时,应设置缓和曲线,缓和曲线的长度取下面两个数值中的较大值,见式(3-7):

$$L_{clo} = \max[R/9; 2I\Delta\delta] \qquad (3-7)$$

式中:$\Delta\delta$——超高的代数差(%);

I——可行驶的路面宽度(m)。

(3)线形设计

与半径R小于或等于$1.5R_{dn}$的圆曲线相连接的另一个圆曲线的半径值R'应满足$R'<1.5R$。两个圆曲线之间的距离应小于500m。

两个半径小于或等于1500m的同向圆曲线之间应设置一条直线,该直线的长度至少等于车辆以限速行驶3s的距离。

①VSA90:最小直线段为 75m;
②VSA110:最小直线段为 92m。

建议圆曲线长度至少为平曲线长度的 1/5。当两侧缓和曲线长度相等时,中间圆曲线的长度至少等于缓和曲线长度的一半。

应避免使用凸形曲线。

2)超高和加宽

在直线段和不设超高的曲线段,路面横坡朝向外侧,坡度为 2.5%。紧急停车带 BAU(或右侧路缘带 BDD)和左侧路缘带 BDG 的坡度与相邻行车道路面的坡度相同。土路肩的横向坡度为 8%,如果土路肩与排水设施融为一体,则其横向坡度可达到 25%。

在设置超高的路段,超高内侧紧急停车带的超高与相邻行车道的超高相同。当超高不大于 4% 时,超高外侧紧急停车带的超高采用 -2.5%,朝向外侧;当超高大于等于 4% 时,超高外侧紧急停车带的超高采用 -1.5%,朝向外侧。路缘带的超高始终与相邻行车道的超高保持一致。

半径 R 小于 R_{dn} 圆曲线应设置超高。超高根据 $1/R$ 线性变化,其介于 2.5%(对于 R_{dn} 而言)和 7%(对于 R_m 而言)之间,根据表 3-18 确定(以% 表示)。

圆曲线的超高表(最大超高为 7%)　　　　　表 3-18

R_{dn} 和 R_m 之间的超高	类　别	
	VSA90	VSA110
	$d = (3074/R) - 5.8$	$d = (4680/R) - 4.7$

当道路存在结冰现象时,可以将最大超高限制为 5%。在此情况下,圆曲线最小半径与 5% 超高相对应,对于 VSA90,最小半径为 255m,对于 VSA110,最小半径为 420m,超高根据表 3-19 确定。

圆曲线的超高表(最大超高为 5%)　　　　　表 3-19

R_{dn} 和 R_m 之间的超高	类　别	
	VSA90	VSA110
	如果 $285 < R \leq 370$, $d = (3074/R) - 5.8$ 如果 $R \leq 285, d = 5\%$	如果 $485 < R \leq 650$, $d = (4680/R) - 4.7$ 如果 $R \leq 485, d = 5\%$

超高沿着缓和曲线线性变化。有时为了满足合成坡度的要求,在部分缓和曲线段设置超高过渡,超高渐变段起点靠近圆曲线一侧。超高过渡段最小长度为 $2l\Delta\delta$,其中 $\Delta\delta$ 为超高的代数差,用% 表示,l 为可行驶的路面宽度,单位为 m。

超高变化见图 3-34。

在 S 形曲线中,共切点处横坡采用正常路拱坡度 2.5%。

VSA90/110 道路不需要加宽。

3)视距

一般情况下,应对一条公路进行全面的视距检查。

通常应在遵循视距规则的同时考虑路线平面、纵断面和特殊点(入口、收费站等)之间的协调,以及其与边坡或中间带(挖方边坡的距离、标牌等设施的位置、植物高度等)相适应。

对于视距不满足要求的路段,应按以下顺序优先处理:

①增大平面圆曲线的半径或纵断面凸形竖曲线的半径;

②加宽中间带、改变护栏的位置或高度;

③当确实不能满足视距要求时,可以局部降低限速,前提是驾驶员可以清楚地感知到道路的处理方式及环境变化。

(1)一般规定

①速度

指车辆的限速。

②观察点

轻型车驾驶员的视线位于距地面1m高的位置,距其所在行车道的中轴线左侧0.25m。

③被观察点

被观察点是车辆两个尾灯中的任意一个,位于距地面0.60m的高度处,距所在行车道的中轴线左侧0.60m及右侧0.75m。

(2)主要视距

①停车视距

在直线路段和圆曲线半径$R>5v$(速度v的单位为km/h,R的单位为m)的曲线路段,停车视距为感知-反应时间段(等于2s)内行驶的距离和在常规条件下从初始速度降至停车期间行驶的刹车距离之和,见式(3-1)。

在$R<5v$的曲线路段,停车视距采用曲线段停车视距。按照与直线段停车视距类似的方法确定,但刹车距离要增加25%,见式(3-2)。

②避让视距

该距离能够确保避开前方障碍物,前提是侧面有通过空间。

对于VSA90,在2s的感知-反应时间基础上,增加了1.5s的"快速"操作距离。对于VSA110,则增加2.5s的"快速"操作距离。

③识别视距l_c

识别视距对应车辆以限速5s时间内行驶的距离,且至少等于125m。

当$v>90$km/h时,$l_c=5v$(其中v的单位为m/s)。

当$v\leq 90$km/h时,$l_c=125$m。

④不干扰距离(n_p)

不干扰距离指道路使用者不会将后一出口的信号标志与其遇到的第一个出口信号标志相混淆的最小距离。n_p为170m。

主要视距见表3-20。

主要视距表　　　　　　　　　　　　　表3-20

设计速度(km/h)	30	50	70	90	110
计算速度(m/s)	8.3	13.9	19.4	25	30.6
平均减速度(m/s^2)	0.46	0.46	0.44	0.40	0.36
直线段的停车视距(m)	25	50	85	130	195
曲线段的停车视距(m)	30	55	95	150	230
避让视距(m)	—	—	—	90	140
识别视距 l_c(m)	125	125	125	125	155
不干扰距离 n_p(m)	170	170	170	170	170

(3) 一般路段的视距

一般路段的视距指停车视距。在靠近特殊位置处,必须保持该停车视距,如车道数量减少处、出入口、收费站、桥涵结构物、隧道等。

当不满足停车视距时,侧向需保证3m宽的横向空间。

(4) 视距侧向宽度

视距侧向宽度的示意图见图3-43,计算公式见式(3-8),对计算曲线段的视距侧向宽度稍微不利。

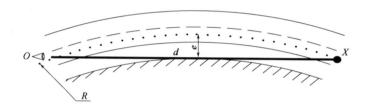

图3-43　视距侧向宽度示意图

$$e = \frac{d^2}{8R} \qquad (3\text{-}8)$$

式中:e——侧向宽度(m);
　　　R——圆曲线半径(m);
　　　d——视距(m)。

在纵断面上,与视距相关的凸形竖曲线半径计算示意图见图3-44,计算公式见式(3-9)。

$$R = \frac{d^2}{2(\sqrt{h}+\sqrt{x})^2} \qquad (3\text{-}9)$$

式中:d——视距(m);
　　　R——圆曲线半径(m);
　　　h——观察点高度(m),即目高;
　　　x——被观察点高度(m),即物高。

(5) 局部视距降低

对于根据前述规则在可见距离处已经观察到的元素,允许观察者在随后局部中断对该元素的感知。这种类型的中断通常是由特定的横向障碍物(桥墩、信号标牌等)引起的。在观察者能够看到目标1s之后,这种视距中断的距离不得超过观察者2s的行驶距离。

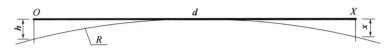

图3-44 纵断面凸形竖曲线半径计算示意图

3.4.5 《AU70》

1)平面

圆曲线的最小半径为200m。半径大于1000m的圆曲线被视为直线段。

圆曲线上不设置超高且不设置缓和曲线。路面横坡朝向外侧,坡度为2.5%。右侧路缘带BDD和左侧路缘带BDG的坡度与相邻行车道路面的坡度相同。土路肩的横向坡度为8%,朝向外侧。人行道的最大横坡为2%。当中间带有铺面但没有路缘石时,其横向坡度与相连行车道路面坡度一致;当中间带没有铺面时,其横向坡度朝向内侧。

不宜频繁使用大半径圆曲线,避免超速。为了让公共汽车的乘客感到舒适,采用半径为500m圆曲线是合适的。对于较小的半径,通过设置合适的标志牌(B14+公共汽车的M4b型牌)或通过向驾驶员发出操作指令将公共汽车的速度限制在50km/h以下。

在局部受限的情况下,可允许减小最小半径,道路使用者应能清楚地感知这种变化。减小最小半径处应配有适当的信号标志。在速度为50km/h时,不设超高的圆曲线半径(内侧半径)不应小于75m。

在这种情况下,车道的宽度 l 为:$l = 3.00 + 50/R$,其中 R 为圆曲线半径($75\text{m} < R < 200\text{m}$)。对于宽度为2.80m的左侧车道,上面公式中的3.00m替换为2.80m。

两条圆曲线相连接,无论是同向还是反向,均应在圆曲线间设置一条直线,直线的最小长度为60m(对应车辆3s时间的行驶距离)。

2)视距

(1)停车视距

停车视距采用识别-反应时间段(取值2s)内行驶的距离与刹车距离(在常规条件下,将车速从 v 降为0,即进行制动操作时行驶的距离)之和计算,见式(3-1)。

当圆曲线半径 $R < 5v$(速度 v 的单位为km/h,R 的单位为m),刹车距离要增加25%。

因此,我们得出速度为70km/h时的停车视距如下:

①直线段的停车视距($p = 0$) d_a 为85m(计算结果采用四舍五入);

②曲线段($R < 350\text{m}$)的停车视距 d_{ac} 为95m。

(2)一般路段的视距

一般路段的视距应满足停车视距。对于AU70,被观察点和观察点的定义如下:

①被观察点:高0.35m,距离其车道右侧边缘2m;

②观察点:高1m(驾驶员的视线高度),距离其车道右侧边缘2m。

(3)人行横道处的视距

人行横道处的视距 D 的计算见式(3-10):

$$D = v \times (d + 2) \tag{3-10}$$

式中：v——车辆的速度(m/s)；

d——人行横道的宽度(m)。

考虑行人的速度等于1m/s。

人行横道处的视距见图3-45。

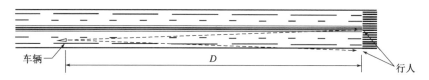

图3-45 人行横道处的视距示意图

3.5 纵断面设计

3.5.1 《高速公路设计指南》

1）纵断面

（1）一般规定

如果中央分隔带铺设路面,高速公路纵断面设计线为路基的中轴线,如果中央分隔带不铺设路面,则纵断面设计线为行车道左边缘线。

除了难以设置服务区的情况外,相较于与地面平齐的纵断面,与土方工程、路面工程以及保持自然排水相适应的填方型纵断面是理想的。

（2）纵坡及竖曲线

纵断面参数应符合表3-21中的限值。

纵断面参数限值表　　　　表3-21

类别	L_1	L_2
最大纵坡坡度(%)	5	6
凸形竖曲线最小半径(m)	9200	5200
凹形竖曲线最小半径(m)	4200	3000

如果不会大幅度增加造价,建议竖曲线采用较大值。

（3）纵坡较大的路段

较大的纵坡容易引起安全或载重方面的问题。合理的平纵面线形及特殊的标志能够降低风险,但是某些地形还需要修建一条单独的慢车专用道或避险车道。

①线形设计

为降低大纵坡的安全风险,线形设计应注意以下几个方面：

a.不宜使用较长的直线段和大半径圆曲线,宜采用半径约为$1.5R_{dn}$的圆曲线和较短的直线段；

b.在每个长下坡段的上游设置过渡路段,例如逐渐减小平面圆曲线半径；

c.引入一段较大的纵坡,以防止路基填挖方逐步增大；

d. 在陡坡(大于4%)中不添加较缓的纵坡;

e. 避免在大纵坡以及紧接大纵坡之后的几百米路段中设置互通式立体交叉、服务设施、半径小于 R_{dn} 的圆曲线等。

台阶式纵坡示意图(纵断面设计中不应采用的方式)见图3-46。

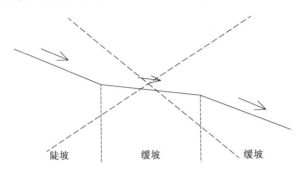

图 3-46　台阶式纵坡示意图——纵断面设计中不应采用的方式

② 慢车专用道(VSVL)

通过考虑交通量大小,评估是否需要设置一条慢车专用道。对于每幅路上有两条以上车道的高速公路或具有中等交通量的高速公路而言,通常不要求设置慢车专用道。

在上坡路段,当纵坡的长度和坡度使车辆的速度在大于500m的长度降低到小于50km/h时,建议设置一条慢车专用道。

在下坡时,将坡度大于3%的路段的高差 H 作为风险指标。当 H 大于130m时,建议修建一条慢车专用道。如果在较短距离内重复出现下坡且刹车功效的恢复时间不足时,那么即使 H 值小于130m,也可修建慢车专用道。慢车专用道应从相关下坡段的上游开始设置。

慢车专用道不得中断,但是在下坡段结束时,可将其缩短以避免进入桥涵结构物或隧道。

2)困难路段的高速公路的纵断面

位于山岭重丘区的高速公路属于 L_2 类型高速公路。L_2 类型高速公路适用的地区地形较复杂,造价高。在山岭重丘区连续或频繁出现至少10km的特殊困难路段,可以考虑采用困难路段的高速公路的设计标准。

对于困难路段的高速公路,竖曲线最小半径可根据表3-22的要求进行设计,其他应按照 L_2 类型公路的规定执行。

困难路段竖曲线半径限制表　　　表3-22

凸形竖曲线最小半径(m)	2700
凹形竖曲线最小半径(m)	1900

3.5.2 《干线公路规划》

1)几何学特性

纵断面的参数应符合表3-23的规定。

纵断面参数限制表　　　　　　　　　　表3-23

公路的类型	R60	R80
最大坡度(%)	7	6
凸形竖曲线最小半径(m)	1500	3000
凹形竖曲线最小半径(m)	1500	2200

在凸形竖曲线上，半径最小值不足以永远保证安全视距条件，还要取决于行驶速度，故凸形竖曲线通常采用较大的半径。

比如，在R60型公路上，v_{85}的限速为90km/h，为满足视距要求，需采用大约3300m的凸形竖曲线半径。

此外，在特殊地点(转弯处、平面交叉、交织车道等)，为满足视距要求，竖曲线通常采用较大的半径。

若同向竖曲线间的直坡段较小，可合并设置为单曲线或复曲线。

2) 超车的可能性

应合理设置纵坡和竖曲线，保证路线中可超车路段的比例。

3) 长大纵坡

1km以上的大纵坡(大于4%)应单独研究，在设计中尤其要注意以下两点：

① 避免在大纵坡间设置缓坡；

② 在特殊点(平面交叉、交织车道、平面半径较小路段)前几百米的范围内应避免设置大纵坡。

4) 径流水的排放

为了保证径流水排放畅通，关于最小纵坡的规定如下：

① 在有薄冰、路面横坡小于0.5%的路段内，纵坡最小值为0.5%；

② 在挖方路段，纵坡最小值为0.2%；

③ 在填方路段，纵坡最小值为0.2%。

5) 现有公路的改扩建

纵断面的改扩建往往成本很高，而它对安全的影响有时不是很大。

在改扩建设计时，应进行事故分析和路段实际速度分析，综合判断是否需要对纵断面进行调整。

3.5.3 《2×1公路设计指南》

1) 纵断面设计线

纵断面设计线通常为中间带的中轴线。

2) 纵断面参数

纵断面的参数应符合表3-24的要求。

纵断面参数限制表　　　　　　　　　　表3-24

最大纵坡	6%
凸形竖曲线最小半径(m)	2700
凹形竖曲线最小半径(m)	2100

对于限速大于 110km/h 的超车道,凸形竖曲线和凹形竖曲线最小半径分别为 6000m 和 3000m。

3) 山区路段

合理的平纵面线形以及特殊的信号标志有助于降低高差较大路段的行车风险。在某些路段可能需要设置停车区域。

为降低大纵坡的安全风险,线形设计应注意以下要点:

①不宜设置较长的直线段(>2km)和大半径圆曲线,宜采用半径约为 $1.5R_{dn}$ 的圆曲线与短直线段(200~500m);

②缓和曲线长度大于车辆以限速 3s 时间的行驶距离;

③在每个下坡段的上游设置过渡段,如逐渐减小平面圆曲线的半径。

④果断引入一段陡坡,以防止纵坡逐步增大;

⑤在陡坡(大于 4%)路段中不设置缓坡;

⑥避免在大纵坡及大纵坡之后的几百米路段中设置某些特殊点(如互通式立体交叉、服务设施、半径小于 R_{dn} 的圆曲线等)。

4) 设置慢车专用道

在上坡路段,当纵坡的长度和坡度使重车的速度在大于 500m 的长度降低到小于 70km/h 时,建议设置慢车专用道。

在下坡路段,将坡度大于 3% 的路段的高差 δ 作为风险指标。当 δ 大于 130m 时,建议设置慢车专用道。慢车专用道应从下坡段道路上游开始并延续到下坡段结束。在下坡结束时,可将其缩短渐变至正常路段,以避免其进入桥涵结构物或隧道中。

3.5.4 《VSA90/110》

纵断面设计线规定如下:

一般情况下,采用中间带的中轴线;

特殊情况下,采用各自行车道左侧边缘线。

1) 纵断面参数

纵断面的参数应符合表 3-25 的要求。

纵断面参数限制表　　　　表 3-25

类别	VSA90	VSA110
最大坡度	6%	6%
凸形竖曲线最小半径(m)	2700	6000
凹形竖曲线最小半径(m)	1300	1900

2) 陡坡路段

无论在下坡路段还是上坡路段,如果重车的比重过大,纵坡的起伏不平,将很容易引起安全方面的问题。

如果存在众多匝道出入口,若需要增加车道,则宜在左侧增加一条行车道,以提高整体通行能力并尽可能地减少对互通式立体交叉的干扰。

① 下坡路段

高差 H 大于 130m 且平均坡度 p 超过 3% 的路段,视为陡坡路段。

高差 H 所包含的路段长度如下:

a. 从纵断面的纵坡大于 3% 开始,包含纵坡上游的凸形竖曲线;

b. 直到纵断面的纵坡小于 3%,包含纵坡下游的凹形竖曲线;

c. 路段长度可以包括较短的平坡、缓坡(小于 3%)甚至上坡路段;

d. 陡坡路段前后的纵坡有时也应包括在内,因为前后的纵坡也会影响到载重车制动效率的恢复。

为降低大纵坡的安全风险,线形设计应注意以下要点:

a. 不宜设置较长的直线段(>2km)和大半径圆曲线,宜采用半径约为 $1.5R_{dn}$ 的圆曲线与短直线段;

b. 果断引入一段陡坡,以防止纵坡逐步增大;

c. 在陡坡路段中不设置缓坡;

d. 避免在陡坡或陡坡下游不远处设置特殊点(互通式立体交叉、小半径圆曲线等)。

陡坡示意图见图 3-47。

② 上坡路段

如果出现以下情况,可以考虑增加慢车专用道:

a. 上坡路段导致重车的速度显著下降,

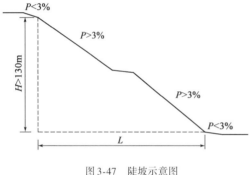

图 3-47 陡坡示意图

在大于 500m 的长度重车速度降至 50km/h 以下;

b. 该路段上的通行能力显著降低。

慢车专用道开始于纵坡达到 3% 的点,终点位于所有车辆速度恢复到 70km/h。

3.5.5 《AU70》

纵断面由直线和竖曲线构成。

1)最大纵坡

路线最大纵坡为 6%。

2)凸形竖曲线最小半径

在平面为直线段时,凸形竖曲线最小半径为 1500m。在平面为曲线段时,凸形竖曲线最小半径为 1800m。

3)凹形竖曲线最小半径

凹形竖曲线最小半径为 800m。

3.5.6 《长大纵坡设计》

1)风险指标

通过对高速公路不同特性(如长度、平均坡度、高差、总交通量及重车交通量)的研究,得出与危险事故相关性最高的特性为高差,高差 $= d \times p$, d 为平面距离(单位为 m),p 为坡度。长大纵坡示意图见图 3-48。

当高差 $d \times p > 130$m 且 $p > 3\%$ 时,需进行特殊的处理。

当 $p < 3\%$ 时,不管 $d \times p$ 的值为多少,纵坡不需进行特殊处理。

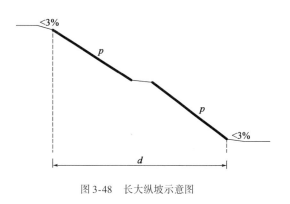

图 3-48 长大纵坡示意图

2)处理建议

(1)几何尺寸

①平面不宜采用长直线和大半径圆曲线;

②平面宜采用半径约为 $1.5R_{dn}$ 的圆曲线和较短的直线段;

③保证视距;

④在每个长下坡路段的上游设置过渡段,如逐渐减小平面圆曲线半径;

⑤采用平顺的纵坡。

(2)标志牌设置

设置标志牌的目的是提醒驾驶员下坡路段及其危险并指出驾驶规则。

当下坡路段设置了避险车道,标志牌通常放置在第 2 级和第 3 级。

避险车道标志牌示意图见图 3-49。

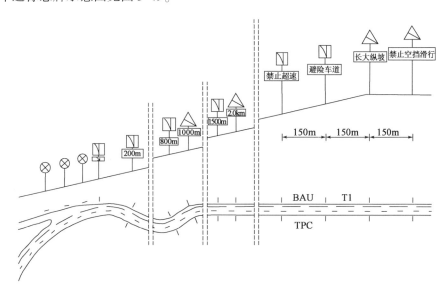

图 3-49 避险车道标志牌示意图

(3)慢车专用道

慢车专用道宽度为 3.50m,硬路肩宽度为 1m,每公里至少配有一个安全岛。安全岛宽度为 4m,长度为 40m,进口渐变段为 12m,出口渐变段为 32m。

慢车专用道示意图见图 3-50。

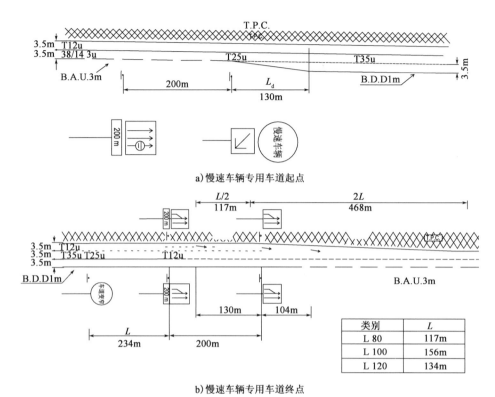

图 3-50 慢车专用道示意图

(4) 避险车道

避险车道能让制动失效的车辆在不损伤驾驶员的情况下停车。尽管慢车专用道显著地降低了重车制动失效的风险,但是这种风险仍然存在。因此,设置避险车道的合理性应专门进行研究,并有别于慢车专用道的设计。

在任何情况下,避险车道上游或下游的高差不能大于130m。

3.6 几何参数说明

1) 视距

考虑到安全及舒适因素,道路的几何学设计必须要确保一般路段和特殊点有足够的视距。视距取决于速度、反应时间和操作车辆所需的距离。

(1) 运行速度

运行速度 v_{85} 为在自由行驶(不受其他车流约束)条件下85%的车辆能够达到的速度。v_{85} 计算公式如下:

①根据平面圆曲线半径 R 计算:

a. 2 车道(5m): $v_{85} = 92/(1 + 346/R^{1.5})$。

b. 3 车道和 2 车道(6m 或 7m): $v_{85} = 102/(1 + 346/R^{1.5})$。

c. 2×2 车道: $v_{85} = 120/(1 + 346/R^{1.5})$。

②根据纵坡 p 计算：

a. 2 车道(5m)：$v_{85} = 92 - 0.31p^2$。

b. 3 车道和 2 车道(6m 或 7m)：$v_{85} = 102 - 0.31p^2$。

c. 2×2 车道：$v_{85} = 120 - 0.31p^2$。

直线路段的 v_{85} 及规定的限速见表 3-26。

直线路段的 v_{85} 及限速表　　　　　　表 3-26

道 路 类 型	v_{85} 速度(km/h)	限速(km/h)
高速公路	150	130
2×2 车道(5m)	120	110
3 车道或 2 车道(6m 和 7m)	102	90
2 车道(5m)	92	90

(2) 主要视距

①停车视距

刹车距离 D_f 指一辆机动车从初始速度降到 0 所需的距离，见式(3-11)：

$$D_f = \frac{v^2}{2g(c_{fl} + p)} \tag{3-11}$$

式中：v——速度(m/s)；

g——9.81m/s²(重力加速度)；

c_{fl}——纵向摩擦系数；

p——纵坡。

停车视距是刹车距离和反应时间内车辆行驶的距离之和，反应时间通常为 2s。因此停车距离 $D_a = 2v + D_f$。

②避让视距

避让视距是指在路面上出现了一个不可预见的固定障碍物，驾驶员采取偏移避让操作所需的距离。当不能确保停车视距时，才采用避让视距。为了保证车辆对障碍物的避让，侧面需留有合适的空间。根据经验，避让时间可取 3.5～4.5s。

观测点高度为 1m，距车道右侧边缘 2m。根据道路类型的不同，由设计者确定需要考虑的障碍物的高度，一般采用的高度值为 0.6m。

③转弯视距

转弯视距是指车辆以运行速度 v_{85} 在 3s 时间的行驶距离。观察点高度为 1m，距车道右侧边缘 2m。被观测点为转弯起点的道路中线，高度为 0。

④平面交叉视距

次要公路上的驾驶员在主要公路上的车辆到达平面交叉之前，需要拥有足够的时间操作车辆。次要公路上的视距应满足主要公路上车辆以运行速度 v_{85} 在 8s(最少为 6s)时间的行驶距离，即 $8 \times v_{85}$ 或 $6 \times v_{85}$(v_{85} 的计量单位为 m/s)。

⑤超车视距

对于一条公路，无论速度是多少，在绝大多数情况下，一个 500m 的视距足够驾驶员完成

一个安全的超车。一般情况下,超车操作时长为 11～12s。超车视距的计算见式(3-12):

$$d_D = 6v \tag{3-12}$$

式中:d_D——超车视距(m);
　　　v——速度(km/h)。

⑥平面转弯处视距

平面转弯处视距 d 如图 3-51 所示,计算公式见式(3-13)。

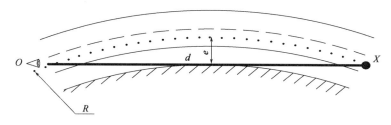

图 3-51　平面转弯处视距示意图

$$d^2 = 8 \cdot R \cdot e \tag{3-13}$$

式中:d——视距(m);
　　　R——圆曲线半径(m);
　　　e——侧向宽度(m)。

⑦凸形竖曲线处的视距

凸形竖曲线的视距 d 如图 3-52 所示,计算公式见式(3-14)。

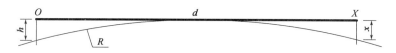

图 3-52　凸形竖曲线的视距示意图

$$d = \sqrt{2R}(\sqrt{h} + \sqrt{x}) \tag{3-14}$$

式中:d——视距(m);
　　　R——圆曲线半径(m);
　　　h——观察点高度(m),即目高;
　　　x——被观察点高度(m),即物高。

2)横断面

行车道宽度通常为 3.00～3.50m。国际标准为 3.50m。

路肩的宽度取决于其交通功能及占地因素,从 0.25m 至 2.5～3.0m。路肩的功能多样,行人可以行走,自行车也可以在上通行。路肩的要求如下:

(1)铺设路肩的材料具有足够的强度和耐久性,不宜铺草。路肩和行车道不得有较大的高差。

(2)路肩与行车道能明显区分出来,需要避免给驾驶员一种路面太宽的印象。当平面圆曲线半径较小时,需要设置超高。

3)平面

最小半径确保机动车以限速安全行驶,最小半径对应最大超高(一般为7%)。

不设超高的最小半径确保机动车在不设超高的情况下保持安全行驶。

不同速度下各超高值对应的圆曲线半径见表3-27。

超高与圆曲线半径对照表　　　　　　　　表3-27

超 高 值	速度(km/h)				
	50	70	90	110	130
−2.5%	112	286	580	1024	1662
	72	181	362	631	1007
0%	98	242	473	808	1267
	66	162	318	541	848
2.5%	87	209	399	666	1023
	61	146	282	474	731
5%	78	184	345	567	858
	57	134	254	421	642
7%	73	168	311	507	760
	54	125	235	387	586

注:半径值中的第一行为一般最小半径,第二行为极限最小半径。

各种道路设计指南的平面最小圆曲线半径通常比表中的数值大。

当平面圆曲线半径小于200m时,路面需要加宽,单个车道加宽值一般为50/R。

设置缓和曲线的目的如下:

(1)方便弯道的操作,驾驶员在转向盘上持续使力,而不是突然加力;

(2)方便逐渐引入超高和圆曲线。

缓和曲线长度见表3-28。

缓和曲线长度表　　　　　　　　表3-28

横 断 面	缓和曲线的长度
2车道公路	$\text{Inf}(6R^{0.4}, 67\text{m})$
3车道公路	$\text{Inf}(9R^{0.4}, 100\text{m})$
平原微丘区 2×2 车道	$\text{Inf}(12R^{0.4}, 133\text{m})$
山岭重丘区 2×2 车道($R < 1.5R_{nd}$)	$\text{Sup}(14\nabla\delta, R/9)$

注:R为圆曲线半径,单位为m;$\nabla\delta$为横坡差值,用%表示。

对于山岭重丘区地形困难的路段,可以考虑减小缓和曲线长度,甚至取消缓和曲线。在这种情况下,超高应从直线路段开始变化,并在圆曲线前完成超高过渡。

布设平面圆曲线时应注意如下问题:

(1)对于一般路段

①较小半径的圆曲线会降低驾驶员的舒适性。

②过多的大半径圆曲线会对超车的安全有影响,并促使车辆加速。建议采用直线和平均半径的圆曲线。

③在一系列大半径圆曲线之后,设置一个小半径圆曲线会对安全造成不利影响,因为驾驶员期望路线特性保持一致。例如,《干线公路规划》中明确要求两个相邻的圆曲线半径值 R_1 和 R_2 应满足 $0.67 < R_1/R_2 < 1.5$,除非两个圆曲线半径均大于 500m。

④同向圆曲线间应设置一条直线。

(2)应尽量避免的线形

①两个圆曲线直接相接的曲线。

②卵形曲线或 C 形曲线。

③凸形曲线。

(3)布设半径小于 $1.5R_{nd}$ 的不设超高的圆曲线需满足以下要点:

①在 500~1000m 的长度范围内与较大半径的圆曲线相接。

②两个圆曲线半径须满足:$R_1 < 1.5R_2$。

③若与同向圆曲线相接,中间需设置一条直线,且直线长度不小于 200m。

4)纵断面

纵坡的最小值,规定如下:

(1)超高为零的区域,纵坡最小值为 0.5%~1.0%,确保排水通畅。

(2)在长挖方路段,纵坡最小值为 0.2%,目的是避免边沟深度过大。

布设纵断面时需注意以下要点:

(1)最大纵坡为 8%~10%。

(2)一般情况下应避免深挖方。

(3)较大的纵坡不利于行车安全。不应在两个大纵坡之间设置缓坡。不应在大纵坡路段或大纵坡路段后几百米设置特殊点。

(4)大纵坡会降低公路通行能力,同时增加油耗。

(5)凸形竖曲线的半径应满足视距要求,同时考虑行车舒适。凹形竖曲线一般不会造成重大的安全问题,其设计主要受行车舒适度、夜晚视距条件和道路排水的约束。

5)平面和纵断面的协调

平面和纵断面应协调,设计时应注意以下要点:

(1)平包竖,使得视觉上舒适、行驶上安全,并且平曲线和竖曲线的关系尽可能满足 $R_{垂直} > 6R_{水平}$。

(2)不应将小半径圆曲线($R < 300m$)的起点设置于竖曲线的顶部。

(3)不应将平面交叉设置在凸形竖曲线中间部位、平面小半径圆曲线路段及视距不良的路段。

参 考 文 献

[1] Instruction sur les conditions techniques d'amenagement des autoroutes de liaison. PARIS. SETRA,2015.

[2] Recommandations techniques pour la conception generale et la geometrie de la route, Amenage-

ment des routes principales. PARIS. SETRA,1994.

[3] 2×1 voie,Route a chaussees separees . PARIS. SETRA,2011.

[4] Voies structurantes d'agglomeration,Conception des voies a 90 et 110 km/h. PARIS. CEREMA,2014.

[5] Voies structurantes d'agglomeration, Conception des arteres urbaines a 70 km/h. PARIS. CERTU,2013.

[6] Comprendre les principaux parametres de conception geometrique des routes. PARIS. SETRA,2006.

[7] Note d'information,descentes de forte pente et de grande longueur sur les routes de type《autoroute》. PARIS. SETRA,1997.

第4章 路基

4.1 路基设计相关概念

4.1.1 路基土的分类

根据物理参数、力学参数和状态参数进行路基土的分级定名。

1）物理参数

物理参数是指粒径、塑性指数 I_p 和土体的亚甲蓝值 VBS。其中有关粒径的参数有最大粒径 D_{max}、80μm 筛滤和 2mm 筛滤。

2）力学参数

在路基土的分类中采用的力学参数包括：洛杉矶磨耗值（LA）、微狄瓦尔磨耗值（MDE，评价土体的耐损耗性）及砂性土的易碎性指数（FS）。

3）状态参数

状态参数包括：土体中粒径为 0~20mm 部分的天然含水率 w_n 和标准击实试验的最佳含水率 w_{opn} 的比值、稠度指数 I_c 和土体直接显示指数 IPI。

4.1.2 路基干湿类型分类

路基干湿类型包括过湿（th）、潮湿（h）、一般潮湿（m）、干燥（s）、过干（ts），表明土体的湿度状态的参数有：

（1）土体中粒径为 0~20mm 部分的天然含水率 w_n 和标准击实试验的最佳含水率 w_{opn} 的比值。

（2）阿氏法（Atterberg）液限 w_l、塑限 w_p 和天然含水率 w_n 确定的稠度 I_c。塑性指数 $I_p = w_l - w_p$，$I_c = (w_l - w_n)/I_p$。I_c 稠度可以准确标识这五种性质，即 th、h、m、s、ts。但是此法只针对粒径不大于 400μm 的普通细粒土。

（3）土体直接显示指数 IPI（%）通常专门用来表明潮湿和过湿土的特性，切实地显示施工机械在这两类土上运转的困难程度。这个指标对干燥和过干土没有意义。

4.1.3 路基承载能力的表示方法

PF 等级实际上反映路面承台长期承载的能力，详细划分见第 5 章，具体以路面承台顶面（设置垫层时为垫层顶面，未设置垫层时为 PST 层顶面）的变形模量来衡量，路面承台的长期承载力取决于 PST 与垫层。

法国规范对路基及垫层材料的承载能力采用承载板试验获得的 EV(变形模量)值作为强度指标,且必须在施工现场实测。

承载板试验是通过圆形承载板和加载装置对地面进行第一次加载和卸载后,再进行第二次加载,用测得的承载板下应力 σ 和与之相对应的承载板中心沉降量 s 来计算变形模量 EV_2 和 EV_2/EV_1 值的试验方法。承载板试验第一次加载应分为 6 级,并以大致相等的荷载增量(0.08MPa)逐级加载,达到最大荷载为 0.5MPa 或沉降量达到 5mm 时所对应的应力后,再进行卸载,承载板卸载应按最大荷载的 50%、25%、0 三级进行。最终计算见式(4-1):

$$EV = 1.5r \frac{1}{a_1 + a_2 \sigma_{1\max}} \tag{4-1}$$

式中:EV——变形模量(MPa);

r——承载板半径(mm);

$\sigma_{1\max}$——第一次加载最大应力(MPa);

a_1——一次项系数(mm/MPa);

a_2——二次项系数(mm/MPa^2)。

实际施工时,变形模量会作为完工验收指标。PST 层的完工验收指标见表 4-1,垫层完工验收指标见表 4-2。

PST 层完工验收指标　　　　　　　　　表 4-1

位　置	承载板试验		弯沉(0.01mm)	干密度 γ_d(g/cm^3)
	EV_2(MPa)	EV_2/EV_1		
挖方路段	≥40	<2.2	≤300	γ_{dfc}≥95%γ_{dOPN}
填方路段	≥50	<2.0	≤250	γ_{dmoy}≥97%γ_{dOPN}

垫层完工验收指标　　　　　　　　　表 4-2

PF 等级	干密度 γ_d(g/cm^3)		承载板试验		弯沉(0.01mm)
	γ_{dmoy}	γ_{dfc}	EV_2(MPa)	EV_2/EV_1	
PF2	≥98.5%γ_{dOPN}	≥96%γ_{dOPN}	≥80	<2.0	≤150
PF3	≥98.5%γ_{dOPN}	≥96%γ_{dOPN}	≥120	<2.0	≤90

注:1. γ_{dfc} 为 PST 层底(8cm 以下)干密度;γ_{dmoy} 为整个土层的平均干密度;γ_{dOPN} 为标准击实时的最大干密度;

2. EV_1、EV_2 为实测的变形模量。

4.1.4　路基高度

路基高度主要考虑土质特性、填料特性(亲水性等)和环境因素,根据法国路基组成特点,可分为 PST 与垫层。

1)PST 厚度的确定

填方路段 PST 层厚度为填料上部约 1m 范围(法国的通常做法)。

在挖方路段,PST 层位置处的土质分类为 A1、A2、A3、A4、B6 以及全风化、强风化的软质岩石挖方路段,如 PST 层位置处的岩性不符合要求时,需要反挖并用符合要求的材料换填;当

PST层位置处的岩性按GTR分类符合要求,PST层厚度应根据现场实测的变形模量EV_2以及工地的实际情况确定。

2)垫层厚度的确定

垫层的厚度取决于PST状况、AR等级和构成垫层材料的特性等因素。具体的垫层厚度确定流程归纳见图4-1。

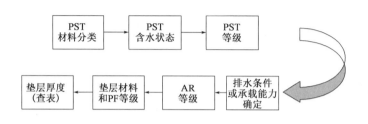

图4-1 垫层厚度确定流程图

对于普通垫层(主要是针对PF_2、PF_3等级的常规交通量)的厚度可以通过查阅相关图表得到;对于高等级承台的垫层(主要是针对大于等于PF_3等级和大交通量)的情况,具体厚度的选择将在下节与垫层填料的选择一并列表详解。

4.1.5 土基上部的分类

按照路基承载力进行分类的PF等级见第5章描述。

按照柔性及半刚性路堤对土基上部进行分类,分为未经处置路堤与经过处置的黏土路堤以及水硬性材料处理的砂石料。

对于未经处治的土基上部材料,其材料选择厚度见表4-3。

未处治材料土基上部的推荐厚度　　　　表4-3

整平层等级	承台等级	垫层材料	垫层厚度(m)
AR_1	PF_3	B_{31},C_1B_{31},C_2B_{31},D_{21},D_{31},R_{21},R_{41},R_{61}, $C_1B_{11}^*$,$C_2B_{11}^*$,R_{11}^*,R_{42}^*,R_{62}^*	0.80**
AR_2	PF_3	同上	0.50

注:*对路基所支撑的路面进行验证;**如果在路基和PST之间添加一层土工织物,厚度可以减少0.10~0.15m。

处治土土基上部主要的材料有:石灰处理的A_3土;混合材料(石灰+水泥)或水泥处理的A_1、A_2或A_3。处治土垫层的推荐厚度见表4-4。

处治土垫层的推荐厚度　　　　表4-4

整平层等级	承台等级	垫层材料	垫层厚度(m)
AR_1	PF_3	A_3只用石灰处理	0.70(双层)
		A_1、A_2、A_3用石灰和水泥处理,或用水泥处理	0.5(双层)
AR_2	PF_3	A_3只用石灰处理	0.5(双层)
		A_1、A_2、A_3用石灰和水泥处理,或用水泥处理	0.35

4.2 路基排水设计

4.2.1 路基排水系统的介绍

在法国规范中,路基排水系统可分为纵向集水系统、横向设施、连接设施、储存和防污染设施以及排放区域五大部分。

1)纵向集水系统

(1)路堑边坡上部排水设施(截水沟)

路堑边坡排水设施的作用是防止水流对路堑边坡的侵蚀并防止增加路堑边坡底部径流。为避免水的侵蚀和渗透对边坡稳定性造成威胁,该设施上需设置衬砌。截水沟拦截来自公路范围以外的自然坡面的漫流水,这与国内截水沟设置的原则和作用类似。

(2)路堑边坡底部排水设施(边沟)

该设施的功能是汇集路堑边坡、路面和紧急停车带的漫流水。

(3)中央分隔带(TPC)排水系统

中央分隔带(TPC)排水系统的功能是收集和排放 TPC 积水以及路面超高时半幅路面的积水。

(4)路堤边坡顶排水系统(路面集中排水)

该部分纵向排水系统的功能是疏导路面漫流积水,避免积水流向路基边坡造成边坡侵蚀、沟蚀,还必须建立将积水引到边坡底部排水沟的系统(急流槽),急流槽设置间距如下:

①内陆地区 50m。

②降雨量高的地区 30m。

③道路纵坡≤0.5%或≥3.5%时为 30m。

(5)路堤坡度底部排水系统(排水沟)

路堤坡度底部排水系统直接聚集路面上的降雨积水,再将积水疏导至路基范围外而不会对路基造成影响。该设施还可以保护路堤边坡坡脚不受侵蚀,当汇水量较大时,排水设施结构可以设计为植草梯形排水沟,或带衬砌的排水沟(沟底纵坡大于 3.5%)。

2)横向设施

横向设施一般包括浅排水设施(如中央隔离墩预设的横向排水口)和路面下层交叉横向管(地下横向集水)。排水设施的布置安装必须经过公路几何线形、径流方向、排水量和排水区的调查研究位置的研究。

3)连接设施

连接设施是当遇到排水不连续或者纵向排水设施为不同形态排水设施时设置的。通常为预制形式,很少在现场浇筑。主要有钢管、PVC 排水管、排水挡板等,用来保证排水的连续性。

4)储存和防污染设施

储存设施的设置目的主要为:在了解积水区域情况(暴雨或含水情况)的基础上,储存和分流积水,防止事故性污染。储存和防污染设施需要采用专门的技术来实施。

5)排放区域

排放区域为可以大规模排水的区域。

4.2.2 常用的路基排水设施

法国规范常用的排水设施主要有深沟渠、渗沟、盲沟、路缘排水挡板(EDRC)、排水层、排水井(垂直排水)、油水分离池及蓄水池。

1)深沟渠

深沟渠经常用于土方工程的临时工程。在土方工程中,深沟渠的使用有时可以使施工变得简单,减少土体的含水率。深度超过50cm的沟渠既可以收集径流,同时在一定条件下,它也可以降低含水层水位。

对于路面结构以及路基整平层土层的排水,深沟渠的排水能力取决于它的汇水位置,应该尽可能与路面接近(路缘和沟缘之间的距离应在1~2m之间),并与用排水材料制成的路肩配合。沟底高程应该至少比路缘处整平层顶面低0.20m,在土方工程临时工程中,水位位置则应在整平层下1m。沟渠的纵向斜度应该在0.5%~2.5%之间。

2)渗沟

修建渗沟的主要作用是疏干表层土体以及降低地基中的地下水位。

路线经过区域为路堑且地下水位较高时,渗沟可降低地下水位,并汇集流向路堑的地下水,排至指定出水处。渗沟根据深度分为浅型渗沟和深型渗沟。

(1)浅型渗沟。最大深度2.5m。渗沟中可以安置一个渗水管(其渗透性需大于周围其他材料),渗水管由反滤土工布包裹。渗水管应该被放置在沟底纵坡调整后的渗沟底部,见图4-2a)。

(2)深型渗沟。深度为2.5~6m。地下水位较高,且挖方深度较大时,通常使用深型渗沟。这种渗沟可以很隐蔽地与周围景观融合,还可以作为道路路基最终的排水设施,增加边坡稳定性。深型渗沟底部应比土方工程临时整平面至少低1m,使地下水位低于PST层,见图4-2b)。

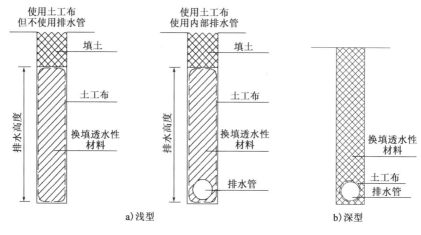

图4-2 渗沟图

3)排水盲沟和管式盲沟

排水盲沟的设置应位于处于积水带区域的路肩下面。主要是排放路面下渗的水。排水盲沟与排水层或排水垫层配合排出路面下渗雨水,见图4-3。

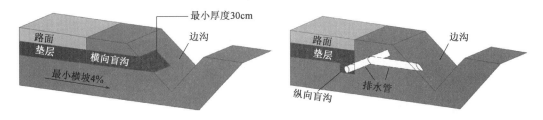

图4-3 排水盲沟图

管式盲沟是在路基下盲沟的一种特殊形式,通常用于低点或特殊点水的收集(例:路基填挖交界处的渗沟)。它有助于加固排水层,共同降低水位并排出积水,见图4-4。

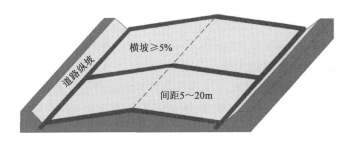

图4-4 管式盲沟图

排水盲沟和管式盲沟的深度并不深,通常为0.3~0.6m,宽度为0.3~1m。

4)路缘排水挡板(EDRC)

EDRC的主要作用是改善路面主体和支撑土层的含水状态,排出渗入路面的水,并截断来自路肩下渗水。其厚度根据路面结构确定。与排水沟不同,EDRC只能被铺设在较深的位置(最大深度为1.5m),但不能用于降低地下水位。

EDRC包含渗水的排水系统。通常将EDRC建在窄沟中,其深度通常为0.3~1m。在狭窄的排水沟内,它紧贴路面的边缘铺设,排水沟在土方回填后要进行密封处理。

5)排水层

排水层由渗水能力强的粒料构成,以便截断水流的上升或下降。排水层可以用于:

(1)路面和土基整平层之间。排水层可以通过排出路面下渗水以及防止下方来自土基整平层水进入路面结构。

(2)夹在不渗透的层面(防水保护层、地膜)和土基整平层之间。在这种情况下,排水层的目的是收集来源于土基整平层的水并降低承压。

排水层的厚度根据汇集的流量确定,流量很大时可以使用引流管。在土方工程阶段,引流层与垫层合并时,垫层可以局部或全部替换引流层。在土体为渗透性较低的细粒土时,排水层的厚度可以减小(小于0.10m),不过,实际的施工条件(承重能力不足、可变形)通常要求其厚度大于0.40m。细粒含量超过5%时需要包裹土工布。

6）排水井

排水井可以保证水在垂直方向排出，使水排至地面排水口。通常在进行土方工程时，使用排水井。

为使一系列排水井起到隔水屏障作用，排水井之间的间距需要根据土的渗透性设置。土体的渗透性较高（渗透系数大于 10^{-5} m/s），排水井间距较大（20~30m），通常使用配有离心泵的普通排水井，其扬程没有限制。土体渗透性较低（渗透系数小于 10^{-6} m/s），间距可减小，但不得小于1.5m。通常使用直径小于10cm的窄井，与接近地面的真空泵连接，真空泵扬程应为6~7m。

7）油水分离池和蓄水池

法国规范环境工程评价将路面排水对水资源的影响分为强敏感、中敏感及低敏感三类区。对于中、强敏感区，路面排水系统应独立组成系统，以防止路基路面水混合排放，增大防污处理的压力。中、强敏感区均应设置一容量适当、可调节流量的污水处理池。

强敏感区：所有废水排入自然区域前设置不渗水的排水系统和不渗水的蓄水池。在强敏感区，收集道路水的排水系统必须是密封、不渗水的（混凝土边沟、混凝土排水沟等），处理池也是不渗水，水在排放到自然环境之前必须经过处理池处理。

中敏感区：所有废水排入自然区域前设置可渗水的排水系统和土质蓄水池。该区内，排水管网可以不密封，处理池是土质的，水在排放到自然环境之前必须经过处理池的处理。处理池通过沉淀作用能够治理长期污染，并且能用阀门关闭泄水构造物来阻隔偶发事故带来的污染。

蓄水池尺寸按两年一遇的洪水频率设计。土质蓄水池功能主要通过沉淀处理慢性污染，并通过封闭阀门限制排放以控制偶发性污染。封闭的蓄水池容量需满足10年重现期降雨量需求。

8）附属构造物

鉴于安全性的考虑，应该在工程设计时考虑加入附属构造物。附属构造物主要有交叉管件、检查井和排水口。

4.2.3 涵洞设计水力计算理论

1）设计参数

（1）设计洪水频率

对设计洪水频率的规定见表4-5。

设计洪水频率　　　　　　　　　　　　　表4-5

结构位置	路基路面排水（纵向排水）	涵洞排水（横向排水）
设计洪水频率	1/10	1/100

（2）重现期 T

重现期可通过了解和掌握相关法规，并向水警和水务部（MISE）服务部门进行咨询得到。在没有此类型的重现期数据时，建议采用以下数据：高速公路（100年），普通公路（100年、50年），盆地路堑（25年）。

2)涵洞类型的确定

涵洞类型初步选择如下:

当流量较小、无其他功能要求、涵洞顶面最大填土高度不大于8m时,应采用圆管涵;

当流量较大、无其他功能要求、涵洞顶面最大填土高度大于8m时,应采用小孔径箱涵。

3)设计流量的计算方法

设计流量的计算方法有:有理公式法、基底公式法、转换公式法,具体适用范围见表4-6。

计算方法的适用范围　　　　　表4-6

适用区域	汇水面积(km²)			
	0~1	1~10	10~50	50~100
法国内除滨海地区	有理公式法	转换公式法	基底公式法	基底公式法
滨海地区	有理公式法	有理公式法	转换公式法	基底公式法

①有理公式法

有理公式法最为常用,其设计流量计算公式为:

$$Q_{(T)} = \frac{C_{(T)} \times i_{(T)} \times S_{BVN}}{3.6} \tag{4-2}$$

式中:$Q_{(T)}$——设计流量(m³/s);

$C_{(T)}$——地表漫流系数;

S_{BVN}——汇水面积(km²);

$C_{(T)}$——与地表植被覆盖情况、地貌形态、地表坡度、土体类型等有关,只规定当重现期为10年时的地表漫流系数,对于任意重现期T的地表漫流系数可以采用相关公式计算;

$i_{(T)}$——平均降雨强度(mm/h),其公式为:

$$i_{(T)} = a_{(T)} \times t_{C_{(T)}}^{-b_{(T)}} \tag{4-3}$$

a、b——蒙大拿系数,可以从气象部门获取。

②基底公式法

基底公式来自法国农业部的规定,应首先计算重现期为10年的设计流量,然后推求重现期为100年的设计流量。

重现期为10年的计算公式为:

$$Q_{(10)} = R \times \left[\frac{P_{(10)}}{80}\right]^2 \times S_{BVN}^{0.8} \tag{4-4}$$

式中:R——土体的漫流能力系数,一般根据当地经验确定;

$P_{(10)}$——重现期为10年的日降雨量(mm)。

重现期为100年的计算公式为:

$$Q_{(100)} = b' \times Q_{(10)} \tag{4-5}$$

式中:b'——参数,具体取值取决于汇水面积。

③转换公式法

转换公式法设计流量计算公式为:

$$Q_{(T)} = \alpha \times Q_{R(T)} + \beta \times Q_{C(T)} \qquad (4-6)$$

式中:α、β——平衡系数,$\alpha + \beta = 1$,当 $1\text{km}^2 < S_{BVN} < 10\text{km}^2$ 时,$\alpha = (10 - S_{BVN})/9$,当 $10\text{km}^2 < S_{BVN} < 50\text{km}^2$ 时,$\alpha = (50 - S_{BVN})/40$;

$Q_{R(T)}$——有理公式法求得的设计流量。

$Q_{C(T)}$——基底公式法求得的设计流量。

4)公路涵洞水力验算

(1)验算内容

需要验算涵洞内水流速度、水深、涵前壅水。

(2)验算标准

水力验算标准包括:涵前壅水高 $H_{am} \leq 1.2H$,其中 H 为涵洞的进口高度;无压力式涵洞顶面至最高流的净空高度应满足规范要求;路基边缘至涵前壅水顶面的高差不得小于 0.5m。

(3)验算公式

当水流状态为临界流或正常水流时,法国规范相关公式计算涵洞内水流高度和流速,具体公式见表4-7。

水流高度和流速公式　　　　表4-7

	临界水流	正常水流
法国规范	$H_c = \sqrt[3]{\dfrac{Q_{(T)}^2}{B^2 g}}$ $v_c = \sqrt{H_c g}$	$Q_{(T)} = k_n \times R_h^{\frac{2}{3}} \times p_n^{\frac{1}{2}} \times S_n$ $v_n = \dfrac{Q_{(T)}}{S_n}$

注:$Q_{(T)}$ 为设计流量(m^3/s);B 为净宽(m);k_n 为粗糙系数;R_h 为水力半径(m);S_n 为流水断面面积;p_n 为设计纵坡;I 为水力梯度。

4.3 路基稳定性分析

4.3.1 滑动面形式

对于土质挖方边坡,当边坡高度小于等于8m时,选择直线形边坡,边坡的滑动面形式采用直线滑动面,不需要边坡平台;边坡高度大于8m时,采用折线形边坡,边坡的滑动面形式采用折线滑动面,每隔6m设置一个边坡平台,平台宽度为3m。

对于石质挖方边坡,当边坡的高度小于等于10m时,采用直线形边坡,边坡的滑动面形式采用直线滑动面,不需要边坡平台;当边坡的高度大于10m时,采用折线形边坡,边坡的滑动面形式采用折线滑动面,每隔8m设置一个边坡平台,平台宽度为3m。

对于填方边坡,当边坡的高度小于等于10m时,采用直线形边坡,边坡的滑动面形式采用直线滑动面,不需要边坡平台;当边坡的高度大于10m时,采用折线形边坡,边坡的滑动面形式采用折线滑动面,每隔8m设置一个边坡平台,平台宽度为3m。

当土体为黏性土时,边坡滑动面形式是圆弧形,其最危险滑动面的位置无法预测,所以法国规范规定此时选择圆弧滑动面作为边坡的滑动面形式,滑动面形式可分为坡面滑动、坡脚滑动、坡外滑动。

4.3.2 边坡稳定安全系数

法国规范体系认为对于一般路段,填、挖方高度大于 5m 的路基应进行稳定性分析,有软弱土层时,无论填土和开挖的高度如何,均应进行稳定性计算。

在法国规范中,稳定性计算的方法主要有毕肖普法、费伦纽斯法、摄动法等。常用的稳定性分析软件有 Talren 和 Geostab。法国规范对边坡的稳定性分析可分为整体稳定性和组合稳定性,整体稳定性是指滑裂面穿过加强体外部,组合稳定性指滑裂面穿过加强体内部。

从基本理论来看,法国规范中边坡稳定性计算方法基本与中国规范相同,但车辆荷载、地震力和稳定系数之间存在一定的差异。对于车辆荷载,中国规范首先将其换成等效路基岩土层厚度,计入滑动体的重力中。对于地震力,中国规范只有在进行高路堤和陡坡路堤设计时需考虑,法国规范中均需考虑垂直地震力。

法国边坡稳定安全系数如表 4-8 所示。

法国边坡稳定安全系数　　表 4-8

安全系数	长期情况(运行期)内	短期情况(施工期)内
考虑地震力	≥1.3	—
不考虑地震力	≥1.5	≥1.3

4.3.3 车辆荷载换算方式

1) 车道数

法国公路的车道数等于可承载宽度的整个部分(以 m 表示)除以 3,舍去小数部分,则整数部分就是公路的车道数,但是当路面的可承载宽度在 5~6m 时,可按双车道考虑。

2) 公路级别

根据行车道宽度,将公路分为三级:

第一级:行车道宽度等于或大于 7m 的公路。

第二级:车道数等于 2 且行车道宽度在 5.5~7m 的公路。注意:如公路行车道宽为 5.5m,列为第三级;当行车道宽度达到 7m 时,列为第一级。

第三级:道路为单或双车道,行驶宽度小于等于 5.5m。

3) 荷载

(1) 荷载基准值计算

荷载是分布在行车道范围内的均布荷载,类似于中国规范的车道荷载,但取值方法和中国规范的差别很大。

$$A(1) = 230 + 36000/(L + 12) \tag{4-7}$$

式中:$A(1)$——荷载的基准计算值(kg/m^2);

L——车辆荷载的加载长度(m)。

(2) 车道折减系数 a_1

根据公路等级和车道数,荷载基准值 $A(1)$ 要乘以车道折减系数 a_1,见表4-9。

车道折减系数 a_1　　　　表4-9

行车道数		1	2	3	4	5
公路等级	一级	1	1	0.9	0.75	0.7
	二级	1	0.9	—	—	—
	三级	0.9	0.8	—	—	—

(3) 车道宽度修正系数 a_2

根据公路等级、车道数和行车道宽度,荷载基准值 $A(1)$ 还要乘以车道宽度修正系数 a_2:

$$a_2 = V_0 / (B/n) \tag{4-8}$$

式中:a_2——车道宽度修正系数;

B——公路的行车道宽度(m);

n——公路车道数;

V_0——车道标准宽度,取值如下:1级为3.5m,2级为3.0m,3级为2.75m。

(4) 荷载计算

荷载计算值 A 计算公式为:

$$A = a_1 \cdot a_2 \cdot A(1) \tag{4-9}$$

4.3.4　土性参数的确定

法国规范规定一般情况下通过试验路段得到土的各类计算参数,若试验困难时,可参照表4-10、表4-11取值。

砂性土 φ、c 值参照表　　　　表4-10

土　类	孔　隙　率	天然含水率 $\omega(\%)$	重度 $\gamma(kN/m^3)$	黏聚力 $c(kPa)$	内摩擦角 $\varphi(°)$
粗砂	0.4~0.6	15~21	20.00	0	42
	0.6~0.8	22~27	18.60	0	38
中砂	0.4~0.6	15~21	20.00	0	40
	0.6~0.8	22~27	18.60	0	35
细砂	0.4~0.6	22~27	18.60	0	38
	0.6~0.8	15~21	20.00	0	32

黏性土 φ、c 值参照表　　　　表4-11

稠　度	内摩擦角 $\varphi(°)$			黏聚力 $c(kPa)$		
	低稠度黏土	中稠度黏土	高稠度黏土	低稠度黏土	中稠度黏土	高稠度黏土
<0	28	25	22	19.60	58.80	98.07
0~0.50	25	22	19	11.30	31.20	45.60
0.50~1.00	19	15	11	2.45	12.35	14.50
>1.00	≤14	≤20	≤6	0.98	≤4.90	≤4.90

4.3.5 抗震力确定

根据法国规范也需对工程所在地地震动峰值加速度对路基抗震稳定性验算,但是验算内容和中国略有不同,需进行验算的情况如表 4-12 所示。

法国抗震稳定性验算范围　　　　　表 4-12

项　目		基本地震动峰值加速度			
		高速、一级、二级公路			三、四级公路
		0.10 (0.15g)	0.20g (0.30g)	≥0.40g	≥0.40g
岩石、非液化土及非软土	非浸水	细粒土	验算	验算	验算	验算
		粗粒土	验算	验算	验算	验算

4.4 挡土墙设计

4.4.1 挡土墙墙后土压力计算

1)法国规范下一般土压力计算

根据 NF P94-270 和 NF P94-281 等法国规范,计算常规重力式、悬臂式及土钉墙等支挡结构,一般采用库仑、朗肯或 Caquot-Kerisel 土压力理论,其中假定墙背光滑,挡土墙与墙后填土内摩擦角比值为 0。

2)法国规范下地震土压力计算

与中国规范相比法国规范下地震土压力计算原理也是用非地震状态土压力公式去计算地震土压力。差异点在于法国规范计算地震角 $\theta_s(\pm)$ 考虑水平和竖向地震加速度的影响,计算见公式(4-10):

$$\theta_s(\pm) = \arctan[\xi k_h/(1 + \xi k_v)] \tag{4-10}$$

式中:k_h——地震水平向加速度系数,等于地震加速度系数 A,具体见表 4-13。

地震垂直向加速度系数用 k_v 表示,取值为 $0.5k_h$。

场地影响系数用 ξ 表示,法国规范采用动态法计算地震土压力时,一般情况下 $\xi = 1$。

加速度系数 A　　　　　表 4-13

重要用途分组	地　震　区			
	Ⅰ	Ⅱa	Ⅱb	Ⅲ
1A	0.15	0.25	0.3	0.4
1B	0.12	0.2	0.25	0.3
2	0.1	0.15	2	0.25
3	0.07	0.1	0.14	0.18

地震土压力计算时将 $\alpha_s = \alpha + \theta_s$,$\beta_s = \beta + \theta_s$,$\gamma_s = \gamma \dfrac{1 \pm k_v}{\cos\theta_s}$,$q_s = q\dfrac{1 \pm k_v}{\cos\theta_s}$,$H_s = \dfrac{\cos(\alpha + \theta_s)}{\cos\alpha}$ 代入非地震状态土压力进行计算。法国地震土压力计算公式为:

$$E_s = \frac{1}{2}\gamma(1 \pm K_v)H^2 K_s \qquad (4\text{-}11)$$

$$K_s = \frac{\cos^2(\varphi - \theta_z - \alpha)}{\cos\theta_z \cos^2\alpha \cos(\delta + \theta_z + \alpha)\left[1 + \sqrt{\dfrac{\sin(\varphi + \delta)\sin(\varphi - \theta_z - \beta)}{\cos(\delta + \theta_z + \alpha)\cos(\beta - \alpha)}}\right]^2}$$

式中：φ——墙后土体内摩擦角(°)；

θ_z——地震角(°)；

α——墙背与铅垂线夹角(°)；

δ——土与墙背摩擦角(°)；

β——填土表面与水平面夹角(°)。

法国采用动态法进行设计，还考虑挡土墙自重承受地震作用产生的惯性力，分为竖向地震力和横向地震力。

横向地震力 F_X 计算见公式(4-12)：

$$F_X = GA \qquad (4\text{-}12)$$

竖向地震力 F_Y 计算见公式(4-13)：

$$F_Y = 0.7GA \qquad (4\text{-}13)$$

3）法国规范路面活载计算

法国规范中，挡土墙路面活载按路堤墙或路肩墙，相应计算均布荷载 q，以内摩擦角直接扩散作用于墙身上。通过求取扩散后在墙身上作用位置的高度 h_1 得到路面活载对墙身的压力。计算图示见图4-5。

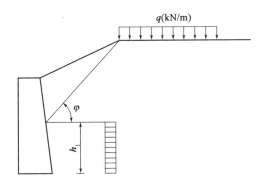

图4-5 法国规范路面活载计算图

4）施工阶段计算

计算法国规范体系下的低填土路堤挡土墙时，路面活载按照 $q = 10\text{kN/m}$ 进行运营阶段的各项验算，挡墙施工阶段的强度和稳定性需进行验算。而路堤挡土墙最不利施工阶段等同于路肩挡墙受力模式，施工碾压活载取 $q = 20\text{kN/m}$ 计算。但考虑到施工状态为临时阶段，持续时间较短，故法国规范下施工阶段验算只考虑非地震条件下的承载力极限状态组合(ELU组合)，可不采用正常使用阶段(ELS)及地震偶然组合(ELA)验算。

4.4.2 挡土墙荷载组合

法国规范荷载组合类型与中国规范相同,分为 ELS、ELU、ELA 三种设计组合状态。具体荷载组合系数见表4-14。

法国规范中关于挡土墙计算荷载或作用力组合系数　　表4-14

组合形式	F	全部不利长期荷载 G_{max}	全部有利长期荷载 G_{min}	常规荷载 $Q_r(A)$	地震力作用力 F_A
ELU	承载能力极限状态	1.35	1	1.5	—
ELS	正常使用极限状态	1	1	1	—
ELA	偶然条件下(地震条件)极限状态	1	1	—	1

对于活荷载,还需要追加 ELU = 1.07、ELS = 1.2 的分权系数。

4.4.3 挡土墙验算内容差异

法国规范下挡土墙设计均应验算挡土墙的抗滑移稳定性、抗倾覆稳定性、基底应力及合力偏心距、截面强度验算以及基础面积脱空见表4-15。

法国规范稳定性及基础脱空面积对比　　表4-15

荷 载 组 合	抗滑稳定系数	抗倾覆稳定系数	基底面积脱空比例(%)
正常使用极限状态(ELS)	—	—	25
基本承载能力极限状态(ELU)	1.2	1.2	90
偶然承载能力极限状态(ELA)	1.2	1.2	—

4.4.4 悬臂式挡墙

1)主动土压力计算

根据 NF P94-281,墙后主动土压力可采用朗肯理论、库仑理论或 Caquot-Kerisel 理论进行计算。

2)计算内容

依据规范 NF P94-281 第8节规定,验算以下三类共5种验算类型:外部稳定性,即抗滑移验算、偏心距验算、地基承载力验算;内部稳定性,即墙身截面验算;整体稳定性。

对于外部稳定性、内部稳定性分析,可采用法国软件 GeoMur 或 Mur。对于整体稳定性分析,可采用 GeoSpar 或 Talren 软件。

(1)外部稳定性

外部稳定性研究包含挡墙立板及底板的模型(图 4-6)。在悬臂式挡墙的情况下,该模型采用通过墙趾及墙踵的竖直虚拟墙背来实现。该模型承受结构及

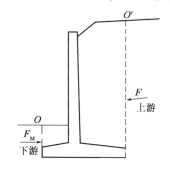

图 4-6 悬臂式挡墙外部稳定性计算模型

土壤自重和作用在模型上的作用力,通过其产生的作用效应,进行不同的组合、计算。

依据 NF P94-281 规范 9.1 条,属于岩土类极限状态,采用规范中的方法 2 计算。主要验算内容有:滑移稳定性、偏心距验算、地基承载力验算。

①抗滑移稳定性验算

依据 NF P94-281,计算见公式(4-14):

$$H_d \leqslant R_{h;d} + R_{p;d} \tag{4-14}$$

式中:H_d——水平荷载的设计值(kN);

$R_{h;d}$——基底抗滑力(kN);

$R_{p;d}$——桩前土抗力(kN)。

②偏心距离限制

对于持久和短暂工况,限值偏心距 e 需满足式(4-15):

$$1 - \frac{2e}{B} \geqslant \frac{1}{15} \tag{4-15}$$

对于正常使用极限状态下的准永久载荷组合,偏心距需满足式(4-16):

$$1 - \frac{2e}{B} \geqslant \frac{1}{2} \tag{4-16}$$

③地基承载能力验算

依据规范 NF P94-281,总体原则见式(4-17):

$$V_d - R_0 \leqslant R_{v;d} \tag{4-17}$$

式中:V_d——挡土墙传递到地面的垂直荷载设计值(kPa);

R_0——土体和基础的总压力(kPa);

$R_{v;d}$——地基承载力(kPa)。

(2)整体稳定性验算

依据 NF P94-281,整体稳定性验算属于岩土类的极限状态,需满足式(4-18):

$$T_{dst;d} \leqslant \frac{R_{st;d}}{\gamma_{R;d}} \tag{4-18}$$

式中:$T_{dst;d}$——滑动面上滑动力设计值(kN);

$R_{st;d}$——滑动面上抗滑力设计值(kN);

$\gamma_{R;d}$——土体抗剪强度分项系数,与变形敏感度有关。

(3)内部稳定性验算

依据 NF P94-281,计算简图如图 4-7 所示。

根据规范 EN1992-1-1 规定,悬臂式挡墙需进行如下计算:承载能力极限状态下抗弯计算、抗剪计算;正常使用极限状态应力限制、裂缝限制。

①抗弯计算

a.计算假定:

(a)平截面假定:加载前后截面始终近似为平面;

(b)认为有黏结的钢筋应变与周围混凝土相同;

(c)忽略混凝土抗拉强度;
(d)混凝土应力应变关系遵循EN1992-1-1第3章规定;
(e)钢筋应力应变关系遵循EN1992-1-1第3章要求;
(f)计算时采用单筋矩形截面理论进行计算。

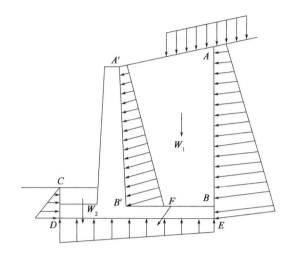

图4-7 悬臂式挡墙力学模型

基于以上假定,可以列出混凝土梁截面设计平衡方程见式(4-19)、式(4-20):

$$M_{Ed} \leqslant M_{Rd} = \eta f_{cd}(\lambda x) b \left(d - \frac{\lambda x}{2}\right) \quad (4-19)$$

$$\eta f_{cd}(\lambda x) b = A_s f_{yd} \quad (4-20)$$

式中:M_{Ed}——受力弯矩(kN·m);

M_{Rd}——抵抗弯矩(kN·m);

f_{cd}——抗压强度设计值(kPa);

f_{yd}——钢筋屈服强度(kPa);

A_s——受拉钢筋截面积(m²);

b——截面宽度(m);

d——截面有效高度,(m)$d = h - d_1$;

d_1——受拉钢筋保护层厚度(m);

η——等效混凝土应力块应力系数;

λ——等效混凝土应力块高度系数。

根据欧洲规范EN 1992-1-1,有效受压高度系数见式(4-21):

$$\lambda = \begin{cases} 0.8, f_{ck} \leqslant 50\text{MPa} \\ 0.8 - \dfrac{f_{ck} - 50}{400}, 50\text{MPa} < f_{ck} \leqslant 90\text{MPa} \end{cases} \quad (4-21)$$

根据欧洲规范EN 1992-1-1,有效压应力系数见式(4-22):

$$\eta = \begin{cases} 1.0, f_{ck} \leqslant 50\text{MPa} \\ 1.0 - \dfrac{f_{ck} - 50}{400}, 50\text{MPa} < f_{ck} \leqslant 90\text{MPa} \end{cases} \quad (4-22)$$

令 $K = \dfrac{M_{Ed}}{\eta b d^2 f_{cd}}$，解见式(4-23)：

$$x = \frac{(1 - \sqrt{1 - 2K})d}{\lambda} \tag{4-23}$$

梁需具有一定的延性，不发生超筋脆性破坏，欧洲规范对梁的相对受压高度有明确规定。对于单筋矩形截面梁，这一相对受压高度限值的设定，实际上对该梁的最大弯矩承载力进行限制，见式(4-24)：

$$x_{\lim} = \begin{cases} 0.45d, & 混凝土低于 C60/C75 \\ 0.35d, & 混凝土高于 C60/C75 \end{cases} \tag{4-24}$$

根据欧洲规范桥梁 EN 1992-2，见式(4-25)：

$$x_{\lim} = \begin{cases} 0.3d, & 混凝土低于 C60/C75 \\ 0.23d, & 混凝土高于 C60/C75 \end{cases} \tag{4-25}$$

b. 构造要求：

最小配筋率钢筋最小面积，见式(4-26)：

$$A_{s,\min} = \max\left(0.26 \frac{f_{ctm}}{f_{yk}} b_t d, 0.0013 b_t d\right) \tag{4-26}$$

式中：b_t——拉伸区平均宽度(m)。

最大配筋率见式(4-27)：

$$A_{s,\max} = 0.04 A_c \tag{4-27}$$

式中：A_c——混凝土横截面积(m^2)。

②受剪承载力

$V_{Ed} < V_{Rd,c}$ 时，不需要设置抗剪钢筋，按构造要求配筋即可；

$V_{Ed} > V_{Rd,c}$ 时，应设置抗剪钢筋。

计算时首先判断不配置抗剪钢筋是否满足截面受力要求，不满足则以配置抗剪钢筋构件进行计算。

a. 不要求设计抗剪钢筋的构件承载力见式(4-29)：

$$V_{Rd,c} = \max\left\{\left[C_{Rd,c} k (100\rho f_{ck})^{\frac{1}{3}} + k_1 \sigma_{cp}\right] b_w d, (v_{\min} + k_1 \sigma_{cp}) b_w d\right\} \tag{4-28}$$

$$k = 1 + \sqrt{\frac{200}{d}} \leq 2.0$$

$$\rho_1 = \frac{A_{sl}}{b_w d} \leq 0.02$$

$$\sigma_{cp} = N_{Ed}/A_c < 0.2 f_{cd}$$

式中：A_{sl}——受拉钢筋截面积(m^2)；

　　　b_w——受拉截面最小宽度(m)；

　　　N_{Ed}——竖向荷载和预应力引起的轴力(kN)；

　　　A_c——混凝土横截面面积(m^2)；

　　　k_1——系数；

$C_{Rd,c}$——系数;

$v_{min}=0.035k^{3/2}f_{ck}^{1/2}$。

b. 要求设计抗剪钢筋的构件:

对于带有垂直剪切钢筋的构件,抗剪强度 V_{Rd} 为式(4-30)、式(4-31)、式(4-32)的较小值:

$$V_{Rd,s}=\frac{A_{sw}}{s}zf_{ywd}\cot\theta \quad (4-29)$$

$$V_{Rd,max}=\alpha_{cw}b_{w}z\nu_{1}f_{cd}/(\cot\theta+\tan\theta) \quad (4-30)$$

$$V_{Rd}\leqslant V_{Rd,max} \quad (4-31)$$

式中:$1\leqslant\cot\theta\leqslant 2.5$;

A_{sw}——抗剪钢筋的横截面面积(m^2);

s——箍筋间距(m);

f_{ywd}——抗剪钢筋的设计屈服强度(kPa);

ν_1——剪切断裂混凝土的强度折减系数;

α_{cw}——考虑受压弦杆中应力状态的系数。

③应力限制

依据 EN 1992-1-1,对混凝土限值标准如下:

正常使用极限状态下应对混凝土中压应力有所限制,以避免纵向开裂、细小开裂或严重徐变。

对于荷载标准组合,在盐蚀和冻融下的暴露环境,不超过 k_1f_{ck},k_1 值取 0.6;在准永久荷载下混凝土的应力小于 k_2f_{ck},认为徐变是线性。当混凝土应力大于 k_2f_{ck},应考虑非线性徐变,k_2 值为 0.45。

对钢筋的限制标准为:在荷载标准组合下,不超过 k_3f_{yk},如应力是由强制变形引起的,则拉应力不应超过 k_4f_{yk},k_3、k_4 值分别取 0.8 和 1。

④裂缝宽度验算

根据 EN 1992-1-1 规范 7.3.3 条,对非轴向受拉构件,可通过限制钢筋直径和间距来控制裂缝宽度。对于主要由荷载引起的裂缝 w_k,满足表4-16 或表4-17 其中一项即可不进行裂缝宽度验算。

裂缝控制的钢筋最大直径 表4-16

钢筋应力 (MPa)	最大钢筋直径(mm)		
	$w_k=0.4$mm	$w_k=0.3$mm	$w_k=0.2$mm
160	40	32	25
200	32	25	16
240	20	16	12
280	16	12	8
320	12	10	6
360	10	8	5
400	8	6	4
450	6	5	—

裂缝控制钢筋最大间距 表4-17

钢筋应力 (MPa)	最大钢筋间距(mm)		
	$w_k = 0.4\text{mm}$	$w_k = 0.3\text{mm}$	$w_k = 0.2\text{mm}$
160	300	300	200
200	300	250	150
240	250	200	100
280	200	150	50
320	150	100	—
360	100	50	—

(4)挡墙基础沉降计算

依据NF P94-261，在均质土壤情况下，根据梅纳旁压仪试验，最终沉降由式(4-33)计算：

$$S_f = S_c + S_d \tag{4-32}$$

$$S_c = \frac{\alpha}{9E_M}(q' - \sigma'_{vo}) \cdot \lambda_c \cdot B \tag{4-33}$$

$$S_d = \frac{2}{9E_M}(q' - \sigma'_{vo}) \cdot B_0 \cdot \left(\lambda_d \cdot \frac{B}{B_0}\right)^\alpha \tag{4-34}$$

式中：S_f——最终沉降；

S_c——球应力沉降；

S_d——偏差应力沉降；

E_M——旁压模量；

q'——作用于基础上的平均有效应力；

σ'_{vo}——工程施工前，基础埋深处的有效自重应力；

B_0——参照长度，等于0.6m；

B——基础长度；

α——取决于土壤性质的流变系数；

λ_c、λ_d——根据L/B比值变化的形状系数。

表4-18中给出了部分λ_c和λ_d的值。

λ_c 和 λ_d 取 值 表4-18

L/B	圆形	方形	2	3	5	20
λ_c	1.00	1.10	1.20	1.30	1.40	1.50
λ_d	1.00	1.12	1.53	1.78	2.14	2.65

4.4.5 土钉墙

1)主动土压力计算

根据NF P94-270，墙后主动土压力可采用库仑、库尔曼、朗肯等方法进行计算。计算模型见图4-8。

从安全性角度考虑，在忽略土粒间黏聚力的情况下，土体水平压力计算见式(4-35)：

$$\sigma_{h;d}(h) = \sigma_{0;d} + \sigma_{ah;d} = \sigma_{0;d} + K_a \cdot (\gamma_G \gamma h + \gamma_Q q) \tag{4-35}$$

其中:
$$\sigma_{0;d}(h) = \frac{1}{h}\left(P_{0;d} - \frac{1}{2} K_a \gamma_G \gamma h^2\right) = \frac{1}{2}(K_0 - K_a)\gamma_G \gamma h \tag{4-36}$$

式中:γ——土体重度(kN/m^3);

h——土体深度(m);

q——作用在坡顶面的超载(kN);

γ_G——永久最不利分项系数,取1.35;

γ_Q——可变最不利作用分项系数,取值1.5;

K_0——静止土压力系数,$K_0 = (1 - \sin\varphi)\sqrt{R_{oc}}$,其中,$R_{oc}$为固结比,取1.0;

K_a——主动土压力系数,$K_a = \tan^2(45° - \varphi/2)$。

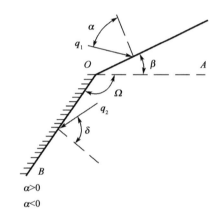

图4-8 土钉墙边坡模型示意图

q_1-坡顶超载(kN);q_2-主动土推力(kN);α-超载倾斜角度(°);β-上部坡体倾斜角(°);δ-土压力与边坡表面法线夹角(°);Ω-边坡与水平向夹角(°),$\Omega = \pi/2 + \beta - \lambda$

2)计算内容

依据规范 NF P94-270 规定,验算内容包含:整体稳定性,即滑裂面穿过加强体外部;组合稳定性,即滑裂面穿过加强体内部;内部稳定性,即砌面结构验算。

(1)整体稳定性

整体稳定性可通过 Geostab 或者 Talren 软件,采用毕肖普或费伦纽斯等方法进行整体稳定性分析。

整体稳定性验算属于岩土类的极限状态,需满足式(4-37):

$$T_{dst;d} \leqslant \frac{R_{st;d}}{\gamma_{R;d}} \tag{4-37}$$

式中:$T_{dst;d}$——滑动面上滑动力设计值(kN);

$R_{st;d}$——滑动面上抗滑力设计值(kN);

$\gamma_{R;d}$——土体抗剪强度分项系数。

(2)组合稳定性

在验算组合稳定性时,至少有一层加筋体发生破坏,计算方法与整体稳定性中相同。

当考虑整体稳定性后,组合稳定性只需分析挡墙坡脚±3h范围内的稳定性,见图4-9。

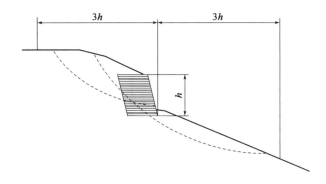

图4-9 组合稳定性验算范围

(3)内部稳定性

土钉内部稳定性计算内容包括:抗拉强度验算;抗拔强度验算;钉-墙连接处验算;墙面结构验算。

①土钉抗拉强度验算。

总体原则见式(4-38):

$$T_{\max;d} \leqslant R_{tc;d} \tag{4-38}$$

a. 土钉所受最大拉力计算见式(4-39):

$$T_{\max;d}(h) = \frac{\sigma_{h;d}(h) \cdot S_v \cdot S_h}{\cos\theta} \tag{4-39}$$

式中:S_v——土钉间水平距离(m);

S_h——土钉间竖直距离(m);

θ——土钉与水平方向夹角(°)。

b. 土钉抗力计算公式见式(4-40):

$$R_{tc;d} = \rho_{\deg;y} \frac{S_0 f_y}{\gamma_{M0}} \tag{4-40}$$

式中:S_0——钢筋初始横截面积(m²);

γ_{M0}——对应于弹性极限的材料分项系数;

f_y——钢筋的弹性极限(屈服强度,kPa);

$\rho_{\deg;y}$——折减系数,计算见式(4-41)。

$$\rho_{\deg;y} = 1 - \gamma_y \frac{\Delta S}{S_0} \tag{4-41}$$

式中:γ_y——分项系数;

ΔS——考虑弱腐蚀情况的截面平均损失,$\Delta S = P \cdot L$;

L——锚杆或型钢的周长;

P——随时间t变化的钢筋表面厚度平均减小量,$P = A \cdot t \cdot n$;

t——时间(年);

A——第一年的平均减小量;

n——和时间相关的小于1的参数。

②土钉抗拔强度验算。

总体原则：

$$T_{max} \leq R_{f;d} \quad (4-42)$$

式中：$R_{f;d}$——土钉抗拔力，理论计算公式见式(4-43)：

$$R_{f;d} = \frac{\tau \cdot P_s \cdot L_s}{\gamma_{M;f}} \quad (4-43)$$

法国土钉的抗力计算公式和中国规范是一样的。在实际工程中，抗拔力经常由现场抗拔试验来确定。

(4)砌面结构验算

法国规范与中国规范在土钉墙设计方面的最大区别就是，法规的混凝土墙面板需要按结构原理进行设计，包括墙面厚度和钢筋截面。法标土钉墙砌面的验算分为抗弯验算和抗冲切验算。关于墙面结构计算，可以采用法国软件 GeoSpar 进行土钉墙立面结构设计。

作用在墙面板上的压力计算公式为：

$$\sigma_{par;d} = \alpha \cdot \sigma_{h;d} \quad (4-44)$$

式中：$\sigma_{par;d}$——作用在墙面上的应力计算值；

$\sigma_{h;d}$——水平方向的应力计算值，这里包含土体和其他荷载效应；

$\alpha = 0.4 + 0.2\max\{s_v;s_h\}$，而且 $0.6 \leq \alpha \leq 1.0$。

(5)墙面变形验算

规范 P94-270 建议评估边坡结构物位移变化采用数值模拟或者经验方法，如图 4-10 所示。

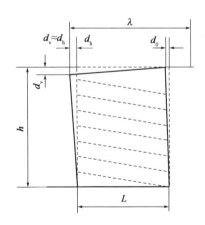

图 4-10 土钉墙坡顶变形计算示意图

规范中给出如下经验公式，见式(4-46)：

$$\lambda = h(1 - \tan\eta_1)\kappa \quad (4-45)$$

式中：h——土钉墙高度(m)；

η_1——倾斜度；

κ——经验系数。

土钉墙砌面顶部位移的垂直分量值 d_v 和水平分量值 d_h，可按表4-19估算。

不同土质墙顶位移经验系数值　　　表4-19

墙顶位移/经验系数	风化岩	砂土	黏土
$d_v = d_h$	$h/1000$	$2h/1000$	$4h/1000$
κ	0.8	1.25	1.5

4.4.6 加筋土挡墙

1）主动土压力计算

根据规范 NF-P94-270，墙后主动土压力计算见式（4-46）：

$$\sigma_a = \sigma_z \cdot K_z \tag{4-46}$$

当 $z_i \leqslant z_0$，$K_z = \Omega_1 K_a \left[1.6 \left(1 - \dfrac{z}{z_0} \right) + \dfrac{z}{z_0} \right]$；

当 $z_i > z_0$，$K_z = \Omega_1 K_a$；

这里 $K_a = \tan^2 \left(45° - \dfrac{\varphi}{2} \right)$；

上述式中：σ_a——填料产生的水平土压应力（kPa）；

　　　　　σ_z——填料深度 z 处的有效自重应力（kPa）；

　　　　　z_0——取 6m；

　　　　　Ω_1——与加筋类型有关的系数；

　　　　　K_z——深度 z 处的土压力系数；

　　　　　K_a——主动土压力系数；

　　　　　φ——填料的内摩擦角（°）。

2）计算内容

依据 NF P94-270 规范，验算内容包括：外部稳定性，即抗滑移验算、抗倾覆验算、地基承载力验算；内部稳定性，即筋带抗拉验算、筋带抗拔验算；整体稳定性和组合稳定性。

对于外部稳定性计算，可采用法国软件 GeoMur 或 Mur 软件；对于整体稳定性及组合稳定性计算，可采用 Talren 或 GeoStab 软件。

（1）外部稳定性

外部稳定性包含抗滑移、抗倾覆及地基承载力验算，属于岩土类的极限状态，采用设计方法2计算。

①滑移

基本原则见式（4-47）：

$$H_d \leqslant R_d + R_{p;d} \tag{4-47}$$

排水条件下：

$$R_d = \dfrac{1}{\gamma_{R;h}} \mathrm{Min}(V'_k \tan\varphi'_{1;k} + Bc'_{1;k} ; V'_k \tan\varphi'_{3;k} + Bc'_{3;k})$$

不排水条件下：

$$R_d = \frac{1}{\gamma_{R;h}} B c_{u;k}$$

式中：H_d——水平荷载计算值(kN)；
 R_d——基础的抗滑力计算值(kN)；
 $R_{p;d}$——法向或切向抗力计算值(kN)；
 $\gamma_{R;h}$——基础土的极限抗滑力分项系数；
 V'_k——加筋土构筑物上的法向分量特征值(kN)；
 B——基础宽度(m)；
 $c_{u;k}$——基础土在非排水条件下黏聚力特征值；
 $\varphi'_{1;k}$、$c'_{1;k}$——加筋土在排水条件下的内摩擦角和黏聚力特征值；
 $\varphi'_{3;k}$、$c'_{3;k}$——基础土在排水条件下的内摩擦角和黏聚力特征值。

②偏心限制

对于永久或临时工况，为限制底板的偏心距，验算见式(4-48)：

$$1 - \frac{2e}{B} \geqslant \frac{1}{15} \tag{4-48}$$

对于准永久组合和标准组合，验算见式(4-49)：

$$1 - \frac{2e}{B} \geqslant \frac{1}{2} \tag{4-49}$$

③地基承载力

总体原则见下式：

$$V_d \leqslant R_d \tag{4-50}$$

$$R_d = \frac{R_k}{\gamma_{R;v}} \tag{4-51}$$

$$R_k = \frac{A' q_{net}}{\gamma_{R;v}} \tag{4-52}$$

$$q_{net} = q'_u \cdot i_\delta = (k_p \cdot p^*_{le} \cdot i_\beta) \cdot i_\delta \tag{4-53}$$

式中：V_d——作用于基底的总竖向应力(kPa)；
 R_d——土体极限承载力设计值(kPa)；
 R_k——土体极限承载力标准值(kPa)；
 $\gamma_{R;v}$——土体极限承载力分项系数；
 A'——底板有效面积(m^2)；
 k_p——测定的承载力系数；
 p^*_{le}——等效净极限压力(kPa)；

i_δ——与荷载倾斜度相关的承载力折减系数;

i_β——与斜坡相关的承载力折减系数。

(2)内部稳定性

内部稳定性包含加筋体的抗拉承载力、面板与加筋体连接处抗拉承载力、土体与加筋体之间的抗拔承载力、墙面板抗力的验算,属于结构类的极限状态。

①抗拉承载力

为避免加筋体断裂或过度变形,需满足下式:

$$T_{\max;d} \leq R_{tc;d} \tag{4-54}$$

在面板与筋带连接处,需满足下式:

$$T_{par;d} \leq R_{ta;d} \tag{4-55}$$

$$R_{t;d} = \rho_{end}\rho_{flu}\rho_{deg}\frac{R_{t;k}}{\gamma_{M;t}}$$

$$T_{\max;d} = \sigma_{h;d}s_v$$

$$T_{par;d(z)} = (K\alpha\sigma_{v;d(z)} + \sigma_{hq;d(z)})s_v$$

$$\sigma_{h;d} = K\sigma_{v;d} + \sigma_{hq;d}$$

$$\sigma_{v;d(z)} = \frac{R_{v;d(z)}}{L(z) - 2e} + \sigma_{vq;d(z)}$$

式中:$T_{\max;d}$——加筋体所受最大拉力设计值(kN);

$T_{par;d}$——连接点处加筋体所受最大拉力设计值(kN);

$R_{tc;d}$——加筋体抗拉承载力设计值(kN);

$R_{ta;d}$——连接点处加筋体抗拉承载力设计值(kN);

$R_{t;d}$——每延米抗拉承载力设计值(kN);

ρ_{end}——机械破坏影响系数;

ρ_{flu}——蠕变影响系数;

ρ_{deg}——化学作用影响系数;

$R_{t;k}$——每延米加筋体抗拉承载力标准值(kN/m);

$\gamma_{M;t}$——筋加体抗拉承载力分项系数;

s_v——加筋体垂直间距;

K——土压力系数;

α——取决于面板材料刚度;

$\sigma_{h;d}$——总水平应力(MPa);

$\sigma_{v;d}$——总垂直压应力(MPa);

$\sigma_{hq;d}$——外荷载引起的水平应力(MPa);

$R_{v;d(z)}$——每延米总压力的竖向分力(kN);

$L(z)$——深度 z 处的基础宽度(m);

e——偏心距,$e = M_{d(z)}/R_{v;d(z)}$。

②抗拔承载力

为保证加筋体与土体之间有足够的抗拔稳定性,需满足下式:

$$T_{\max;d} \leqslant R_{f;d} \tag{4-56}$$

$$R_{f;d} = \frac{\tau_{\max;k} P_s L_s}{\gamma_{M;f}}$$

$$\tau_{\max} = \mu^* \cdot \sigma_v$$

$$P_s = 2Nb$$

$$\mu^*_{(z)} = \mu_o^* \frac{6-h_a}{6} + \mu_1^* \frac{h_a}{6} \quad (h_a \leqslant 6\mathrm{m})$$

$$\mu^*_{(z)} = \mu_1^* \quad (h_a > 6\mathrm{m})$$

式中:μ_o^*、μ_1^*——见 NF P94-270 附录 G.2 表 V.1;

$R_{f;d}$——加筋体抗拔承载力设计值;

$T_{\max;d}$——加筋体所受最大拉力设计值;

$\tau_{\max;k}$——土体与加筋体接触面最大抗剪强度标准值;

P_s——接触面每延米周长;

L_s——筋材锚固长度;

N——每延米筋带数量;

b——筋带宽度;

σ_v——总竖向应力(MPa);

$\mu^*_{(z)}$——土体与筋带的摩擦系数。

③墙面板抗力

为保证墙面板有足够的强度,需满足下式:

$$\sigma_{\mathrm{par};d} \leqslant R_{\mathrm{par};d} \tag{4-57}$$

$$\sigma_{\mathrm{par};d(z)} = \frac{T_{\mathrm{par};d(z)}}{s_v} \tag{4-58}$$

式中:$\sigma_{\mathrm{par};d(z)}$——施加于墙面板水平方向平均应力设计值;

$T_{\mathrm{par};d(z)}$——连接点处加筋体所受最大拉力设计值;

$R_{\mathrm{par};d}$——墙面板抗压承载力设计值,由试验确定。

(3)整体和组合稳定性

加筋土的整体和组稳定性与土钉墙同属一本规范 P94-270,计算原理和应用软件相同。

(4)沉降验算

在正常使用极限状态下,验算挡墙沉降及挡墙引起的邻近道路的沉降采用如下方法:

为评估构筑物沉降,我们采用弹性方法,见下式:

$$S_f = \frac{\alpha p H}{E_m} \tag{4-59}$$

式中：p——作用在加筋土上的总荷载；

H——土层厚度；

α——取决于土体的流变系数；

E_m——梅纳旁压模量。

4.5 软土地区路基设计

4.5.1 软土定义

法国规范中并没有规定称之为可压缩性土的确定限定条件，并且对软土的定义需要通过室内试验和现场试验所测得的土体参数共同确定是否为可压缩性土，可压缩土属性见表4-20。

可压缩土属性 表4-20

属性	泥浆	泥炭质土	淤泥	淤泥质土
含水率 $w(\%)$	200~1000	100~200	60~150	30~100
孔隙比 e	3~10	2~30	1.5~3	1.2~2
孔隙率 n	0.75~0.9	0.7~0.8	0.65~0.7	0.55~0.7
可压缩性 $C_c/(1+e_0)$	0.4~0.8	0.2~0.35	0.55~0.7	0.15~0.3
蠕变指数 C_{ae}	$0.02C_c$	$0.03~0.05C_c$		
渗透系数 k(m/s)	$10^{-4}~10^{-9}$	$10^{-6}~10^{-9}$	$10^{-7}~10^{-9}$	$10^{-9}~10^{-11}$
固结系数 C_v(m²/s)	$10^{-6}~10^{-7}$	$10^{-6}~10^{-8}$	$10^{-7}~10^{-8}$	$10^{-7}~10^{-9}$
不排水黏聚力 C_u(kPa)	10~50	1~50	10~50	10~50
C_u的变化率 $C_u:\lambda_{Cu}=\Delta C_u/\Delta\sigma$	0.5	0.2~0.3	0.2~0.3	0.2~0.3
干密度 ρ(t/m³)	0.1~0.5	0.5~1	0.7~1.5	1~1.6

4.5.2 软土路基稳定性验算

1）地震力计算

为验证地震作用而假设的边坡作用应该和其他荷载作用组合后验算。对于位于边坡上或靠近边坡的重要性系数 γ_I 大于1.0的结构，在基础的稳定性验算中应通过地形放大系数提高设计地震作用效应。

设计地震作用下边坡效应可通过已知的动态分析方法（如有限元或刚性块体模型）或简化拟静态方法进行计算，建模时，应考虑土体介质的力学性能、随应变等级上升的响应软化和周期荷载作用下孔隙水压力上升的可能影响。下面介绍拟静态分析法。

在拟静态分析方法中，设计地震惯性力 F_H 和 F_V 沿水平方向和竖向方向分别作用时应按式(4-60)取值：

$$F_H = 0.5\alpha \cdot S \cdot W \tag{4-60}$$

当 a_{vg}/a_g 大于0.6时，F_V 按式(4-61)取值：

$$F_V = \pm 0.5 F_H \tag{4-61}$$

当 a_{vg}/a_g 不大于 0.6 时，F_V 按式(4-62)取值：

$$F_V = \pm 0.33 F_H \quad (4-62)$$

式中：α——A 类场地设计地面加速度 a_{vg} 与重力加速度 g 的比值；

a_{vg}——垂直方向设计地面加速度；

a_g——A 类场地的设计地面加速度，应考虑 a_g 的地形放大系数；

S——EN1998-1:2004,3.2.2.2 中的土参数；

W——滑动块的重量。

地形放大系数采用系数 S_T 应是与基础振动周期无关的第一级近似值，然后乘以一个常数系数。

平均坡角小于 15°时，则可忽略地表效应，而在非常不规则的局部地表，建议进行有针对性的研究。对于更大的角度，采用以下准则：孤立的悬崖和边坡。在场地的顶缘应采用 $S_T \geqslant 1.2$ 的值；山脊，其脊部宽度远小于基底宽度。对于平均坡角大于 30°的坡，在坡顶附近，应采用 $S_T \geqslant 1.4$ 的值，若坡角较小，则应采用 $S_T > 1.2$ 的值；在松散表面层的情况下，前两种情况中给出的最小的 S_T 值应至少增加 20%；放大系数的空间变化。可假设 S_T 作为悬崖或山脊底部以上高度的一个线性函数而减小，在底部保持一致。

稳定性验算时，应检查最不安全的潜在滑动面的承载能力极限状态。极限状态可通过计算滑块的永久位移来验算，计算永久位移的方法是采用由抵抗边坡摩擦力的刚性块体滑动组成的简化动态模型。在此模型中，地震作用应是基于无减少设计加速度的时程表示法。同时，应采用适当的方法评价孔隙压力增长。如没有进行该项测试，则对于初步设计，可通过经验公式进行评价。

这种简化方法只适用于地表形态和地层不发生明显变化的地方，不能用于土体中有高孔隙水压力以及循环荷载下刚度严重退化的情况。

在浅层处存在着延伸层或松散厚晶体以及不饱和黏性材料时，则应考虑到基土对稠化作用和由于地震循环应力引起的过度沉降的敏感性。长时间地面震动作用下抗剪强度的持续下降过度沉降也有可能出现在极软土层中。若有必要，应通过岩土工程中的有效方法来估计以前土体中的稠化作用和潜在沉降，此方法应利用有关研究材料代表性试件的相应静态测试和循环测试。若稠化作用或循环退化引起的沉降会影响到基础稳定性，则应在地基加固方法中予以考虑。

2) 潜在液化土的考虑

当地基土中有延伸的土层或散沙的厚晶体(有或没有淤泥/黏土，位于地下水位之下)以及地下水位接近于地面时，应进行液化敏感性评价。应在结构使用寿命期间的主要自由场情况(地面高程、地下水位高程)下进行这种评价。

为此进行的调查应至少包括实施现场标准贯入测试(SPT)或圆锥贯入测试(CPT)以及在实验室测得颗粒分布曲线。

对于 SPT，锤击计数的测量值 N_{SPT}(单位：一次锤击 30cm)应统一为基准有效覆盖层压力 100kPa 和冲击能量与理论自由落体能量的比值 0.6。对于小于 3m 的深度，测量值 N_{SPT} 应折减

25%。考虑到覆盖层效应的标准化,应将测量值 N_{SPT} 乘以系数 $(100/\sigma'_{vo})^{1/2}$,其中,σ'_{vo}(kPa)为已进行 SPT 测量深度处的有效覆土压力。标准化系数 $(100/\sigma'_{vo})^{1/2}$ 应不小于 0.5,且不大于 2。能量标准化要求将得到的锤击计数乘以系数 ER/60(ER 为针对测量仪器的能量比的 100 倍)。

当 $a \times S < 0.15$ 且至少满足下列条件中一项,则可以忽略液化危险:黏土含量超过 20% 且塑性指数 $I_p > 10$ 的砂土;淤泥含量超过 35%,而且覆盖层效应和能量比的标准化 SPT 锤击数值 $N_{1(60)} > 20$ 的砂土;覆盖层效应和能量比的标准化 SPT 锤击数值 $N_{1(60)} > 30$ 的干净砂土。

如液化危险不能忽略,则应采用可靠的岩土工程方法计算出最低标准,这一标准应取决于现场测试的结果和此前地震过程中引起液化的临界循环剪力之间的场地关联。图 4-11 为平坦地面条件下场地关联方法的经验液化示意图。

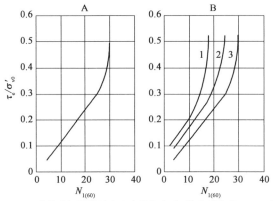

图 4-11 $M_s = 7.5$ 地震引起液化的应力比值与净砂/粉土质砂值 $N_{1(60)}$ 之间的关系

注:τ_e/σ'_{vo}-循环应力比;A-净砂;B-粉土。质砂曲线 1 是 35% 细度的情况;曲线 2 是 15% 细度的情况;曲线 3 是 <5% 细度的情况。

简化液化分析的经验图表明现场测量值与已经在此前地震期间引起过液化的周期剪应力之间的关系。此类图的水平轴表示现场测得的土体特性,如标准化的渗透承载力或剪切波传播速度 v_g,而竖直轴表示地震诱发的周期剪应力(τ_e),通常通过有效覆盖层压力(σ'_{vo})实现标准化。图上显示的是周期承载力的限幅曲线,将非液化区域(在右侧)与可能发生液化的区域(在曲线左侧和上部)分离开来。有时会给出不止一条曲线,例如,对应于不同细粒含量的土,或对应于不同的地震强度。下面给出三种常用的经验性图表。

(1)基于 SPT 锤击计数的图表

可以按照上述获得针对保护层效应和能量比 $N_{1(60)}$ 的标准化 SPT 锤击计数值。在不超过阈值 τ_e 时,不大可能发生液化,因为土具有弹性,而且不会出现孔隙压力积累。因此,限幅曲线不会回到原点。为将上述准则应用于不同于 M_s-75(其中,M_s 为表面波强度)的地震强度,由如图 4-11 所示曲线的纵坐标应乘以表 4-21 给出的系数 CM。

CM 值   表 4-21

M_s	CM
5.5	2.86
6.0	2.20
6.5	1.69
7.0	1.30
8.0	0.67

(2)基于 CPT 承载力的图表

根据针对 CPT 锥体承载力和土体液化承载力的大量研究,建立了与图 4-12 类似的图。此类直接关联最好为使用 SPT 锤击计数与 CPT 锥子体承载力之间关系的间接关联。

(3)基于剪切波速 v_s 的图表

将这种特性作为评估很难取样的土体(例:淤泥和沙)或很难穿透的土体(例:砾石)的液化敏感性场指数是很可靠的。此外,在过去几年中,在测量场地 v_s 方面取得很大进步。然而,v_s 与土体液化承载力之间的关系仍在研究中,并且在没有专业人员协助的情况下,不应采用。

上面这种方法适用于不同类型的现场测量。在这种方法中,地震剪力 T 可通过简化,由式(4-63)估算:

$$T = 0.65\alpha S\sigma'_{v0} \tag{4-63}$$

式中:σ'_{v0}——总覆盖层压力(kPa)。

此公式适用深度不超过 20m 的情况。

如果采用场地关联方法,则土体应被视为易受水平地面下液化的影响,不论地震引起的剪力是否超过此前地震中已引起液化的临界应力的参数 X 值,可查阅该国的国家附录(欧洲规范是所有国家的集合本,欧洲规范为建筑和土木工程提供了共同的设计规则,但因一些参数的取值因国家而异,具体取值可查看相应国家附录,没有特别要求可按照欧洲规范的要求取推荐值)。建议值为 $\lambda = 0.8$,其表示一个 1.25 的安全系数。除采用 CPT 承载力之外,如果潜在液化土出现在厚度不超过几十厘米厚的土层中,则最好不采用经验液化准则,如果存在很高的颗粒含量,则无法排除液化敏感性,观测数据不足以制定一份可靠的液化图表。

4.5.3 软土沉降量计算

法国规范中对于软土沉降计算可分为室内计算得到沉降以及根据现场试验对主固结沉降的评估两方面。

在日常条件下,沉降通常出现在填土施工、初期固结阶段、二次压缩阶段或蠕变阶段的软弱部位。施工期沉降(在逐步铺设填土层过程中)通常发育成一定厚度的土体,从而伴随着相等幅度下的水平位移。初期固结沉降服从对数规律逐渐趋于稳定。二次压缩沉降随着时间对数增加。土体孔隙的过压将在土体变形过程中继续存在,包括最终的蠕变阶段。

可压缩土体的孔隙压力变化将伴随固结沉降。

计算出的沉降需要考虑填土总厚度,得到项目预计的高程,同时考虑填土总厚度、沉降来分析稳定性。

室内计算除中方规范中所涉及的三种沉降外,法规认为还有第四种沉降,即由于软土侧向变形引起的软土路基的沉降。

在法国规范体系中,一般不采用中国规范沉降计算时所采用的经验系数,而且可压缩土沉降由四部分沉降组成,见式(4-64):

$$S_\infty = S_d + S_c + S_s + S_l \tag{4-64}$$

式中:S_∞——最终沉降;

S_d——瞬时沉降;

S_c——主固结沉降;

S_s——次固结沉降;

S_l——土体侧向变形所引起的沉降。

应当注意的是,由于软土固结沉降的复杂性,这四部分沉降发生的时间是不能严格划分的,这些沉降贯穿于土体固结沉降的全过程,只不过在不同阶段所占比例不同。

1) 瞬时沉降

瞬时沉降 S_d 指的是荷载施加较短时间内孔隙水未来得及排出,土体剪应变引起的沉降,按式(4-65)计算:

$$S_d = \frac{I\gamma h}{E} \tag{4-65}$$

式中:I——有关沉降计算点位置的影响系数,取自 Giroud(1973)曲线图;

γ——填方重度;

h——填方高度;

E——土体弹性模量。

该公式假定土体为弹性,各向同性且土体泊松比为0.5。

2) 主固结沉降

主固结沉降 S_c 是土体受到荷载后,土体中孔隙水逐渐排出,土体发生体积变形所引起的沉降,也是可压缩土地基沉降的主要组成部分。

使用 e-lg$P$ 曲线计算主固结沉降方法如下。

(1) 正常固结土层的沉降($p_{li} = p_{ci}$),按式(4-66)计算:

$$S_c = \sum_{i=1}^{n} \frac{H_i}{1+e_i} \left[C_c \lg \left(\frac{p_{li} + \Delta p_i}{p_{li}} \right) \right] \tag{4-66}$$

(2) 欠固结土层的沉降($p_{li} > p_{ci}$),按式(4-67)计算:

$$S_c = \sum_{i=1}^{n} \frac{H_i}{1+e_i} \left[C_c \lg \left(\frac{p_{li} + \Delta p_i}{p_{ci}} \right) \right] \tag{4-67}$$

(3) 超固结土层的沉降($p_{li} < p_{ci}$),按式(4-68)计算:

$$S_c = S_{cn} + S_{cm} \tag{4-68}$$

当 $p_{li} + \Delta p_i > p_{ci}$ 时,按式(4-69)计算:

$$S_c = \sum_{i=1}^{n} \frac{H_i}{1+e_i} \left[C_g \lg \left(\frac{p_{ci}}{p_{li}} \right) + C_c \lg \left(\frac{p_{li} + \Delta p_i}{p_{ci}} \right) \right] \tag{4-69}$$

当 $p_{li} + \Delta p_i < p_{ci}$ 时,按式(4-70)计算:

$$S_c = \sum_{i=1}^{m} \frac{H_i}{1+e_i} \left[C_g \lg \left(\frac{p_{li} + \Delta p_i}{p_{ci}} \right) \right] \tag{4-70}$$

式中：H_i——第 i 分层土的厚度；

e_i——第 i 分层土的初始孔隙比；

p_{1i}——第 i 分层土的自重压力平均值；

Δp_i——第 i 分层土的附加应力平均值；

p_{ci}——第 i 分层土的前期固结压力平均值；

C_c——第 i 分层土的压缩指数；

C_g——第 i 分层土的回弹指数；

m——当 $p_{1i} + \Delta p_i < p_{ci}$ 时，土层的分层数；

n——当 $p_{1i} + \Delta p_i > p_{ci}$ 时，土层的分层数。

在计算地基中的附加应力时，把地基看成是均质的半弹性空间，应用弹性力学理论求解。

道路在梯形的条形荷载作用下，弹性地基内的垂直附加应力可以根据 Osterberg(1957) 的方法简单地计算出来，如图 4-12 所示，在三角形荷载的作用下，P 点的垂直附加应力可以用式(4-71)计算：

$$\Delta p_i = \frac{p}{\pi} \theta \tag{4-71}$$

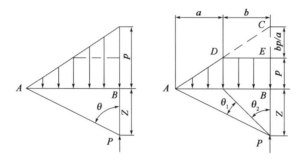

图 4-12 梯形条形荷载作用下地基中的垂直附加应力

根据应力叠加原理可以求出梯形荷载作用下地基中的附加应力。也就是说，当作用有图 4-13 中的梯形条形荷载 $ABED$ 时，可以用三角形 ABC 和三角形 DEC 这两个三角形荷载作用下地基中附加应力的差，按式(4-72)表示：

$$\Delta p_i = \frac{P}{\pi}\left[\frac{a+b}{a}(\theta_1 + \theta_2) - \frac{b}{a}\theta_2\right] = Ip \tag{4-72}$$

式中：I——影响值，可以按式(4-73)表示；

θ_1、θ_2——图 4-13 中所示的用弧度表示的角度。

$$I = \frac{1}{\pi}\left[\frac{a+b}{a}(\theta_1 + \theta_2) - \frac{b}{a}\theta_2\right] \tag{4-73}$$

根据旁压试验结果计算主固结沉降量按式(4-74)计算：

$$S_c = \sum_{i=1}^{n} \Delta h_i = \sum_{i=1}^{n} h_i \frac{\Delta \sigma_i \alpha_i}{E_i} \tag{4-74}$$

式中：S_c——地基主固结沉降量；

Δh_i——第 i 层沉降量；

h_i——第 i 层厚度;

$\Delta\sigma_i$——路堤荷载在第 i 中心处的垂直附加应力;

E_i——第 i 层土层的旁压模量;第 i 层土层中各个实测值的调和平均值;

α_i——与第 i 层材料的性质和组成有关的流变系数,具体取值见表4-22(执行法国通用技术条款 CCTG 第62分册第 V 卷,附件 C.5 中的规定)。

流变系数 α_i 取值　　表4-22

材　料	描　述	值
岩石	一般破碎	0.5
	破碎程度很高	0.33
	破碎程度很低	0.67
砾石	一般固结砾石	0.25
	超固结砾石	0.33
砂	一般固结砂	0.33
	超固结砂	0.50
淤泥	一般固结淤泥	0.50
	超固结淤泥	0.67
粘土	一般固结黏土	0.67
	超固结黏土	1.0

3)侧向变形引起的沉降

侧向变形引起的沉降 S_1 是比较容易忽略的,但是当填方荷载加载较快时,土体更易产生塑性变形,沉降计算时应考虑这部分沉降,该沉降按式(4-75)计算:

$$S_1 = \frac{0.11DS_c}{B} \quad (4-75)$$

式中:D——可压缩土层厚度;

S_c——主固结沉降;

B——路堤底面宽度的一半。

4)次固结沉降

次固结沉降 S_s 依据经典土力学,指的是孔隙水消散为零后且有效应力不变的情况下,结合水以黏滞流动的形态缓缓流动,水膜厚度相应地发生变化,使得土骨架蠕变产生的沉降。次固结沉降由式(4-76)计算:

$$S_s = H_0 C_a \lg\left(\frac{t}{t_1}\right) \quad (4-76)$$

式中:H_0——主固结沉降后黏土层厚度;

C_a——次固结系数,取 $C_a = (0.03 \sim 0.05)C_c$;

t——需要计算次固结沉降的时间;

t_1——主固结完成的时间。

次固结沉降在孔隙水压力消散完毕之后,变形仍在发展,这种变形占总沉降的比例很小。次固结沉降还可以按式(4-77)计算:

$$S_{s} = \frac{l_a}{1+e_e} H \lg \frac{t}{t_1} \qquad (4\text{-}77)$$

式中：l_a——土的次固结系数，l_a 是由室内固结试验得到的 e-$\lg t$ 关系曲线来确定的，即该曲线反弯点以后直线段的斜率；

e_e——主固结完成时的孔隙比。

由于软土成分中含有较多亲水的伊利石、高岭石和有机质等黏土颗粒，难以达到稳定状态，所以次固结沉降在地基总沉降中占有相当的比例。

5）沉降计算深度

可压缩土上填方的沉降计算深度，法国规范里并没有统一的规定，尤其强调根据不同工程地质条件以及技术标准等综合确定，计算深度依据附加应力等于自重应力的 0.2 倍以及地层情况确定。

6）固结度计算

（1）已打穿黏土层固结度的计算

基于 Terzaghi 一维竖向固结理论和 Barron 径向固结理论，土体固结度具有一般表达式。

$$\overline{U} = 1 - (1 - \overline{U}_z)(1 - \overline{U}_h) \qquad (4\text{-}78)$$

$$\overline{U}_z = 1 - \frac{8}{\pi^2} e^{\frac{\pi^2 C_v}{4H^2} t} \qquad (4\text{-}79)$$

$$\overline{U}_h = 1 - \frac{8}{\pi^2} e^{\frac{8 C_h}{F d_e^2} t} \qquad (4\text{-}80)$$

其中

$$F = F_n + F_s + F_r \qquad (4\text{-}81)$$

$$F_n = \ln n - \frac{3}{4} \qquad (4\text{-}82)$$

$$F_s = \left(\frac{k_h}{k_s} - 1\right) \ln S \qquad (4\text{-}83)$$

$$F_r = \frac{2\pi l^2 k_h}{3 q_\omega} \qquad (4\text{-}84)$$

对于分级加载（图 4-13 是任意时刻考虑井阻和涂抹的平均固结度 U_i'）。

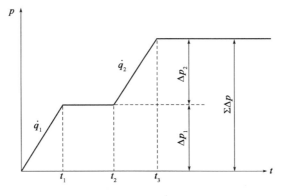

图 4-13　分级加载示意图

$$U'_i = \sum_{i=1}^{n} \frac{\dot{q}_i}{\sum \Delta p_i} \left\{ (t_i - t_{i-1}) - \frac{8}{\pi^2 \left(\frac{\pi^2 c_v}{4H^2} + \frac{8c_h}{Fd_e^2} \right)} e^{-\left(\frac{\pi^2 c_v}{4H^2} + \frac{8c_h}{Fd_e^2} \right)t} \left[e^{-\left(\frac{\pi^2 c_v}{4H^2} + \frac{8c_h}{Fd_e^2} \right)t_i} - e^{-\left(\frac{\pi^2 c_v}{4H^2} + \frac{8c_h}{Fd_e^2} \right)t_{i-1}} \right] \right\}$$

(4-85)

$$c_v = \frac{\sum h_i}{\left(\sum \frac{h_i}{\sqrt{C_{vi}}} \right)^2}$$

(4-86)

式中：$\overline{U}$——砂井地基的总固结度(%)；

$\overline{U}_z$——竖向固结度(%)；

$\overline{U}_h$——径向固结度(%)；

k_h——天然土层的水平向渗透系数(m/s)，$k_h = C_h a_v Y_w/(1 + e_0)$，其中 a_v 为压缩系数；

k_s——涂抹区土的水平向渗透系数，取 $k_s = \frac{1}{3} k_h (\text{cm/s})$；

S——涂抹区直径 d_s 和塑料排水带当量换算直径 d_p 的比值，取 $S = 2$；

q_ω——塑料排水带纵向通水量为单位水力梯度下单位时间的排水量(cm^3/s)，其中，$q_\omega = \pi d_p^2 k/4F_s$；

k——塑料排水带的渗透系数；

F_s——折减系数，当 $I \leq 10m$，取 4；当 $10 < I < 20m$，取 5；当 $I > 20m$，取 6；

I——塑料排水带的打设深度(m)；

n——井径比，指砂井的有效排水直径与砂井的直径之比，即 $n = d_e/d_p$；

d_e——砂井的有效排水直径(m)，正方形布置时 $d_e = 1.128d$，等边三角形布置时 $d_e = 1.05d$；

d_p——塑料排水带当量换算直径(mm)，$d_p = 2a^2(b+\delta)/\pi$，其中 Jamiolkowski (1979) 等认为 $a = 1.0$；

b——塑料排水带宽度(mm)；

δ——塑料排水带厚度(mm)；

U'_i——t 时刻多级等速加载修正后的地基平均固结度(%)；

$\dot{q}_i$——第 i 级荷载平均加载速率(kPa/d)；

$\sum \Delta p_i$——t 时刻 n 级荷载的累加(kPa)；

C_{vi}——每层土的竖向固结系数(cm^2/s)；

c_v——土的竖向平均固结系数(cm^2/s)；

C_h——土的径向固结系数(cm^2/s)，多层土的径向固结系数取小值；

t_{i-1}、t_i——第 i 级等速加载的起点和终点时间(d)；

t——固结时间(d)；

h_i——第 i 层土层厚度；

H——固结排水距离(m)，单面排水时取压缩层的厚度，双面排水时取压缩层厚度的一半。

值得注意的是,国外规范中计算平均固结度一般基于瞬时加载条件下,未能考虑填土荷载需要分级加载来避免地基失稳的工程实际,为分析地基强度随时间逐渐增加的过程,则需要在设计方法中采用分段加载下的平均固结度计算理论。

为便于对比分析瞬时加载和多级加载条件下平均固结度,除加载条件不同,其余土工参数保持完全一致,如图 4-14 所示,由于瞬时加载($t=0$ 完全加载)假设土体荷重一次性加载到地基上,很明显多级加载(t 为 0、15d、30d 三级加载为例)更符合工程实际。

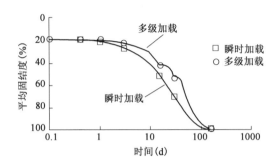

图 4-14 加载条件不同引起的平均固结度计算差异

(2)未打穿黏土层固结度的计算

根据 Harnt E G(1958)提出关于塑料排水板未打穿地基的固结度可采用式(4-87)计算:

$$U = \rho_\omega U'_t + (l - \rho_\omega) U_t \tag{4-87}$$

式中:U——塑料排水板未打穿地基土的平均固结度(%);

U'_t——塑料排水板打穿部分地基土的平均固结度(%);

U_t——下卧层土部分的平均固结度(%);

ρ_ω——贯入比,$\rho_w = 1/H$;

l——塑料排水带的打设深度(m);

H——地基土总厚度(m)。

国外常使用 Hart 法,无论对塑料排水板打设范围内黏土层还是下卧黏土层的固结度计算中,竖向排水距离统一取可压缩土整体受压层的竖向排水距离。中国规范在计算地基整体固结度时,对于塑料排水板打穿部分地基土的平均固结度取可压缩土整体受压层的竖向排水距离;而对于下卧层部分的平均固结度的排水距离则采用公式进行修正。

为便于对比分析中国公路规范法和国外 Hart 法对于平均固结度计算的差异,除下卧层竖向排水距离取值不同,其余土工参数保持完全一致,由于国外 Hart 法计算塑料排水板和下卧层竖向排水距离统一取可压缩土整体受压层的竖向排水距离,如图 4-15 所示,Hart 法使得相同时间的固结度计算值比国内规范法偏小,设计偏于保守。

7)安全系数

法国规范规定可压缩土体的填土体积(在法国日常施工中,F 取 1.5 的安全整体系数)可以限定土体承受荷值,甚至在填土数量较多的情况下保证不出现确定的变形(沉降和水平移动)数值,且可以持续非常长的时间。

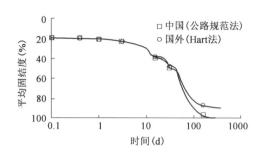

图 4-15 中国公路规范法和国外 Hart 法计算平均固结度

4.5.4 水平位移计算

在填土下的可压缩土体的水平位移的幅度通常为沉降幅度的 15%。这些位移在固结中通常为同一形式,便于通过斜测进行预测和控制。水平位移在填土施工中非常重要(非排水条件下)。我们需要限定并同时改善土体的排水条件。在填土下的可压缩土体的水平位移将成为其他相邻施工过程中干扰力的主要原因之一。

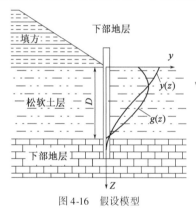

图 4-16 假设模型

假设(图 4-16)所求土体为一个厚度为 D 的可压缩地层,该地层承受一个高度为 H、重度为 γ_R、边坡角为 β 的填方荷载。从深度为 h_0 开始,填方造成的荷载小于 $\sigma'_p - \sigma'_{v0}$ 时,厚度 D 用 h_0 表示(式中 σ'_p 表示预固结压力,σ'_{v0} 表示所考虑点的土层的垂直压力)。

根据可压缩土体的深度 z 和时间 t 的变化,将土体的水平移动,分为两种情况考虑:

一种是在填方之前实施基础的情况。这种方式是坚决不予提倡的,但是可能会因工地需要而必须如此。$g(z)$ 按式(4-88)和式(4-89)计算:

$$g(z,t) = G(Z)g_{max}(t) \quad (4\text{-}88)$$

$$Z = \frac{z}{D} \quad (4\text{-}89)$$

另一种是在填方之后实施基础的情况。在这种情况下,要考虑的移动量是基础实施时瞬时移动量 $t=t_1$ 到 $t=\infty$ 时之间的移动量,即式(4-90):

$$g(z) = G(Z)\Gamma[s(\infty) - s(t_1)] \quad (4\text{-}90)$$

此时,考虑的移动量是从初始状态到 $t=\infty$ 之间整个的移动量(图 4-17),土层移动的代表性函数 $g_{max}(t)$ 包括两项,由式(4-91)表示:

$$g_{max}(t) = g_{max}(0) + \Delta g_{max}(t) \quad (4\text{-}91)$$

时间 $t=0$,与填方施工完成的时间相一致。

为研究填方的位移,β' 的有效范围扩展至 $\beta' > \pi/2$。在填方的坡脚和坡顶之间($\beta \leq \beta' \leq \pi$)或是在填方内部($\beta' > \pi/2$),可以认为 $g(z)$ 在 $z<0$,是一个 z 的线性函数,它取决于:可压缩土体表面的 $g(0)$ 值;与填方高度表面相符的 $g(-H)$ 值。

1) 土层移动的代表性函数 $G(Z)$ 的计算方法

$G(Z)$ 的取值按照以下方法确定,如图 4-18 所示,在通常情况下,使用曲线 1,见式(4-92)。当在比较大的高度(0.3D)的表面存在一个比深地层不易变形的地层时,使用曲线 2,见式(4-93)。

曲线 1:
$$G(Z) = 1.83Z^3 - 4.69Z^2 + 2.13Z + 0.73 \tag{4-92}$$

曲线 2:
$$G(Z) = -2.0Z^3 + 1.5Z + 0.5 \tag{4-93}$$

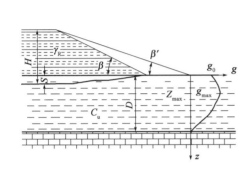

图 4-17 地基的移动示意图

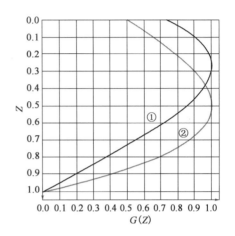

图 4-18 $G(Z)$ 取值曲线

2) 土层移动代表性函数 $g_{max}(0)$ 的确定

当大滑移 F 的安全系数大于 1.5,且填方的施工速度相对较快时,$g_{max}(0)$ 可由以按式(4-94)~式(4-99)求出($f \geqslant 1.1$):

$$\frac{g_{max}(0)}{D} = \lambda(m,f) = \frac{8-m}{7}\lambda_1(f)(1 \leqslant m \leqslant 8) \tag{4-94}$$

$$\lambda_1(f) = \frac{4.85}{f} - 1.15(1.1 \leqslant f \leqslant 3) \tag{4-95}$$

$$\lambda_1(f) = \frac{1.4}{f}(3 \leqslant f) \tag{4-96}$$

$$\overline{c_u} = \frac{1}{D}\int_0^D c_u(z)\mathrm{d}z \tag{4-97}$$

$$f = \frac{(\pi + 2)\overline{c_u}}{\gamma_R H} \tag{4-98}$$

$$m = \frac{1 + \sin^2\beta'}{\sin\beta'} \tag{4-99}$$

式中: $\overline{c_u}$ ——平均黏附力的参数;

$c_u(z)$——现场用十字板试验测得,在无法确定时,或由现场其他试验的相互关系来求出,也可以从实验室的试验中测定;

f——说明与负荷等级 $\gamma_R H$ 相比,土体的不排水阻力 c_u 的无量纲特征的参数;

m——同时说明桩与填方坡顶的相对位置以及边坡坡度的特征的参数($0 \leq \beta' \leq \pi/2$)。

这可以用图 4-19 来表示。

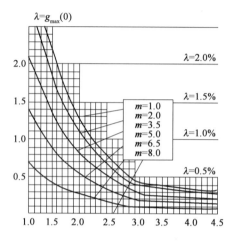

图 4-19　λ-f 曲线

3)土层移动的代表性函数 $g_{max}(t)$ 的确定

可以认为 $\Delta g_{max}(t)$ 与填方轴线上计算的沉降有关,在一般断面上见下式:

$$g_{max}(t) = \Gamma[s(t) - s(0)] \tag{4-100}$$

式中:$s(0)$——填方施工完成时的沉降量;

$s(t)$——瞬间 t 的沉降量;

Γ——从不同地点的测量中确定的试验系数。

当 $\tan\beta$ 值在 0.5~0.67 之间,填方坡脚情况下,取 $\Gamma=0.16$;填方坡顶情况下,取 $\Gamma=0.25$。

在填方坡脚,当 $\tan\beta$ 值小于 0.5 时,系数 Γ 值随 $\tan\beta$ 值的减小而减小。$\tan\beta=0.4$ 时 $\Gamma=0.08$,$\tan\beta=0.25$ 时 $\Gamma=0.035$。同样,对于已定的 $\tan\beta$ 值,当填方坡脚距离增加时,Γ 的值减小,也就是说随着 $\tan\beta'$ 的减小而减小。

4.5.5　软土地基加固措施

对可压缩土上的施工,法国规范 *ETUDE ET RÉALISATION DES REMBLAIS SUR SOLS COMPRESSIBLES GUIDE TECHNIQUE* 对可压缩土地区的处理措施从减小沉降和保持稳定这两个方面出发,对处理措施进行详细的分类,并对其处理的作用原理进行分析,同时对每种处理措施从造价、工期、技术难度、可靠性四个方面进行类比。

法国规范对处理措施首先就作用部位从两方面考虑,分别为填筑处理(地面以上部分处理)和地基处理(地面以下部分处理),并从改良稳定性、沉降量、减小水平位移、加速前期沉降和加速固结五个方面对处理措施进行详细分类。填筑处理措施包括堆载预压法、轻质路堤填筑法、土工加筋法、反压护道法、分期填筑法。地基处理措施包括换填法、竖向排水法、真空预压法、电渗法、振冲碎石桩法、干振法碎石桩、水泥土搅拌桩、石灰桩、灌浆法、刚性桩法。

1）地面以上部分处理

(1) 堆载预压法

堆载预压，是在软土地基上施加荷载，促使地基排水、固结、压密，以提高地基强度，减少在设计荷载作用下产生工后沉降的处理方法。堆载预压可分等载预压、超载预压和欠载预压。法国规范提出一般的软土地基处理，通常不需要超载预压。堆载预压法如图4-20所示。

(2) 轻质路堤填筑法

路堤填料还可采用土工泡沫塑料、泡沫轻质土、粉煤灰等轻质材料填筑，以减少路堤重度或附加土压力。法国规范中提出路堤轻质材料的选择与期望减轻重量相关，取决于对于施工地点的地质分析。这项工作需要得到一位地质专家的认可。

(3) 土工加筋法

加筋路堤是采用变形小、抗老化性强、强度高的土工格栅、土工编织物等做"加筋"材料而修建的路堤。法国规范中提出土方织物的选择以及尺寸的计算(阻力、侧边嵌固、填方工程的稳定性)应该由一个专家进行认可。加筋路堤法如图4-21所示。

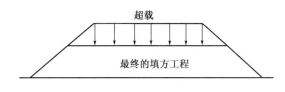

图4-20 堆载预压法　　　　图4-21 加筋路堤法

(4) 反压护道法

当路堤的填筑高度超过临界高度，在路堤一侧或两侧填筑具有一定宽度和厚度的土体作为反压护道。法国规范提出反压护道可应用于景观工程，通常与竖向排水法、分期填筑法、超载预压法联合使用。反压护道如图4-22所示。

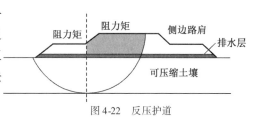

图4-22 反压护道

(5) 分期填筑法

路堤填筑到一定高度，其稳定性安全系数达到预定的下限值后，放置一段时间，使软土地基通过固结而增加其剪切强度，达到能支撑下一层填土重量；而后，进行第二阶段的路堤填筑，在其安全系数下降到预定下限值后再放置一段时间；重复多次，填到设计高度为止。法国规范指出要考虑好工期。分期填筑法如图4-23所示。

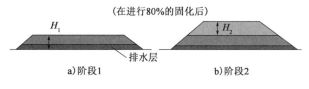

图4-23 分期填筑法

2)地面下浅层处理

地面下浅层处理是采用好土全部或部分替换软土的方法换填,以达到保证路堤稳定和降低沉降量的目的。法国规范指出使用换填法优先在有机土的地方使用,并且道路上有明显比较大的沉降。此方法效果明显,由于挖除的量和所需填料的量较大,成本比较高,并且需要找填料和堆放挖方的地方。换填法如图4-24所示。

3)地面下的深层处理

(1)排水固结法

排水固结法通常由排水系统和加压系统两部分共同组成。通过预先给地基施加荷载,使软黏土地基中孔隙水缓慢排出,土体逐渐固结,土的孔

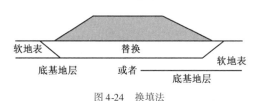

图4-24 换填法

隙比减小,土体强度提高,软黏土地基的工后沉降降低,从而达到提高地基承载力和稳定性的目的。排水系统即竖向排水体,加压系统即真空预压系统。

①竖向排水法

法国规范指出竖向排水体法(图4-25)适用于厚度为3~50m的黏土层或可压缩的软土。竖向排水体通常采用排水管和砂井。排水管除采用塑料排水板或采用直径5cm的砂井。

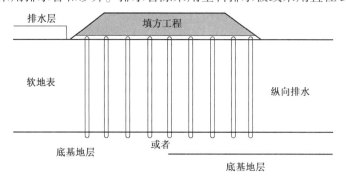

图4-25 竖向排水法

②真空预压法

真空预压,通过在软土地基中抽真空形成负压,加速地基排水固结。真空预压时,应在地基中设置砂井或塑料排水板等竖向排水体,并设置砂垫层和垫层中的排水管。法国规范指出真空预压时由专门的公司负责施工,荷载限定在80kPa,负载大约相当于4m的填方。真空预压法如图4-26所示。

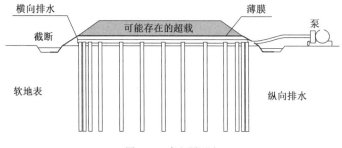

图4-26 真空预压法

除常规的排水固结法,法国规范中还提到电渗法,如图 4-27 所示。电渗法是在电场作用下,在土中插入金属电极,并通以直流电,土中水从阳极流向阴极,产生电渗,从而降低高黏性土的含水率或地下水位,以改善土性的加固方法。电渗法适用于难以进入以及无法通过常规的方法进行处理的地基或者是填方。经验表明,电渗只对透水性足够低的土体($<10^{-6}$m/s),如土中绝大多数为淤泥才有显著作用。此方法有效但昂贵,参数和处理效果在工程之前难以预测。

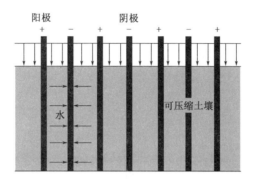

图 4-27　电渗法

(2)复合地基法

复合地基一般指天然地基在地基处理过程中部分土体得到增强,或被置换,或在天然地基中设置加筋材料,加固区是由基体(天然地基土体或被改良的天然地基土体)和增强体两部分组成的人工地基。

①粒料桩法

粒料桩法是以无黏结强度的散体材料(如砂、碎石、卵石)为主要材料,用振动、冲击或水冲等方式在软弱地基中成孔后,再将其挤压入土孔中,形成大直径的密实桩体,并与桩间土共同组成复合地基,达到加固目的。

法国规范中介绍的粒料桩为振冲碎石桩(图 4-28)和干振法碎石桩(图 4-29)。振冲碎石桩主要应用于房屋的底层和水池地基,路堤与构造物的过渡路段,处理深度限定在 15m 左右。干振法碎石桩用于地理位置开阔,没有遮挡,厚度 6~7m 的软土地基。

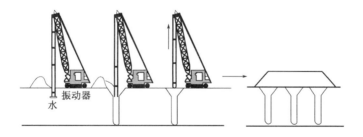

图 4-28　振冲碎石桩

②水泥搅拌桩法

使用高压流体喷射打碎土体并与水泥浆混合。水泥浆注入在土体后,凝固成具有高强度力学特性的水泥土桩,形成复合地基,从而提高了路基稳定性并减少了路基总沉降量。水泥搅拌桩如图 4-30 所示。

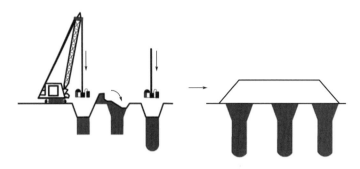

图 4-29　干振法碎石桩

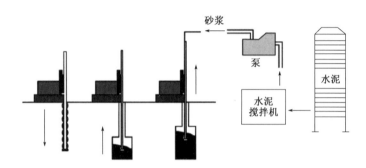

图 4-30　水泥搅拌桩

③石灰桩法

石灰桩是以生石灰为主要固化剂,与粉煤灰或火山灰、炉渣、矿渣、黏性土等掺合料按一定比例均匀混合后,在桩孔中经机械或人工分层振压或夯实所形成的密实桩体。为提高桩身强度,还可掺加石膏、水泥等外加剂。

法国规范指出石灰桩法(图 4-31)适用于建筑地基,路堤和构造物填筑的过渡路段。施工过程中应该事先进行足够数量的试用性测试和控制测试,以及工程期间可能调整的剂量。

④灌浆法

灌浆法对地基进行处理时,浆液通过注浆管均匀地注入地层中,以填充、渗透和挤密等方式将土颗粒间或岩石裂隙中的水分和空气赶走,并占据其位置,经过人工控制一定时间之后,浆液与原土粒或裂隙胶结成一个整体,形成结构新、强度高、防水性能强和化学稳定性良好的增强

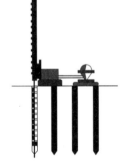

图 4-31　石灰桩法

体。法国规范指出,质量控制主要包括灌浆压力、灌浆量、砂浆稠度。灌浆法如图 4-32 所示。

⑤刚性桩

公路软土地基处理采用的刚性桩包括预应力混凝土薄壁管桩(PTC)、预应力高强混凝土管桩(PHC)、预制混凝土方桩、钻孔灌注桩、现浇混凝土大直径管桩(PCC 桩)等,目前应用最多的是预应力混凝土薄壁管桩。

法国规范指出刚性桩质量控制的常用技术:钻探或凿井参数的录入,桩的动态声波探测(通过反射或阻抗)。刚性桩如图 4-33 所示。

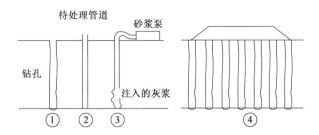

图 4-32 灌浆法

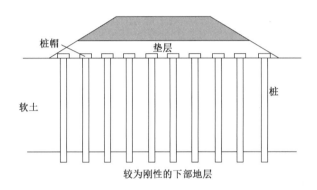

图 4-33 刚性桩

参 考 文 献

[1] Guide TechniqueRéalization[Z]. SETRA/ LCPC,1992.

[2] Réalization des remblais et des couches de forme Guide Technique Fascicule 1 principles généraux[Z]. LCPC, 2000.

[3] Technical guide Drainage routier[Z]. France ,2006.

[4] Etude des travaux de terrassement. Projet autoroute est-ouest d'algerie[S]. FHCC1 /FHCC2 / FHCC3 ,2008.

[5] Catalogue de présentation desméthodes de protectionde talus d'ouvrages en terre[J]. Projet autoroute est-ouest d'algerie CITIC-CRCC,2008,(2).

[6] Applicables auxmarchés de travaux publics Relevantdes services de l'infrastructure et de l'équipement[S]. Fascicule 61 Titre II Programme de charges etépreuves.

[7] Fondations et Ouvrages en terre[M]. France ,1991.

[8] PONTS COURANTS EN ZONE SISMIQUE GUIDE DE CONCEPTION[M]. PARIS:Ministére de l'Equipment des Transports et du logement,2000.

[9] Eurocode 8-Conception et dimensionnement des structures pour leur résistance aux séismes et Document d'Application Nationale-Partie 5:Fondations,ourrages de souténement et aspects géotechniques[S]. PARIS:Association Francaise de Normalisation (AFNOR).

[10] Ministére de 1' Equipment des Transports et du logement. Cahier des clauses techniques generals applicables auxmarchés publics de travaux FASCICULE N°62-Titre[S]. 1991.

[11] BAEL 91modifié 99 et DTU associés J. -P. MOUGIN. Béton armé[S]. 2000.

[12] Maitrise du BAEL 91 et des DUT associés[S]. J. PERCHAT,J. ROUX,2000.

[13] ETUDE ET RÉALISATION DES REMBLAIS SUR SOLS COMPRESSIBLES GUIDE TECHNIQUE[M]. 2000.

第5章 沥青路面

5.1 沥青路面结构类型

法规中,沥青路面结构类型分为 5 种,如表 5-1 所示。

路 面 结 构 类 型　　　　　　表 5-1

图　例	路面结构类型	结构定义
	柔性基层路面结构	在一层或多层未经处理粒料类材料上设置厚度小于等于 12cm 的沥青层的结构。若为交通量极小的路面,则沥青层为表面处置层,或单层沥青混合料
	厚沥青路面结构	面层和基层均采用沥青混合料,底基层采用沥青混合料或未经处理粒料类材料的结构。沥青混合料的总厚度超过 12cm
	半刚性基层路面结构	基层为水硬性胶结料处理类材料,且在基层上设置一层或多层沥青混合料的结构

续上表

图 例	路面结构类型	结 构 定 义
	复合式基层路面结构	在水硬性胶结料处理类材料底基层上铺设沥青混合料面层和基层的结构。沥青混合料的厚度占路面总厚度之比介于 0.4~0.5 之间
	倒装式路面结构	在水硬性胶结料处理类材料底基层上铺设一层 10~12cm 的未经处理粒料类材料层,然后再在该层上铺设沥青层的结构

5.2 路面结构设计使用年限

根据1998年版新建路面典型结构手册,结构性公路网路面的规定设计使用年限为30年;非结构性公路网路面的设计使用年限为20年,个别地方行政区域路网也可根据需要选择15~30年设计使用年限。

5.3 交通参数

5.3.1 设计车道年平均日交通量

一般而言,计算设计车道年平均日交通量(TMJA)时,前期交通量调查可以直接得到所有车型的数量以及重型车辆(载重荷载总重量>35kN)所占比例,TMJA 计算见式(5-1):

$$TMJA = TA \times \delta \times A \times B \tag{5-1}$$

式中:TA——所有车辆的数量;

δ——重型车辆(载重荷载总重量>35kN)所占比例(%);

A——方向系数,行驶方向上所有车辆在双向车辆中的比例,方向系数可根据实测交通量数据确定,无实测交通量数据时可在50%~60%范围内选取;

B——车道系数,按照表 5-2 选取。

车道系数 B 取值　　　　　　　　　表 5-2

道 路 类 型		车 道 系 数
2 车道路面	宽度 <5m	1
	5m≤宽度≤6m	0.75
	宽度≥6m	0.5
乡村地区 2×2 车道		0.90
城郊地区 2×2 车道		0.75
乡村地区 2×3 车道		0.80
城郊地区 2×3 车道		0.65

5.3.2 设计交通量等级

计算得到的 TMJA 后,根据表 5-3 确定设计交通量等级 Ti。

设计交通量等级　　　　　　　　　表 5-3

交通量等级 Ti		年平均日交通量 TMJA	交通量等级 Ti		年平均日交通量 TMJA
T5		1~25	T0	T0 −	750~1200
T4		25~50		T0 +	1200~2000
T3	T3 −	50~85	TS	TS −	2000~3000
	T3 +	85~150		TS +	3000~5000
T2	T2 −	150~200	TEX		5000~7000
	T2 +	200~300			
T1	T1 −	300~500			
	T1 +	500~750			

5.3.3 设计使用年限内累计交通量及累计当量轴次

设计使用年限内累计交通量计算公式如式(5-2)所示,其中 C 为设计使用年限内累计交通量系数,可通过采用算数增长率或几何增长率计算,分别见式(5-3)、式(5-4)。

$$N_{PL} = 365 \times TMJA \times C \tag{5-2}$$

$$C = n \times \left[1 + \frac{(n-1) \times \tau_1}{2}\right] \tag{5-3}$$

$$C = \frac{(1+\tau_2)^n - 1}{\tau} \tag{5-4}$$

式中:N_{PL}——设计使用年限内累计交通量;
τ_1——重型车辆交通量的算数增长率(%);
τ_2——重型车辆交通量的几何增长率(%);

n——设计年限。

为了确定路面结构容许值,还需要明确设计年限内累计当量轴次,计算见式(5-5):

$$NE = N_{PL} \times CAM \tag{5-5}$$

式中:NE——设计年限内累计当量轴次;

CAM——重型荷载平均影响系数,CAM 计算见 5.3.4 节。

5.3.4 重型荷载平均影响系数

重型荷载平均影响系数的计算方式主要有两种。一种是按照规范给定的参考值选取,见表 5-4;另一种是根据实际轴载按照公式进行计算。法国本土的交通荷载情况不同于其他法语区国别,如非洲法语区国家,因为没有具体的治超部门,超载是常态,且车型繁杂,车况较差,再加上超载现象普遍会带来轴重的变化,所以若要使得计算的路面结构更符合道路实际承受的荷载情况,需要根据实际交通轴载调查结果来获得真实的 CAM 值。

1)规范推荐值

公路 CAM 推荐值见表 5-4。

公路 CAM 推荐值　　　　表 5-4

材料类型	非高速公路性质					高速公路性质				
	T5	T4	T3 –	T3 +	T2、T1、T0	T2	T1	T0	TS	TEX
沥青混合料	0.3	0.3	0.4	0.5	0.5	0.8				
水硬性胶结料处理类材料	0.4	0.5	0.6	0.6	0.8	1.3				
土基和未经处理粒料类材料	0.4	0.5	0.6	0.75	1.0	1.0				

2)实测轴载计算值

根据法国标准 NF P98-082,CAM 计算主要有两种方法,分别为直方图法和衍生法。

(1)直方图法

通过计数和称重法来获得每种类型(单轴轮组、双轴轮组和三轴轮组)基础车轴的数量以及重型车辆的数量 PL,按表 5-5 进行统计,见式(5-6)~式(5-8)。

$$CAM = \frac{A_1 + A_2 + A_3}{PL} \tag{5-6}$$

$$A_j = \sum_i A_{ij} \times n_{ij} \tag{5-7}$$

$$A_{ij} = k_j \left(\frac{P_{ij}}{P_0}\right)^a \tag{5-8}$$

式中:A_j——相对于 j 种轴型不同轴重的侵蚀性之和;

A_{ij}——相对于单个轴重的侵蚀性;

k_j——轴型对应的系数;

n_{ij}——重车 j 种轴型 i 级轴重区间的轴数,其中 $j=1$、2 和 3 分别代表单轴、双联基础轴和三联基础轴；

P_0——标准轴载,130kN；

P_{ij}——j 种轴型 i 级轴重区间的实测轴重,以中心轴重 P_c 计；

a——与路面结构类型有关的指数。对于水硬性胶结料处理类材料基层和刚性路面,a 取12,其他路面结构类型 a 取5。

直方图法计算示例表格 表5-5

轴重区间(kN)	P_c(kN)	单 轴 轮 组			双 轴 轮 组			三 轴 轮 组		
		A_{i1}	n_{i1}	$A_{i1} \times n_{i1}$	A_{i2}	n_{i2}	$A_{i2} \times n_{i2}$	A_{i3}	n_{i3}	$A_{i3} \times n_{i3}$
10~50	30									
50~60	55									
60~70	65									
70~80	75									
80~90	85									
90~100	95									
100~110	105									
110~120	115									
120~130	125									
130~140	135									
140~150	145									
150~160	155									
160~170	165									
170~180	175									
180~190	185									
190~200	195									
200~210	205									
210~220	215									
220~230	225									
230~240	235									
240~250	245									
总计				A_1			A_2			A_3

(2)衍生法

该简化方法将全部车轴视为独立的车轴,按表5-6进行统计。计算公式见式(5-9),采用衍生法计算 CAM 时,因不区分轴型,k_j 取1,同时 A_{i1} 按式(5-8)计算(此时 $j=1$)。

$$\text{CAM} = \frac{1}{PL}\left[\sum_i \sum_{j=1}^{3} k_j n_{ij} \left(\frac{P_{ij}}{P_0}\right)^a \right] \tag{5-9}$$

式中:相关参数见式(5-5)~式(5-7)。

衍生法计算示例表格　　　　　　　　　　　　　　　表5-6

轴重区间(kN)	P_c(kN)	单轴的车轴		
		A_{i1}	n_{i1}	$A_{i1} \times n_{i1}$
10~50	30			
50~60	55			
60~70	65			
70~80	75			
80~90	85			
90~100	95			
100~110	105			
110~120	115			
120~130	125			
130~140	135			
140~150	145			
150~160	155			
160~170	165			
170~180	175			
180~190	185			
190~200	195			
200~210	205			
210~220	215			
220~230	225			
230~240	235			
240~250	245			
总计			$\sum n_{j1}$	$\sum A_{j1} \times n_{j1}$

5.4　等效温度

路面结构计算时，一个重要的环境参数是等效温度θ_{eq}。等效温度是指根据项目区域年温度分布，将一年内路面结构使用周期内的实时沥青路面温度场分布与轴载作用下的路面力学响应一一对应，然后采用 Miner 叠加原理进行沥青面层的疲劳寿命预估。

对于固定温度θ_i，规定如下：

　　$\varepsilon(\theta_i)$——标准轴载作用下沥青层的最大设计拉应变（该值是根据设计路面的结构计算得到的，是在温度θ_i下，沥青层劲度模量的函数）。

　　$\varepsilon_6(\theta_i)$——在θ_i℃、频率f为25Hz时，经10^6次循环后概率为50%获得的试样弯曲断裂的应变值，计算见式(5-10)：

$$\varepsilon_6(\theta_i) = \varepsilon_6(10℃;25Hz) \times \sqrt{\frac{E(10℃;10Hz)}{E(\theta_i;10Hz)}} \qquad (5\text{-}10)$$

$N_i(\theta_i)$ ——在实验室中,对应 $\varepsilon_6(\theta_i)$ 而发生疲劳断裂的加载作用次数,计算公式见式(5-11):

$$N(\theta_i) = 10_6 \left(\frac{\varepsilon(\theta_i)}{\varepsilon_6(\theta_i)} \right)^{1/b} \tag{5-11}$$

$n(\theta_i)$ ——路面在温度 θ_i 时的累计当量轴次。根据等效温度概念的定义,得出如下方程:

$$\sum_i \left[\frac{n_I(\theta_i)}{N_I(\theta_i)} \right] = \frac{\sum_i n_I(\theta_i)}{N(\theta_{eq})} \tag{5-12}$$

根据函数 $N(\theta)$ 表达式,等效温度可间接表示为式(5-13):

$$\left[\frac{\varepsilon_6(\theta_{eq})}{\varepsilon(\theta_{eq})} \right]^{1/b} = \frac{1}{\sum_i n(\theta_i)} \left\{ \sum_i n(\theta_i) \left[\frac{\varepsilon_6(\theta_i)}{\varepsilon(\theta_i)} \right]^{1/b} \right\} \tag{5-13}$$

在实际路面结构计算中,通常使用唯一的等效温度 θ_{eq} 并根据相关气候区而定。如果项目研究区域温度数据收集困难,可根据经验在项目区年平均温度基础上加 2~3℃ 作为路面结构验算的等效温度。

5.5 路面承台等级确定

路面承台等级根据土基上部(PST)以及垫层铺设情况而定,这是路基综合设计的内容,PST 层厚度确定步骤详见 4.1.4。

路面承台等级根据现场实测的变形模量 EV_2 或者动态荷载模量值 E_{DYN2} 确定,也可以由 CBR 值的经验公式计算得到。法国路面承台等级及相应模量见表 5-7。

法国路面承台等级及相应模量　　　　表 5-7

路面承台等级	PF1	PF2	PF2^{qs}	PF3	PF4
EV_2 或 E_{DYN2} 模量(MPa)	20~50	50~80	80~120	120~200	>200

注:PF2^{qs} 又称优质 PF2,属于中间计算等级。

5.6 调整系数的确定

对于用沥青混合料或水硬性胶结料处理类路面结构层的疲劳开裂标准,需要通过不同的系数 k_r、k_s、k_d 和 k_c 来调整变形值或容许应力值。

5.6.1 风险系数

风险系数 k_r 是根据材料疲劳曲线的斜率 b(用于计算 $-1/b$ 值)以及 S_N 值、S_h 值等计算而得。计算分别见式(5-14)、式(5-15):

$$k_r = 10^{-u \times b \times \delta} \tag{5-14}$$

$$\delta = \sqrt{S_N^2 + \left(\frac{c \times S_h}{b} \right)^2} \tag{5-15}$$

式中:u——与风险 r 相关的标准正态分布的随机变量的值;

b——相关层材料疲劳试验曲线的斜率,$-1 < b < 0$;

S_N——导致疲劳断裂的循环次数对数的标准偏差；

S_h——所施工材料各层厚度的标准偏差(m)；

c——变形的变化量与路面厚度的变化量相关联的系数(m^{-1})，常用沥青路面结构验算中 c 值等于 $2m^{-1}$。

风险系数参照 NF P98-086 确定，见表 5-8。

公路对应的风险系数(%)　　　　　　　　　　　　　　　表 5-8

结构类型	交通量等级	TEX	TS	T0	T1	T2	T3	T4	T5
柔性基层路面结构、厚沥青路面结构和半刚性基层路面结构	沥青混合料	1.0	1.0	2.0	5.0	12.0	25.0	30.0	30.0
	水硬性胶结料处理类材料	1.0	1.0	2.5	5.0	7.5	12.0	25.0	25.0
倒装路面结构	沥青混合料	1.0	1.0	2.0	5.0	12.0	25.0	30.0	30.0
	水硬性胶结料处理类材料	1.0	2.0	5.0	10.0	15.0	24.0	25.0	25.0
复合式基层路面结构	沥青混合料	1.0	1.0	2.0	5.0	12.0	25.0	30.0	30.0
	水硬性胶结料处理类材料	1.0	2.0	3.0	10.0	20.0	35.0	50.0	50.0

5.6.2 路面承台系数

路面承台系数 k_s 表示路基承载力可能的不均匀性，当路基承载力较弱时，这种不均匀性对路面结构更加不利，见表 5-9。

根据路面承台等级不同选取的 k_s 值　　　　　　　　　　　　表 5-9

模量	$E < 50MPa$	$50MPa \leqslant E < 80MPa$	$80MPa \leqslant E < 120MPa$	$E \geqslant 120MPa$
k_s	1/1.2	1/1.1	1/1.065	1

5.6.3 不连续系数

对于采用水硬性胶结料处理类材料铺设的路面，使用连续路面模型不能明确的考虑由于收缩裂缝产生的不连续性。因此需要考虑不连续系数 k_d，其作用是整合这些应力的增强效应，从而可以将不连续路面的计算调至连续线性弹性模型。计算基层容许应力时，需要考虑该系数。

针对水硬性胶结料处理类基层，k_d 取值如下：

（1）对于 T4 交通量等级的已处理砂砾料，则 k_d 等于 1/1.25。

（2）对于 T2 或 T3 交通量等级的已处理砂砾料和已处理砂，则 k_d 等于 1。

5.6.4 校准系数

校准系数 k_c 用于校正计算方法的预测与实际路面性能观察之间的偏差。k_c 取值见表 5-10。

水硬性胶结料处理材料的校准系数 k_c 取值　　　　　　　　　表 5-10

材　料	k_c
水泥砂砾料以及 T3、T2 交通量等级水硬性胶结料处理砂砾料	1.4
其他水硬性胶结料处理类材料	1.5

5.7 路面材料及参数选取

5.7.1 沥青混合料

在法国沥青路面设计中，沥青混合料主要用于磨耗层、面层和基层，常用的沥青混合料见表5-11。

常用面层沥青混合料及厚度范围　　　　表5-11

工艺	标准	材料等级	d/D	平均厚度(cm)	最小厚度(cm)	适用范围
半细粒沥青混凝土（BBSG）	NF EN 13108-1	1、2、3	0/10	5~7	4	面层
			0/14	6~9	5	
薄层沥青混凝土（BBM）	NF EN 13108-1	1、2、3	0/10	3~4	2.5	磨耗层
			0/14	3.5~5	3	
排水沥青混凝土（BBDr）	NF EN 13108-7	1、2	0/6	3~4	2	磨耗层
			0/10	4~5	3	
特薄层沥青混凝土（BBTM）	NF EN 13108-2	1、2	0/6	2~3	1.5	磨耗层
			0/10			
高模量沥青混凝土（BBME）	NF EN 13108-1	1、2、3	0/10	5~7	4	面层
			0/14	6~9	5	
表面处治层（ES）	NF EN 12271	—	—	—	—	磨耗层
沥青碎石（GB）	NF EN 13108-1	2、3、4	0/14	8~14	6	基层
			0/20	10~16	8	
高模量沥青混凝土（EME）	NF EN 13108-1	1、2	0/10	6~8	5	基层
			0/14	7~13	6	
			0/20	9~15	8	

进行路面结构验算时，还需要知道沥青混合料的参数，这些参数可通过试验得到，亦可直接使用经验值计算。

进行路面结构验算时，一方面需测定10℃、10Hz或0.02s时沥青的劲度模量$E(10℃;10Hz)$以及等效温度下沥青的劲度模量$E(\theta_{eq};10Hz)$；另一方面，通过疲劳试验，得到加载次数为10^6下的沥青混合料应变值ε_6，除此之外，还应测定沥青混合料的水稳定性及高温稳定性，用以评定沥青混合料的性能，其中劲度模量E以及应变值ε_6为路面结构设计用参数。

若待建项目要求不高，可直接使用参考值。ALIZE软件提供的"已有材料库"为常用材料提供了参考值，以25℃、10Hz试验条件下的沥青混合料为例，见表5-12，其中，E为25℃条件下的劲度模量，N_u为泊松比，$\varepsilon_6(10℃)$为10℃下的疲劳应变，b为疲劳曲线的斜率，S_N为疲劳破坏有关的标准差，S_h为材料层厚度的标准差，$T_{-10℃}$、$T_{0℃}$、$T_{10℃}$、$T_{20℃}$、$T_{30℃}$、$T_{40℃}$为不同温度条件下对应的劲度模量。

沥青材料各项参数(节选)　　　　　表5-12

混合料	E(MPa)	N_u	ε_6(10℃)	$-1/b$	S_N	S_h(m)	K_c	$T_{-10℃}$	$T_{0℃}$	$T_{10℃}$	$T_{20℃}$	$T_{30℃}$	$T_{40℃}$
BBSG1	2492	0.35	100	5	0.25	实际值	1.1	14800	12000	7315	3685	1300	1000
BBSG2	3445	0.35	100	5	0.25	实际值	1.1	16000	13500	9310	4690	2200	1500
BBSG3	3445	0.35	100	5	0.25	实际值	1.1	16000	13500	9310	4690	2200	1500
BBME1	4515	0.35	100	5	0.25	实际值	1.1	17300	15400	11970	6030	3000	1900
BBME2	5585	0.35	100	5	0.25	实际值	1.1	19500	18200	14630	7370	3800	2300
BBME3	5585	0.35	100	5	0.25	实际值	1.1	19500	18200	14630	7370	3800	2300
BBM	2492	0.35	—	—	—	实际值	1.1	14800	12000	7315	3685	1300	1000
BBTM	1400	0.35	—	—	—	实际值	1.1	8500	7000	4200	1800	1000	800
BBDr	1400	0.35	—	—	—	实际值	1.1	8500	7000	4200	1800	1000	800
GB2	4410	0.35	80	5	0.3	实际值	1.3	22800	18300	11880	6120	2700	1000
GB3	4410	0.35	90	5	0.3	实际值	1.3	22800	18300	11880	6120	2700	1000
GB4	5600	0.35	100	5	0.3	实际值	1.3	25000	20000	14300	7700	3500	1200

标准差S_h与沥青基层的厚度h有关,计算如下所示:

当$h<0.10$m时,$S_h=0.01$m;

当$h>0.15$m时,$S_h=0.025$m;

当$0.1\text{m}\leqslant h\leqslant 0.15\text{m}$时,$S_h=0.01+0.3\times(h-0.1)$。

5.7.2 水硬性胶结料处理类材料

法规沥青路面基层、底基层采用水硬性胶结料处理类材料主要有以下几种,见表5-13。

常用水硬性胶结料处理类材料　　　　　表5-13

材　　料	材料等级	标　　准
水泥稳定碎石(GC)	3、4	NF EN 14227-1
水硬性胶结料处理砂砾料(GLHR)	3	NF EN 14227-5
粉煤灰处理砂砾料(GCH)	3	NF EN 14227-3
粒状矿渣碎石(GLG)	2	NF EN 14227-2
预研磨矿渣碎石(GLP)	2、3	NF EN 14227-2
石灰硅铝粉煤灰碎石(GCV)	3	NF EN 14227-3
水泥稳定砂砾(SC)	1、2、3	NF EN 14227-2
粉煤灰处置砂砾(SL)	1、2、3	NF EN 14227-2

同样,进行路面结构验算时,需要对选用的水硬性胶结料处理类材料进行试验获取相关参数,若没有条件进行试验时,亦可使用经验值,见表5-14。

水硬性胶结料处理类材料参数(节选)　　　　表 5-14

材料	E(MPa)	N_u	σ_6(MPa)	$-1/b$	S_N	S_h(m)	k_c	k_d
GC3	23000	0.25	0.75	15	1	0.03	1.4	1
GC4	25000	0.25	1.2	15	1	0.03	1.4	0.8
GLHR3	23000	0.25	0.75	15	1	0.03	1.4	1
GCH3	23000	0.25	0.75	15	1	0.03	1.5	1
GLP2	15000	0.25	0.6	12.5	1	0.03	1.5	1
GLP3	20000	0.25	0.7	13.7	1	0.03	1.5	1
GCV3	30000	0.25	1.4	16	1	0.03	1.5	1
SC1	5000	0.25	0.21	12	0.8	0.025	1.5	1
SC2	12000	0.25	0.5	12	0.8	0.025	1.5	1
SC3	17200	0.25	0.75	12	0.8	0.025	1.5	1
SL1	3700	0.25	0.175	10	0.8	0.025	1.5	1
SL2	8500	0.25	0.425	10	0.8	0.025	1.5	1
SL3	12500	0.25	0.65	10	0.8	0.025	1.5	1

水硬性胶结料处理类材料级配可根据材料属性,选用 0/10、0/14、0/20、0/31.5 级配。需要注意的是:

(1) 一层处理碎石压实的最小厚度为 0.15m。0/14 或 0/20 砂砾料单层的最大压实厚度为 0.32m(压实后的厚度)。

(2) 一层处理砂砾的最小厚度为 0.18m,单层的最大压实厚度为 0.32m。

5.7.3　未经处理粒料类材料

在法国沥青路面设计中,未经处理粒料类材料(GNT)主要包含未筛分碎(砾)石、级配碎(砾)石、天然砂砾,且需满足 NF EN 13285 规定。GNT 因交通量等级不同而具有不同的使用条件。GNT 弹性模量取值要求见表 5-15。

GNT 的弹性模量取值要求　　　　表 5-15

适用条件	取值要求			
交通量等级≤T3 的路面结构	基层	1 类:$E_{GNT}=600$MPa		
		2 类:$E_{GNT}=400$MPa		
		3 类:$E_{GNT}=200$MPa		
	底基层(GNT 细分为 25cm 厚的子层,i 从下至上递增)	$E_{GNT}\{1\}=3E_{路面承台}$ $E_{GNT}\{子层\ i\}=kE_{GNT}\{子层(i-1)\}$ k 随 GNT 类别变化:		
		类别	1	2	3
		k	3	2.5	2

续上表

适用条件	取值要求	
交通量等级为 T2 或 T1 的路面结构-基层为 GNT 的厚沥青路面结构	底基层(GNT 细分为 25cm 厚的子层)	$E_{GNT}\{1\}=3E_{路面承台}$ $E_{GNT}\{子层 i\}=3E_{GNT}\{子层(i-1)\}$ 不超过 360MPa 的 E_{GNT}
倒装路面结构(B 类 GNT)	—	$E_{GNT}=480$MPa

当 NE<250000 时,GNT 使用条件见表 5-16。

轻交通量等级路面基层使用 GNT 使用的条件　　　　表 5-16

标准	1 类		2 类		3 类
交通量等级	T3	T<T3	T3	T4、T5	T5
d/D	0/14 或 0/20	0/14 或 0/20	0/31.5		不超过 0/60

根据用途或三轴重复加载试验(TCR)所确定的 GNT 原材料力学性能等级使用条件见表 5-17。

不同交通量等级 GNT 原材料力学使用条件　　　　表 5-17

用　　途	交通量等级			
	T5	T4	T3	T2、T1
基层	A、B1、B2 或力学等级 C3	B1、B2 或力学等级 C3	B2 或力学等级 C2	不允许
底基层	A、B1、B2 或力学等级 C3	A、B1、B2 或力学等级 C3	B2 或力学等级 C2	B2 或力学等级 C2

注:力学等级为 A 和 B1 的 GNT 在葡氏击实最佳试验下的密实度为 80%,力学等级为 B2 的未处理砂砾料在葡式击实最佳试验下的密实度则为 82%。

为了到达到最佳压实度,GNT 的施工规定如下:

(1) GNT(0/14)的最小厚度为 10cm。

(2) GNT(0/20)的最小厚度为 15cm。

而对于 0/14 或 0/20 的 GNT,每一层的最大压实厚度可达到 0.35m,并优先使用 B 型 GNT。

5.8　路面结构容许值与计算值

5.8.1　设计指标容许值

确定路面尺寸的方法采用三种疲劳损伤机理,而这三种疲劳损伤机理有三种容许应力表现:

(1) 沥青混合料疲劳破坏造成的损伤,根据其最大容许水平拉应变 $\varepsilon_{\text{t,adm}}$ 考虑,计算公式见式(5-16):

$$\varepsilon_{\text{t,adm}} = \varepsilon_6(10\text{℃};25\text{Hz}) \times \sqrt{\frac{E(10\text{℃};10\text{Hz})}{E(\theta_{\text{eq}};10\text{Hz})}} \times \left(\frac{\text{NE}}{10^6}\right)^b \times k_c \times k_r \times k_s \quad (5\text{-}16)$$

(2) 水硬性胶结料处理类材料疲劳破坏造成的损伤,根据其最大容许水平拉应力 $\sigma_{\text{t,adm}}$ 考虑,计算公式见式(5-17):

$$\sigma_{\text{t,adm}} = \sigma_6 \times \left(\frac{\text{NE}}{10^6}\right)^b \times k_c \times k_r \times k_s \times k_d \quad (5\text{-}17)$$

(3) 未经处理粒料类材料和路面承台顶面的累计永久变形造成的损伤,根据其最大容许竖向压应变 $\varepsilon_{\text{z,adm}}$ 考虑,计算公式见式(5-18):

$$\varepsilon_{\text{z,adm}} = A \times \text{NE}^{-b} \quad (5\text{-}18)$$

当 NE > 250000 时,计算公式见式(5-19):

$$\varepsilon_{\text{z,adm}} = 0.012 \times \text{NE}^{-0.222} \quad (5\text{-}19)$$

当 NE ≤ 250000 时,计算公式见式(5-20):

$$\varepsilon_{\text{z,adm}} = 0.016 \times \text{NE}^{-0.222} \quad (5\text{-}20)$$

5.8.2 设计指标计算值

(1) 对于水硬性胶结料处置类材料层底拉应力,计算公式见式(5-21):

$$\sigma_{\text{t}} = \sigma_6(10\text{℃},25\text{Hz}) \times \left(\frac{N}{10^6}\right)^b \quad (5\text{-}21)$$

式中:σ_6——养护后 360d 的试样通过 10^6 次循环弯曲疲劳使用寿命对应的应力值;
  b——疲劳试验的曲线斜率;
  N——进行循环的次数。

(2) 对于沥青混合料层底拉应变,计算公式见式(5-22):

$$\varepsilon_{\text{t}} = \varepsilon_6(10\text{℃},25\text{Hz}) \times \left(\frac{N}{10^6}\right)^b \quad (5\text{-}22)$$

式中:ε_6——沥青混合料的疲劳参数,代表 10^6 次循环寿命的变形量;
  其余符号意义同上。

5.9 路面结构验算

5.9.1 一般规定

在路面结构验算时,要求因疲劳弯曲或永久变形而产生的疲劳损伤必须小于或等于应力的容许值,但对于法标提供的 5 种路面结构类型,需要根据不同的结构类型确定不同的设计指标,具体要求见表 5-18。

不同路面结构类型的设计指标　　　　　　　　表 5-18

路面结构类型	沥青层底拉应变 $\varepsilon_{t,adm}$	未经处理粒料类材料层顶压应变 $\varepsilon_{z,adm}$	水硬性胶结料类底层拉应力 $\sigma_{t,adm}$	路面承台顶面压应变 $\varepsilon_{z,adm}$
柔性基层路面结构		✓		✓
厚沥青路面结构	✓			✓
半刚性基层路面结构	✓		✓	✓
复合式基层路面结构	✓	✓	✓	✓
倒装式路面结构	✓	✓	✓	✓

注：✓代表路面结构验算时所对应的设计指标。

需要指出的是：

(1) 对于柔性结构路面。有两套指标：一是未经处理粒料类材料基层顶面的压应变 ε_z 与路面承台顶面的压应变 ε_z；二是路面承台顶面的压应变 ε_z；当 NE 大于 100 万次时，要求面层厚度必须大于 12cm。

(2) 对于倒装结构路面。鉴于 GNT 层厚度较小，且考虑到其质量，该层的容许竖向压应变 $\varepsilon_{z,GNT}$ 可在其计算结果上提高 20%。

当 NE > 250000 时，未经处理粒料类材料的容许竖向压应 $\varepsilon_{z,adm}$ 计算公式见式(5-23)：

$$\varepsilon_{z,adm} = 0.0144 \times NE^{-0.222} \tag{5-23}$$

当 NE ≤ 250000 时，未经处理粒料类材料的容许竖向压应 $\varepsilon_{z,adm}$ 计算公式见式(5-24)：

$$\varepsilon_{z,adm} = 0.0192 \times NE^{-0.222} \tag{5-24}$$

在法标中，使用 ALIZE 软件建模，通过输入各项设计参数，包括各层使用的材料的类型、厚度、模量、泊松比等参数信息，可对拟定路面结构的实际计算值与容许值进行比对，如果计算值大于允许值，需要调整结构层厚度或更改混合料类型进行重新计算；反之，则结构可行。除此之外，也可更改混合料类型，以获得性价比最高的路面结构。

5.9.2 冻融验算

冻融验算为可选选项，一般而言，在热带地区进行建设时无需进行冻融验算，但对于一些冬季可能遭遇冰冻的地区，则应进行冻融验算，具体计算步骤如下：

(1) 计算整平层加垫层的容许冻结量 Q_{PF}：包括计算路基冻裂材料表面的容许冻结量 Q_g、路基非冻裂材料的保温性 Q_{ng}、融化阶段的允许增量 Q_M。计算公式见式(5-25)：

$$Q_{PF} = Q_{ng} + Q_g + Q_M \tag{5-25}$$

(2) 根据传递冻结指数 It ($It = Q_{PF}^2$) 计算路面表面冻结指数 IS，通过 IS 可进一步确定容许冻结指数 IA。

(3) 根据待建道路所在地冬季气温以及冻结情况，确定冻结指数 IR。

最后进行验证，若容许冻结指数 IA > 冻结指数 IR，则冻融检验合格，否则，需采取增加垫层厚度等手段提高道路的防冻性。

路面结构选定后，应进行横断面设计(坡度等)、路肩设计、排水综合系统设计等工作，涉及地下管廊等，也应提前做好道路的设计工作，以适应这些综合设计工作的需要。

5.10 路面结构设计流程

综上,采用法国规范进行公路沥青路面结构计算时,包括下列主要内容,如图5-1所示。

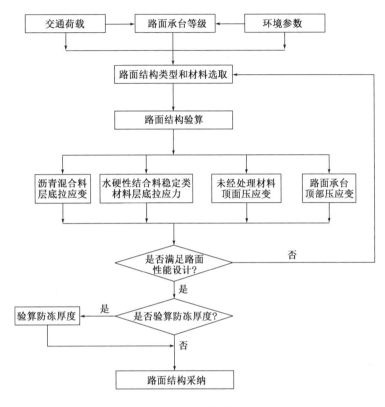

图5-1 结构设计流程图

参 考 文 献

[1] NF P 98-086. Dimensionnement structurel des chaussées routiers[S]. SETRA/LCPC,2011.
[2] NF P 98-082. Détermination des trafics routiers pour le dimensionnement des structures chaussées[S]. France,1994.
[3] Catalogue des structures types de chaussées neuves [Z]. SETRA/LCPC,1998.
[4] Utilisation des Normes Enrobés à chaud:guide technique(N°17)[S]. CFTR,2008.

第6章 桥梁

6.1 设计理念原则与方法

6.1.1 设计假定

采用欧洲规范 EN 1990 进行结构设计应满足的一般假定如下：
（1）由有经验的合格的工程师选择结构体系并完成结构设计。
（2）由具备相应技能和经验的专业人员进行施工。
（3）施工期间有充分良好的监理和质量监控。
（4）使用的建筑材料和产品满足相关材料和产品的规格要求。
（5）结构得到充分的维护。
（6）结构在设计假定范围内使用。

6.1.2 极限状态划分

结构能够满足预定功能要求且能够良好地工作，称为"有效"或"可靠"，否则称为"失效"或"不可靠"。区分结构能否满足预定功能要求的状态称为极限状态。如图 6-1a）所示，当荷载效应超过 E_0 时结构处于完全失效状态，但往往这个失效界限很难精确判断，因为极限状态的判断标准存在一定的不确定性，极限状态还可以按图 6-1b）定义。中欧规范均将极限状态分为承载能力极限状态和正常使用极限状态。

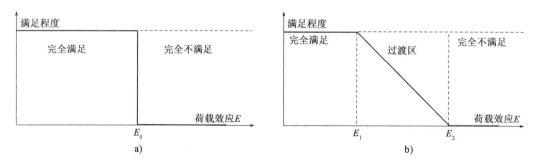

图 6-1 极限状态的定义

1）承载能力极限状态
中欧规范中承载能力极限状态主要考虑的是人或结构的安全性，以下情况应被考虑为承载能力极限状态：

(1) 结构或结构的一部分作为刚体失去平衡。

(2) 由于过度变形,结构或结构的一部分转变为机动体系、断裂失效或支撑结构、地基失稳等。

(3) 由疲劳或其他与时间相关的效应引起的破坏。

EN1990 还将承载能力极限状态失效模式分为以下几类：

(1) 静力平衡失稳(EQU)。

(2) 强度破坏(STR)。

(3) 地基破坏(GEO)。

(4) 疲劳破坏(FAT)。

(5) 抗浮失稳(UPL)。

(6) 水力破坏(HYD)。

2) 正常使用极限状态

欧洲规范正常使用极限状态分为可逆正常使用极限状态和不可逆正常使用极限状态,主要考虑因素为：

(1) 变形:影响结构的外观、使用的舒适性、结构的功能。

(2) 振动:使人感到不适、影响结构的功能。

(3) 损坏:影响结构的外观、耐久性、结构的功能。

不可逆正常使用极限状态如图 6-2a) 所示,当作用移除时仍永久保持超出正常使用极限的状态。可逆正常使用极限状态如图 6-2b) 所示,当作用移除时不会超出正常使用极限的状态。

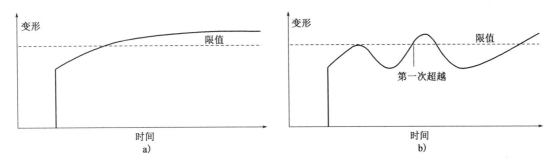

图 6-2　正常使用极限状态

6.1.3　设计状况

中欧规范均考虑以下四种设计状况：

(1) 持久设计状况,主要与结构在设计使用年限内的正常使用相关。

(2) 短暂设计状况,主要与结构的临时状况相关,例如施工或维修过程。

(3) 偶然设计状况,主要与结构中一些偶然的状况相关。

(4) 地震设计状况,主要与地震作用相关。

6.1.4 桥涵设计使用年限

任何结构都有一定的设计使用年限,合理的设计使用年限能够使结构所能发挥的社会经济效益最大化,这与桥梁全寿命周期管理的理念相符。桥梁结构的设计使用年限是指在不需要大修就能够满足预定使用功能的年限,见表6-1。

欧洲规范结构设计使用年限　　　　　表 6-1

类别	设计使用年限(年)	示　　例
1	10	临时结构
2	10～25	可更换的结构构件,如门式梁、支座
3	15～30	农用及类似结构
4	50	房屋建筑及其他普通结构
5	100	纪念性建筑、桥梁及其他土木工程结构

注:可以拆卸重复使用的结构或结构构件不能视作临时结构。桥梁设计使用年限为100年并不是指桥梁所有各部分结构构件设计使用年限均为100年,而是指桥梁主要受力构件,如桥面板、桩、承台等。

6.1.5 安全系数与安全等级

根据欧洲规范可靠度管理的要求,对于不同的结构失效后果,结构可靠度等级不同,见表6-2。

结构失效后果等级　　　　　表 6-2

使 用 频 率	失 效 后 果		
	低	中	高
高	CC1	CC2	CC3
中等	CC2	CC2	CC3
低	不适用	CC3	CC3

欧洲规范根据可靠度等级及失效后果不同,将结构的安全等级分为三级,如表6-3所示。

欧洲桥涵设计规范中桥梁安全等级　　　　　表 6-3

失效后果等级	后 果 描 述	建筑及土木工程结构举例	结构重要性系数
CC3	严重后果:对人的生命、财产损失和社会、环境影响非常大	运动场看台、剧院、高层建筑、重要桥梁	1.1
CC2	中等后果:对人的生命、财产损失和社会、环境影响比较大	住宅、办公室、宾馆、学校、普通桥梁	1.0
CC1	轻微后果:对人的生命、财产损失和社会、环境影响较小或可以忽略	农用建筑、仓库、温室	0.9

6.1.6 结构可靠度

结构可靠性是指在规定时间内,规定条件下完成预定功能的能力。为了统一量化结构设计需要满足的可靠性,可靠度指标被用来度量结构的可靠性。欧洲规范结构设计满足的结构可靠度指标如表6-4所示。

可 靠 度 指 标　　　　表6-4

失效后果等级	可靠性等级	可靠度指标 β	
		1年基准期	50年基准期
CC3	RC3	5.2	4.3
CC2	RC2	4.7	3.8
CC1	RC1	4.2	3.3

6.2　公路桥梁典型作用及作用组合

6.2.1　作用分类

作用分类是为了区分不同作用的特征差异,并根据不同的特征采用不同的作用理论模型,以确保结构有合适的可靠度。作用分类对于作用代表值的选取及其后续计算作用组合是十分重要的。

1) 作用按时间分类

作用在结构的设计使用年限内出现的可能性或作用大小均可能随时间变化,因此可以将作用分为以下三类:

(1) 永久作用(G),在所考虑的基准期内始终存在且其变化大小可以忽略,例如结构自重、固定设备或路面重量,由不均匀沉降和收缩引起的间接作用等。

(2) 可变作用(Q),在所考虑的基准期内作用值的变化不能忽略且其大小不呈单调变化,如风荷载、雪荷载。

(3) 偶然作用(A),在结构设计使用年限内不一定出现,一旦出现其量值很大,持续时间较短,如火灾、爆炸冲击荷载等。

(4) 地震作用(A_E)。

2) 作用按成因分类

作用按照成因分为直接作用和间接作用。直接作用是直接作用在结构上的力,其模型可以独立确定,而与结构的特性和结构响应无关。而间接作用类似于温度作用、收缩徐变、不均匀沉降等,与结构受到约束有关。

3) 作用按空间分类

作用按空间可以分为自由作用和固定作用。自由作用可以作用在结构一定限制范围内的任何位置,例如交通荷载的作用并不是固定的,其作用位置取决于所获得的最不利效应。

4) 作用按性质和结构响应分类

作用按照性质和结构响应分为动力作用和静力作用,静力作用不会引起结构或结构构件明显的加速度,而动力作用会引起结构或结构构件明显的加速度。动力作用也经常采用静力等效方法即静力作用乘以动力方大系数来考虑。

表6-5为最常用的典型作用分类,但需要考虑结构的实际情况,如地理位置等。例如:在欧洲的某些国家地震荷载并不少见,因此可以按可变荷载考虑,而在某些地区雪荷载可

能按偶然荷载来考虑。

作 用 分 类 示 例　　　　　　　　　　表 6-5

永 久 作 用	可 变 作 用	偶 然 作 用
结构自重、填充或固定设备自重	附加荷载	爆炸
预加力	雪荷载	火作用
水或土压力	风荷载	车辆撞击作用
间接作用,如支座不均匀沉降	间接作用,如温度作用	

6.2.2 作用代表值

1) 永久作用

欧洲规范永久作用标准值按下列方式确定:

如果永久作用 G 变化较小(变异系数为 0.05~0.1,可认为变异性小),则采用单个 G_k 值并取平均值;如果 G 变化较大,则采用两个标准值:一个上限值 $G_{k,sup}$ 和一个下限值 $G_{k,inf}$。如果结构对 G 的变化很敏感时,即使变异系数较小,也要采用两个标准值。因此根据高斯假定,认为在 G 的统计分析中,$G_{k,inf}$ 取分位值 5%,$G_{k,sup}$ 取分位值 95%。永久作用标准值定义见图 6-3。较为特殊的是预应力属于永久作用,其大小由张拉控制应力和变形确定,预应力标准值是随时间 t 变化的,可以取上限值 $P_{k,sup}(t)$,下限值 $P_{k,inf}(t)$,对于承载能力极限状态也可以用均值 $P_m(t)$。

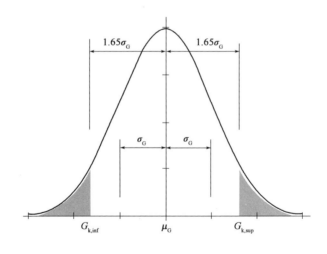

图 6-3　永久作用标准值定义

2) 可变作用

(1) 可变作用标准值

可变作用标准值通常是基于大量的观测数据,采用概率的方法获得的。例如欧洲规范交通荷载采用了欧洲主要道路上超过 200000 辆车辆的数据校准值。当可以获得统计数据时,通常取基准期为 1 年、年超越概率不超过 0.02 的可变荷载值作为标准值。当统计数据无法获得时,则取名义值作为可变作用标准值。

(2)可变作用其他代表值

可变作用的其他代表值:组合值 $\psi_0 Q_k$、频遇值 $\psi_1 Q_k$、准永久值 $\psi_2 Q_k$。ψ_0、ψ_1 和 ψ_2 均为可变作用标准值的折减系数(表6-6),但却有不同的含义。ψ_0 为考虑多个可变作用同时发生概率的折减系数。ψ_1 和 ψ_2 均用于考虑可变作用在设计基准期内超越的时间长短。

公路桥梁作用代表值系数表 表6-6

作用	符号		ψ_0	ψ_1	ψ_2
交通荷载	gr1a(LM1+行人或自行车道荷载)①	TS	0.75	0.75	0
		UDL	0.40	0.40	0
		行人+自行车道荷载	0.40	0.40	0
	gr1b(单轴)		0	0.75	0
	gr2(水平力)		0	0	0
	gr3(行人荷载)		0	0	0
	gr4(LM4 人群荷载)		0	0.75	0
	gr5(LM3 特殊车辆)		0	0	0
风力	F_{Wk}	永久设计状况	0.6	0.2	0
		施工期间	0.8	—	0
	F_W		1.0	—	—
温度作用	T_k		0.6	0.6	0.5
雪荷载	$Q_{sn,k}$(施工期间)		0.8	—	—
施工荷载	Q_c		1.0	—	1.0

注:1. gr1a 和 gr1b 的系数 ψ_0、ψ_1 和 ψ_2 适用于公路交通,对应的调整系数 α_{Qi}、α_{qi}、α_{qr} 和 β_Q 均等于1的情况。
2. 土工设计的 EQU、STR 和 GEO 三种承载能力极限状态下的温度作用组合值系数 ψ_0 可取为0。

3)偶然作用

由于地震等偶然作用相比于永久作用和可变作用可获得的统计数据较少,偶然作用设计值 A_d 应根据具体项目确定。地震作用标准值 A_{Ek} 见 EN 1998。

6.2.3 设计值

1)作用设计值

作用 F 的设计值 F_d 可由一般式表示如下:

$$F_d = \gamma_f F_{rep} \tag{6-1}$$

式中:γ_f——作用分项系数,考虑了作用值关于代表值的不利偏差概率;

F_{rep}——作用的相关代表值,$F_{rep} = \psi F_k$;

ψ——值是 1.00 或 ψ_0、ψ_1、ψ_2;

F_k——作用标准值。

2）作用效应设计值

荷载的作用效应设计值 E_d 可表示如下：

$$E_d = \gamma_{Sd} E\{\gamma_{f,i} F_{rep,i}; a_d\} \quad i \geq 1 \tag{6-2}$$

式中：a_d——几何尺寸设计值；

γ_{Sd}——考虑计算模型不确定性的分项系数。

大多数情况下可以简化如下：

$$E_d = E\{\gamma_{F,i} F_{rep,i}; a_d\} \quad i \geq 1 \tag{6-3}$$

式中：$\gamma_{F,i} = \gamma_{Sd} \times \gamma_{f,i}$。

3）材料和产品作用特性设计值

材料和产品作用特性设计值 X_d 表示如下：

$$X_d = \eta \frac{X_k}{\gamma_m} \tag{6-4}$$

式中：X_k——材料和产品标准值；

η——考虑尺寸效应或温度湿度影响的转换系数；

γ_m——材料特性分项系数，用于考虑材料特性实际值与标准值之间存在不利偏差的可能性。

4）几何尺寸设计值

结构几何尺寸的变异性通常比较小，在许多情况下可以忽略几何尺寸的变异性。因此，几何尺寸设计值可取为名义值：

$$a_d = a_{nom} \tag{6-5}$$

当几何尺寸偏差对结构的可靠性有明显影响时，如产生二阶效应，则几何尺寸设计值可计算如下：

$$a_d = a_{nom} \pm \Delta a \tag{6-6}$$

式中：Δa——考虑了几何尺寸真实值与设计值之间的不利偏差。

5）抗力设计值

设计抗力 R_d 可表示为：

$$R_d = \frac{1}{\gamma_{Rd}} R\{X_{d,i}; a_d\} = \frac{1}{\gamma_{Rd}} R\left\{\eta_i \frac{X_{k,i}}{\gamma_{m,i}}; a_d\right\} \quad i \geq 1 \tag{6-7}$$

式中：γ_{Rd}——考虑抗力模型不确定性的分项系数；

$X_{d,i}$——材料特性设计值。

上式可进一步简化为：

$$R_d = R\left\{\eta_i \frac{X_{k,i}}{\gamma_{m,i}}; a_d\right\} \quad i \geq 1 \tag{6-8}$$

$$\gamma_{m,i} = \gamma_{Rd} \gamma_{m,i}$$

6.2.4 荷载组合

1)公路桥梁荷载组合的一般原则

(1)由于客观原因不会同时发生的作用效应不应该在作用组合中一起考虑。

(2)施工过程中应考虑相应的设计状况。

(3)交通荷载引起的可变作用与其他可变作用组合时,交通荷载应当作一个单独的可变作用来考虑。

(4)雪荷载和风荷载不宜与施工引起的荷载(即由施工人员引起的荷载)一起考虑。但对于某些项目,在某些短暂设计状况下,可能需要将风荷载和雪荷载与其他施工荷载(如重型设备或起重机引起的作用)同时考虑。

(5)如有必要,温度作用和水作用应与施工荷载同时考虑。

(6)若不均匀沉降引起的效应与直接作用效应相比不可忽略,则应该予以考虑。

(7)当结构对不均匀沉降非常敏感时,应该考虑不均匀沉降的不确定性。

(8)由土壤下沉引起的结构的不均匀沉降应作为一种永久作用 G_{set},并在结构的承载能力极限状态和正常使用极限状态验算中参与作用组合。G_{set} 应用一组与不同基础之间或基础的不同部分之间的沉降差(相对于一个参考基准面)相关的值 $d_{set,i}$ 来表示(i 是各个基础的或基础的各个部分的编号)。沉降随着时间单调发展(朝同一个方向),宜从其对结构产生作用之初就开始考虑。此外,结构为混凝土或含有混凝土构件时,沉降的发展和混凝土徐变之间可能会产生相互作用。

(9)各单个基础之间或基础的各个部分之间的沉降差 $d_{set,i}$,应根据 EN 1997 并充分考虑结构的施工过程,作为最有可能的估计值来考虑。

(10)在缺乏控制措施时,应按下列方法来确定代表沉降的永久作用:

①最有可能的估计值 $d_{set,i}$,用于所有的单个基础或基础的各部分。

②为得到最不利效应,应选择的两个独立基础或一个独立基础的不同部分承担 $d_{set,i}$ ± $\Delta d_{set,i}$,其中 $\Delta d_{set,i}$ 考虑了沉降评估的不确定。

(11)可变作用的非频遇值可以用于混凝土桥梁的某些正常使用极限状态。非频遇组合的表达式如下:

$$E_d = E\{G_{k,j}; P; \psi_{1,infq}Q_{k,1}; \psi_{1,i}Q_{k,i}\} \qquad j \geq 1; i > 1 \qquad (6-9)$$

上式{ }中的作用组合可以表示为:

$$\sum_{j \geq 1} G_{k,j} " + " P " + " \psi_{1,infq}Q_{k,1} " + " \sum_{i > 1} \psi_{1,i}Q_{k,i} \qquad (6-10)$$

(12)荷载模型2(或相关的荷载组合 gr1b)和人行道上的集中荷载 Q_{fwk}(见 EN 1991-2 中 5.3.2.2)不宜与其他任何非交通可变作用相组合。

(13)不宜将雪荷载或风荷载与下列力或荷载相组合:

①公路桥上的制动力或加速力,或离心力,或相关的荷载组合 gr2。

②人行道和自行车道上的荷载,或相关的荷载组合 gr3。

③公路桥上的人群荷载(荷载模型4),或相关的荷载组合 gr4。

(14)雪荷载不应与荷载模型1和2或与相关的荷载组合 gr1a 和 gr1b 相组合,除非对特殊的地理区域有其他规定。国家附件规定了雪荷载能与荷载组合 gr1a 和 gr1b 相组合的地理区域。

(15)风作用大于 F_W^* 与 $\psi_0 F_{WK}$ 之间的较小值时,不应与荷载模型 1 或相关的荷载组合 gr1a 相组合。注:关于风荷载,见 EN 1991-1-4。

(16)不应同时考虑风作用和温度作用,除非当地气候条件有特殊规定。
注:根据当地气候条件,可以在国家附录或各自项目中制定不同的规则来同时考虑风作用和温度作用。

(17)当某个作用需要考虑进行偶然作用组合时,其他偶然作用或风作用或雪荷载不应在同一组合中考虑。

(18)对于考虑来自桥下交通(公路或铁路交通)的冲击的偶然设计状况,桥上交通荷载应作为伴随作用采用其频遇值计入组合。

2)承载能力极限状态荷载组合(不包括疲劳)

持久或短暂设计状况承载能力极限状态验算应包括静力平衡失稳(EQU)、强度破坏(STR)、地基破坏(GEO)三种失效模式。对于静力平衡失稳验算采用 A 组(表 6-7)验算,不涉及土工作用的结构强度验算采用 B 组(表 6-8)验算,涉及土工作用的结构(浅基础、桩基础、墩柱、翼墙等)强度验算采用下列三种补充方法之一选用。方法一:对于土工作用和来自上部结构的作用,分别采用 B 组、C 组(表 6-9)的荷载设计值进行验算。方法二:对于土工作用和来自上部结构的作用,均采用 B 组的荷载设计值验算。方法三:对于土工作用采用 C 组的设计值,对于来自上部结构的作用采用 B 组的荷载设计值。

(1)持久设计状况和短暂设计状况的荷载组合(基本组合)

EN 1990 给出的承载能力极限状态荷载基本组合表达式如下:

$$\sum_{j\geq 1}\gamma_{G,j}G_{k,j}''+''\gamma_P P''+''\gamma_{Q,1}Q_{k,1}''+''\sum_{i>1}\gamma_{Q,i}\psi_{0,i}Q_{k,i} \tag{6-11}$$

对于 STR 和 GEO 两种失效模式还应考虑下式两种组合中的不利情况:

$$\sum_{j\geq 1}\gamma_{G,j}G_{k,j}''+''\gamma_P P''+''\gamma_{Q,1}\psi_{0,1}Q_{k,1}''+''\sum_{i>1}\gamma_{Q,i}\psi_{0,i}Q_{k,i} \tag{6-12}$$

$$\sum_{j\geq 1}\xi_j\gamma_{G,j}G_{k,j}''+''\gamma_P P''+''\gamma_{Q,1}Q_{k,1}''+''\sum_{i>1}\gamma_{Q,i}\psi_{0,i}Q_{k,i} \tag{6-13}$$

(2)偶然设计状况的荷载组合(偶然组合)

偶然设计状况荷载组合一般格式如下:

$$E_d = E\left\{\sum_{j\geq 1}G_{k,j};P;A_d;(\psi_{1,1}\text{或}\psi_{2,1})Q_{k,1};\sum_{i>1}\psi_{2,i}Q_{k,i}\right\}\quad j\geq 1;i\geq 1 \tag{6-14}$$

上式可以写成:

$$\sum_{j\geq 1}G_{k,j}''+''P''+''A_d''+''(\psi_{1,1}\text{或}\psi_{2,1})Q_{k,1}''+''\sum_{i>1}\psi_{2,i}Q_{k,i} \tag{6-15}$$

偶然设计状况作用组合设计值的取值见表 6-10。

(3)地震设计状况的荷载组合(地震组合)

地震设计状况的荷载组合一般格式如下:

$$E_d = E\left\{\sum_{j\geq 1}G_{k,j};P;A_{Ed};\sum_{i\geq 1}\psi_{2,i}Q_{k,i}\right\}\quad j\geq 1;i\geq 1 \tag{6-16}$$

上式可以写成:

$$\sum_{j\geq 1}G_{k,j}''+''P''+''A_{Ed}''+''\sum_{i\geq 1}\psi_{2,i}Q_{k,i} \tag{6-17}$$

地震设计状况作用组合设计值的取值见表 6-10。

3) 正常使用极限状态荷载组合

(1) 不可逆正常使用极限状态标准组合

$$\sum_{j\geq 1} G_{k,j} " + " P " + " Q_{k,1} " + " \sum_{i>1} \psi_{0,i} Q_{k,i} \tag{6-18}$$

(2) 可逆正常使用极限状态频遇组合

$$\sum_{j\geq 1} G_{k,j} " + " P " + " \psi_{1,1} Q_{k,1} " + " \sum_{i>1} \psi_{2,i} Q_{k,i} \tag{6-19}$$

(3) 长期效应准永久组合

$$\sum_{j\geq 1} G_{k,j} " + " P " + " \sum_{i>1} \psi_{2,i} Q_{k,i} \tag{6-20}$$

正常使用极限状态作用组合设计值的取值见表6-7。

作用的设计值(EQU)(A组) 表6-7

基本组合	永久作用		预应力	主导可变作用①	伴随可变作用①	
	不利	有利			主要	其他
式(6-11)	$\gamma_{Gj,\sup} G_{kj,\sup}$	$\gamma_{Gj,\inf} G_{kj,\inf}$	$\gamma_p P$	$\gamma_{Q,1} Q_{k,1}$		$\gamma_{Q,i} \psi_{0,i} Q_{k,i}$

注:1. 对于持久设计状况,γ 的建议值如下:$\gamma_{G,\sup}=1.05$,$\gamma_{G,\inf}=0.95$;对于公路和行人交通作用不利时,$\gamma_Q=1.35$(有利时取0);对于持久设计状况下的其他可变作用不利时,$\gamma_Q=1.50$(有利时取0)。γ_p 取相关欧洲设计规范中的建议值。

2. 对于短暂设计状况,$Q_{k,1}$ 代表破坏平衡的主导可变作用,$Q_{k,i}$ 代表相关的伴随作用。在施工期内,如果施工过程能得到充分控制,γ 的建议值如下:$\gamma_{G,\sup}=1.05$,$\gamma_{G,\inf}=0.95$,对于施工荷载不利时 $\gamma_Q=1.35$(有利时取0),对于所有其他可变作用不利时 $\gamma_Q=1.50$(有利时取0)。以上两种设计状况中,作为配重考虑的永久作用未准确定义时,分项系数 $\gamma_{G,\inf}=0.8$。

3. 对连续梁桥抗浮承载力验算或依靠结构构件受力的静力平衡验算,既可按 A 组和 B 组的荷载设计值分别进行验算,也可以按照 A 组的设计值进行联合验算。γ 由国家附录给出,其建议值如下:当对永久作用的不利部分和有利部分均使用分项系数 $\gamma_{G,\inf}=1.0$,而不能给出更不利的效应时,$\gamma_{G,\sup}=1.35$,$\gamma_{G,\inf}=1.25$,对于公路和行人交通不利时 $\gamma_Q=1.35$(有利时取0),对于持久设计状况下所有其他可变作用不利时 $\gamma_Q=1.50$(有利时取0),对于所有其他可变作用不利时 $\gamma_Q=1.35$(有利时取0)。

① 可变作用按表6-8取值。

作用的设计值(STR/GEO)(B组) 表6-8

基本组合	永久作用		预应力	主导可变作用①	伴随可变作用①	
	不利	有利			主要(如有)	其他
式(6-11)	$\gamma_{Gj,\sup} G_{kj,\sup}$	$\gamma_{Gj,\inf} G_{kj,\inf}$	$\gamma_p P$	$\gamma_{Q,1} Q_{k,1}$		$\gamma_{Q,i} \psi_{0,i} Q_{k,i}$
式(6-12)	$\gamma_{Gj,\sup} G_{kj,\sup}$	$\gamma_{Gj,\inf} G_{kj,\inf}$	$\gamma_p P$		$\gamma_{Q,1} \psi_{0,1} Q_{k,1}$	$\gamma_{Q,i} \psi_{0,i} Q_{k,i}$
式(6-13)	$\xi \gamma_{Gj,\sup} G_{kj,\sup}$	$\gamma_{Gj,\inf} G_{kj,\inf}$	$\gamma_p P$	$\gamma_{Q,1} Q_{k,1}$		$\gamma_{Q,i} \psi_{0,i} Q_{k,i}$

注:1. 式(6-11)或式(6-12)和式(6-13)的选用由国家附录规定。国家附录也可修改式(6-12)和式(6-13),以便其中只包括永久作用。

2. 系数 γ 和 ξ 的值可由国家附录设定。使用式(6-11)或式(6-12)和式(6-13)时,建议使用下面 γ 和 ξ 的值:$\gamma_{G,\sup}=1.35$,$\gamma_{G,\inf}=1.00$,当公路或行人交通引起不利作用时 $\gamma_Q=1.35$(有利时取0),对于其他交通作用和其他可变作用 $\gamma_Q=1.50$,$\xi=0.85$($\xi\lambda_{Gj,\sup}=0.85\times1.35\approx1.15$)。

3. 对于不均匀沉降引起的作用具有不利效应时,在线弹性分析中取 $\gamma_{Gset}=1.20$,在非线性分析中取 $\gamma_{Gset}=1.35$,不均匀沉降引起的作用可能产生有利效应时不用考虑。

对于同一因素引起的永久作用,如果总体效应是不利的,则均乘以 $\gamma_{G,\sup}$,如果总体效应是有利的,则均乘以 $\gamma_{G,\inf}$。

4. 对于特殊验算,γ_G 和 γ_Q 可分解成 γ_g 和 γ_q 与模型不确定性系数 γ_{Sd} 分别考虑,大多数情况下,γ_{Sd} 范围为1.0~1.15,在国家附录中可以修改。

5. EN 1997 没有包括水作用(如流动水)时,可针对项目定义所使用的作用组合。

① 可变作用按表6-9取值。

作用的设计值(STR/GEO)(C组)　　　　　表6-9

基本组合	永久作用		预应力	主导可变作用①	伴随可变作用①	
	不利	有利			主要	其他
式(6-11)	$\gamma_{Gj,sup}G_{kj,sup}$	$\gamma_{Gj,inf}G_{kj,inf}$	$\gamma_p P$	$\gamma_{Q,1}Q_{k,1}$		$\gamma_{Q,i}\psi_{0,i}Q_{k,i}$

注：系数 γ 的值可由国家附录指定。γ 的推荐值如下：$\gamma_{G,sup}=1.00$，$\gamma_{G,inf}=1.00$，$\gamma_{Gset}=1.00$。
公路和行人交通作用不利时 $\gamma_Q=1.15$(有利时取0)，由土壤、地下水、自由水和道床以及交通荷载产生引起的横向土压力的可变部分不利时 $\gamma_Q=1.30$(有利时取0)。当所有其他可变作用为不利时 $\gamma_Q=1.30$(有利时取0)。在线弹性或非线性分析中，由不均匀沉降引起的作用不利时 $\gamma_{Gset}=1.0$。由不均匀沉降引起的作用有利时，这些作用则不必考虑。γ_p 取相关欧洲设计规范的建议值。
① 可变作用按表6-10取值。

偶然和地震设计状况作用设计值　　　　　表6-10

设计状况	永久作用		预应力	偶然或地震作用	伴随可变作用①	
	不利	有利			主要	其他
偶然状况，式(6-14)/式(6-15)	$G_{kj,sup}$	$G_{kj,inf}$	P	A_d	$\psi_{1,1}Q_{k,1}$ 或 $\psi_{2,1}Q_{k,1}$	$\psi_{2,i}Q_{k,i}$
地震状况，式(6-16)/式(6-17)	$G_{kj,sup}$	$G_{kj,inf}$	P	$A_{Ed}=\gamma_I A_{Ek}$		$\psi_{2,i}Q_{k,i}$

注：γ_I 为结构重要性系数，取值见表6-3。表中的荷载设计值可根据国家附录调整，非地震作用的作用分项系数推荐值均为1.0。地震设计状况中，交通荷载应作为伴随作用参与组合，一般公路桥梁和人行桥梁的 $\psi_{2,i}$ 取0，交通拥堵的桥梁 $\psi_{2,i}$ 取0.2。
① 可变作用按表6-11取值。

正常使用极限状态作用组合中的作用设计值　　　　　表6-11

组合	永久作用 G_d		预加力	可变作用 Q_d	
	不利	有利		主要	其他
标准值	$G_{kj,sup}$	$G_{kj,inf}$	P	$Q_{k,1}$	$\psi_{0,i}Q_{k,i}$
频遇值	$G_{kj,sup}$	$G_{kj,inf}$	P	$\psi_{1,1}Q_{k,1}$	$\psi_{2,i}Q_{k,i}$
准永久值	$G_{kj,sup}$	$G_{kj,inf}$	P	$\psi_{2,1}Q_{k,1}$	$\psi_{0,i}Q_{k,i}$

6.2.5 典型作用

1) 自重

桥梁的自重包括结构构件和非结构构件自重，以及桥上回填土的自重。欧洲规范常用材料重度如表6-12所示。

欧洲规范桥梁结构常用材料的重度 表6-12

材料类型	具体材料和等级		重度(kN/m³)
混凝土	轻质	LC1.0级	9.0~10.0①
		LC1.2级	10.0~12.0①
		LC1.4级	12.0~14.0①
		LC1.6级	14.0~16.0①
		LC1.8级	16.0~18.0①
		LC2.0级	18.0~20.0①
	中质		24.0①
	重质		>24.0①
桥面铺装	沥青混凝土		24.0~25.0
	沥青玛琋脂		18.0~22.0
	热轧沥青		23.0
金属	铝		27.0
	铜		87.0~89.0
	铸铁		71.0~72.5
	锻铁		76.0
	铅		112.0~114.0
	钢		77.0~78.5
	锌		71.0~72.0

注：①对于正常配筋率的钢筋和预应力筋混凝土，增加1kN/m³；对于未硬化混凝土，增加1kN/m³。

2）汽车荷载

本节定义的荷载模型适用于加载长度不超过200m的公路桥梁，车辆荷载模型1(LM1)所考虑的最大加载长度为200m，一般而言，将车辆荷载模型1(LM1)用于超出200m的加载长度是偏安全的。国家附录或具体工程中可能给出加载长度超过200m的荷载模型。

3）车道划分

欧洲规范中名义车道是在桥梁结构计算分析中用于布置竖向交通荷载的虚拟车道，需要根据道路宽度 w 和道路的分幅形式来划分。道路宽度 w 是指防撞护栏或路缘石的内缘净宽度，其中有效路缘石高度不低于100mm，见表6-13。

名义车道宽度及车道数 表6-13

道路宽度w(m)	名义车道数n_1	名义车道宽度w_1(m)	保留区域宽度(m)
$w<5.4$	1	3	$w-3$
$5.4\leq w<6$	2	$w/2$	0
$w\geq 6$	Int($w/3$)	3	$w-3n_1$

例如：当车道宽度为11m时，$n_1 = \text{Int}\left(\dfrac{w}{3}\right) = 3$，剩余宽度为 $11-3\times 3 = 2(\text{m})$

若道路中央设置临时性防撞护栏,道路宽度应包含防撞护栏的宽度,以整体车道来划分名义车道;若道路中央设置永久性防撞护栏,道路宽度应包含路肩等,分幅单独考虑划分名义车道。

桥梁结构汽车荷载效应分析,荷载模型应布置在使结构产生不利效应的所有名义车道上。其中,产生最不利效应的车道编号为名义车道1,产生次不利效应的车道编号为名义车道2,以此类推。对于在同一主梁上分幅的道路,不论中央分隔带是永久性设置还是临时性设置,所有的名义车道应统一编号。

对于按双幅主梁设计的道路,中央分隔带属于永久性设置。当对单幅主梁进行荷载效应分析时,只需对相应道路上的名义车道编号;当两幅主梁支承在同一桥墩或桥台,对桥墩或桥台进行荷载效应分析时,应将两幅主梁上的道路作为整体来对名义车道编号,欧洲规范车道划分及编号如图6-4所示。

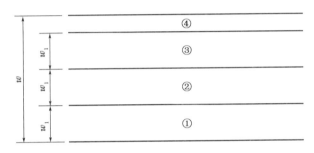

图6-4 车道布置及编号图

4)汽车荷载作用模型

欧洲规范定义了四种汽车荷载模型:

①荷载模型1(LM1)为涵盖大部分汽车交通荷载效应的双轴四轮集中力(TS)和均布荷载(UDL),用于整体和局部验算。

②荷载模型2(LM2)为作用于特殊轮胎接触区域的单轴双轮集中荷载,主要用于3~7m的较短的结构构件的动力效应计算。

③荷载模型3(LM3)为一组轴载的集合,主要针对线路上特殊车辆如工业运输,用于整体和局部验算。

④荷载模型4(LM4)为人群荷载,只应用于某些短暂的设计状况,用于考虑人群满载的情况。

(1)竖向荷载模型LM1

竖向荷载模型1(LM1)由双轴四轮集中力(TS)和均布力(UDL)组成,覆盖了绝大多数载货汽车和轿车的荷载效应,用于桥梁结构的整体验算和局部验算。

双轴集中荷载(串联体系:TS),每个轴载重为 $\alpha_Q Q_k$,其中 α_Q 指修正系数,未特别说明时取1.0。每个名义车道需考虑的串联系统不超过一个,应只考虑完整的串联系统。整体验算时,应假设每个串联系统沿名义车道中央轴线运行。应考虑串联系统的每轴上有两个相同的车轮,每个车轮荷载等于 $0.5\alpha_Q Q_k$。局部验算时,每个车轮的接触面取矩形且每边0.40m。

均布荷载(UDL系统),名义车道每平方米载重为 $\alpha_q q_k$,其中 α_q 指修正系数,未特别说明取 1.0。均布荷载应只应用于纵向和横向作用于影响面的不利部分。荷载模型 1 应用于每个名义车道和剩余区域。在第 i 个名义车道上，相关的荷载大小为 $\alpha_{Qi}Q_{ik}$ 和 $\alpha_{qi}q_{ik}$，在剩余区域上，相关的荷载大小为 $\alpha_{qr}q_{rk}$。应根据期望交通，并根据可能的不同路线的等级来选择修正系数 α_{Qi}、$\alpha_{qi}\alpha_{qr}$ 的值。没有特别说明时，这几个系数应取作 1。对于高速公路，名义车道 1 的 α_{Q1}、α_{q1} 可折减 10%～20%。任意情况下，α_{Qi} 不小于 0.8，包括动力放大的 Q_{ik} 和 q_{ik} 的标准值取值如表 6-14 所示。

荷载模型 LM1 标准值 表 6-14

布载位置	TS 轴载 Q_{ik}(kN)	UDL 均布力 q_{ik} 和 q_{rk}(kN/m²)
名义车道 1	300	9
名义车道 2	200	2.5
名义车道 3	100	2.5
其他车道	0	2.5
保留区域	0	2.5

对于局部验算，串联系统应作用在最不利位置。考虑相邻名义车道的两个串联系统时，它们间的轮轴距不小于 0.50m，如图 6-5 和图 6-6 所示。

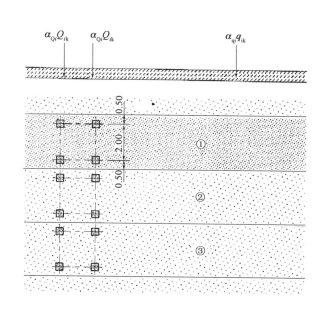 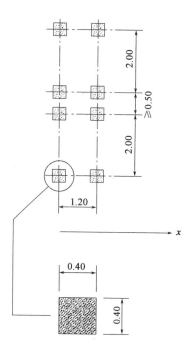

图 6-5　LM1 车辆布置图示(尺寸单位:m)　　图 6-6　局部验算中串联系统的应用(尺寸单位:m)

当整体效应和局部效应可分开计算时，可用下列简化替代规则计算整体效应：

第二和第三串联系统被具有轴重($200\alpha_{Q2} + 100\alpha_{Q3}$)kN 的新第二串联系统代替。当跨径大于 10m 时，每车道内的每个串联系统被轴重等于双轴总重的单轴集中荷载所替代。

(2)竖向荷载模型 LM2

荷载模型 LM2 是一个单轴双轮的集中力,主要用于短的结构构件,通常用于正交异性桥面板,其加载长度主要为 3~7m,如图 6-7 所示。

LM2 的轴载为 $\beta_Q Q_{ak}$,其中 $Q_{ak} = 400\text{kN}$,β_Q 根据国家附录取值,推荐的 β_Q 取值与 α_{Q1} 相同。

每个车轮的接触面认为是边长为 0.35m 和 0.6m 的矩形。

(3)竖向荷载模型 LM3

荷载 LM3 由一系列的特殊车辆标准模型组成,仅用于短暂设计状况特殊交通情况下的桥梁整体和局部验算。LM3 的标准车辆为多轴双轮或三轮集中力模型,轴载均为名义值,不包含动力放大效应。

对于 150kN 与 200kN 的轴重假设车辆宽度为 3m,对于 240kN 的轴重假设车辆宽度为 4.5m,见表 6-15、表 6-16 和图 6-8、图 6-9。

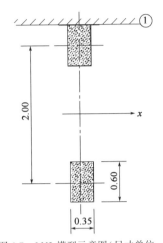

图 6-7　LM2 模型示意图(尺寸单位:m)
注:x-桥梁轴向。

特殊车辆分类　　　　　　　　　　　　　表 6-15

总重(kN)	组　成	表示方法
600	4 个重 150kN 的轴重	600/150
900	6 个重 150kN 的轴重	900/150
1200	8 个重 150kN 的轴重或 6 个重 200kN 的轴重	1200/150 1200/200
1500	10 个重 150kN 的轴重或 7 个重 200kN 的轴重加一个中 100kN 的轴重	1500/150 1500/200
1800	12 个重 150kN 的轴重或 9 个重 200kN 的轴重	1800/150 1800/200
2400	12 个重 150kN 的轴重或 10 个重 240kN 的轴重或 6 个重 200kN 的轴重(间距 12m)+6 个重 200kN 的轴重	2400/200 2400/240 2400/200/200
3000	15 个重 200kN 的轴重或 12 个重 240kN 的轴重+1 个重 120kN 的轴重或 8 个重 200kN 的轴重(间距 12m)+7 个重 200kN 的轴重	3000/200 3000/240 3000/200/200
3600	18 个重 200kN 的轴重或 15 个重 240kN 的轴重或 9 个重 200kN 的轴重(间距 12m)+9 个重 200kN 的轴重	3600/200 3600/240 3600/200/200

第6章 桥 梁

特殊车辆的描述　　　　　　　　　　　　　　　　　　　　　　　　　　　　表 6-16

总重(kN)	轴重 150kN	轴重 200kN	轴重 240kN
600	$n = 4 \times 150$ $e = 1.50\text{m}$		
900	$n = 6 \times 150$ $e = 1.50\text{m}$		
1200	$n = 8 \times 150$ $e = 1.50\text{m}$	$n = 6 \times 200$ $e = 1.50\text{m}$	
1500	$n = 10 \times 150$ $e = 1.50\text{m}$	$n = 1 \times 100 + 7 \times 200$ $e = 1.50\text{m}$	
1800	$n = 12 \times 150$ $e = 1.50\text{m}$	$n = 9 \times 200$ $e = 1.50\text{m}$	
2400		$n = 12 \times 200$ $e = 1.50\text{m}$ $n = 6 \times 200 + 6 \times 200$ $e = 5 \times 1.50 + 12 + 5 \times 1.50$	
3000		$n = 15 \times 200$ $e = 1.50\text{m}$ $n = 8 \times 200 + 7 \times 200$ $e = 7 \times 1.50 + 12 + \times 1.50$	
3600		$n = 18 \times 200$ $e = 1.50\text{m}$	$n = 15 \times 240$ $e = 1.50\text{m}$ $n = 8 \times 240 + 7 \times 240$ $e = 7 \times 1.5 + 12 + 6 \times 1.5\text{m}$

注：n 为轴数量，e 为组内或组之间的轴距。

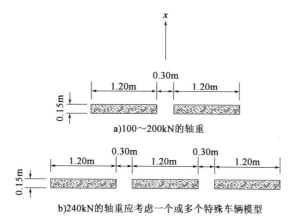

a) 100～200kN的轴重

b) 240kN的轴重应考虑一个或多个特殊车辆模型

图 6-8　LM3 轴线布置和车轮接触面积
注：x-桥梁轴向。

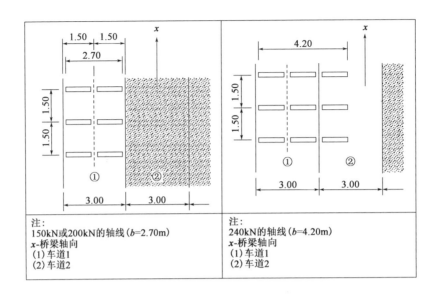

图6-9 特殊车辆在名义车道上的应用(尺寸单位:m)

①根据所考虑的模型,可假设这些模型是以较低速度(不超过5km/h)或正常速度(70km/h)在移动。

②假设模型以低速移动时,仅应考虑不含动力增强的垂直荷载。

③假设模型以正常速度移动时,应考虑动力增强。可以使用下列公式:

$$\varphi = 1.40 - \frac{L}{500} \qquad \varphi \geqslant 1 \qquad (6\text{-}21)$$

式中:L——影响长度(m)。

④假设模型低速移动时,每个名义车道和桥面剩余区应用荷载模型1加载。当车道上排列标准车列时,距所考虑车辆外轴25m以内不使用本体系。

⑤假设特殊车辆以正常速度移动,则在其行驶车道上应使用一对特殊车辆。在其他车道和桥面剩余区应用荷载模型1加载。

(4)竖向荷载模型LM4

荷载模型LM4为一均布荷载,其应用由等于5kN/m²均布荷载(包括动力放大效应)组成的荷载模型来表示人群荷载。

荷载模型4应用于公路桥梁长和宽的相关部分,包括中央分隔带。此荷载系统用于一般验算,只与短暂设计状况相关。

5)交通荷载组

欧洲规范将汽车荷载效应等统称为交通荷载,在与其他永久或可变作用组合时,将交通荷载当作一个可变荷载来考虑(图6-10)。欧洲规范交通荷载组见表6-17和表6-18。

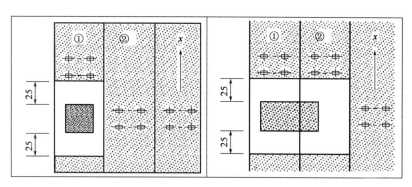

关键点
150kN或200kN的轴线(b=2.70m)
x-桥梁轴向
(1) 车道1
(2) 车道2

关键点
240kN的轴线(b=4.20m)
x-桥梁轴向
(1) 车道1
(2) 车道2

 标准车列　　 LM1频遇模型的加载区

图6-10　荷载模型LM1与特殊车辆同时使用(尺寸单位:m)

注:可在具体的工程中定义出特殊车列的有利横向位置和对一般车列同时存在的限制。

交通荷载组(组合作用标准值)　　　　　　　　　　　　　　　　表6-17

荷载类型	车行道						人行道和自行车道
	竖向力				水平力		只考虑竖向力
荷载系统	LM1(TS 和 UDL 系统)	LM2	LM3	LM4	制动力和加速力	离心力和横向力	均布荷载
荷载组 gr1a	标准值				a	a	组合值 b
gr1b		标准值					
gr2	频遇值 b				标准值	标准值	
gr3							标准值 c
gr4				标准值			标准值 b
gr5	见 EN 1991-2 附件 A		标准值				
	主要作用(根据相关荷载组的成分指定)						

a. 见国家附录。
b. 见国家附录,推荐值为3kN/m²。
c. 如果加载一侧人行道产生的效应比加载两侧人行道更加不利,那么只应考虑加载一侧人行道。
d. 当考虑 gr4 时,不必再考虑 gr3。

交通荷载组(组合作用频遇值) 表6-18

荷载类型		车 行 道		人行道和自行车道
		竖向力		
参考		EN 1991-2:2003 中 4.3.2	EN 1991-2:2003 中 4.3.3	EN 1991-2:2003 中 5.3.2(1)
荷载系统		LM1(TS 和 UDL 系统)	LM2(单轴)	均布荷载
荷载组	gr1a	频遇值		
	gr1b		频遇值	
	gr3			频遇值 a
如果加载一侧人行道产生的效应比加载两个人行道更加不利,那么只需考虑加载一侧人行道				

对短暂设计状况的验算,串联系统相关标准值应等于 $0.8\alpha_{Qi}Q_{ik}$,而所有其他标准值、频遇值、准永久值和水平力同永久设计状况中的一样,不作任何修改(即它们不根据串联系统的重量按比例折减)。

6)集中荷载的分布

当进行局部验算时,如图 6-11a)所示荷载应视为以 1:1 的斜率从路面扩散至混凝土板的质心平面。对于正交异性桥面板,荷载应以 1:1 的斜率从路面扩散至顶板中心平面。

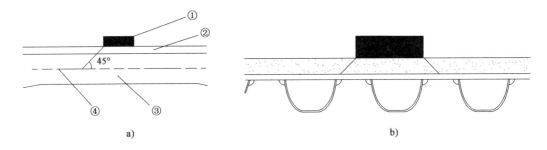

图 6-11 集中荷载分布
①-轮压;②-铺装层;③-混凝土板;④-混凝土板中心层

7)汽车冲击力

欧洲规范荷载模型取值已经包含动力放大效应的影响,因此不单独计算汽车冲击力。

8)汽车离心力

欧洲规范包含动力效应离心力 Q_{tk} 标准值如表 6-19 所示。

欧洲规范离心力取值 表6-19

$Q_{tk}=0.2Q_v(kN)$	$r<200m$
$Q_{tk}=40Q_v/r(kN)$	$200 \leqslant r \leqslant 1500m$
$Q_{tk}=0$	$r>1500m$

注:r 表示车行道中心线的水平半径(m);Q_v 表示 LM1 的串联系统的竖向集中荷载的最大总重,即 $\sum_i \alpha_{Qi}(2Q_{ik})$;$Q_{tk}$ 以点荷载作用在任一桥面横截面上。

9)汽车制动力

欧洲规范制动力 Q_{lk} 的标准值限制在 900kN 之内,按可能作用于编号为 1 的车道的 LM1 的最大总竖向荷载的百分比来计算,如下:

$$Q_{lk}=0.6\alpha_{Q1}(2Q_{1k})+0.10\alpha_{q1}q_{1k}w_1L \tag{6-22}$$

$$180\alpha_{Q1}(kN) \leqslant Q_{lk} \leqslant 900kN \tag{6-23}$$

式中：L——桥面板长度或所考虑部分的长度；

　　　w_l——车道宽度。

例如，车道宽 3m，加载长度 $L > 1.2m$，且 α 等于 1 时，则 $Q_{lk} = 360 + 2.7L \leqslant 900kN$。

10) 温度作用

欧洲规范材料线膨胀系数对比见表 6-20。

材料线膨胀系数对比　　　　　　　　　　　　　　表 6-20

材料	欧洲规范 $\alpha_T(1 \times 10^{-6}/℃)$
结构钢	12
混凝土	10
砌体	6~10

单个结构构件内部温度可以分成以下四个基本组成部分：①均匀温度分量 ΔT_u、②y 轴线性温差分量 ΔT_{My}、③z 轴线性温差分量 ΔT_{Mz}、④非线性温差分量 ΔT_E。如图 6-12 所示。

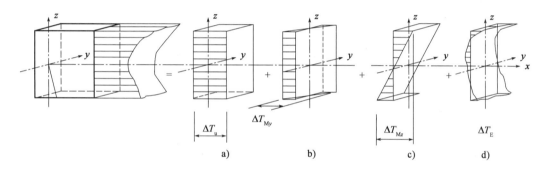

图 6-12　温度作用组成

由于桥梁结构截面形式不同，其热传递效率也有所不同，因此欧洲规范将主梁结构形式分为 3 类，如表 6-21 所示。

欧洲规范主梁温度计算类型　　　　　　　　　　　　表 6-21

类别编号	主梁类型	示例
类型 1	钢梁	钢箱梁、钢桁梁、钢板梁
类型 2	组合梁	组合梁
类型 3	混凝土梁	混凝土板、混凝土梁、混凝土箱梁

11) 均匀温差

桥梁结构的均匀温度变化范围直接受当地气温变化的影响，EN1991-1-5 规定的气温标准值是海平面处，年超越概率为 0.02 的最高值和最低值，具体查阅国家附录中的温度等高线。海拔每上升 100m，气温减小 0.5℃；海拔每下降 100m，气温增加 1℃。

构件的有效均匀温度与气温呈线性关系，T_{max} 为最高气温，T_{min} 为最低气温。构件的最大收缩和最大膨胀温度范围分别为最低均匀温度 $T_{e,min}$ 和最高均匀气温 $T_{e,max}$ 与构件初始温度 T_0

的差值。若无特别说明,初始温度取10℃。见表6-22。

构件有效均匀温度与气温的关系　　　　　　　　　　　　　　　　　表6-22

主梁类型	构件最高均匀温度 $T_{e,max}$(℃)	构件最低均匀温度 $T_{e,min}$(℃)
类型1	$T_{max}+16$	$T_{min}+8$
类型2	$T_{max}+4$	$T_{min}+4$
类型3	$T_{max}+2$	$T_{min}-3$

注:对于钢桁梁、钢板梁,最高均匀温度可降低3℃。

对于伸缩缝和支座的设计,若能指定伸缩缝和支座安装时的构件初始温度 T_0,最大收缩和最大膨胀范围在上述范围的基础上增加10℃;反之,则在上述范围的基础上增加20℃。

12)竖向线性温差

如表6-23所示,EN 1991-1-5给出了50mm铺装层厚度的主梁竖向线性温差推荐值,对于其他铺装层厚度,宜乘以修正系数 k_{sur},见表6-24。

主梁竖向线性温差推荐值　　　　　　　　　　　　　　　　　　　表6-23

主梁类型		顶部比底部温高 $\Delta T_{M,heat}$(℃)	底部比顶部温高 $\Delta T_{M,cool}$(℃)
类型1		18	13
类型2		15	18
类型3	混凝土箱梁	10	5
	混凝土梁	15	8
	混凝土板	15	8

不同铺装层厚度主梁线性温差修正系数 k_{sur}　　　　　　　　　　　表6-24

铺装层厚度(mm)	类型1		类型2		类型3	
	顶部比底部温高	底部比顶部温高	顶部比底部温高	底部比顶部温高	顶部比底部温高	底部比顶部温高
无铺装	0.7	0.9	0.9	1.0	0.8	1.1
暗色防水层	1.6	0.6	1.1	0.9	1.5	1.0
50	1.0	1.0	1.0	1.0	1.0	1.0
100	0.7	1.2	1.0	1.0	0.7	1.0
150	0.7	1.0	1.0	1.0	0.5	1.0

13)竖向非线性温差

竖向非线性温差模型推荐值见表6-25~表6-27。

钢梁非线性温差模型推荐值(铺装层厚度40mm) 表6-25

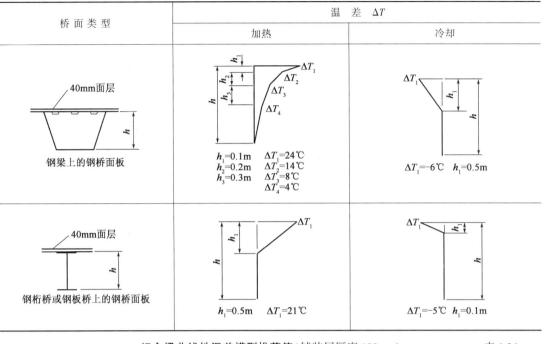

组合梁非线性温差模型推荐值(铺装层厚度100mm) 表6-26

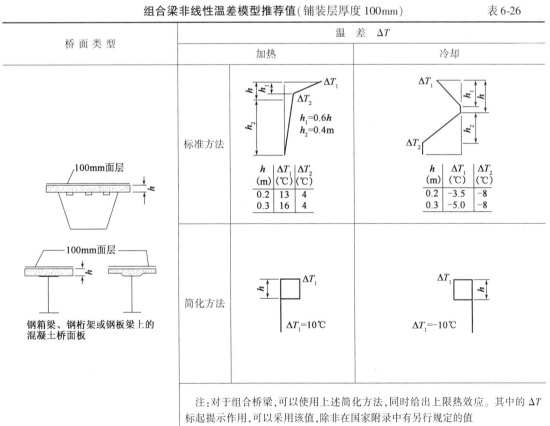

注:对于组合桥梁,可以使用上述简化方法,同时给出上限热效应。其中的ΔT标起提示作用,可以采用该值,除非在国家附录中有另行规定的值

混凝土梁非线性温差模型推荐值(铺装层厚度 100mm)　　　表 6-27

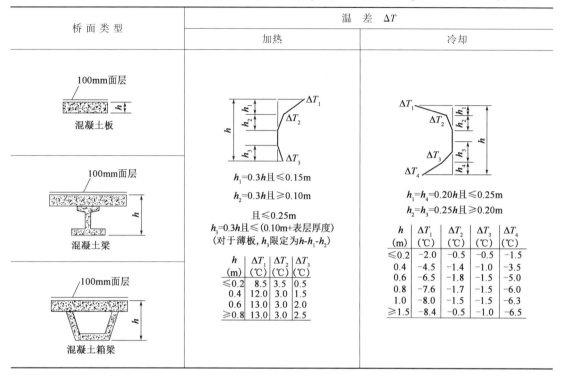

14)水平向温差

一般来说,只考虑垂直方向上的温差分量。但是,在特殊情况下(例如:桥梁的方位或构造导致桥梁的一侧比另一侧更大面积地暴露在阳光下)宜考虑水平温差分量。水平温差由国家附录指定,若没有指定更高的值,推荐采用线性温差模型,该桥梁外缘之间的温差按 5℃ 考虑。

(1)混凝土箱梁腹板间的温差模型

大型混凝土箱梁内外腹板之间可能出现明显的温差,这种温差在国家附录中指定,推荐按 15℃ 线性温差考虑。

(2)均匀温度分量和温差分量之间的组合

均匀温度分量和温差分量组合系数见表 6-28。

均匀温度分量和温差分量组合系数　　　表 6-28

方　式	均匀温差分量	温差分量
组合 1	0.35	1.0
组合 2	1.0	0.75

(3)不同构件之间的均匀温差

在结构构件中,不同类型的构件之间分均匀温差分量可能导致不利的荷载效应,应予以考虑。具体由国家附录指定,推荐按以下取值采用:

主要受力构件之间存在 15℃ 温差,如拱肋和系杆;斜拉桥、悬索桥的索结构与主梁、主塔之间存在10℃或20℃的温差;单元构件之间的温差效应需与构件的均匀温度效应叠加。

(4)桥墩温度作用

设计中应该考虑中空和实心桥墩内外之间的温差。如果桥墩的总体温度作用导致周边结构出现阻力和移动,宜考虑总体温度作用。欧洲规范建议桥墩相反两个外表面温差按5℃考虑,空心桥墩内外温差按15℃考虑。

6.3 材料特性

6.3.1 混凝土特性

1)混凝土强度表示方法

欧洲规范混凝土抗压强度的表示方法为$Cf_{ck}/f_{ck,cube}$,例如C12/15,其中,f_{ck}为抗压强度标准值,$f_{ck,cube}$为立方体强度的标准值。欧洲规范将圆柱体抗压强度标准值f_{ck}作为基本力学指标,并建议桥梁结构混凝土强度不低于C30/37,且不高于C70/85。

2)混凝土抗压强度

欧洲规范混凝土抗压强度试验方法:以直径为150mm、高度为300mm的圆柱体和边长为150mm的立方体两种标准试件,浇筑后16~72h拆模,期间温度控制在20℃±5℃。拆模后在温度为20℃±2℃的水中或室温为20℃±2℃及相对湿度不低于95%的环境中养护28d,以每秒0.6MPa±0.2MPa的速度加载试件,并取具有95%保证率的抗压强度极限值作为混凝土抗压强度标准值,分别表示为f_{ck}、$f_{ck,cube}$。

由于混凝土强度与混凝土龄期密切相关,尤其在混凝土龄期小于28d时,混凝土龄期对混凝土强度影响显著。欧洲规范不同龄期混凝土抗压强度$f_{ck}(t)$可表示为:

$$f_{ck}(t) = \begin{cases} f_{cm}(t) - 8 & 3 < t < 28 \\ f_{ck} & t \geq 28 \end{cases} \quad (6\text{-}24)$$

式中:t——混凝土龄期(d)。

在时间t时的混凝土抗压强度取决于混凝土型号、温度以及养护条件等,在平均温度为20℃并按照EN 12390中的要求进行养护时,可根据式(6-25)与式(6-26)估算在不同时间的混凝土抗压强度平均值$f_{cm}(t)$。

$$f_{cm}(t) = \beta_{cc}(t) f_{cm} \quad (6\text{-}25)$$

$$\beta_{cc}(t) = \exp\left\{s\left[1 - \left(\frac{28}{t}\right)^{1/2}\right]\right\} \quad (6\text{-}26)$$

式中:t——混凝土龄期(d);

$f_{cm}(t)$——时间t时,混凝土抗压强度平均值;

f_{cm}——28d混凝土抗压强度平均值;

s——由水泥型号决定的系数,水泥强度等级为CEM 42.5 R、CEM 52.5 N与CEM 52.5 R(R级速凝水泥)时,取$s = 0.20$;水泥强度等级为CEM 32.5 R与CEM 42.5 N(N级普通水泥)时,取$s = 0.25$;水泥强度等级为CEM 32.5 N(S级缓凝水泥)时,取$s = 0.38$。

3) 混凝土抗拉强度

欧洲规范混凝土抗拉强度取 $f_{ctk,0.05}$、$f_{ctk,0.95}$ 两个标准值,分别为混凝土抗拉强度的 5% 和 95% 分位值,其取值为 $f_{ctk,0.05}=0.7f_{ctm}$,$f_{ctk,0.95}=1.3f_{ctm}$。

欧洲规范以轴心抗拉强度作为混凝土抗拉强度标准值,由于轴心抗拉强度的试验对试件的制作与试验均要求严格,因此通常采用劈裂抗拉强度换算得到轴心抗拉强度,其换算关系如下:

$$f_{ct}=0.9f_{ct,sp} \tag{6-27}$$

式中:f_{ct}——轴心抗拉强度;

$f_{ct,sp}$——劈裂抗拉强度。

根据 EN 12390-6 劈裂抗拉强度采用长度/直径为 1 的圆柱体作为试件,初始荷载不超过极限荷载的 20%,加载速率为 0.04~0.06MP/s,力控制时加载速率的计算公式如下:

$$R=\frac{s\times\pi\times L\times d}{2} \tag{6-28}$$

式中:R——要求的加载速率(N/s);

L——试件长度(mm);

d——试件直径(mm);

s——加载时应力的速率(MPa/s)。

劈裂抗拉强度的计算公式:

$$f_{ct,sp}=\frac{2F}{\pi\times L\times d} \tag{6-29}$$

式中:F——最大荷载(N);

L——试件长度(mm);

d——试件直径(mm)。

欧洲规范混凝土抗弯拉强度 $f_{ctm,fl}$ 可按下式计算:

$$f_{ctm,fl}=\max\left\{1.6-h/(1000)f_{ctm},f_{ctm}\right\} \tag{6-30}$$

式中:h——构件高度(mm);

f_{ctm}——混凝土抗拉强度平均值。

当混凝土龄期为 t 时,混凝土抗拉强度平均值 $f_{ctm}(t)$ 计算如下:

$$f_{ctm}(t)=\left[\beta_{cc}(t)\right]^{\alpha}\cdot f_{ctm} \tag{6-31}$$

式中:$\beta_{cc}(t)$——见式(6-26)。

当 $t<28$ 时,$\alpha=1$;$t\geqslant 28$ 时,$\alpha=2/3$,混凝土抗拉强度平均值 f_{ctm} 见表 6-30。

4) 混凝土强度设计值

欧洲规范混凝土抗压强度设计值 f_{cd} 和抗拉强设计值 f_{ctd} 计算如下:

$$f_{cd}=\frac{\alpha_{cc}f_{ck}}{\gamma_{c}} \tag{6-32}$$

$$f_{ctd}=\frac{\alpha_{ct}f_{ctk,0.05}}{\gamma_{c}} \tag{6-33}$$

式中:α_{cc}、α_{ct}——考虑抗压、抗拉长期效应以及加载方式不利影响的系数,α_{cc} 和 α_{ct} 取值范围是 0.8~1.0,EN1992-2 中推荐 α_{cc} 取值为 0.85,α_{ct} 取值为 1.0;

$f_{ctk,0.05}$——混凝土抗拉强度5%分位值;

γ_c——混凝土材料分项系数,欧洲规范混凝土材料分项系数如表6-29所示。

当混凝土强度测定时间大于28d时,混凝土强度设计值应乘以折减系数0.85。

混凝土材料分项系数 表6-29

欧洲规范	承载能力极限状态	持久或短暂设计状况	1.5
		偶然设计状况	1.2
	正常使用极限状态		1.0

5) 混凝土弹性模量

欧洲规范混凝土弹性模量按下式计算:

$$E_{cm} = 22(f_{cm}/10)^{0.3} \tag{6-34}$$

式中:E_{cm}、f_{cm}——28d龄期混凝土的弹性模量(GPa)与抗压强度的平均值(MPa),见表6-30。

欧洲规范混凝土强度 表6-30

f_{ck}(MPa)	12	16	20	25	30	35	40	45	50	55	60	70	80	90
$f_{ck,cube}$(MPa)	15	20	25	30	37	45	50	55	60	67	75	85	95	105
f_{cm}(MPa)	20	24	28	33	38	43	48	53	58	63	68	78	88	98
f_{ctm}(MPa)	1.6	1.9	2.2	2.6	2.9	3.2	3.5	3.8	4.1	4.2	4.4	4.6	4.8	5.0
$f_{ctk,0.05}$(MPa)	1.1	1.3	1.5	1.8	2.0	2.2	2.5	2.7	2.9	3.0	3.1	3.2	3.4	3.5
$f_{ctk,0.95}$(MPa)	2.0	2.5	2.9	3.3	3.8	4.2	4.6	4.9	5.3	5.5	5.7	6.0	6.3	6.6
E_{cm}(GPa)	27	29	30	31	33	34	35	36	37	38	39	41	42	44
ε_{c1}(‰)	1.8	1.9	2.0	2.1	2.2	2.25	2.3	2.4	2.45	2.5	2.6	2.7	2.8	2.8
ε_{cu1}(‰)	3.5									3.2	3.0	2.8	2.8	2.8
ε_{c2}(‰)	2.0									2.2	2.3	2.4	2.5	2.6
ε_{cu2}(‰)	3.5									3.1	2.9	2.7	2.6	2.6
n	2.0									1.75	1.6	1.45	1.4	1.4
ε_{c3}(‰)	1.75									1.8	1.9	2.0	2.2	2.3
ε_{cu3}(‰)	3.5									3.1	2.9	2.7	2.6	2.6

当混凝土龄期小于28d时,混凝土弹性模量按下式计算:

$$E_{cm}(t) = [f_{cm}(t)/f_{cm}]^{0.3} E_{cm} \tag{6-35}$$

6) 设计采用的混凝土受压应力应变关系

如图6-13所示,欧洲规范提供了抛物线形和双折线形两种应力应变关系模型用于截面设计。抛物线形应力应变关系表达式如下:

$$\sigma_c = \begin{cases} f_{cd}[1-(1-\varepsilon_c/\varepsilon_{c2})^n] & 0 \leq \varepsilon_c \leq \varepsilon_{c2} \\ f_{cd} & \varepsilon_{c2} < \varepsilon_c \leq \varepsilon_{cu2} \end{cases} \tag{6-36}$$

式中:n——混凝土强度等级有关的系数;

ε_{c2}——达到抗压强度时的压应变;

ε_{cu2}——混凝土极限压应变,在双折线形的应力应变关系中混凝土极限压应变 ε_{cu3} 与 ε_{cu2} 取值相同。

欧洲规范混凝土受压应力应变关系各系数取值如下(图6-13):

$$n = \begin{cases} 2.0 & \leqslant C50/60 \\ 1.4 + 23.4[(90-f_{ck})/100]^4 & > C50/60 \end{cases} \quad (6\text{-}37)$$

$$\varepsilon_{c2} = \begin{cases} 0.002 & \leqslant C50/60 \\ [2.0 + 0.085(f_{ck}-50)^{0.53}] \times 10^{-3} & > C50/60 \end{cases} \quad (6\text{-}38)$$

$$\varepsilon_{cu2} = \begin{cases} 0.0035 & \leqslant C50/60 \\ 0.0026 + 0.035[(90-f_{ck})/100]^4 & > C50/60 \end{cases} \quad (6\text{-}39)$$

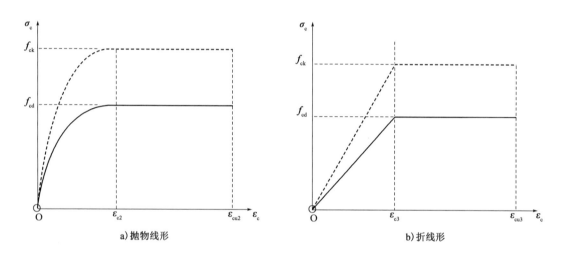

图6-13 混凝土受压应力应变关系曲线

7) 混凝土徐变系数计算

随时间变化的徐变系数 $\varphi(t,t_0)$ 可按下式计算:

$$\varphi(t,t_0) = \varphi_0 \beta_c(t,t_0) \quad (6\text{-}40)$$

式中: φ_0 ——名义徐变系数,按下式计算:

$$\varphi_0 = \varphi_{RH} \beta(f_{cm}) \beta(t_0) \quad (6\text{-}41)$$

式中: φ_{RH} ——相对湿度对名义徐变的影响系数,按下式计算:

$$\varphi_{RH} = \begin{cases} 1 + \dfrac{1-RH/100}{0.1 \times \sqrt[3]{h_{nom}}} & f_{cm} \leqslant 35 MPa \\ \left[1 + \dfrac{1-RH/100}{0.1 \times \sqrt[3]{h_{nom}}} \cdot \alpha_1 \right] \cdot \alpha_2 & f_{cm} > 35 MPa \end{cases} \quad (6\text{-}42)$$

式中:RH——周围环境的相对湿度(%);

$\beta(f_{cm})$ ——混凝土强度平均值 f_{cm} 对名义徐变的影响系数,按下式计算:

$$\beta(f_{cm}) = \dfrac{16.8}{\sqrt{f_{cm}}} \quad (6\text{-}43)$$

式中：f_{cm}——混凝土28d龄期的抗压强度平均值（MPa）；

$\beta(t_0)$——考虑加载龄期对名义徐变系数的影响系数，可按下式计算：

$$\beta(t_0) = \frac{1}{(0.1 + t_0^{0.20})} \tag{6-44}$$

描述构件加载后徐变系数随时间发展的系数，可按下式计算：

$$\beta_c(t, t_0) = \left[\frac{(t - t_0)}{(\beta_H + t - t_0)}\right]^{0.3} \tag{6-45}$$

式中：t——混凝土龄期；

t_0——混凝土加载龄期；

β_H——依赖于构件相对尺寸和截面名义厚度 h_{nom} 的系数，可按下式计算：

$$\beta_H = \begin{cases} 1.5[1 + (0.012RH)^{18}]h_{nom} + 250 \leq 1500 & f_{cm} \leq 35 \\ 1.5[1 + (0.012RH)^{18}]h_{nom} + 250\alpha_3 \leq 1500\alpha_3 & f_{cm} \geq 35 \end{cases} \tag{6-46}$$

式中：α_1、α_2、α_3——考虑混凝土强度的影响系数，按下式计算：

$$\alpha_1 = \left(\frac{35}{f_{cm}}\right)^{0.7} \tag{6-47}$$

$$\alpha_2 = \left(\frac{35}{f_{cm}}\right)^{0.2} \tag{6-48}$$

$$\alpha_3 = \left(\frac{35}{f_{cm}}\right)^{0.5} \tag{6-49}$$

温度会影响混凝土强度的增长，进而影响混凝土的徐变，可以通过调整混凝土龄期来间接考虑温度变化（0~80℃）的影响：

$$t_T = \sum_{i=1}^{n} e^{-(4000/[273 + T(\Delta t_i)] - 13.65)} \cdot \Delta t_i \tag{6-50}$$

式中：t_T——调整后的混凝土龄期（d）；

Δt_i——温度持续的天数（d）；

$T(\Delta t_i)$——试时间段 Δt_i 内的温度（℃）。

为了考虑不同水泥类型对徐变的影响，可以根据下列公式修正混凝土的加载龄期 t_0 来考虑：

$$t_0 = t_{0,T} \cdot \left(\frac{9}{2 + t_{0,T}^{1.2}} + 1\right)^{\alpha} \geq 0.5 \tag{6-51}$$

式中：$t_{0,T}$——加载时的混凝土温度修正龄期（d），按公式（6-50）进行修正；

α——与水泥类型相关的幂，对于 S 级水泥取 -1，对于 N 级水泥取 0，对于 R 级水泥取 1。

当 t_0 龄期加载时，混凝土承受的压应力超过 $0.45 f_{ck}(t_0)$，应考虑非线性徐变，非线性徐变系数按下式计算：

$$\varphi_{nl}(t, t_0) = \varphi(t, t_0) \exp[1.5(k_\sigma - 0.45)] \tag{6-52}$$

式中：k_σ——应力强度比，按下式计算：

$$k_\sigma = \frac{\sigma_c}{f_{ck}(t_0)} \tag{6-53}$$

式中：σ_c——混凝土压应力；

$f_{ck}(t_0)$——加载时混凝土抗压强度标准值。

6.3.2 钢筋特性

1）钢筋强度标准值

欧洲规范钢筋表示方法,如 B400A,其中 B 为'bar'首字母,400 表示抗拉强度标准值为 400MPa,A 表示钢筋的延性等级。EN10080 给出的钢筋名义直径为:10mm 以下的钢筋直径间隔为 0.5mm,10mm 以上钢筋直径有 11mm、12mm、14mm、16mm、20mm、25mm、28mm、32mm、40mm、50mm。预应力钢筋表示方法如:Y1860S3G,其中 Y 表示预应力筋,1860 表示抗拉强度名义值为 1860MPa,S 为钢绞线,3 为钢绞线中钢丝数量为 3 根,G 表示压缩钢绞线。prEN 10138-3 中预应力钢绞线规格见表 6-31。

prEN 10138-3 中预应力钢绞线规格　　表 6-31

钢 材 名 称	直径:mm(截面面积:mm²)
Y1770S2	5.6(9.7)、6.0(15.1)
Y1770S3	7.5(29.0)
Y1860S2	4.5(7.95)
Y1860S3	4.85(11.9)、6.5(21.1)、6.9(23.4)、7.5(29.0)、8.6(37.4)
Y1920S3	6.3(19.8)、6.5(21.2)
Y1960S3	4.8(12.0)、5.2(13.6)、6.5(21.2)、6.85(23.6)
Y2060S3	5.2(13.6)
Y2160S3	5.2(13.6)
Y1670S7	15.2(139)
Y1700S7G	18(223)
Y1700S7	6.9(29)、9.0(50)、9.3(52)、9.6(55)、11.0(70)、12.5(93)、12.9(100)、15.2(139)、15.3(140)、15.7(150)、18.0(200)
Y1820S7G	15.2(165)
Y1860S7	6.9(29)、7.0(30)、8.0(38)、9.0(50)、9.3(52)、9.6(55)、11.0(70)、11.3(75)、12.5(93)、12.9(100)、13.0(102)、15.2(139)、15.3(140)、15.7(150)
Y1860S7G	12.7(112)、15.2(165)
Y1960S7	9(50)、9.3(52)
Y2060S7	6.4(25)、6.85(28.2)、7.0(30)、8.6(45)、11.3(75)
Y2160S7	6.85(28.2)

EN 1992-1-1 将热轧钢筋的屈服应力标准值 f_{yk} 作为划分钢筋强度等级的依据,对于没有明显屈服台阶的冷加工普通钢筋,则以 0.2% 残余应变对应的应力 $f_{0.2k}$ 作为其屈服强度。欧洲规范混凝土结构设计中普通钢筋的应力标准值范围为 400～600MPa,且最大实测屈服强度 $f_{y,max}$ 应不超过 $1.3f_{yk}$,典型普通钢筋应力应变关系见图 6-14。欧洲规范钢筋材料特性见表 6-32。

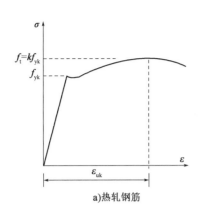 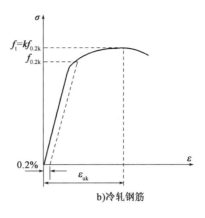

a) 热轧钢筋　　　　　　　　　b) 冷轧钢筋

图 6-14　钢筋应力应变关系曲线

欧洲规范钢筋材料特性　　　　　　　　　　　　　表 6-32

产品形式	钢　　筋			分位值(%)
等级	A	B	C	
屈服强度标准值 f_{yk} 或 $f_{0.2k}$ (MPa)	400~600			5.0
强屈比 $k = f_t/f_{yk}$ 的最小值	≥1.05	≥1.08	≥1.15 且 <1.35	10.0
最大拉应力的应变标准值 ε_{uk} (%)	≥2.5	≥5.0	≥7.5	10.0

注：此表适用于 -40~100℃。

钢筋的强屈比为：

$$k = \frac{f_t}{f_{yk}} \tag{6-54}$$

式中：f_t——钢筋的极限抗拉强度；

f_{yk}——钢筋的屈服强度。

2) 钢筋强度设计值

钢筋强度设计值计算如下：

$$f_{yd} = \frac{f_{yk}}{\gamma_s} \tag{6-55}$$

式中：f_{yd}——抗拉强度设计值；

f_{yk}——抗拉强度标准值；

γ_s——钢筋的分项系数，其取值见表 6-33。

欧洲规范钢筋材料分项系数　　　　　　　　　　表 6-33

	承载能力极限状态	持久或短暂设计状况	1.15
欧洲规范		偶然设计状况	1.0
	正常使用极限状态		1.0

高强预应力钢丝、钢绞线及热轧钢筋均无明显的屈服点,只有抗拉强度以及相当于屈服强度的条件屈服点。欧洲规范规定预应力筋以 0.1% 残余应变对应的应力 $f_{p0.1k}$ 作为屈服强度,即强度标准值。

预应力钢筋强度设计值为:

$$f_{pd} = \frac{f_{p0.1k}}{\gamma_s} \quad (6\text{-}56)$$

预应力钢筋还应满足一定的延性要求,抗拉强度与屈服强度的比值 $f_{pk}/f_{p0.1k}$ 不应小于 k,k 的推荐值为 1.1。预应力钢筋应力应变关系如图 6-15 所示。

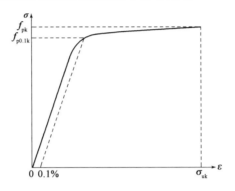

图 6-15 预应力钢筋应力应变关系

3) 钢筋弹性模量

欧洲规范钢筋弹性模量对比见表 6-34。

欧洲规范钢筋弹性模量对比 表 6-34

规 范	钢筋类别	钢筋种类	弹性模量 E_s($\times 10^5$ MPa)
欧洲规范	普通钢筋	普通钢筋	2.00
	预应力钢筋	钢丝、热轧钢筋	2.05
		钢绞线	1.95

4) 设计采用的钢筋应力应变关系

进行设计时,欧洲规范规定可采用如图 6-16 所示极限应变为 ε_{ud} 的包含斜坡段的应力应变关系,应变到达 ε_{uk} 时的最大应力为 $k f_{yk}/\gamma_s$,也可采用水平段应力应变关系,具体表达式为:

$$\sigma_s = \begin{cases} E_s \varepsilon_s & \varepsilon_s \leq \varepsilon_{yd} \\ f_{yd} + k(\varepsilon_s - \varepsilon_{yd}) & \varepsilon_{yd} < \varepsilon_s \leq \varepsilon_{ud} \end{cases} \quad (6\text{-}57)$$

或

$$\sigma_s = \begin{cases} E_s \varepsilon_s & \varepsilon_s \leq \varepsilon_{yd} \\ f_{yd} & \varepsilon_{yd} < \varepsilon_s \leq \varepsilon_{ud} \end{cases} \quad (6\text{-}58)$$

式中：ε_{yd}——钢筋的屈服应变设计值，$\varepsilon_{yd} = f_{yd}/E_s$；

ε_{ud}——钢筋极限应变设计值，推荐值为 $0.9\varepsilon_{uk}$。

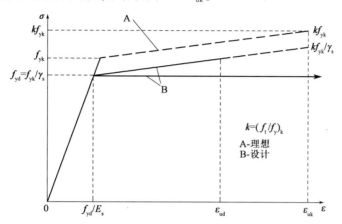

图 6-16　用于设计时的普通钢筋应力应变关系

截面设计时，预应力钢筋应力应变关系可以采用如图 6-17 所示的极限应变设计值 ε_{ud} 的斜坡段应力应变关系，也可采用水平段应力应变关系，具体表达式如下：

$$\sigma_p = \begin{cases} E_p \varepsilon_p & \varepsilon_p \leq \varepsilon_{yd} \\ f_{pd} + k(\varepsilon_p - \varepsilon_{yd}) & \varepsilon_{yd} < \varepsilon_p \leq \varepsilon_{ud} \end{cases} \quad (6-59)$$

或

$$\sigma_p = \begin{cases} E_p \varepsilon_p & \varepsilon_p \leq \varepsilon_{yd} \\ f_{pd} & \varepsilon_{yd} < \varepsilon_p \leq \varepsilon_{ud} \end{cases} \quad (6-60)$$

式中：ε_{yd}——钢筋的屈服应变设计值，$\varepsilon_{yd} = f_{pd}/E_p$；

ε_{uk}——钢筋极限应变标准值；

ε_{ud}——钢筋极限应变设计值，推荐值为 $0.9\varepsilon_{uk}$，如果没有更为准确的值，推荐 $\varepsilon_{ud} = 0.02$，$f_{p0.1k}/f_{pk} = 0.9$。

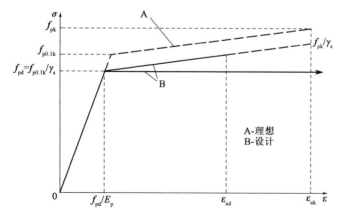

图 6-17　截面设计时预应力钢筋应力应变关系

6.4 正截面承载力

正截面承载力是指构件截面在弯矩和轴力组合作用下的承载力,截面正截面承载力一般分为正截面抗弯承载力、轴心受压承载力、偏心受压承载力。

6.4.1 正截面抗弯承载力

1)基本假定

欧洲规范未明确给出正截面抗弯承载力的计算公式,但给出了计算基本假定与应力分布假定。正截面承载力计算基于平截面假定,因此其适用范围均为非应力扰动区的梁、板以及类似的在受荷载后截面仍保持平面的构件。

为了简化计算,EN 1992-2 正截面承载力计算的基本假定如下:

(1)平截面假定。

(2)黏结钢筋、黏结预应力筋不论处于受拉还是受压状态,其应变均与周围混凝土的应变相同。

(3)忽略混凝土的抗拉强度。

(4)采用设计时的混凝土应力应变关系。

(5)采用设计时的钢筋、预应力钢筋应力应变关系。

(6)在计算预应力筋应力时考虑预应力钢筋的初始应变。

(7)混凝土压应变不超过 ε_{cu2} 或 ε_{cu3},取决于选用的应力应变关系曲线;钢筋的应变不超过 ε_{ud}。

2)受压区等效应力图示

欧洲规范可以采用等效矩形应力图来简化受压区混凝土应力分布。例如,受压区混凝土应力分布可以假设等效成一个矩形应力分布(图 6-18)。等效后的受压区高度为 λx,等效后的受压区混凝土应力为 ηf_{cd},如果受压区域的宽度沿高度方向减小,则 ηf_{cd} 的值应减小 10%。

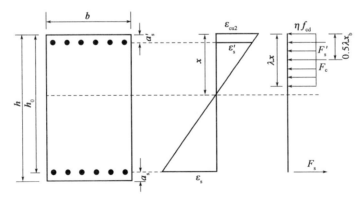

图 6-18 欧洲规范正截面抗弯承载力计算图示

受压区有效高度系数 λ 与受压区有效强度系数 η 可以按下列公式进行计算:

$$\lambda = \begin{cases} 0.8 & f_{ck} \leqslant 50 \text{MPa} \\ 0.8 - (f_{ck} - 50)/400 & 50 \text{MPa} < f_{ck} \leqslant 90 \text{MPa} \end{cases} \quad (6\text{-}61)$$

$$\eta = \begin{cases} 1.0 & f_{ck} \leqslant 50\text{MPa} \\ 1.0 - (f_{ck} - 50)/200 & 50\text{MPa} < f_{ck} \leqslant 90\text{MPa} \end{cases} \quad (6\text{-}62)$$

3) 双向受弯承载力

EN 1992-1-1 给出的双向受弯构件承载力验算公式如下：

$$\left(\frac{M_{dz}}{M_{Rdz}}\right)^a + \left(\frac{M_{dy}}{M_{Rdy}}\right)^a \leqslant 1.0 \quad (6\text{-}63)$$

式中：M_{dy}——绕 y 轴的弯矩设计值（包括二阶效应）；

M_{dz}——绕 z 轴的弯矩设计值（包括二阶效应）；

M_{Rdy}——绕 y 轴截面抗弯承载力（包括二阶效应）；

M_{Rdz}——绕 z 轴截面抗弯承载力（包括二阶效应）；

a——指数，对于圆形和椭圆截面取 2.0，对于矩形截面按表 6-35 取值。

矩形截面 a 的值 表 6-35

N_d/N_{Rd}	0.1	0.7	1.0
a	1.0	1.5	2.0

N_{Rd} 为截面抗压承载力，按下式计算：

$$N_{Rd} = A_c f_{cd} + A_s f_{yd} \quad (6\text{-}64)$$

只有当压弯构件两个方向的长细比相差不大或截面两个方向的相对偏心距（图 6-19）相差较大时，才可以不按双向偏心受压构件验算。具体需要满足以下两个条件：

长细比条件：

$$\lambda_y/\lambda_z \leqslant 2 \text{ 和 } \lambda_z/\lambda_y \leqslant 2 \quad (6\text{-}65)$$

相对偏心距条件：

$$\frac{e_y/h_{eq}}{e_z/b_{eq}} \leqslant 0.2 \text{ 或 } \frac{e_z/b_{eq}}{e_y/h_{eq}} \leqslant 0.2 \quad (6\text{-}66)$$

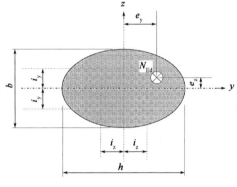

图 6-19 偏心距定义

式中：b_{eq}、h_{eq}——截面的等效宽度和等效高度，对于任意形状截面，$b_{eq} = \sqrt{12} i_z$，$h_{eq} = \sqrt{12} i_y$；

λ_y、λ_z——绕 y、z 轴长细比；

i_y、i_z——绕 y、z 轴回转半径。

6.4.2 轴心受压承载力

EN 1992-1-1 没有给出轴心受压构件承载力的计算公式，但是相关文献认为只有当 $l_0/h < 12$ 时才按照轴心受压短柱计算，对于长柱，有必要假定其最小偏心 $e_0 = h/30$，但不小于 20mm，h 为截面深度。

文献给出轴心受压构件承载力计算如下：

$$N_{Rd} = \lambda \eta f_{cd} A_{cn} + f_{yd} A_s \quad (6\text{-}67)$$

式中：A_{cn}——混凝土净截面面积；

A_s——纵向钢筋总面积；

其余变量见受弯构件。

6.4.3 偏心受压承载力

1) 欧洲规范几何缺陷

EN 1992 规定,在持久设计状况和偶然设计状况的承载能力极限状态分析中必须考虑初始几何缺陷(图 6-20),正常使用极限状态可以忽略初始几何缺陷的影响。

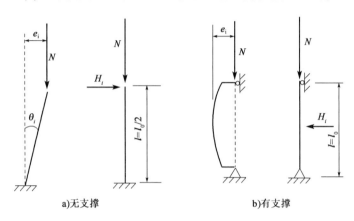

图 6-20 欧洲规范几何缺陷

$$\theta_i = \theta_0 \cdot \alpha_h \cdot \alpha_m \tag{6-68}$$

式中:θ_0——基准值推荐值为 $1/200$;

α_h——长度折减系数,$\alpha_h = 2/\sqrt{l}$,$2/3 \leq \alpha_h \leq 1$,其中,l 为构件长度(m);

α_m——构件数量折减系数,对于单个构件取 1.0。

对于有侧向支撑的构件:

偏心尺寸 $e_i = \theta_1 l/2$,等效力 $H_i = Ne_i \times \dfrac{4}{l} = 2\theta_1 N$。

对于无侧向支撑的构件:

偏心尺寸 $e_i = \theta_1 l$,等效力 $H_i = Ne_i/l = \theta_1 N$。

2) 欧洲规范有效长度和长细比

$$\lambda = \frac{l_0}{i} \tag{6-69}$$

式中:l_0——有效长度;

i——未开裂混凝土截面的回转半径,$i = \sqrt{\dfrac{I}{A}}$。

有侧向支撑的构件,有效长度 l_0 为:

$$l_0 = 0.5l \cdot \sqrt{\left(1 + \frac{k_1}{0.45 + k_1}\right) \cdot \left(1 + \frac{k_2}{0.45 + k_2}\right)} \tag{6-70}$$

无侧向支撑的构件,有效长度 l_0 为:

$$l_0 = l \cdot \max\left\{\sqrt{1 + 10 \cdot \frac{k_1 \cdot k_2}{k_1 + k_2}}; \left(1 + \frac{k_1}{1 + k_1}\right) \cdot \left(1 + \frac{k_2}{1 + k_2}\right)\right\} \tag{6-71}$$

有效长度示意图如图 6-21 所示。

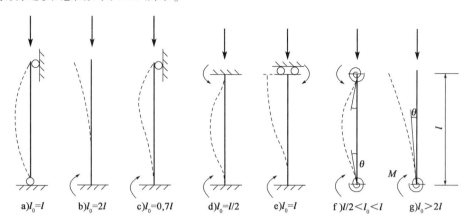

图 6-21 有效长度

式中：k_1、k_2——构件梁端转动约束的相对柔度，柔度计算如下：

$$k = (\theta/M) \cdot (EI/l) \tag{6-72}$$

式中：θ——弯矩 M 作用下受约束构件的转角；

EI——受压构件的弯曲刚度；

l——受压构件端部约束之间的净距。

$k=0$ 为刚性转动约束的理论极限值；$k=\infty$ 代表无任何约束的极限值。因为现实中完全刚性约束极少，k_1、k_2 推荐最小取值为 0.1。在计算有效长度时，约束构件的刚度应该包含开裂的影响，除非能证明在极限状态下不开裂。

对于变截面构件，有效长度应该根据压屈荷载来确定：

$$l_0 = \pi \sqrt{EI/N_B} \tag{6-73}$$

式中：EI——弯曲刚度；

N_B——屈曲荷载。

3) 混凝土徐变的影响

由于混凝土徐变导致结构在荷载不变的情况下变形增加，这进一步加大了二阶效应的影响，因此 EN 1992 规定在二阶效应的分析中应该考虑徐变的影响。可以通过有效徐变系数 φ_{ef} 这种简化的方法来考虑荷载的持续时间，在与设计荷载一起使用时，会形成对应于准永久荷载的徐变变形。

$$\varphi_{ef} = \varphi_{(\infty, t_0)} \cdot M_{0Eqp}/M_{0Ed} \tag{6-74}$$

式中：$\varphi_{(\infty, t_0)}$——计算出的终极徐变系数；

M_{0Eqp}——准永久荷载组合（SLS）下的一阶弯矩；

M_{0Ed}——设计荷载组合（ULS）下的一阶弯矩。

如果结构中构件的 M_{0Eqp}/M_{0Ed} 比值各不相同，可以采用最大弯矩截面的比值，或者使用有代表性的平均值。

当按照有效徐变系数来考虑徐变效应时，徐变效应表现为混凝土结构的刚度退化，故将混凝土弹性模量进行折减，折减后的有效弹性模量 $E_{cm,eff}$ 计算如下：

$$E_{cm,eff} = E_{cm}/(1+\varphi_{ef}) \tag{6-75}$$

值得注意的是,欧洲规范规定如果符合下列三个条件,则可以忽略徐变效应的影响,即假设$\varphi_{ef}=0$,则:①$\varphi_{(\infty,t_0)} \leq 2$;②$\lambda \leq 75$;③$M_{0Eqp}/M_{0Ed} \geq h$。式中,$M_{0Ed}$为一阶弯矩,$h$为弯矩方向的构件截面高度。

4) 不考虑二阶效应判断准则

如果二阶效应低于对应一阶效应的10%,或者长细比小于λ_{lim}则可以忽略二阶效应。λ_{lim}的取值可以查阅相关国家附录。

$$\omega = f_{yd}A_s/(A_c f_{cd})$$
$$\lambda_{lim} = 20 \cdot A \cdot B \cdot C \sqrt{n} \tag{6-76}$$

式中:A_s——纵向钢筋的总面积;

n——轴压比,$n = N_{Ed}/(A_c f_{cd})$。

$A = 1/(1+0.2\varphi_{ef})$,若有效徐变系数$\varphi_{ef}$未知,可以取$A=0.7$;$B = \sqrt{1+2\omega}$,若$\omega$未知,可以取$B=1.1$;$C=1.7-r_m$,若$r_m$未知,可以取$C=0.7$;$r_m = M_{01}/M_{02}$,其中$M_{01}$、$M_{02}$为构件端部弯矩,且$|M_{02}|>|M_{01}|$;如果端部弯矩在同侧产生拉力,则$r_m$为正值($C<1.7$),否则为负值($C>1.7$)。对于有侧向支撑的构件,一阶弯矩主要来自缺陷或横向荷载以及对于无支撑的构件,r_m取1.0。

5) 基于名义刚度的二阶效应分析方法

考虑到构件开裂,材料的非线性以及徐变等行为对构件刚度的影响,在二阶效应分析中弯曲刚度应该使用名义值:

$$EI = K_c E_{cd} I_c + K_s E_s I_s \tag{6-77}$$

式中:E_{cd}——混凝土弹性模量的设计值,$E_{cd} = E_{cm}/\gamma_{CE}$,$\gamma_{CE}$推荐值为1.2;

I_c——混凝土横截面的惯性矩;

E_s——钢筋弹性模量的设计值;

I_s——纵向钢筋对混凝土截面中心的惯性矩;

K_c——开裂影响系数;

K_s——钢筋影响系数。

当纵向钢筋配筋率$\rho \geq 0.002$时:

$$K_s = 1, K_c = k_1 k_2/(1+\varphi_{ef}) \tag{6-78}$$

式中:φ_{ef}——有效徐变比;

k_1——由混凝土强度等级确定的系数;

k_2——由轴力和长细比确定的系数。

$$k_1 = \sqrt{f_{ck}/20} \tag{6-79}$$

$$k_2 = n \cdot \frac{\lambda}{170} \leq 0.2 \tag{6-80}$$

式中:n——相对轴力(轴压比);

λ——长细比,如果不能确定长细比,取$k_2 = 0.3$,$n \leq 0.2$。

当纵向钢筋配筋率$\rho \geq 0.01$时,可按下列简化计算:

$$K_s = 0, K_c = 0.3/(1+0.5\varphi_{ef}) \tag{6-81}$$

注意:这种简化计算只适合于初步分析,然后需要按公式(6-78)做精确计算。

欧洲规范考虑二阶效应的总弯矩表示为一阶弯矩的放大,总弯矩可表示如下:

$$M_{Ed} = M_{0Ed}\left[1 + \frac{\beta}{(N_B/N_{Ed}) - 1}\right] \quad (6-82)$$

式中:M_{0Ed}——计算的一阶弯矩;
　　　N_{Ed}——轴力设计值;
　　　N_B——按名义刚度计算的屈曲荷载:

$$N_B = \pi^2 EI/l_0^2 \quad (6-83)$$

　　　β——一阶和二阶弯矩分布有关的系数, $\beta = \pi^2/c_0$。c_0 为由一阶弯矩确定的分布系数,一阶弯矩为常数时 $c_0 = 8$;一阶弯矩为正弦曲线布时 $c_0 = \pi^2$,此时 $\beta = 1$,表达式(6-82)可以写成:

$$M_{Ed} = \left[\frac{M_{0Ed}}{1 - (N_{Ed}/N_B)}\right] \quad (6-84)$$

6)基于名义曲率的二阶效应分析方法

这种方法主要适用于轴力不变的独立构件,该方法基于有效长度和估计的最大曲率给出了基于变形的名义二阶弯矩。

本方法的总设计弯矩为:

$$M_{Ed} = M_{0Ed} + M_2 \quad (6-85)$$

式中:M_{0Ed}——考虑构件缺陷影响的一阶弯矩;
　　　M_2——名义二阶弯矩。

M_{Ed} 的最大值由 M_{0Ed} 和 M_2 的分布给出,后者可以在有效长度上被视为抛物线或正弦曲线。

名义二阶弯矩 M_2 为:

$$M_2 = N_{Ed} e_2 \quad (6-86)$$

式中:N_{Ed}——设计轴力;
　　　e_2——构件挠度,$e_2 = (1/r)l_0^2/c$,其中,$1/r$ 为曲率,l_0 为有效长度,c 为曲率分布确定的系数,对于等截面构件,$c = 10(\approx \pi^2)$,如果一阶弯矩为常数,可以考虑采用更小的值,但不能小于 8。

当构件端部一阶弯矩 M_{01} 和 M_{02} 不同时,可以用相同的一阶等效弯矩 M_{0e} 代替:

$$M_{0e} = 0.6M_{02} + 0.4M_{01} \geqslant 0.4M_{02}; |M_{02}| \geqslant |M_{01}| \quad (6-87)$$

如果 M_{02}、M_{01} 使得构件同侧受拉,其符号应该相同,否则相反。

对于等截面且为对称截面(包括钢筋):

$$1/r = K_r K_\varphi \frac{1}{r_0} \quad (6-88)$$

式中:K_r——轴向力修正系数;
　　　K_φ——徐变修正系数。

$$1/r_0 = \varepsilon_{yd}/(0.45d); \varepsilon_{yd} = f_{yd}/E_s \quad (6-89)$$

式中:d——有效高度。

如果所有钢筋没有集中在相对的两侧,但是其一部分平行于弯曲平面分布,则 d 定义为:

$$d = (h/2) + i_s \tag{6-90}$$

式中:i_s——整个截面的回转半径。

K_r 计算如下:

$$K_r = (n_u - n)/(n_u - n_{bal}) \leq 1 \tag{6-91}$$

$$n = N_{Ed}/(A_c f_{cd}) \tag{6-92}$$

$$n_u = 1 + \omega \tag{6-93}$$

$$n = N_{Ed}/(A_c f_{cd}) \tag{6-94}$$

$$n = N_{Ed}/(A_c f_{cd}) \tag{6-95}$$

式中:n_{bal}——最大抗弯承载力对应的轴压比,一般取 0.4。

$$\omega = A_s f_{yd}/(A_c f_{cd}) \tag{6-96}$$

徐变影响系数计算:

$$K_\varphi = 1 + \beta\varphi_{ef} \geq 1 \tag{6-97}$$

式中:φ_{ef}——有效徐变系数。

$$\beta = 0.35 + f_{ck}/200 - \lambda/150 \tag{6-98}$$

6.5 斜截面抗剪承载力

6.5.1 抗剪计算位置

EN 1992-2 中无腹筋构件的抗剪承载力按照受拉钢筋 A_{sl} 的设计锚固长度 l_{bd} 确定,因为当设计锚固长度 l_{bd} 不足时,纵向钢筋会被拔出,不属于剪切破坏,而属于锚固破坏。对于主要承受均布荷载的构件,只需验算与支座边缘距离不小于 h_0 的截面抗剪承载力。

6.5.2 无腹筋构件抗剪承载力

1)普通钢筋混凝土构件

无腹筋构件抗剪承载力 $V_{Rd,c}$:

$$V_{Rd,c} = [C_{Rd,c}k(100\rho_1 f_{ck})^{1/3} + k_1\sigma_{cp}]b_w h_0 \tag{6-99}$$

无腹筋混凝土构件抗剪承载力最小值为:

$$V_{Rd,c} = (v_{min} + k_1\sigma_{cp})b_w h_0 \tag{6-100}$$

式中:k——$k = 1 + \sqrt{\dfrac{200}{h_0}} \leq 2.0$,其中 h_0 的单位为 mm;

ρ_1——$\rho_1 = \dfrac{A_{sl}}{b_w h_0} \leq 0.02$;

A_{sl}——伸至该截面以外 $\geq (l_{bd} + h_0)$ 的受拉钢筋面积,其定义见图 6-22;

b_w——受拉区横截面的最小宽度(mm);

σ_{cp}——$\sigma_{cp} = N_{Ed}/A_c < 0.2 f_{cd}$(MPa);

N_{Ed}——由荷载和预加应力引起的轴向力(N)(受压时,$N_{Ed}>0$),可以忽略变形对N_E的影响;

A_c——混凝土横截面的面积(mm^2)。

注:有关某一国家所使用的$C_{Rd,c}$、v_{min}和k_1值,可以查阅该国的国家附录。$R_{d,c}$的推荐值为$0.18/\gamma_c$,公式(6-101)中给出了v_{min}的推荐值,k_1的推荐值为0.15。

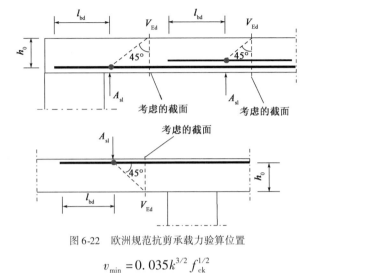

图 6-22 欧洲规范抗剪承载力验算位置

$$v_{min} = 0.035k^{3/2}f_{ck}^{1/2} \tag{6-101}$$

2) 预应力混凝土构件

在没有抗剪钢筋的预应力单跨构件中,可以使用公式(6-99)计算弯曲开裂区域中的抗剪承载力。在弯曲未开裂区域中(如果弯曲拉应力小于$f_{ctk},0.05/\gamma_c$),应通过混凝土的抗拉强度限制抗剪承载力。在这些区域中,确定抗剪承载力:

$$V_{Rd,c} = \frac{I \cdot b_w}{S}\sqrt{(f_{cd})^2 + \alpha_1\sigma_{cp}f_c} \tag{6-102}$$

式中:I——构件截面惯性矩;

b_w——在中性轴处的横截面宽度,考虑有管道时的情况;

S——在中性轴上方面积对中性轴的面积矩;

α_1——系数,对于先张法预应力筋取$l_x/l_{pt2} \leq 1.0$,对于其他类型的预加应力取1.0;

l_x——所考虑截面距离传递长度起始点的距离;

l_{pt2}——预应力构件传递长度的上限值;

σ_{cp}——由轴向荷载和/或预加应力引起的、在中性轴处的混凝土压力($\sigma_{cP} = N_{Ed}/A_c$,单位为MPa,在受压状态下$N_{Ed}>0$)。

如果横截面宽度随着高度发生变化,可能在重心轴以外的轴上出现最大主应力。这种情况下,应通过计算在横截面各轴处的$V_{Rd,c}$来确定抗剪承载力的最小值。

当剪跨比为0.5~2时,由于剪切破坏面角度增大抗剪承载力将会有所提高,欧洲规范将剪力设计值乘以折减系数

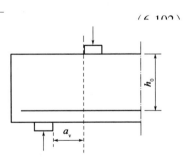

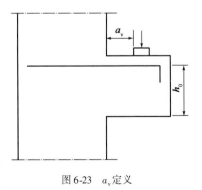

图 6-23 a_v定义

$\beta = a_v / 2h_0$ 来考虑这种效应的影响, a_v 为荷载与支座边缘的距离, $a_v \leq 0.5h_0$ 时取 $0.5h_0$, 此时要求全部纵筋伸入支座范围内锚固(图 6-23)。未折减的剪力设计值还应该满足截面限制条件:

$$V_{Ed} \leq 0.5 b_w h_0 \nu f_{cd} \tag{6-103}$$

式中:ν——考虑混凝土受剪开裂的折减系数,推荐取值为:

$$\nu = 0.6(1 - f_{ck}/250) \tag{6-104}$$

6.5.3 有腹筋构件抗剪承载力

当构件的剪力设计值 V_{Ed} 大于无腹筋构件的抗剪承载力 $V_{Rd,c}$ 时,需要在结构中配置抗剪钢筋。EN 1992-2 计算有腹筋构件抗剪承载力采用的是以变角桁架模型为理论基础的方法,桁架模型如图 6-24 所示。

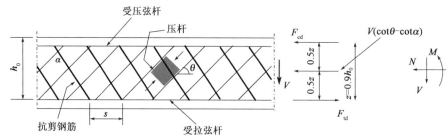

图 6-24 欧洲规范抗剪承载力桁架模型

α-抗剪钢筋与垂直于剪力的梁轴线之间的角度;θ-混凝土压杆与垂直于剪力的梁轴线之间的角度,应限制角度 θ 的取值,$1 \leq \cot\theta \leq 2.5$;$F_{td}$-纵向钢筋中拉力的设计值;$F_{cd}$-在纵向构件轴线方向上混凝土压力的设计值;$b_w$-受拉弦杆与受压弦杆之间的最小宽度(图 6-25);z-内力臂,对于有恒定高度的构件,在无轴向力钢筋混凝土的剪力分析中,通常可以使用近似值 $z = 0.9h_0$

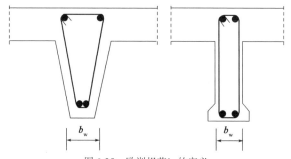

图 6-25 欧洲规范 b_w 的定义

对于带有垂直剪切钢筋的构件,抗剪强度 V_{Rd} 为 $V_{Rd,s}$ 和 $V_{Rd,max}$ 中的较小值,按以下公式计算:

$$V_{Rd,s} = \frac{A_{sw}}{s} z f_{ywd} \cot\theta \tag{6-105}$$

$$V_{Rd,max} = \alpha_{cw} b_w \nu_1 f_{cd} / (\cot\theta + \tan\theta) \tag{6-106}$$

式中:A_{sw}——抗剪钢筋截面面积;

s——箍筋间距;

f_{ywd}——抗剪钢筋设计屈服强度;

ν_1——考虑剪切开裂的折减系数,推荐 ν_1 取值为 ν [见公式(6-104)],如果腹筋设计应力小于其强度标准值的 80%,则抗剪钢筋强度设计值应乘以折减系数 0.8,ν_1 按照如下取值:

$$\nu_1 = \begin{cases} 0.6 & f_{ck} \leqslant 60\mathrm{MPa} \\ 0.9 - f_{ck}/200 > 0.5 & f_{ck} \geqslant 60\mathrm{MPa} \end{cases} \tag{6-107}$$

α_{cw} 的取值对于钢筋混凝土为 1.0，对于预应力混凝土按下式取值：

$$\alpha_{cw} = \begin{cases} 1 + \sigma_{cp}/f_{cd} & 0 < \sigma_{cp} \leqslant 0.25 f_{cd} \\ 1.25 & 0.25 f_{cd} < \sigma_{cp} \leqslant 0.5 f_{cd} \\ 2.5(1 - \sigma_{cp}/f_{cd}) & 0.5 f_{cd} < \sigma_{cp} \leqslant 1.0 f_{cd} \end{cases} \tag{6-108}$$

式中：σ_{cp}——混凝土设计轴向力或预应力产生的平均压应力，以受压为正。计算截面距离支座边缘距离小于 $0.5 h_0 \cot\theta$ 时，无需考虑 σ_{cp}。

当 $\cot\theta = 1$ 时，抗剪钢筋的最大有效截面面积 $A_{sw,max}$ 为：

$$\frac{A_{sw,max} f_{ywd}}{b_w S} \leqslant \frac{1}{2} \alpha_{cw} \nu_1 f_{cd} \tag{6-109}$$

对于有倾斜抗剪钢筋的构件，其抗剪承载力为 $V_{Rd,s}$ 和 $V_{Rd,max}$ 中的较小值，按以下公式计算：

$$V_{Rd,s} = \frac{A_{sw}}{s} z f_{ywd} (\cot\theta + \cot\alpha) \sin\alpha \tag{6-110}$$

$$V_{Rd,max} = \alpha_{cw} b_w z \nu_1 f_{cd} (\cot\theta + \cot\alpha)/(1 + \cot^2\theta) \tag{6-111}$$

当 $\cot\theta = 1$ 时，抗剪钢筋的最大有效截面面积 $A_{sw,max}$ 为：

$$\frac{A_{sw,max} f_{ywd}}{b_w S} \leqslant \frac{1}{2} \frac{\alpha_{cw} \nu_1 f_{cd}}{\sin\alpha} \tag{6-112}$$

当腹板含有直径 $\phi > b_w/8$ 的金属灌浆管时，则应基于名义腹板厚度 $b_{w,nom}$ 计算抗剪强度 $V_{Rd,max}$：

$$b_{w,nom} = b_w - 0.5 \sum\phi \tag{6-113}$$

式中：$\sum\phi$——管道外径。

当 $\phi \leqslant b_w/8$ 时，$b_{w,nom} = b_w$。

对于非注浆孔、塑料灌浆管、无黏结预应力筋，名义腹板厚度为：

$$b_{w,nom} = b_w - 1.2 \sum\phi \tag{6-114}$$

由于剪力 V_{Ed} 引起的钢筋附加拉力 ΔF_{td} 计算如下：

$$\Delta F_{td} = 0.5 V_{Ed} (\cot\theta - \cot\alpha) \tag{6-115}$$

应满足：

$$M_{Ed}/Z + \Delta F_{td} \leqslant M_{d,max}/Z \tag{6-116}$$

式中：M_{Ed}——V_{Ed} 对应截面的弯矩设计值；

$M_{d,max}$——构件各截面弯矩设计值的最大值。

当 $0.5 h_0 \leqslant a_v \leqslant 2 h_0$ 时，需要对剪力设计值进行折减，折减系数为 $\beta = a_v/2h_0$，$a_v \leqslant 0.5 h_0$ 时取 $0.5 h_0$，折减后的剪力设计值满足下式：

$$V_{Ed} \leqslant A_{sw} \cdot f_{ywd} \cdot \sin\alpha \tag{6-117}$$

式中：$A_{sw} \cdot f_{ywd}$——穿过剪切斜裂缝的腹筋承载力，只考虑 $0.75 a_v$ 范围内的抗剪钢筋，见图 6-26。

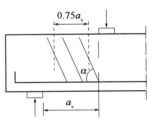
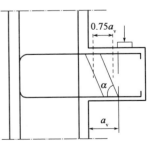

图 6-26 小剪跨内的有效腹筋

钢筋混凝土构件内力臂 z 近似取值为 $0.9h_0$，这是以构件无轴力为前提的，预应力混凝土构件内力臂应按照抗剪计算位置的抗弯截面承载力对应的实际内力臂取值，z 可取 $h_0 - 0.5\lambda_x$。

6.6 应力、变形、裂缝控制

6.6.1 应力控制

1) 施工阶段应力限值

预应力筋中最大的可施加作用力 $P_{\max}$（张拉端的力）应该不超过：

$$P_{\max} = A_p \cdot \sigma_{p,\max} \tag{6-118}$$

式中：A_p——预应力钢筋的横截面面积；

$\sigma_{p,\max}$——预应力钢筋的最大容许张拉应力为 $\min\{k_1 f_{pk}; k_2 f_{p0,1k}\}$，其中，$k_1$、$k_2$ 的取值见国家附录，推荐取值为 $k_1 = 0.8$、$k_2 = 0.9$。

如果千斤顶上力的精度可以控制到最终应力值的 $\pm 5\%$，则允许超张拉，最大张拉力可以增加到 $k_3 \cdot f_{p0,1k}$。k_3 的取值见国家附录，推荐取值为 $k_3 = 0.95$。

张拉或释放预应力筋时，由于预应力或其他荷载引起的、在结构中出现的混凝土受压应力限值如下：

$$\sigma_c \leq 0.6 f_{ck}(t) \tag{6-119}$$

式中：$f_{ck}(t)$——施加预应力时刻 t 时混凝土的抗压强度。

对于先张法预应力混凝土构件，在试验或经验表明能够防止纵向裂缝出现的情况下，传递预应力时的混凝土压应力最大值可以增大到 $k_6 \cdot f_{ck}(t)$，k_6 取值见国家附录，推荐取值为 $k_6 = 0.7$。

当混凝土应力长期超过 $0.45 f_{ck}(t)$ 时，应考虑非线性徐变的影响。

如果分步张拉预应力，则可以降低张拉时的混凝土强度要求。t 时刻的最小平均抗压强度 $f_{cm}(t)$ 应为欧洲技术认证中给出的一次性施加预应力所需混凝土抗压强度的 $k_4(\%)$。在最小平均抗压强度和一次性施加预应力所需混凝土抗压强度之间，预应力筋张拉应力可在 $k_5(\%)$ 和 100% 的控制应力之间插值。k_4、k_5 的取值见国家附录，推荐取值为 $k_4 = 50$、$k_5 = 30$。

2) 使用阶段应力限值

计算应力和挠度时，若假设横截面没有开裂，弯曲拉应力不得超过 $f_{ct,eff}$，$f_{ct,eff}$ 值可取为 f_{ctm} 或 $f_{ctm,fl}$，但是，最小抗拉钢筋的计算值也需要基于该值。为了计算裂缝宽度和拉伸刚度，应使用 f_{ctm}。

如果在荷载标准组合下的压应力等级超过临界值，则可能会产生纵向裂缝。此类开裂可能会降低结构的耐久性。如果没有采用其他措施（例如在受压区增加钢筋保护层，或使用横向钢筋进行加强），则在与暴露等级为 XD、XF 和 XS 的外界环境接触的区域中，可以将压应力限制在 $k_1 f_{ck}$（暴露等级见 EN 1992-1-1 中的表 4.1）。

注：有关某一国家所使用的 k_1 值，可以查阅该国的国家附录。推荐值为 0.6。如果在混凝土中额外布置横向约束钢筋，则混凝土压应力限值可在推荐的最大值上增加 10%。

如果在准永久荷载条件下的混凝土压应力低于$k_2 f_{ck}$,则可以假设为线性徐变。如果混凝土压应力超过$k_2 f_{ck}$,则应考虑非线性徐变。k_2推荐值为0.45。

为了避免出现非弹性应变、不能接受的开裂或变形,应该限值钢筋拉应力。在荷载标准组合作用下,钢筋内的拉应力不超过$k_3 f_{yk}$。如果应力是由强制变形引起的,则拉应力不应超过$k_4 f_{yk}$。预应力筋内的应力平均值不应超过$k_5 f_{pk}$。k_3、k_4和k_5值推荐值分别为0.8、1和0.75。

6.6.2 变形控制

对于以受弯为主有可能出现开裂但不会完全开裂的构件,这些构件将处在无开裂与完全开裂之间的状态,欧洲规范给出了一种有效的预测方法:

$$\alpha = \zeta \alpha_{II} + (1-\zeta)\alpha_I \quad (6\text{-}120)$$

式中:α——变形参数,例如它可以是应变、曲率或转角(为了简化,α也可以取为挠度);

α_I、α_{II}——未开裂和完全开裂条件下的计算参数值;

ζ——考虑截面拉伸刚化效应的调节系数:

$$\zeta = 1 - \beta \left(\frac{\sigma_{sr}}{\sigma_s}\right)^2 \quad (6\text{-}121)$$

式中:β——考虑长期荷载或往复荷载对平均应变的影响,对于单一短期荷载取1.0,对于长期荷载或重复加载的多次循环荷载取0.5;

σ_s——当前荷载作用下,基于开裂截面计算得出的受拉钢筋应力;

σ_{sr}——首次开裂荷载作用下,该开裂截面中受拉钢筋应力。

对于未开裂截面,$\zeta = 0$。

如果M_{cr}为开裂力矩而N_{cr}为开裂轴力,则σ_{sr}/σ_s可以替换为M_{cr}/M(对于受弯时),或替换为N_{cr}/N(对于受拉时)。

对于持续荷载考虑徐变影响,可以通过混凝土的有效弹性模量计算包括徐变在内的总变形:

$$E_{c,eff} = \frac{E_{cm}}{1+\varphi(\infty,t_0)} \quad (6\text{-}122)$$

式中:$\varphi(\infty,t_0)$——与荷载和时间间隔有关的徐变系数。

可以通过下式计算收缩曲率:

$$\frac{1}{r_{cs}} = \varepsilon_{cs} \alpha_e \frac{S}{I} \quad (6\text{-}123)$$

式中:$1/r_{cs}$——由收缩造成的曲率;

ε_{cs}——自由收缩应变;

S——钢筋混凝土截面面积对未开裂中性轴的面积矩;

I——未开裂截面惯性矩;

α_e——钢筋弹模与混凝土有效弹模之比,$\alpha_e = E_s/E_{c,eff}$。

开裂截面曲率可采用相同的方法计算:

$$\frac{1}{r_{cs}} = \varepsilon_{cs} \alpha_e \frac{S}{I} \quad (6\text{-}124)$$

式中：S——钢筋混凝土截面面积对开裂中性轴的面积矩；
　　　I——开裂截面惯性矩。

如上所述，严格来说，挠度计算应是按前所述计算沿构件各截面的曲率，然后通过数值积分计算得出。大多情况下，可以将挠度计算两次（假设整个构件依次处在无开裂条件和完全开裂条件下），然后按照公式(6-120)进行插值。

6.6.3 裂缝控制

裂缝应限制在一定程度以内即不会损坏结构的正常使用或耐久性，也不会造成表面缺陷。

当钢筋混凝土结构受到由直接荷载或约束或强制变形引起的弯曲、冲剪、扭转与拉伸等作用时，出现裂缝是很正常的。裂缝也可能由其他原因造成，例如在硬化混凝土中出现的塑性收缩或化学膨胀反应。此类裂缝可能会大到无法接受，但是有关此类裂缝的避免和控制措施不在本章的讨论范围内。

如果裂缝不会影响到结构的使用，则允许存在裂缝，而无需采取措施控制其宽度。

欧洲规范裂缝控制提供了三种方法：最小配筋面积、直接计算裂缝宽度及不直接计算裂缝宽度的方法。欧洲规范裂缝宽度限值见表6-36。

欧洲规范裂缝宽度限值　　　　表6-36

暴露等级	不带黏结预应力筋的钢筋构件和预应力构件	带黏结预应力筋的预应力构件
荷载组合	准永久荷载组合	常见荷载组合
X0、XC1	0.3[a]	0.2
XC2、XC3、XC4	0.3	0.2[b]
XD1、XD2、XD3、XS1、XS2、XS3		减压

注：a. 暴露等级X0和XC1的裂缝宽度限值见表6-36，裂缝宽度对结构耐久性没有任何影响，设置该限制是为了保证外观合格。如果没有外观要求，则可以放松该项限制条件。
　　b. 对于这些等级，应在准永性荷载组合条件下检查减压情况。

1) 最小配筋面积的控制方法

当要求控制裂缝时，在可能出现拉应力的地方按照要求配置最小数量的钢筋以控制裂缝。

$$A_{s,\min}\sigma_s = k_c k f_{ct,eff} A_{ct} \tag{6-125}$$

式中：$A_{s,\min}$——受拉区域最小配筋面积；
　　　σ_s——开裂后钢筋最大应力容许值，可以取钢筋屈服强度，可能需要取一个更小的值以满足最大钢筋尺寸和间距的要求；
　　　k——考虑不均匀自平衡应力的系数，当腹板高度或翼缘宽度小于300mm时取1.0，当腹板高度或翼缘宽度大于800mm时取0.65，中间插值；
　　　$f_{ct,eff}$——混凝土第一次出现裂缝的混凝土抗拉强度；
　　　A_{ct}——受拉区域混凝土面积；
　　　k_c——考虑截面应力分布的系数，其取值如下：

(1)对于纯拉力,$k_c = 1.0$。
(2)对于弯曲或者压弯组合,采用如下计算。
①对于矩形截面和箱形梁与 T 形梁的腹板:

$$k_c = 0.4 \times \left[1 - \frac{\sigma_c}{k_1(h/h^*)f_{ct,eff}}\right] \leqslant 1 \tag{6-126}$$

②对于箱形截面和 T 形截面的翼缘:

$$k_c = 0.9 \times \frac{F_{cr}}{A_{ct}f_{ct,eff}} \geqslant 0.5 \tag{6-127}$$

式中:σ_c——作用在考虑的部分截面上的混凝土平均应力。

考虑到在有效受拉区域内有黏结预应力钢筋对裂缝控制的贡献,式(6-125)可以写成:

$$A_{s,min}\sigma_s + \zeta_1 A_p \Delta\sigma_p = k_c k f_{ct,eff} A_{ct} \tag{6-128}$$

式中:A_p——有效受拉区($A_{c,eff}$)内的钢筋面积;
　　$A_{c,eff}$——由受拉区深度 $h_{c,eff}$ 确定;
　　$\Delta\sigma_p$——黏结区域两端预应力筋应力变化量;
　　ζ_1——考虑不同直径钢筋黏结强度调整比例系数,取 $\sqrt{\zeta \cdot \frac{\phi_s}{\phi_p}}$,其中,$\phi_s$ 为最大普通钢筋直径,ϕ_p 为等效钢筋直径,ζ 为预应力钢筋和普通钢筋的黏结强度比,按表6-37取值;
　　$h_{c,eff}$——有效受拉高度,取为:$\min\{2.5(h-d),(h-x)/3,h/2\}$。

预应力钢筋和普通钢筋的黏结强度比　　　　表6-37

预应力钢筋	先 张 法	有黏结,后张法	
		≤C50/60	≥C70/85
光圆钢筋和钢丝	不适用	0.3	0.15
钢绞线	0.6	0.5	0.25
刻痕钢丝	0.7	0.6	0.3
螺纹钢	0.8	0.7	0.35

注:对于 C50/60 与 C70/85 的中间值,可按线性插值计算。

在荷载和预应力标准值的标准组合下,如果混凝土是受压的或者混凝土的拉应力绝对值低于 $f_{ct,eff}$,则在预应力构件中,不要求满足最小配筋面积的要求。

典型截面翼缘与腹板划分如图 6-27 所示,有效受力面积计算图示见图 6-28。

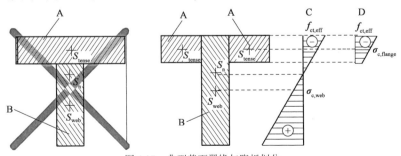

图 6-27　典型截面翼缘与腹板划分
A-截面翼缘组成;B-截面腹板组成;C-腹板;D-翼缘

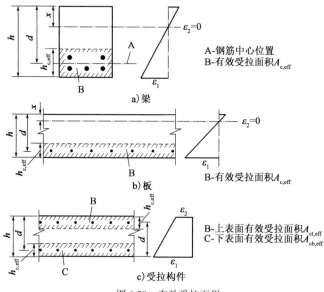

图 6-28 有效受拉面积

2) 不直接计算裂缝宽度的控制方法

不直接计算裂缝宽度的裂缝控制方法是一种简化的构造措施,主要通过限制钢筋直径以及钢筋间距来控制裂缝宽度。

EN 1992-1-1 规范认为当受拉钢筋满足最小配筋面积且符合下列要求时,裂缝宽度不会超过规定限值,可不计算裂缝宽度而认为是满足要求的:

(1) 对于主要由约束引起的裂缝,钢筋直径满足表 6-38 给出的限值,其中钢筋应力按照开裂截面计算。

(2) 对于主要由荷载引起的裂缝,钢筋应力应满足表 6-38 或表 6-39 给出的限值,其中钢筋应力应根据相关荷载组合按照开裂截面计算。

有关裂缝控制的最大钢筋直径 ϕ_s^* 表 6-38

钢筋应力 (MPa)	最大钢筋直径 (mm)		
	$w_k=0.4$mm	$w_k=0.3$mm	$w_k=0.2$mm
160	40	32	25
200	32	25	16
240	20	16	12
280	16	12	8
320	12	10	6
360	10	8	5
400	8	6	4
450	6	5	—

注:表中的数值基于以下假设条件,即在相关的作用组合下,$c=25$mm;$f_{ct,eff}=2.9$MPa;$h_{cr}=0.5$;$(h-d)=0.1h$;$k_1=0.8$;$k_2=0.5$;$k_c=0.4$;$k=1.0$;$k_t=0.4$ 和 $k=1.0$。

有关裂缝控制的最大钢筋间距 表6-39

钢筋应力 (MPa)	最大钢筋间距(mm)		
	$w_k = 0.4\text{mm}$	$w_k = 0.3\text{mm}$	$w_k = 0.2\text{mm}$
160	300	300	200
200	300	250	150
240	250	200	100
280	200	150	50
320	150	100	—
360	100	50	—

应按下式修正最大钢筋直径：

对于受弯构件：

$$\phi_s = \phi_s^* \left(\frac{f_{ct,eff}}{2.9}\right) \frac{k_c h_{cr}}{2(h-d)} \tag{6-129}$$

对于轴心受拉构件：

$$\phi_s = \phi_s^* \frac{\dfrac{f_{ct,eff}}{2.9} h_{cr}}{8(h-d)} \tag{6-130}$$

式中：ϕ_s——调整过的最大钢筋直径；

　　ϕ_s^*——表6-38给出的最大钢筋直径；

　　h——截面的总深度；

　　h_{cr}——混凝土即将开裂时截面的受拉区高度，考虑预应力标准值和荷载准永久组合作用下的轴向力；

　　d——截面有效高度，为截面顶端到最外侧受拉钢筋质心处的距离。

3) 直接计算裂缝宽度的控制方法

可按下列公式计算裂缝宽度 w_k：

$$w_k = S_{r,max}(\varepsilon_{sm} - \varepsilon_{cm}) \tag{6-131}$$

式中：$S_{r,max}$——最大裂缝间距；

　　ε_{sm}——在相关荷载组合条件下的钢筋平均应变，包括约束变形以及拉伸刚化效应的影响，注意，此应变只考虑受拉钢筋处混凝土消压后的钢筋拉应变增量；

　　ε_{cm}——裂缝间的混凝土平均应变。

可按下式计算 $\varepsilon_{sm} - \varepsilon_{cm}$：

$$\varepsilon_{sm} - \varepsilon_{cm} = \frac{\sigma_s - k_t \dfrac{f_{ct,eff}}{\rho_{p,eff}}(1 + \alpha_e \rho_{p,eff})}{E_s} \geq 0.6 \frac{\sigma_s}{E_s} \tag{6-132}$$

式中：σ_s——开裂截面钢筋应力，对于先张预应力构件，σ_s 可以替换为 $\Delta\sigma_p$，$\Delta\sigma_p$ 指受拉区预应力钢筋处混凝土消压后预应力钢筋的应力增量；

α_e——$\alpha_e = E_s/E_{cm}$；

k_t——一个取决于荷载持续时间的系数；对于短期荷载 $k_t = 0.6$，对于长期荷载 $k_t = 0.4$；

如果黏结钢筋布置受拉区内一个比较合理的靠近受拉区中心的位置[间距≤5$(c+\phi/2)$]，则可以按公式(6-135)计算最终最大裂缝间距，如图6-29所示。

$$\rho_{p,eff} = \frac{A_s + \xi_1^2 A_p'}{A_{c,eff}} \tag{6-133}$$

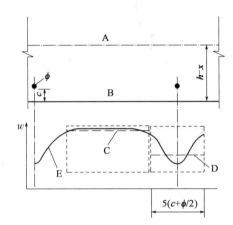

A-中性轴
B-混凝土受拉表面
C-按公式(6-135)预测的裂缝间距
D-按公式(6-138)预测的裂缝间距
E-实际裂缝宽度

图6-29 从钢筋到混凝土表面的裂缝宽度 w

$$s_{r,max} = k_3 c + k_1 k_2 k_4 \phi / \rho_{p,eff} \tag{6-134}$$

式中：ϕ——钢筋直径。

如果在某一截面中使用了多个钢筋直径，则应使用一个等效直径 ϕ_{eq}。对于带有 n_1 根直径为 ϕ_1 的钢筋和带有 n 根直径为 ϕ_2 的钢筋截面，应使用以下公式：

$$\phi_{eq} = \frac{n_1 \phi_1^2 + n_2 \phi_2^2}{n_1 \phi_1 + n_2 \phi_2} \tag{6-135}$$

式中：c——纵向钢筋的保护层；

k_1——考虑黏结钢筋的黏结特性系数，对于高黏结钢筋取0.8，对于黏结条件较差（如预应力筋）的钢筋取1.6；

k_2——考虑了应变分布情况的系数，对于弯曲构件取0.5，对于轴拉构件取1.0；对于偏心受拉或者局部区域，应使用中间值 k_2，k_2 可按下式计算：

$$k_2 = (\varepsilon_1 + \varepsilon_2)/2\varepsilon_1 \tag{6-136}$$

式中：ε_1、ε_2——截面边界上基于开裂截面计算的较大拉应变和较小拉应变。

k_3、k_4——推荐值分别为3.4和0.425。

如果黏结钢筋的间距超过5$(c+\phi/2)$（图6-29）或者在拉伸区域内没有黏结钢筋，则可以通过假设一个最大裂缝间距来确定裂缝宽度的上限值：

$$s_{r,max} = 1.3(h-x) \tag{6-137}$$

对于在两个正交方向上配筋的构件,如果主应力轴与配筋方向之间的角度很明显(>15°),则可按下式计算裂缝间距$s_{r,max}$:

$$s_{r,max} = \frac{1}{\frac{\cos\theta}{s_{r,max,y}} + \frac{\sin\theta}{s_{r,max,z}}} \tag{6-138}$$

式中: θ——y方向和主拉应力方向钢筋之间的角度;

$s_{r,max,y}$、$s_{r,max,z}$——在y方向和z方向上计算出的裂缝间距。

6.7 钢结构稳定计算

6.7.1 钢材

欧洲规范结构钢应符合钢材料产品标准。结构钢的屈服强度f_y与极限强度f_u的标准值应直接采用产品标准中的值或者按照表6-40取用。结构钢的延性还应该满足下列要求:

(1) 规定的最小极限抗拉强度f_u与规定的最小屈服强度f_y之比f_u/f_y应满足$f_u/f_y \geq 1.10$。

(2) 在标准长度$5.65\sqrt{A_0}$上的破坏伸长率(A_0为原始横截面面积)不小于15%。

(3) 极限应变$\varepsilon_u \geq 15\varepsilon_y$,其中$\varepsilon_y$为屈服应变($\varepsilon_y = f_y/E$)。

热轧结构钢的屈服强度f_y和极限抗拉强度f_u的公称值　　表6-40

标准与钢材等级	元件的公称厚度t(mm)			
	$t \leq 40$mm		40mm $< t \leq 80$mm	
	f_y(N/mm²)	f_u(N/mm²)	f_y(N/mm²)	f_u(N/mm²)
EN 10025-2				
S 235	235	360	215	360
S 275	275	430	255	410
S 355	355	510	335	470
S 450	440	550	410	550
EN 10025-3				
S 275 N/NL	275	390	255	370
S 355 N/NL	355	490	335	470
S 420 N/NL	420	520	390	520
S 460 N/NL	460	540	430	540
EN 10025-4				
S 275 M/ML	275	370	255	360
S 355 M/ML	355	470	335	450
S 420 M/ML	420	520	390	500
S 460 M/ML	460	540	430	530
EN 10025-5				
S 235 W	235	360	215	340
S 355 W	355	510	335	490
EN 10025-6				
S460 Q/QL/QL1	460	570	440	550

续上表

标准与钢材等级	元件的公称厚度 t(mm)			
	$t \leq 40$mm		40mm $< t \leq$ 80mm	
	f_y(N/mm²)	f_u(N/mm²)	f_y(N/mm²)	f_u(N/mm²)
EN 10210-1				
S 235 H	235	360	215	340
S 275 H	275	430	255	410
S 355 H	355	510	335	490
S 275 NH/NLH	275	390	255	370
S 355 NH/NLH	355	490	335	470
S 420 NH/NHL	420	540	390	520
S 460 NH/NLH	460	560	430	550
EN 10219-1				
S 235 H	235	360		
S 275 H	275	430		
S 355 H	355	510		
S 275 NH/NLH	275	370		
S 355 NH/NLH	355	470		
S 460 NH/NLH	460	550		
S 275 MH/MLH	275	360		
S 355 MH/MLH	355	470		
S 420 MH/MLH	420	500		
S 460 MH/MLH	460	530		

材料应具有足够的断裂韧度,以避免在预期设计寿命内结构在低温环境下受拉而使构件发生脆性断裂。

钢结构的计算中拟采用的材料特性的取值如下:

弹性模量 $E = 210000$ N/mm²;

剪切模量 $G = \dfrac{E}{2(1+v)} \approx 81000$ N/mm²;

弹性状态的泊松比 $v = 0.3$;

线性热膨胀系数 $\alpha = 12 \times 10^{-6}$/K(当 $T \leq 100$℃时)。

6.7.2 横截面分类

(1)为了确定横截面的承载力和转动能力受到其局部屈曲抗力限制的程度,欧洲规范将横截面分成四类,分别为:

1 类横截面是指那些可形成塑性铰,并且塑性铰有塑性分析所需的转动能力,而同时承载力无折减的横截面。

2 类横截面是指可以产生塑性弯矩抗力,但是局部屈曲使其具有有限的转动能力的横截面。

3 类横截面是指假定了一种应力弹性分布的钢构件的最外缘受压纤维的应力可达到屈服强度,但局部屈曲倾向于防止塑性弯矩抗力产生的横截面。

4 类横截面是指那些一处或多处在达到屈服应力之前将会出现局部屈曲的横截面。

(2)在 4 类横截面内可使用有效宽度,以便考虑局部屈曲效应引起的承载力折减,见 EN 1993-1-5。

(3)横截面的分类取决于受压部分的宽厚比。

(4)受压部分包括在所考虑的荷载组合下完全或部分受压的横截面的每一部分。

(5)通常横截面各受压部分(如腹板或翼缘)可能类别不同。

(6)按其受压部分最高(最不利的)级别类型将横截面归类。

(7)通过同时引入翼缘和腹板的分类来确定横截面类型。

(8)具有 1、2、3 类横截面的受压构件的极限比例应从表 6-41 中获得。不满足第 3 类横截面限值的部分可被归入第 4 类。

受压构件的最大宽厚比 表 6-41

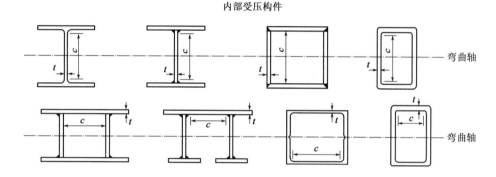

等级	受弯构件	受压构件	压弯构件
应力在构件中的分布(受压为正)			
1	$c/t \leqslant 72\varepsilon$	$c/t \leqslant 33\varepsilon$	当 $\alpha > 0.5$ 时,$c/t \leqslant \dfrac{396\varepsilon}{13\alpha - 1}$ 当 $\alpha \leqslant 0.5$ 时,$c/t \leqslant \dfrac{36\varepsilon}{\alpha}$
2	$c/t \leqslant 83\varepsilon$	$c/t \leqslant 38\varepsilon$	当 $\alpha > 0.5$ 时,$c/t \leqslant \dfrac{456\varepsilon}{13\alpha - 1}$ 当 $\alpha \leqslant 0.5$ 时,$c/t \leqslant \dfrac{41.5\varepsilon}{\alpha}$

续上表

等级	受弯构件	受压构件	压弯构件
应力在构件中的分布（受压为正）	(图)	(图)	(图)
3	$c/t \leqslant 124\varepsilon$	$c/t \leqslant 42\varepsilon$	当 $\psi > -1$ 时，$c/t \leqslant \dfrac{42\varepsilon}{0.67+0.33\psi}$ 当 $\psi \leqslant -1$ 时*，$c/t \leqslant 62\varepsilon(1-\psi)\sqrt{(-\psi)}$

$\varepsilon = \sqrt{235/f_y}$	f_y	235	275	355	420	460
	ε	1.00	0.92	0.81	0.75	0.71

外伸翼缘

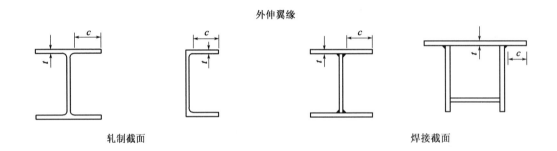

轧制截面　　　　　　　　　　　　　焊接截面

等级	受弯构件	受弯和受压构件	
		端部受压	端部受拉
应力在构件中的分布（受压为正）	(图)	(图)	(图)
1	$c/t \leqslant 9\varepsilon$	$c/t \leqslant \dfrac{9\varepsilon}{\alpha}$	$c/t \leqslant \dfrac{9\varepsilon}{\alpha\sqrt{\alpha}}$
2	$c/t \leqslant 10\varepsilon$	$c/t \leqslant \dfrac{10\varepsilon}{\alpha}$	$c/t \leqslant \dfrac{10\varepsilon}{\alpha\sqrt{\alpha}}$

续上表

等级	受弯构件	受弯和受压构件	
		端部受压	端部受拉
应力在构件中的分布（受压为正）	（图示，标注 c）	（图示，标注 c）	（图示，标注 c）
3	$c/t \leq 14\varepsilon$	$c/t \leq 21\varepsilon \sqrt{k_\sigma}$，$k_\sigma$ 见 EN 1993-1-5	

$\varepsilon = \sqrt{235/f_y}$	f_y	235	275	355	420	460
	ε	1.00	0.92	0.81	0.75	0.71

角钢

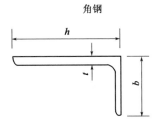

也指"外伸翼缘"　　　　　　　　　　　　角钢无须与其他构件无间断连接

等级	截面受压
应力在截面中的分布（受压为正）	（图示，标注 f_y）
3	$h/t \leq 15\varepsilon$；$\dfrac{b+h}{2t} \leq 11.5\varepsilon$

管形截面

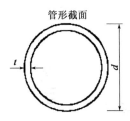

续上表

等级	截面受弯和/或受压
1	$d/t \leq 50\ \varepsilon^2$
2	$d/t \leq 70\ \varepsilon^2$
3	$\dfrac{d}{t} \leq 90\ \varepsilon^2$ 注:$d/t > 90\ \varepsilon^2$ 的情况见 EN 1993-1-6

$\varepsilon = \sqrt{235/f_y}$	f_y	235	275	355	420	460
	ε	1.00	0.92	0.81	0.75	0.71
	ε^2	1.00	0.85	0.66	0.56	0.51

注:* 当压应力 $\sigma \leq f_y$ 或拉应变 $\varepsilon_y > f_y/E$ 时,$\psi \leq -1$。当均不满足表中宽厚比时,则为第 4 类截面。

(9)在验算某个构件的设计屈曲抗力时,应始终从表 6-41 中获得 3 类截面的极限比例。

(10)除了(9)中给出的情况外,当 ε 以 $\sqrt{\dfrac{f_y/\gamma_{M0}}{\sigma_{com,Ed}}}$ 增加时(其中 $\sigma_{com,Ed}$ 为从一阶分析或必要时从二阶分析中得出的该部分最大设计压应力),如果宽厚比小于从表 6-41 中得到的 3 类截面的极限比例,那么可将 4 类截面看作 3 类截面。

(11)具有 3 类腹板和 1 类或 2 类翼缘的横截面可归类为 2 类横截面,则根据图 6-30,腹板的受压部分由与受压翼缘相邻的一个 $20\varepsilon t_w$ 代替,受拉部分则被与有效横截面塑性中性轴相邻的另一个 $20\varepsilon t_w$ 代替。

(12)当认为腹板仅承受了剪力并且假定其对横截面的弯曲和轴向拉压没有贡献时,仅根据翼缘类别,可将横截面分为 2 类、3 类或 4 类截面。不同类别截面的弯矩曲率关系见图 6-31。

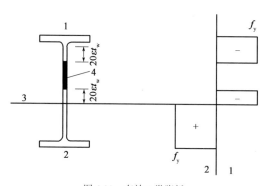

图 6-30 有效 2 类腹板
1-受压;2-受拉;3-塑性中性轴;4-忽略不计

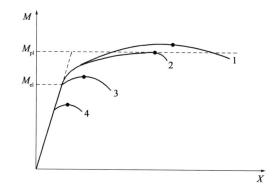

图 6-31 不同类别截面的弯矩曲率关系

6.7.3 构件强度计算

1)受拉构件强度计算

(1)每个横截面上的拉力 N_{Ed} 的设计值应满足:

$$\frac{N_{\text{Ed}}}{N_{\text{t,Rd}}} \leqslant 1.0 \tag{6-139}$$

(2)有孔截面的设计抗拉承载力$N_{\text{t,Rd}}$应取以下值中的较小值:
①毛横截面的设计塑性承载力:

$$N_{\text{pl,Rd}} = \frac{Af_y}{\gamma_{\text{M0}}} \tag{6-140}$$

②紧固件孔处净横截面的设计极限承载力:

$$N_{\text{u,Rd}} = \frac{0.9A_{\text{net}}f_u}{\gamma_{\text{M2}}} \tag{6-141}$$

式中:A、A_{net}——毛截面面积和净截面面积;
　　f_y、f_u——屈服强度和极限强度;
　　γ_{M0}、γ_{M2}——材料分项系数,取值分别为1.0和1.25。

(3)在C类连接中,紧固件孔的净截面的设计抗拉承载力应认为是$N_{\text{net,Rd}}$,其按下式计算:

$$N_{\text{net,Rd}} = \frac{A_{\text{net}}f_y}{\gamma_{\text{M0}}} \tag{6-142}$$

2)受压构件强度计算
每个横截面上的压力N_{Ed}的设计值应满足:

$$\frac{N_{\text{Ed}}}{N_{\text{c,Rd}}} \leqslant 1.0 \tag{6-143}$$

横截面均匀受压的设计承载力$N_{\text{c,Rd}}$应按以下方法确定:
对于1、2或3类横截面:

$$N_{\text{c,Rd}} = \frac{Af_y}{\gamma_{\text{M0}}} \tag{6-144}$$

式中:γ_{M0}——安全系数,推荐取值为1.0。
对于4类横截面:

$$N_{\text{c,Rd}} = \frac{A_{\text{eff}}f_y}{\gamma_{\text{M0}}} \tag{6-145}$$

如果螺栓孔中安装了螺栓则受压构件无需考虑螺栓孔洞,但过大尺寸的孔洞或槽孔除外。
对于4类截面,最大纵向应力$\sigma_{x,\text{Ed}}$应满足以下标准:

$$\sigma_{x,\text{Ed}} \leqslant \frac{f_y}{\gamma_{\text{M0}}} \tag{6-146}$$

式中:$\sigma_{x,\text{Ed}}$——由力矩与轴力引起的局部纵向应力的设计值。
应满足以下标准:

$$\frac{N_{\text{Ed}}}{A_{\text{eff}}f_y/\gamma_{\text{M0}}} + \frac{M_{y,\text{Ed}} + N_{\text{Ed}}e_{Ny}}{W_{\text{eff},y,\min}f_y/\gamma_{\text{M0}}} + \frac{M_{z,\text{Ed}} + N_{\text{Ed}}e_{Nz}}{W_{\text{eff},z,\min}f_y/\gamma_{\text{M0}}} \leqslant 1 \tag{6-147}$$

式中：A_{eff}——均布压力下横截面的有效面积；

$W_{eff,min}$——仅承受绕相关轴的力矩的横截面的有效截面模量（与具有最大弹性应力的纤维对应）；

e_N——只受压横截面的相关质心轴的位移。

N_{Ed}、$M_{y,Ed}$、$M_{z,Ed}$ 和 $\Delta M_i = N_{Ed}e_{Ni}$ 的符号取决于相应的直接应力组合。

3）受弯构件强度计算

（1）每个横截面上的弯矩 M_{Ed} 设计值应满足：

$$\frac{M_{Ed}}{M_{c,Rd}} \leq 1.0 \qquad (6-148)$$

（2）绕横截面的一个主轴的设计抗弯承载力确定如下：

对于 1 或 2 类横截面：

$$M_{c,Rd} = M_{pl,Rd} = \frac{W_{pl}f_y}{\gamma_{M0}} \qquad (6-149)$$

对于 3 类横截面：

$$M_{c,Rd} = M_{el,Rd} = \frac{W_{el,min}f_y}{\gamma_{M0}} \qquad (6-150)$$

对于 4 类横截面：

$$M_{c,Rd} = \frac{W_{eff,min}f_y}{\gamma_{M0}} \qquad (6-151)$$

式中：$W_{el,min}$、$W_{eff,min}$——具有最大弹性应力的纤维对应。

（3）如果受拉翼缘满足下列条件，那么受拉翼缘内的紧固件孔可以忽略：

$$\frac{A_{f,net}0.9f_u}{\gamma_{M2}} \geq \frac{A_f f_y}{\gamma_{M0}} \qquad (6-152)$$

式中：A_f——受拉翼缘的面积。

（4）如果由受拉翼缘和腹板受拉区组成的整个受拉区满足（3）中给出的限值，那么无须考虑腹板受拉区内的紧固件孔。

（5）如果横截面受压区的紧固件孔被紧固件填满，那么无须考虑紧固件孔，但尺寸过大的孔和槽孔除外。

4）压弯构件强度计算

（1）1 类和 2 类横截面

①当存在轴力时，应考虑到轴力对塑性弯矩抗力的作用。

②对于 1 类和 2 类横截面，应满足以下标准：

$$M_{Ed} \leq M_{N,Rd} \qquad (6-153)$$

式中：$M_{N,Rd}$——因轴力 N_{Ed} 而折减的设计塑性弯矩抗力。

③无紧固件孔的矩形实心截面的 $M_{N,Rd}$ 应按如下计算：

$$M_{\text{N,Rd}} = M_{\text{pl,Rd}}\left[1 - (N_{\text{Ed}}/N_{\text{pl,Rd}})^2\right] \qquad (6\text{-}154)$$

④对于双对称轴 I 型和 H 型截面或其他翼缘截面,当以下两个标准都满足时,无需考虑轴力对绕 y-y 轴的塑性承载力矩的影响:

$$N_{\text{Ed}} \leqslant 0.25 N_{\text{pl,Rd}} \text{ 且 } N_{\text{Ed}} \leqslant \frac{0.5 h_{\text{w}} t_{\text{w}} f_{\text{y}}}{\gamma_{\text{M0}}} \qquad (6\text{-}155)$$

对于双对称 I 型和 H 型截面,在下述条件下无需考虑到轴力对绕 z-z 轴的塑性承载力矩的影响:

$$N_{\text{Ed}} \leqslant \frac{h_{\text{w}} t_{\text{w}} f_{\text{y}}}{\gamma_{\text{M0}}} \qquad (6\text{-}156)$$

⑤对于不考虑紧固件孔的横截面,以下近似计算可用于标准轧制 I 型或 H 型截面以及带有相等翼缘的焊接 I 型或 H 型截面:

$$M_{\text{N,y,Rd}} = M_{\text{pl,y,Rd}}(1-n)/(1-0.5a) \text{ 且 } M_{\text{N,y,Rd}} \leqslant M_{\text{pl,y,Rd}} \qquad (6\text{-}157)$$

当 $n \leqslant a$ 时:

$$M_{\text{N,z,Rd}} = M_{\text{pl,z,Rd}} \qquad (6\text{-}158)$$

当 $n > a$ 时:

$$M_{\text{N,z,Rd}} = M_{\text{pl,z,Rd}}\left[1 - \left(\frac{n-a}{1-a}\right)^2\right] \qquad (6\text{-}159)$$

式中: $n = N_{\text{Ed}}/N_{\text{pl,Rd}}$, $a = (A - 2b_{\text{tf}})/A$ 且 $a \leqslant 0.5$。

对于没有考虑紧固件孔的横截面,以下近似计算公式可用于具有均匀厚度的矩形结构中空截面以及具有相等翼缘和相等腹板的焊接箱形截面:

$$M_{\text{N,y,Rd}} = M_{\text{pl,y,Rd}}(1-n)/(1-0.5a_{\text{w}}) \text{ 且 } M_{\text{N,y,Rd}} \leqslant M_{\text{pl,y,Rd}} \qquad (6\text{-}160)$$

$$M_{\text{N,z,Rd}} = M_{\text{pl,z,Rd}}(1-n)/(1-0.5a_{\text{f}}) \text{ 且 } M_{\text{N,z,Rd}} \leqslant M_{\text{pl,z,Rd}} \qquad (6\text{-}161)$$

式中,对于中空截面, $a_{\text{w}} = (A - 2b_{\text{t}})/A$ 且 $a_{\text{w}} \leqslant 0.5$;对于焊接箱形截面, $a_{\text{w}} = (A - 2b_{\text{tf}})/A$ 且 $a_{\text{w}} \leqslant 0.5$;对于中空截面, $a_{\text{f}} = (A - 2h_{\text{t}})/A$ 且 $a_{\text{f}} \leqslant 0.5$;对于焊接箱形截面, $a_{\text{f}} = (A - 2h_{\text{tw}})/A$ 且 $a_{\text{f}} \leqslant 0.5$。

⑥对于双轴弯曲,可使用以下标准:

$$\left[\frac{M_{\text{y,Ed}}}{M_{\text{N,y,Rd}}}\right]^{\alpha} + \left[\frac{M_{\text{z,Ed}}}{M_{\text{N,z,Rd}}}\right]^{\beta} \leqslant 1 \qquad (6\text{-}162)$$

式中: α、β——均为常数,可保守地取为整数,否则,按如下规定来取值:

对于 I 型和 H 型截面: $\alpha = 2$; $\beta = 5n$,且 $\beta \geqslant 1$。

对于圆形中空截面: $\alpha = 2$; $\beta = 2$。

对于矩形中空截面: $\alpha = \beta = \dfrac{1.66}{1 - 1.13 n^2}$ 且 $\alpha = \beta \leqslant 6$。其中: $n = N_{\text{Ed}}/N_{\text{pl,Rd}}$。

(2)3 类横截面

如果没有剪力,3 类横截面的最大纵向应力应满足下述标准:

$$\sigma_{x,Ed} \leqslant \frac{f_y}{\gamma_{M0}} \tag{6-163}$$

式中：$\sigma_{x,Ed}$——由力矩与轴力引起的局部纵向应力的设计值。

(3)4 类横截面

对于 4 类横截面：

$$N_{c,Rd} = \frac{A_{eff} f_y}{\gamma_{M0}} \tag{6-164}$$

如果螺栓孔中安装了螺栓则受压构件无需考虑螺栓孔洞，但过大尺寸的孔洞或槽孔除外。

对于 4 类截面，最大纵向应力 $\sigma_{x,Ed}$ 应满足以下标准：

$$\sigma_{x,Ed} \leqslant \frac{f_y}{\gamma_{M0}} \tag{6-165}$$

式中：$\sigma_{x,Ed}$——由力矩与轴力引起的局部纵向应力的设计值。

应满足以下标准：

$$\frac{N_{Ed}}{A_{eff} f_y / \gamma_{M0}} + \frac{M_{y,Ed} + N_{Ed} e_{Ny}}{W_{eff,y,min} f_y / \gamma_{M0}} + \frac{M_{z,Ed} + N_{Ed} e_{Nz}}{W_{eff,z,min} f_y / \gamma_{M0}} \leqslant 1 \tag{6-166}$$

式中：A_{eff}——均布压力下横截面的有效面积。

$W_{eff,min}$——仅承受绕相关轴的力矩的横截面的有效截面模量（与具有最大弹性应力的纤维对应）；

e_N——只受压横截面上轴力相对中性轴的偏心矩。

N_{Ed}、$M_{y,Ed}$、$M_{z,Ed}$ 和 $\Delta M_i = N_{Ed} e_{Ni}$ 的符号取决于相应的直接应力组合。

6.7.4 屈曲抗力计算

1）受压构件屈曲抗力计算

受压构件的屈曲：

$$\frac{N_{Ed}}{N_{b,Rd}} \leqslant 1.0 \tag{6-167}$$

式中：N_{Ed}——压力设计值；

$N_{b,Rd}$——受压构件的设计屈曲抗力。

应按下列各式计算受压构件的设计屈曲抗力：

对于 1、2、3 类横截面：

$$N_{b,Rd} = \frac{\chi A f_y}{\gamma_{M1}} \tag{6-168}$$

对于 4 类横截面：

$$N_{b,Rd} = \frac{\chi A_{eff} f_y}{\gamma_{M1}} \tag{6-169}$$

式中：χ——相关屈曲模态的折减系数；

A——毛截面面积;

A_{eff}——考虑局部屈曲的有效横截面面积;

f_y——材料屈服强度;

γ_{M1}——分项系数,推荐取值为1.1。

对于轴向受压构件,相对长细比$\overline{\lambda}$和χ的值可按照下列公式从相关屈曲曲线中得出:

$$\chi = \frac{1}{\Phi + \sqrt{\Phi^2 - \overline{\lambda}^2}}, \text{其中} \chi \leqslant 1.0 \quad (6-170)$$

$$\Phi = 0.5[1 + \alpha(\overline{\lambda} - 0.2) + \overline{\lambda}^2] \quad (6-171)$$

对于1、2、3类横截面:

$$\overline{\lambda} = \sqrt{\frac{A f_y}{N_{cr}}}$$

对于4类横截面:

$$\overline{\lambda} = \sqrt{\frac{A_{eff} f_y}{N_{cr}}}$$

式中:α——缺陷系数,屈曲曲线对应的缺陷系数α从表6-42查出;

N_{cr}——基于毛横截面特性的相关屈曲模态的弹性临界力;相对长细比$\overline{\lambda}$的折减系数的χ值如图6-32所示,也可见表6-43。

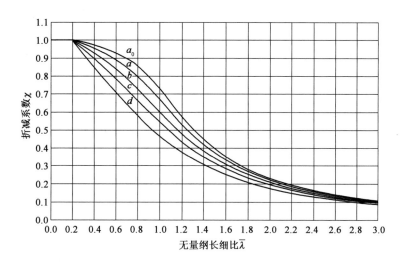

图6-32 屈曲曲线

屈曲曲线对应的缺陷系数　　　　表6-42

屈曲曲线	a_0	a	b	c	d
缺陷系数 α	0.13	0.21	0.34	0.49	0.76

当相对长细比$\overline{\lambda} \leqslant 0.2$或$\frac{N_{Ed}}{N_{cr}} \leqslant 0.04$时,可忽略屈曲效应,仅进行横截面强度验算。横截面屈曲曲线的选择见表6-44。

系 数 χ 取 值　　　　表 6-43

$\bar{\lambda}$	系数 χ				
	a_0	a	b	c	d
0.0	1.0000	1.0000	1.0000	1.0000	1.0000
0.1	1.0000	1.0000	1.0000	1.0000	1.0000
0.2	1.0000	1.0000	1.0000	1.0000	1.0000
0.3	0.9859	0.9775	0.9641	0.9491	0.9235
0.4	0.9701	0.9528	0.9261	0.8973	0.8504
0.5	0.9513	0.9243	0.8842	0.8430	0.7793
0.6	0.9276	0.8900	0.8371	0.7854	0.7100
0.7	0.8961	0.8477	0.7837	0.7247	0.6431
0.8	0.8533	0.7957	0.7245	0.6622	0.5797
0.9	0.7961	0.7339	0.6612	0.5998	0.5208
1.0	0.7253	0.6656	0.5970	0.5399	0.4671
1.1	0.6482	0.5960	0.5352	0.4842	0.4189
1.2	0.5732	0.5300	0.4781	0.4338	0.3762
1.3	0.5053	0.4703	0.4269	0.3888	0.3385
1.4	0.4461	0.4179	0.3817	0.3492	0.3055
1.5	0.3953	0.3724	0.3422	0.3145	0.2766
1.6	0.3520	0.3332	0.3079	0.2842	0.2512
1.7	0.3150	0.2994	0.2781	0.2577	0.2289
1.8	0.2833	0.2702	0.2521	0.2345	0.2093
1.9	0.2559	0.2449	0.2294	0.2141	0.1920
2.0	0.2323	0.2229	0.2095	0.1962	0.1766
2.1	0.2117	0.2036	0.1920	0.1803	0.1630
2.2	0.1937	0.1867	0.1765	0.1662	0.1508
2.3	0.1779	0.1717	0.1628	0.1537	0.1399
2.4	0.1639	0.1585	0.1506	0.1425	0.1302
2.5	0.1515	0.1467	0.1397	0.1325	0.1214
2.6	0.1404	0.1362	0.1299	0.1234	0.1134
2.7	0.1305	0.1267	0.1211	0.1153	0.1062
2.8	0.1216	0.1182	0.1132	0.1079	0.0997
2.9	0.1136	0.1105	0.1060	0.1012	0.0937
3.0	0.1063	0.1036	0.0994	0.0951	0.0882

第6章 桥 梁

横截面屈曲曲线的选择　　　　表6-44

横截面		限值		绕轴屈曲	屈曲曲线	
					S235 S275 S355 S420	S460
轧制截面		$h/b > 1.2$	$t_f \leq 40\text{mm}$	$y-y$ $z-z$	a b	a_0 a_0
			$40\text{mm} < t_f \leq 100$	$y-y$ $z-z$	b c	a a
		$h/b \leq 1.2$	$t_f \leq 100\text{mm}$	$y-y$ $z-z$	b c	a A
			$t_f > 100\text{mm}$	$y-y$ $z-z$	d d	c c
焊接I形截面		$t_f \leq 40\text{mm}$		$y-y$ $z-z$	b c	b c
		$t_f > 40\text{mm}$		$y-y$ $z-z$	c d	c d
中空截面		热轧成型		任意轴	a	a_0
		冷轧成型		任意轴	c	c
焊接箱形截面		通常情况下 （以下情况除外）		任意轴	b	b
		焊接厚度： $a > 0.5t_f$ $b/t_f < 30$ $h/t_w < 30$		任意轴	c	c
U形、T形及实心截面				任意轴	c	c
L形截面				任意轴	b	b

2）弯曲屈曲的长细比

通常对于只是有一个对称轴的构件截面如 I 形截面，扭转稳定可以忽略，但对于十字形、角形截面等汇聚于一点的截面，扭转屈曲可能主导设计。

当弯曲屈曲主导设计值，相对长细比 $\bar{\lambda}$ 由下式给出：

对于 1、2、3 类横截面：

$$\bar{\lambda} = \sqrt{\frac{Af_y}{N_{cr}}} = \frac{L_{cr}}{i}\frac{1}{\lambda_1} \tag{6-172}$$

对于 4 类横截面：

$$\bar{\lambda} = \sqrt{\frac{A_{eff}f_y}{N_{cr}}} = \frac{L_{cr}}{i}\frac{\sqrt{\frac{A_{eff}}{A}}}{\lambda_1} \tag{6-173}$$

$$\lambda_1 = \pi\sqrt{\frac{E}{f_y}} = 93.9\varepsilon$$

$$\varepsilon = \sqrt{\frac{235}{f_y}}$$

式中：L_{cr}——所考虑的屈曲面上的屈曲长度；

i——绕相关轴的回转半径，利用毛横截面的特性确定。

3）扭转和弯扭屈曲长细比

对于开口截面，应该考虑可能发生扭转或弯扭屈曲，相对长细比 $\bar{\lambda}_T$ 按下列公式计算：

对于 1、2、3 类横截面：

$$\bar{\lambda}_T = \sqrt{\frac{Af_y}{N_{cr}}} \tag{6-174}$$

对于 4 类横截面：

$$\bar{\lambda}_T = \sqrt{\frac{A_{eff}f_y}{N_{cr}}} \tag{6-175}$$

式中：N_{cr}——$N_{cr} = N_{cr,TF}$，且 $N_{cr} < N_{cr,T}$；

$N_{cr,TF}$——弹性弯扭屈曲力；

$N_{cr,T}$——弹性扭转屈曲力。

4）受弯构件屈曲抗力

应采用下式检验承受主轴弯曲的侧向无约束构件对侧扭屈曲的抵抗能力：

$$\frac{M_{Ed}}{M_{b,Rd}} \leqslant 1.0 \tag{6-176}$$

式中：M_{Ed}——力矩的设计值；

$M_{b,Rd}$——设计屈曲抵抗力矩。

侧向无约束梁的设计屈曲抵抗力矩应根据下式计算：

$$M_{b,Rd} = \chi_{LT}W_y\frac{f_y}{\gamma_{M1}} \tag{6-177}$$

式中：W_y——截面模量，对于 1、2 类横截面 $W_y = W_{pl,y}$，对于 3 类横截面 $W_y = W_{el,y}$，对于 4 类横截面 $W_y = W_{eff,y}$。

5)一般情况下侧扭屈曲曲线

χ_{LT} 表示侧扭屈曲的折减系数,按下式计算:

$$\chi_{LT} = \frac{1}{\Phi_{LT} + \sqrt{\Phi_{LT}^2 - \bar{\lambda}_{LT}^2}}, \chi_{LT} \leq 1.0 \quad (6-178)$$

式中:$\Phi_{LT} = 0.5[1 + \alpha_{LT}(\bar{\lambda}_{LT} - 0.2) + \bar{\lambda}_{LT}^2]$,其中 α_{LT} 为缺陷系数,建议值见表6-45。

侧扭屈曲曲线的缺陷系数建议值　　表6-45

屈曲曲线	A	b	c	d
耗散系数 α_{LT}	0.21	0.34	0.49	0.76

侧扭屈曲曲线取决于横截面的类型以及量的高度与宽度之比,见表6-46。

横截面的侧扭屈曲曲线建议值　　表6-46

横截面	限值	屈曲曲线
轧制I形截面	$h/b \leq 2$ $h/b > 2$	a b
焊接I形截面	$h/b \leq 2$ $h/b > 2$	c d
其他横截面	—	d

侧扭屈曲相对长细比 $\bar{\lambda}_{LT}$ 计算如下:

$$\bar{\lambda}_{LT} = \sqrt{\frac{W_y f_y}{M_{cr}}} \quad (6-179)$$

式中:M_{cr}——基于毛截面特性并且考虑了加载条件、实际力矩分布和侧向约束计算的侧扭屈曲的弹性临界力矩。

当相对长细比 $\bar{\lambda}_{LT} \leq \bar{\lambda}_{LT,0}$ 或当 $\frac{M_{Ed}}{M_{cr}} \leq \bar{\lambda}_{LT,0}^2$ 时,可忽略侧扭屈曲效应,仅进行横截面验算。

6)轧制截面或等效焊接截面的侧扭屈曲曲线

对于受弯的轧制或等效焊接截面,适用于适当的无量纲长细比的 χ_{LT} 的值可根据下式确定:

$$\chi_{LT} = \frac{1}{\Phi_{LT} + \sqrt{\Phi_{LT}^2 - \beta\bar{\lambda}_{LT}^2}}, \text{且} \begin{cases} \chi_{LT} \leq 1.0 \\ \chi_{LT} \leq \frac{1}{\bar{\lambda}_{LT}^2} \end{cases} \quad (6-180)$$

式中:$\Phi_{LT} = 0.5[1 + \alpha_{LT}(\bar{\lambda}_{LT} - \bar{\lambda}_{LT,0}) + \beta\bar{\lambda}_{LT}^2]$,对于轧制截面或等效焊接截面,建议 $\bar{\lambda}_{LT,0} = 0.4$(最大值),$\beta = 0.75$(最小值),屈曲曲线的建议值见表6-47。

横截面的侧扭屈曲曲线建议值　　表6-47

横截面	限值	屈曲曲线
轧制I形截面	$h/b \leq 2$ $h/b > 2$	b c
焊接I形截面	$h/b \leq 2$ $h/b > 2$	c d

为了考虑构件的侧向约束之间的弯矩分布,折减系数 χ_{LT} 可作如下修正:

$$\chi_{LT,mod} = \frac{\chi_{LT}}{f}, \chi_{LT,mod} \leq 1 \tag{6-181}$$

f 推荐值如下:

$$f = 1 - 0.5(1 - k_c)[1 - 2.0(\bar{\lambda}_{LT} - 0.8)^2], f \leq 1.0 \tag{6-182}$$

式中:k_c——修正系数,取值见表6-48。

修正系数 k_c 表6-48

弯矩分布	k_c
$\psi = 1$	1.0
$-1 \leq \psi \leq 1$	$\dfrac{1}{1.33 - 0.33\psi}$
	0.94
	0.90
	0.91
	0.86
	0.77
	0.82

7)压弯构件屈曲抗力计算

承受了组合弯曲和轴向压力作用的构件应满足:

$$\frac{N_{Ed}}{\frac{\chi_y N_{Rk}}{\gamma_{M1}}} + k_{yy}\frac{M_{y,Ed} + \Delta M_{y,Ed}}{\chi_{LT}\frac{M_{y,Rk}}{\gamma_{M1}}} + k_{yz}\frac{M_{z,Ed} + \Delta M_{z,Ed}}{\frac{M_{z,Rk}}{\gamma_{M1}}} \leq 1 \tag{6-183}$$

$$\frac{N_{Ed}}{\frac{\chi_z N_{Rk}}{\gamma_{M1}}} + k_{zy}\frac{M_{y,Ed} + \Delta M_{y,Ed}}{\chi_{LT}\frac{M_{y,Rk}}{\gamma_{M1}}} + k_{zz}\frac{M_{z,Ed} + \Delta M_{z,Ed}}{\frac{M_{z,Rk}}{\gamma_{M1}}} \leq 1 \tag{6-184}$$

式中:N_{Ed}、$M_{y,Ed}$、$M_{z,Ed}$——压力的设计值、沿构件方向绕 y-y 轴和 z-z 轴的最大力矩;

$\Delta M_{y,Ed}$、$\Delta M_{z,Ed}$——由于形心轴线的位移引起的4类横截面的力矩,见表6-49;

χ_y、χ_z——弯曲屈曲折减系数；

χ_{LT}——侧扭屈曲折减系数；

k_{yy}、k_{yz}、k_{zy}、k_{zz}——相互作用系数。

$N_{Rk} = f_y A_i$，$M_{i,Rk} = f_y W_i$ 和 $\Delta M_{i,Ed}$ 的值   表6-49

类 型	1	2	3	4
A_i	A	A	A	A_{eff}
W_y	$W_{pl,y}$	$W_{pl,y}$	$W_{el,y}$	$W_{eff,y}$
W_z	$W_{pl,z}$	$W_{pl,z}$	$W_{el,z}$	$W_{eff,z}$
$\Delta M_{y,Ed}$	0	0	0	$e_{N,y} N_{Ed}$
$\Delta M_{z,Ed}$	0	0	0	$e_{N,z} N_{Ed}$

注：对于不易受扭转变形影响的构件 χ_{LT} 的值将为 1.0。

相互作用系数 k_{yy}、k_{yz}、k_{zy}、k_{zz} 取决于所选用的方法。相互作用系数 k_{yy}、k_{yz}、k_{zy}、k_{zz} 由两种备选方法得出。这些系数的值可从 EN 1993-1-1 附录 A（备选方法1）或附录 B（备选方法2）中得出。

6.8 钢结构连接验算

6.8.1 焊缝一般规定

1）角焊缝

（1）角焊缝可以用于连接部分呈 60°~120°角的连接。

（2）角度小于 60°时，也允许使用角焊缝，但是在这种情形下，应将焊缝视为部分焊透的对接焊缝。

（3）当角度大于 120°时，角焊缝的抗力应根据 EN 1990 附录 D 计算。

（4）部件端部或侧面的角焊缝处理应为连续绕焊，焊缝应为全尺寸的，转角附近的距离至少为焊脚长度的 2 倍，除非这种做法不能实现。对于间断焊缝，此规则仅适用于转角处的最后一个间断角焊缝。

（5）在图纸上应标出端部绕焊。

2）间断角焊缝

（1）在腐蚀环境中，不应使用间断角焊缝。

（2）在间断角焊缝中，每个焊缝长度 L_w 的端部之间的间隙（L_1 或 L_2）应符合图 6-33 中的要求。

（3）在间断角焊缝中，两端焊缝间距（L_1 或 L_2）为同侧或对异侧两焊缝端部距离的较小值。

（4）在间断角焊缝中，在连接部分的端部应始终有一定长度的焊缝。

（5）在板通过间断角焊缝连接的组合构件中，应在板的每侧提供连续角焊缝，每端的长度至少等于窄板宽度的 3/4（图 6-33）。

间断角焊缝应满足以下要求：

$$L_{we} \geq \min\{0.75b, 0.75b_1\}$$

对于受拉构件：

$$L_1 \leq \min\{16t, 16bt_1, 200\text{mm}\}$$

对于受压或受剪构件：

$$L_2 \leqslant \min\{12t, 12t_1, 0.25b, 200\text{mm}\}$$

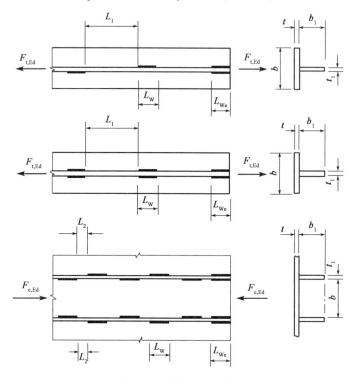

图 6-33　间断角焊缝连接

3）全面角焊缝

(1) 由圆形孔或拉长孔角焊缝组成的全面角焊缝，可仅用于传递剪切或防止屈曲或防止搭接部分分离。

(2) 全面角焊缝的圆形孔直径或拉长孔宽度应不小于包含了该孔的部分的厚度的 4 倍。

(3) 除了那些端部延伸到相关部分边缘的孔外，拉长孔的端部应是半圆形的。

(4) 全面角焊缝间中心至中心的间距应不超过防止局部屈曲所需的值。

4）对接焊缝

(1) 全焊透对接焊缝的定义为：在整个接头厚度上完全焊透且焊缝和母材熔合的焊缝。

(2) 部分焊透对接焊缝的定义为：接头焊透层厚度小于母材厚度的焊缝。

(3) 不应使用间断对接焊缝。

5）塞焊缝

(1) 塞焊缝可用于：

①传递剪力。

②防止屈曲或防止搭接部分的分离。

③使组合构件的部件相互连接。

但是不应用来承载外部施加拉力。

(2) 塞焊缝的圆形孔直径或拉长孔宽度应至少超过包含孔部分的厚度 8mm。

(3) 拉长孔的端部应是半圆形或其他有转角的形状(其圆的半径不小于包括槽的部分的厚度),但那些延伸到相关部分边缘的端部除外。

(4) 厚度小于等于16mm的母材的塞焊缝的厚度应等于母材厚度。若母材厚度超过16mm,则其中的塞焊缝的厚度应至少是母材厚度的一半,并且不小于16mm。

(5) 塞焊缝间中心至中心的间距应不超过防止局部屈曲所需的值。

6) 喇叭形坡口焊缝

对于实心钢筋,当喇叭形坡口焊缝正好与钢筋的实心型钢表面平齐配合时,喇叭形坡口焊缝有效焊脚尺寸见图6-34。

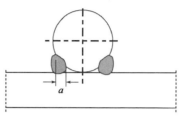

图6-34 喇叭形坡口焊缝有效焊脚尺寸

6.8.2 焊缝计算

本节的规定适用于符合 EN 1993-1-1 要求的可焊接结构钢及厚度达到4mm或以上的材料。焊接耗材的屈服强度、极限抗拉强度、破坏伸长和填充金属的夏比V形缺口能量值的最小值,应与母材相同,或优于母材。

1) 角焊缝有效长度

角焊缝的有效长度 l 应取全尺寸角焊缝的长度。这个长度可以认为是:焊缝的总长减去两倍的有效焊脚厚度 a。如果包括了起点和终点的总长度上焊缝是全尺寸的,则无须进行焊缝有效长度折减。当有效长度小于30mm或6倍焊脚厚度时,角焊缝不应设计用于传递荷载。

2) 角焊缝的有效焊脚高度

欧洲规范角焊缝的有效焊脚高度 a 如图6-35所示,焊透角焊缝的有效焊脚高度如图6-36所示,角焊缝的有效焊脚高度应不小于3mm。

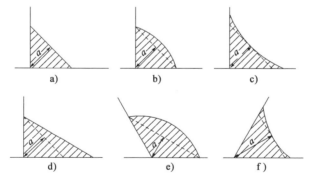

图6-35 欧洲规范角焊缝有效焊脚高度

3) 角焊缝的设计抗力(定向法)

(1) 在这个方法中,通过单位长度焊缝传递的力被分解成与焊缝的纵轴平行并与其焊脚平面正交和相切的分量。

(2) 设计焊脚面积 A_w 应按 $A_w = \sum a l_{eff}$ 取值。

(3) 设计焊脚面积的位置应假定集中在焊缝根部。

(4) 在焊缝的焊脚截面上应假定应力均匀分布,如图6-37所示的正应力和剪应力为:

①$\sigma_\perp$为与焊脚垂直的正应力。
②$\sigma_\parallel$为与焊缝轴平行的正应力。
③$\tau_\perp$为与焊缝轴垂直的剪应力(在焊脚平面内)。
④$\tau_\parallel$为与焊缝轴平行的剪应力(在焊脚平面内)。

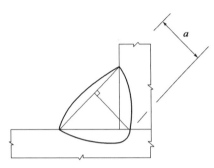

图6-36 焊透角焊缝有效焊脚高度

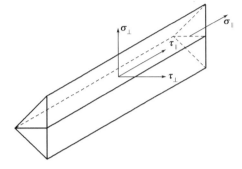

图6-37 焊脚应力

(5)在验证焊缝的设计承载力时,不用考虑与轴平行的正应力$\sigma_\parallel$。

(6)当以下两种条件都满足时,则认为角焊缝的设计抗力达到要求:

$$[\sigma_\perp^2 + 3(\tau_\perp^2 + \tau_\parallel^2)]^{0.5} \leq f_u/(\beta_w \gamma_{M2}) \quad (6\text{-}185)$$

$$\sigma_\perp \leq 0.9 f_u/\gamma_{M2} \quad (6\text{-}186)$$

式中: f_u——连接部分极限抗拉强度的较小值;

β_w——相关系数按表6-50取值;

γ_{M2}——推荐取值为1.25。

$\sigma_\perp$、$\tau_\perp$、$\tau_\parallel$——由焊缝形式、受外力大小等决定的焊缝应力。

角焊缝的相关系数β_w 表6-50

标准和钢材等级			相关系数β_w
EN 10025	EN 10210	EN 10219	
S 235 S 235 W	S 235 H	S 235 H	0.8
S275 S 275 N/NL S 275 M/ML	S 275 H S 275 NH/NLH	S275 H S 275 NH/NLH S 275 MH/MLH	0.85
S 355 S 355 N/NL S 355 M/ML S 355 W	S 355 H S 355 NH/NLH	S 355 H S 355 NH/NLH S 355 MH/MLH	0.9
S 420 N/NL S 420 M/ML		S 420 MH/MLH	1.0
S 460 N/NL S 460 M/ML S 460 Q/QL/QL1	S 460 NH/NLH	S 46 0 NH/NLH S 460 MH/MLH	1.0

(7)应使用具有较低强度等级的钢材的特性来对具有不同材料强度等级的部分之间的焊

缝进行设计。

4) 角焊缝的设计抗力(简化方法)

如果在沿焊缝长度的每点上,通过焊缝传递的单位长度的所有力的合力满足以下标准,那么可假定角焊缝的设计抗力是充足的:

$$F_{w,Ed} \leqslant F_{w,Rd} \tag{6-187}$$

式中:$F_{w,Ed}$——单位长度焊缝力的设计值;

$F_{w,Rd}$——单位长度焊缝的设计抗力。

单位长度设计抗力 $F_{w,Rd}$ 应按下式确定:

$$F_{w,Rd} = f_{vw,d} a \tag{6-188}$$

式中:$f_{vw,d}$——焊缝的设计抗剪强度。

焊缝的设计抗剪强度 $f_{vw,d}$ 应按下式确定:

$$f_{vw,d} = \frac{f_u/\sqrt{3}}{\beta_w \gamma_{M2}} \tag{6-189}$$

式中:f_u——连接部分极限抗拉强度较小值;

β_w——相关系数按表 6-50 取值。

5) 对接焊缝的设计抗力

(1) 全焊透对接焊缝

全焊透对接焊缝的设计抗力应取值为等于连接部分中较弱部分的设计抗力,因此需要选择合适的焊材,使其具有较小的屈服强度和较小的抗拉强度,但不小于对应母材的强度。

(2) 部分焊透对接焊缝

①部分焊透对接焊缝的设计抗力计算方法同角焊缝。

②部分焊透对接焊缝的焊脚厚度应不超过规定能够焊透的厚度。

(3) 塞焊缝的设计抗力

塞焊缝的设计抗力 $F_{w,Rd}$ 应按下式取值:

$$F_{w,Rd} = f_{vw,d} A_w \tag{6-190}$$

式中:$f_{vw,d}$——焊缝的设计抗剪强度;

A_w——设计焊脚面积。

6.8.3 螺栓计算

欧洲规范中给出的螺栓等级分别为 4.6、4.8、5.6、5.8、6.8、8.8 和 10.9,螺栓的屈服强度 f_{yb} 和极限抗拉强度 f_{ub} 见表 6-51。

螺栓屈服强度 f_{yb} 和极限抗拉强度 f_{ub} 的公称值   表 6-51

螺栓等级	4.6	4.8	5.6	5.8	6.8	8.8	10.9
$f_{yb}(N/mm^2)$	240	320	300	400	480	640	900
$f_{ub}(N/mm^2)$	400	400	500	500	600	800	1000

欧洲规范螺栓连接类型分为:剪力连接和拉力连接。

(1) 剪力连接分类

①A 类:承压型。

在这种类型的螺栓连接中,应使用等级为4.6~10.9(包括10.9)的螺栓。连接表面不要求有预荷载,也无特殊规定。设计极限剪切荷载应不超过设计抗剪承载力,也不应超过设计承压承载力。

②B类:正常使用极限状态下发生滑移。

在这种类型的螺栓连接中,应使用预紧螺栓。在正常使用极限状态下不应出现滑动。设计正常使用剪切荷载应不超过设计抗滑力。设计极限剪切荷载不应超过设计抗剪承载力,也不应超过设计承压承载力。

③C类:承载能力极限状态下发生滑移。

在这种类型的螺栓连接中,应使用预紧螺栓。在承载能力极限状态下不应出现滑动。设计极限剪切荷载应不超过设计抗滑力,也不应超过设计抗压承载力。另外,对于受拉连接,应在承载能力极限状态下验算螺栓孔处的净横截面设计塑性抗力。

(2)拉力连接分类

①D类:非预紧螺栓连接。

在这种类型的螺栓连接中,应使用等级为4.6~10.9(包括10.9)的螺栓。不要求有预荷载。当连接经常承受拉伸加载振动时,不应使用这种类型的螺栓连接。但是,其可来承载普通风荷载。

②E类:预紧螺栓连接等级为8.8和10.9的预紧螺栓。

1)螺栓受拉抗力

螺栓受拉的极限承载力$F_{t,Rd}$计算如下:

$$F_{t,Rd} = \frac{k_2 \cdot f_{ub} \cdot A_s}{\gamma_{M2}} \quad (6\text{-}191)$$

式中:k_2——考虑螺栓类型的系数,对于埋头螺栓取0.63,其他取0.9;

A_s——螺杆面积;

f_{ub}——螺栓极限抗拉强度;

γ_{M2}——安全系数,推荐取值1.25。

埋头螺栓的大小尺寸应满足相应要求,否则应按照要求调整。

板的冲剪承载力$B_{p,Rd}$计算如下:

$$B_{p,Rd} = \frac{0.6 \cdot \pi \cdot d_m \cdot t_p \cdot f_u}{\gamma_{M2}} \quad (6\text{-}192)$$

式中:f_u、t_p——板的极限抗拉强度和板的厚度;

d_m——螺帽和螺栓头直径的较小值。

2)螺栓受剪抗力

螺栓受剪承载力分为两种情况考虑。

如果剪切面穿过螺杆的螺纹部分(A_s为螺栓面积),抗剪承载力$F_{v,Rd}$计算如下:

对于等级为4.6、5.6、8.8的螺栓:

$$F_{v,Rd} = \frac{0.6 \cdot f_{ub} \cdot A_s}{\gamma_{M2}} \quad (6\text{-}193)$$

对于等级为4.8、5.8、6.8和10.9的螺栓:

$$F_{v,Rd} = \frac{0.5 \cdot f_{ub} \cdot A_s}{\gamma_{M2}} \tag{6-194}$$

如果剪切面穿过螺杆的无螺纹部分(A 为毛截面面积),抗剪承载力$F_{v,Rd}$计算如下:

$$F_{v,Rd} = \frac{0.6 \cdot f_{ub} \cdot A}{\gamma_{M2}} \tag{6-195}$$

对于等级为 4.8、5.8、6.8、8.8 和 10.9 的螺栓,设计抗剪承载力应取上述计算值的 0.85 倍。

3)螺栓承压抗力

单个螺栓承压抗力为:

$$F_{b,Rd} = \frac{k_1 \cdot a_b \cdot f_u \cdot d \cdot t}{\gamma_{M2}} \tag{6-196}$$

式中:d——螺栓直径;

t、f_u——板的厚度和极限强度;

γ_{M2}——材料分项系数;

k_1、a_b——与材料连接尺寸有关的系数。

(1)在荷载传递方向

对于边缘螺栓:

$$\alpha_b = \min\left\{\frac{e_1}{3 \times d_0}; \frac{f_{ub}}{f_u}; 1.0\right\} \tag{6-197}$$

对于内部螺栓:

$$\alpha_b = \min\left\{\frac{p_1}{3 \cdot d_0} - \frac{1}{4}; \frac{f_{ub}}{f_u}; 1.0\right\} \tag{6-198}$$

(2)在荷载传递的垂直方向上

对于边缘螺栓:

$$k_1 = \min\left\{\frac{2.8e_2}{d_0} - 1.7; 2.5\right\} \tag{6-199}$$

对于内部螺栓:

$$k_1 = \min\left\{\frac{1.4p_2}{d_0} - 1.7; 2.5\right\} \tag{6-200}$$

当孔尺寸过大时,承压承载力应乘以折减系数 0.8;对于在槽孔中的螺栓(槽孔纵轴与力传递方向垂直),承压承载力应乘以折减系数 0.6;对于埋头螺栓,承压抗力的计算应基于板厚度 t,t 等于连接板厚度减去一半的埋头孔高度。

4)螺栓拉剪组合抗力

对于受拉剪组合的螺栓,应满足下式要求:

$$\frac{F_{v,Ed}}{F_{v,Rd}} + \frac{F_{t,Ed}}{1.4 \times F_{t,Rd}} \leq 1 \tag{6-201}$$

式中:$F_{v,Rd}$、$F_{t,Rd}$——螺栓的设计抗剪和设计抗拉承载力;

$F_{v,Ed}$、$F_{t,Ed}$——螺栓的设计剪力和设计拉力。

5) 螺栓抗滑承载力

如果采用预紧螺栓，只能采用螺栓等级为 8.8 和 10.9 的高强螺栓，高强螺栓设计预紧力 $F_{p,cd}$ 计算如下：

$$F_{p,Cd} = \frac{0.7 \cdot f_{ub} \cdot A_s}{\gamma_{M7}} \quad (6-202)$$

对于螺栓等级为 8.8 和 10.9 的高强螺栓的设计抗滑力 $F_{s,Rd}$ 为：

$$F_{s,Rd} = \frac{k_s \cdot n \cdot \mu}{\gamma_{M3}} \cdot F_{p,C} \quad (6-203)$$

设计预紧力 $F_{p,C}$ 计算如下：

$$F_{p,C} = 0.7 \cdot f_{ub} \cdot A_s \quad (6-204)$$

式中：μ——滑动系数（表6-52）；

γ_{M3}、γ_{M7}——安全系数推荐取值分别为 1.25 和 1.1；

k_s——取决于孔类型的安全系数（表6-53）。

预紧螺栓的滑动系数 μ 表6-52

摩擦面的分类（见1.2.7 参考标准：第7组）	滑动系数 μ
A	0.5
B	0.4
C	0.3
D	0.2

k_s 取值 表6-53

说　明	k_s
普通孔中的螺栓	1.0
在尺寸过大的孔中或短槽孔中的螺栓（槽的轴线与荷载传递方向垂直）	0.85
在长槽孔中的螺栓（槽的轴线荷载传递方向垂直）	0.7
短槽孔中的螺栓（槽的轴线与荷载传递方向平行）	0.76
长槽孔中的螺栓（槽的轴与荷载传递方向平行）	0.63

6) 预紧螺栓拉剪组合抗力

对于 B 类螺栓（即正常使用状态发生滑移的预紧螺栓）：

$$F_{s,Rd,ser} = \frac{k_s n \mu \cdot (F_{p,C} - 0.8 F_{t,Ed,ser})}{\gamma_{M3,ser}} \quad (6-206)$$

式中：$\gamma_{M3,ser}$——推荐值为 1.1。

对于 C 类螺栓（即承载能力极限状态发生滑移的预紧螺栓）：

$$F_{s,Rd} = \frac{k_s n \mu \cdot (F_{p,C} - 0.8 F_{t,Ed})}{\gamma_{M3}} \quad (6-207)$$

式中：γ_{M3}——推荐值为 1.25。

6.8.4 螺栓构造

(1) 螺栓和铆钉最小和最大间距、端距和边距见表6-54。
(2) 对于易于疲劳的结构,其最小和最大间距、端距和边距见 EN 1993-1-9。

最小和最大间距、端距和边距　　　　表 6-54

距离和间距, 见图 6-38	最小值	最大值[①][②][③]		
		使用符合 EN 10025 规定的钢材制成的结构 (不包括符合 EN 10025-5 规定的钢材)		使用符合 EN 10025-5 规定的 钢材制成的结构
		暴露在大气环境下或受到 其他腐蚀影响的钢材	没有暴露在大气环境下或 受到其他腐蚀影响的钢材	所使用的不受保护的钢材
端距 e_1	$1.2d_0$	$4t+40$mm		$8t$ 或 125mm 二者中的较大值
边距 e_2	$1.2d_0$	$4t+40$mm		$8t$ 或 125mm 二者中的较大值
槽孔中的距离 e_3	$1.5d_0$[④]			
槽孔中的距离 e_4	$1.5d_0$[④]			
间距 p_1	$2.2d_0$	$14t$ 或 200mm 二者中的较小值	$14t$ 或 200mm 二者中的较小值	$14t_{min}$ 或 175mm 二者中的较小值
间距 $p_{1,0}$		$14t$ 或 200mm 二者中的较小值		
间距 $p_{1,i}$		$28t$ 或 400mm 二者中的较小值		
间距 p_2[⑤]	$2.4d_0$	$14t$ 或 200mm 二者中的较小值	$14t$ 或 200mm 二者中的较小值	$14t_{min}$ 或 175mm 二者中的较小值

注:① 除了以下情形,间距、边距和端距的最大值均无限制:
　　— 为了避免局部屈曲和防止外露构件腐蚀而设置的受压构件;
　　— 为防止腐蚀而设置的外露受构件。
② 紧固件之间受压板的局部屈曲抗力应根据 EN 1993-1-1 的规定计算,使用 0.6 p_1 作为屈曲长度。当 p_1/t 小于 9ε 时,无需检验紧固件之间的局部屈曲。对于受压构件中的外伸元件,边距应不超过局部屈曲要求,见 EN 1993-1-1。端距不受此要求影响。
③ t 表示较薄的外部连接部分的厚度。
④ 槽孔的尺寸限值 EN 1090-2。
⑤ 如果任何两个紧固件之间的最小距离 L 大于或等于 $2.4d_0$ [图 6-38b)],那么对于错列的紧固件,可使用最小直线间距 $p_2=1.2d_0$。

包括在承压长度内的配合螺栓螺纹部分的长度(图 6-39)应不超过板厚的 1/3。
在仅有一行螺栓的单搭接节点中,应在螺栓头和螺母下给螺栓配上垫圈(图 6-40)。

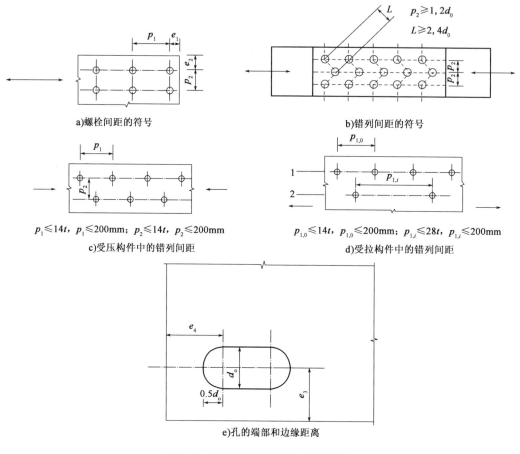

图 6-38 紧固件端距、边距和间距的符号

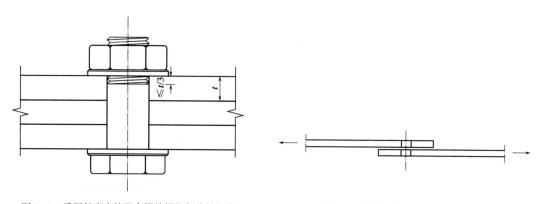

图 6-39 承压长度内的配合螺栓螺纹部分的长度　　图 6-40 带有一行螺栓的单搭接节点

对于等级为 8.8 或 10.9 的螺栓,硬化垫圈应用于仅带一个螺栓或一行螺栓的单搭接节点。

当传递剪切荷载和承压的螺栓或铆钉穿过垫板的总厚度 t_p 超过 $d/3$ 时(d 为螺栓的公称直径,见图 6-41)设计抗剪承载力 $F_{vR,d}$ 应乘以折减系数 β_p:

$$\beta_{p} = \frac{9d}{8d + 3t_{p}}, \beta_{p} \leq 1 \tag{6-208}$$

对于拼接两侧均有垫板的受剪连接，t_p 应取值为较厚垫板的厚度。

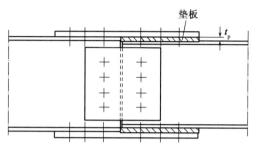

图 6-41 带垫板的螺栓

6.9 基本构造要求

6.9.1 混凝土保护层

1) 概述

(1) 混凝土保护层是指最接近混凝土表面的钢筋表面(包括箍筋以及表面的相关钢筋)与最接近混凝土表面之间的距离。

(2) 应在施工图纸上指明标准保护层。名义保护层可以定义为最小保护层厚度 c_{min} 加上设计容许偏差 Δc_{dev}：

$$c_{nom} = c_{min} + \Delta c_{dev} \tag{6-209}$$

2) 最小保护层 c_{min}

(1) 最小混凝土保护层 c_{min} 应确保：

①安全的传递黏结力。

②防止钢筋腐蚀(耐久性)。

③有效防火(见 EN 1992-1-2)。

(2) 应使用满足黏结和环境条件要求的 c_{min} 较大值。

$$c_{min} = \max\{c_{min,b}; c_{min,dur} + \Delta c_{dur,\gamma} - \Delta c_{dur,st} - \Delta c_{dur,add}; 10mm\} \tag{6-210}$$

式中：$c_{min,b}$——黏结要求的最小保护层；

$c_{min,dur}$——环境条件的最小保护层；

$\Delta c_{dur,\gamma}$——其他安全因素；

$\Delta c_{dur,st}$——使用小应变的钢筋造成的最小保护层折减；

$\Delta c_{dur,add}$——采用其他保护措施而造成的最小保护层折减；

(3) 为了安全传递黏结力和确保混凝土的有效压实，最小保护层应不小于表 6-55 中的 $c_{min,b}$。

黏结要求的最小保护层 $c_{min,b}$ 表 6-55

钢筋布置	黏结要求
	最小保护层 $c_{min,b}$ ①
分散	钢筋的直径
捆扎	等效直径 ϕ_n

注：有关某一国家所使用的后张拉黏结预应力筋圆形和矩形导管以及先张拉预应力筋的 $c_{min,b}$ 值，可以查阅该国的国家附件。

① 如果集料最大名义尺寸大于 32mm，则 $c_{min,b}$ 应增大 5mm。

后张法预应力管道 $c_{min,b}$ 推荐值为：

圆形管：直径；

矩形管：大于较小尺寸，或者较大尺寸的一半；

对于 80mm 以上的圆形管或矩形管，不做要求。

先张拉预应力筋的推荐值为：

1.5 × 钢绞线或者普通钢丝的直径；

2.5 × 交错钢丝的直径。

（4）对于预应力筋，锚固件的最小保护层应符合"欧洲技术许可"中的相关规定。

（5）需要结合暴露等级和结构类别确定普通混凝土中钢筋和预应力筋的最小保护层值 $c_{min,dur}$（表 6-56、表 6-57）。

与 EN 206-1 中所述环境条件有关的暴露等级 表 6-56

分类	环境描述	可能出现暴露等级的示例
1 没有侵蚀或腐蚀风险		
X0	对于没有钢筋或嵌入金属的混凝土：除冷冻/解冻、磨损或化学侵蚀以外的所有暴露 对于有钢筋或嵌入金属的混凝土：非常干燥	空气湿度很低时，建筑物内的混凝土
2 由碳化作用诱发的腐蚀		
XC1	干燥或者长期潮湿	空气湿度较低情况下，建筑物内的混凝土 长期浸于水中的混凝土
XC2	潮湿，非常干燥	混凝土表面与水长期接触 众多基础
XC3	中等湿度	中度或较高空气湿度条件下，建筑物内的混凝土 有防雨保护的外部混凝土
XC4	湿-干循环	与水接触的混凝土表面，不属于暴露等级 XC2
3 由氯化物诱发的腐蚀		
XD1	中度潮湿	与空气传播氯化物接触的混凝土表面
XD2	潮湿，非常干燥	游泳池 与含有氯化物的工业用水接触的混凝土部件
XD3	湿-干循环	与含有氯化物的喷雾接触的桥梁部位 铺筑过的路面 停车地板

续上表

分类	环 境 描 述	可能出现暴露等级的示例
4 由海水中氯化物诱发的腐蚀		
XS1	与空气中的盐接触,但不直接接触海水	接近海岸的建筑物
XS2	长期浸在水中	部分浸入水中的结构
XS3	潮汐、淋水和喷雾区	部分浸入水中的结构
5 冷冻/解冻侵蚀		
XF1	中等水浸润,没有除冰剂	暴露在雨水和冰冻条件下的垂直混凝土表面
XF2	中等水浸润,有除冰剂	接触冰冻和空气中除冰剂的路面结构的垂直混凝土表面
XF3	高等水浸润,没有除冰剂	暴露在雨水和冰冻条件下的水平混凝土表面
XF4	高等水浸润,有除冰剂或海水	接触除冰剂的路面和桥面 与含有除冰剂和防冻剂的直接喷射接触的混凝土表面 暴露在冰冻条件下的水下结构浪溅带
6 化学侵蚀		
XA1	符合 EN 206-1 的表 2 要求的轻度侵蚀性化学环境	天然污垢和地下水
XA2	符合 EN 206-1 的表 2 要求的中度侵蚀性化学环境	天然污垢和地下水
XA3	符合 EN 206-1 的表 2 要求的高度侵蚀性化学环境	天然污垢和地下水

推荐的结构分类 表6-57

标准	结构分类 符合表6-56的暴露等级						
	X0	XC1	XC2/XC3	XC4	XD1	XD2/XS1	XD3/XS2/XS3
设计使用寿命为100年	等级增加2	等级增加2	等级增加2	等级增加2	等级增加2	等级增加2	等级增加2
强度等级	≥C30/37 等级减少1	≥C30/37 等级减少1	≥C35/45 等级减少1	≥C40/50 等级减少1	≥C40/50 等级减少1	≥C40/50 等级减少1	≥C45/55 等级减少1
几何平板构件(钢筋位置不受施工程序影响)	等级减少1	等级减少1	等级减少1	等级减少1	等级减少1	等级减少1	等级减少1
特殊质量混凝土生产控制	等级减少1	等级减少1	等级减少1	等级减少1	等级减少1	等级减少1	等级减少1

注:1. 强度等级和 W/C 比值被视为相关值。可以考虑特殊成分(混凝土类型,W/C 值,细填料),以生产低渗透性的材料。
2. 如果使用4%以上的加气剂,可以降低一个强度等级。

表6-58(钢筋)~表6-59(预应力钢)给出了 $c_{\min,\mathrm{dur}}$ 的推荐值。

(6)混凝土保护层应按其他安全因素 $\Delta c_{\mathrm{dur},\gamma}$ 增加。

注:有关某一国家所使用的 $\Delta c_{\mathrm{dur},\gamma}$ 值,可以查阅该国的国家附录。在没有进一步说明的情况下,推荐值为0。

(7)如果使用低应变钢筋或者采取了其他特殊措施,则最小保护层可以减少 $\Delta c_{\mathrm{dur,st}}$。这种情况下,应考虑对所有相关材料特性的影响,包括黏结。

注:有关某一国家所使用的 $\Delta c_{\mathrm{dur,st}}$ 值,可以查阅国的国家附录。在没有进一步说明的情况下,推荐值为0。

根据 EN 10080 普通钢筋耐久性的最小保护层值$c_{\min,dur}$　　　　表6-58

结构分类	$c_{\min,dur}$(mm)环境要求 符合表6-57的暴露等级						
	X0	XC1	XC2/XC3	XC4	XD1/XS1	XD2/XS2	XD3/XS3
S1	10	10	10	15	20	25	30
S2	10	10	15	20	25	30	35
S3	10	10	20	25	30	35	40
S4	10	15	25	30	35	40	45
S5	15	20	30	35	40	45	50
S6	20	25	35	40	45	50	55

预应力钢筋耐久性要求的最小保护层值$c_{\min,dur}$　　　　表6-59

结构分类	$c_{\min,dur}$(mm)环境要求 符合表6-57的暴露等级						
	X0	XC1	XC2/XC3	XC4	XD1/XS1	XD2/XS2	XD3/XS3
S1	10	15	20	25	30	35	40
S2	10	15	25	30	35	40	45
S3	10	20	30	35	40	45	50
S4	10	25	35	40	45	50	55
S5	15	30	40	45	50	55	60
S6	20	35	45	50	55	60	65

(8)对于附加额外保护(例如涂层)的混凝土来说,最小保护层会减少$\Delta c_{dur,add}$。

注:有关某一国家所使用的$\Delta c_{dur,add}$值,可以查阅该国的国家附录。在没有进一步说明的情况下,推荐值为0。

(9)如果现浇混凝土浇筑在其他混凝土构件上(预制或现浇),则钢筋至接口的最小混凝土保护层可以减少至对应于黏结要求[见上述(3)]的值,前提条件是:

①混凝土强度等级至少为 C25 或 C30。

②混凝土表面接触户外环境的时间短(<28d)。

③接口经过粗糙处理。

(10)对于未黏结的预应力筋,应按照"欧洲技术许可"要求形成保护层。

(11)对于不均匀表面(如外露集料),最小保护层应至少增加5mm。

(12)如果混凝土(等级 XF 和 XA)上可能出现冻融或者化学侵蚀,应特别注意混凝土的成分(见 EN 206-1 第6章)。这种情况下,混凝土保护层厚度符合本节要求通常是足够的。

(13)对于混凝土磨损,应特别注意集料应符合 EN 206-1 要求。另外,通过增加混凝土保护层(牺牲层),可以允许一定程度上的混凝土磨损。这种情况下,最小保护层$c_{\min}$应增加k_1(对于磨损等级 XM1),增加k_2(对于磨损等级 XM_2),增加k_3(对于磨损等级 XM3)。

注:磨损等级 XM1 是指中度磨损,例如充气车辆轮胎在工业场地可能经常遇到的构件磨损。磨损等级 XM2 是指严重磨损,例如充气轮胎或实心橡胶轮胎叉车在工业场地可能经常遇到的构件磨损。磨损等级

XM3 是指极度磨损,例如人造橡胶轮胎或钢制轮胎叉车或履带式车辆在工业场地可能经常遇到的构件磨损。

有关某一国家所使用的 k_1、k_2 和 k_3 值,可以查阅该国的国家附录。推荐值为 5mm、10mm 和 15mm。

(14)公路桥梁的混凝土板(没有设置防水层或者没有设置桥面铺装的)应归类为 XM2 磨损等级。

(15)如果混凝土表面会受到由冰块或者流水中固体携带物引起的磨损影响,则混凝土保护层应至少增加 10mm。

3)设计容许偏差

(1)计算名义保护层 c_{nom} 时,为了考虑到偏差(Δc_{dev})在设计中应增加最小保护层。所要求的最小保护层应增加可接受偏差的绝对值。Δc_{dev} 推荐值为 10mm。

(2)对于建筑物,ENV 13670-1 给出了可以接受的偏差。通常情况下,该偏差也适用于其他类型的结构。在选择设计标准保护层值时,应结合该偏差。设计标准保护层值应运用到计算中,并且在图纸上予以说明,除非规定了一个不同于标准保护层的值(例如最小值)。

(3)在特定情形下,可以降低偏差,因此 Δc_{dev} 可以适当减小。Δc_{dev} 推荐值如下:

①如果制作需要遵循质保体系(其监测包括混凝土保护层的测量),则可以降低设计容许偏差 Δc_{dev}:

$$5\text{mm} \leqslant \Delta c_{dev} \leqslant 10\text{mm} \tag{6-211}$$

②如果可以确保在监测中使用了非常精确的测量装置,并且摒弃了不合格构件(例如预制构件),则可以降低容许设计偏差 Δc_{dev}:

$$0\text{mm} \leqslant \Delta c_{dev} \leqslant 10\text{mm} \tag{6-212}$$

(4)对于浇筑在不均匀表面的混凝土,应通过在设计中允许较大偏差来增加最小保护层的厚度。该增加应符合由不均匀现象引起的差异,但是,对于浇筑在轧光地面(包括铺砂石)的混凝土,最小保护层应至少为 k_1(mm),对于直接浇筑在土壤上的混凝土,最小保护层应为 k_2(mm)。无论钢筋保护层具有何种表面特征(例如带肋或外露集料),也应增加钢筋保护层,以考虑到不均匀表面。k_1 和 k_2 推荐值为 40mm 和 70mm。

6.9.2 梁构造要求

1)梁的最大和最小配筋面积

(1)纵向受拉钢筋的面积应不小于 $A_{s,min}$:

$$A_{s,min} = 0.26 \frac{f_{ctm}}{f_{yk}} b_t d, A_{s,min} \geqslant 0.0013 b_t d \tag{6-213}$$

式中:b_t——受拉区平均宽度,对于带有受压翼缘的 T 形梁,在计算 b_t 时,只需考虑腹板宽度;

f_{ctm}——混凝土强度平均值,应根据相关强度等级予以确定。

对于辅助构件,如果允许一定程度上的脆性失效风险,则可以将 $A_{s,min}$ 取为承载能力极限状态验证所要求面积的 1.2 倍。

(2)如果截面配筋率小于 $A_{s,min}$,则应按照未配筋构件考虑。

(3)在搭接位置外侧,受拉或受压钢筋面积应不超过 $A_{s,max}$,$A_{s,max}$ 推荐值为 $0.04 A_c$。

(4)对于带有永久无黏结预应力筋或外部预应力筋的构件,应保证极限抗弯承载力大于开裂弯矩,达到开裂弯矩的1.15倍是足够的。

2)其他细部设计

(1)在整体结构中,即使在设计中假定为简支,还应采用因部分固定产生的弯矩来设计支承处的截面,该弯矩至少为跨内最大弯矩的 β_1 倍, β_1 推荐值为0.15。

(2)在连续梁的中间支座处,翼缘截面受拉钢筋总面积 A_s 应包括有效宽度内的受拉钢筋(图6-42)。

(3)包含在承载力计算中的任何受压纵向钢筋(直径为 ϕ)都应该用横向钢筋进行固定,其间距不大于 15ϕ 。

3)纵向受拉钢筋的折减

(1)应在所有截面上配备足够数量的钢筋,以抵抗作用拉力的包络线,包括腹板和翼缘中出现斜裂缝的影响。

(2)对于带有抗剪钢筋的构件,应计算出附加拉力 ΔF_{td} 。对于不带有抗剪钢筋的构件,可以将力矩曲线移动 $a_l = d$ 距离来估算 ΔF_{td} 。这种"移动规则"

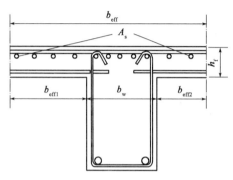

图6-42 带翼缘截面的受拉钢筋面积

也可以用于带有抗剪钢筋的构件,其中:

$$a_l = z(\cot\theta - \cot\alpha)/2 \tag{6-214}$$

上述附加拉力参见图6-43。

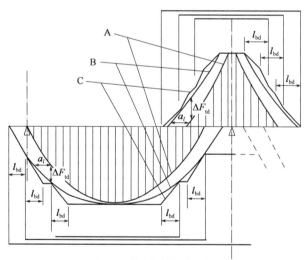

图6-43 纵向钢筋折减示意图

A-$M_{Ed}/z + N_{Ed}$ 的包络线;B-作用拉力 F_s ;C-拉力抗力 F_{Rs}

(3)假设作用力为线性变化,则可以钢筋锚固长度范围内的抗力,见图6-43。作为一种保守的简化方法,可以忽略这种影响。

(4)对抗剪强度有贡献的弯曲钢筋的锚固长度应不小于 $1.3l_{bd}$ (在拉伸区域内),不小于 $0.7l_{bd}$ (在受压区域内)。在弯曲钢筋轴线与纵向钢筋轴线的交叉点开始测量锚固长度。

4）梁端底部支撑钢筋的锚固

（1）对于支撑处（设计时假设其末端几乎没有或完全没有固定）的底部钢筋，其面积应至少为跨中钢筋面积的 β_2 倍，β_2 推荐值为 0.25。

（2）可以根据 6.5.3［带有抗剪钢筋的构件，包括轴向力（如果有）的作用］，或根据"移动规则"确定需锚固的拉力：

$$F_\mathrm{E} = |V_\mathrm{Ed}| \cdot a_l/z + N_\mathrm{Ed} \tag{6-215}$$

式中：N_Ed——轴向力，将加至拉力中或从拉力中减去。

（3）锚固长度为 l_bd，从横梁和支撑之间的接触线开始测量。对于直接支撑，可以考虑横向压力，见图 6-44。

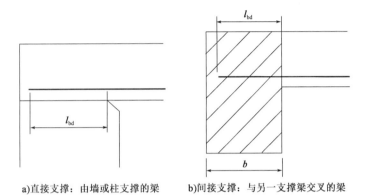

a）直接支撑：由墙或柱支撑的梁　　b）间接支撑：与另一支撑梁交叉的梁

图 6-44　末端支撑件底部钢筋的锚固

5）中间支撑处底部钢筋的锚固

（1）第 4）节（1）给出的钢筋面积适用。

（2）锚固长度应不小于 10ϕ（对于直钢筋），或不小于弯曲直径（对于直径至少等于 16mm 的带有端部弯钩的钢筋和弯曲钢筋），或为弯曲直径的 2 倍（对于其他情况）［图 6-45a）］。

（3）应详细说明承受可能的正向弯矩（例如支座沉降、爆炸等）所需的钢筋。这种钢筋应该是连续的，可以通过钢筋搭接实现［图 6-45b）、c）］。

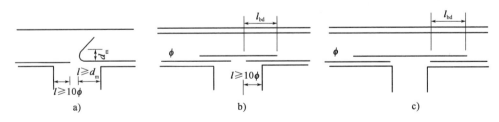

图 6-45　中间支撑处的锚固

6）抗剪钢筋

（1）抗剪钢筋应与构件的纵轴线形成 45°～90°的角 α。

（2）抗剪钢筋由以下几部分组成：环绕纵向受拉钢筋和受压区域的箍筋（图 6-46）；弯起钢筋；没有环绕纵向钢筋但正确锚固在受压区和受拉区的钢筋。

（3）应有效地锚固各箍筋。如果不要求箍筋抗扭，则搭接头可靠近腹板表面。

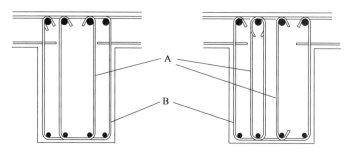

图 6-46 抗剪钢筋
A-内部箍筋;B-闭合箍筋

(4)至少有 β_3 的抗剪钢筋为闭合箍筋形式,β_3 推荐值为 0.5。

(5)可以按照下列公式确定抗剪钢筋配筋率:

$$\rho_w = A_{sw}/(s \cdot b_w \cdot \sin\alpha) \qquad (6-216)$$

式中:ρ_w——抗剪钢筋配筋率,ρ_w 不小于最小值 $\rho_{w,min}$;

A_{sw}——在长度 s 上的抗剪钢筋面积;

s——沿构件纵轴方向测得的抗剪钢筋间距;

b_w——构件腹板的宽度;

α——抗剪钢筋和梁纵轴之间的夹角。

$\rho_{w,min}$ 按下式计算:

$$\rho_{w,min} = (0.08\sqrt{f_{ck}})/f_{yk} \qquad (6-217)$$

(6)抗剪箍筋之间的最大纵向间距应不超过 $s_{l,max}$:

$$s_{l,max} = 0.75(1 + \cot\alpha) \qquad (6-218)$$

(7)弯曲起钢筋的最大纵向间距应不超过 $s_{b,max}$:

$$s_{b,max} = 0.6(1 + \cot\alpha) \qquad (6-219)$$

(8)一组箍筋中肢间横向间距应不超过 $s_{t,max}$:

$$s_{t,max} = 0.75d \leqslant 600\mathrm{mm} \qquad (6-220)$$

7)抗扭钢筋

(1)扭转箍筋应为闭合形式,并且通过搭接或钩形末端钢筋进行锚固,见图 6-47,应与结构元件轴线呈 90°角。

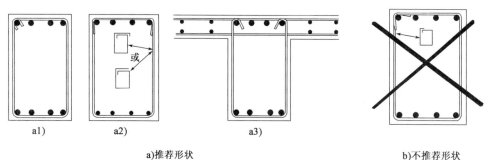

a)推荐形状   b)不推荐形状

图 6-47 扭转箍筋的形状示例
注:图中 a2)的长度应沿着顶部完全搭接。

(2)通常6.9.2中6)的(5)和(6)的规定足以满足所需的最小扭转连接。

(3)扭转箍筋的纵向间距应不超过$u/8$(u为截面周长)。

(4)纵向钢筋的布置应确保在各转角处至少有一根钢筋,其他钢筋均匀分布在箍筋内围附近,间距不超过350mm。

6.9.3 柱构造要求

本节适用于较大尺寸h不超过较小尺寸b的4倍的柱。

1)纵向钢筋

(1)纵向钢筋的直径应不小于ϕ_{min},ϕ_{min}的推荐值为8mm。

(2)纵向钢筋的总量应不少于$A_{s,min}$,$A_{s,min}$推荐值按下式计算:

$$A_{s,min} = \max\left\{\frac{0.10N_{Ed}}{f_{yd}}, 0.002A_c\right\} \tag{6-221}$$

式中:f_{yd}——钢筋的设计屈服强度;

N_{Ed}——设计轴向压力。

(3)纵向钢筋的面积应不超过$A_{s,max}$,$A_{s,max}$的推荐值0.04A_c,在搭接处,该限制应增至0.08A_c。

(4)对于带有多边形横截面的支柱,每转角处至少要有一根钢筋。在圆形柱中,纵向钢筋的数量应不少于4根。

2)横向钢筋

(1)横向钢筋(箍筋、环形或螺旋形钢筋)的直径应不小于6mm,或者是纵向钢筋最大直径的四分之一,以较大者为准。横向钢筋的焊接网状结构的钢丝直径应不小于5mm。

(2)应正确锚固横向钢筋。

(3)沿柱布置的横向钢筋间距应不超过$s_{cl,tmax}$。

$s_{cl,tmax}$推荐值为以下三个距离的最小者:纵向钢筋最小直径的20倍;柱的较小尺度;400mm。

(4)对于下列两种情况,上述(3)中所要求的最大间距应乘以折减系数0.6。

①距上部主梁或下部基础等于柱截面长边尺寸范围的箍筋加密区。

②在搭接接头附近,如果最大钢筋直径大于14mm,并且要求在搭接范围内至少均匀布置3根横向钢筋。

(5)如果纵向钢筋的方向发生变化(如柱尺寸发生变化),则应计算出横向钢筋的间距,同时考虑相关的侧向力。如果方向改变小于或等于1/12,则这些影响可忽略不计。

(6)转角处布置的每根纵向钢筋或成束钢筋应使用横向钢筋进行固定。受压区任意一根外层纵筋或拉筋的距离不应超过150mm。

6.9.4 板构造要求

本节涉及的板是指宽度b和有效长度l_{eff}不小于5倍厚度h的单向板和双向板。

1)纵向钢筋

(1)板在主受力方向上的最大最小配筋率仍需满足梁构造中的规定。对于可能出现脆性破坏可能性比较小的板,$A_{s,min}$可取为承载能力极限状态需要的钢筋面积的1.2倍。

(2)在单向板中,应配置不小于20%主筋面积的横向分布钢筋。在靠近支撑的区域,如果没有横向弯矩,则不必在顶部配置横向分布钢筋。

(3)一般情况下,板中钢筋的最大间距$s_{max,slabs}$的建议值如下:

主筋:$s_{max,slabs}=3h\leqslant 400mm$,其中,$h$为平板的总厚度;横向分布钢筋:$s_{max,slabs}=3.5h\leqslant 400mm$。

对于集中荷载作用或最大弯矩作用区域,板中钢筋最大间距如下:

主筋:$s_{max,slabs}=2h\leqslant 250mm$;横向分布钢筋:$s_{max,slabs}=3h\leqslant 400mm$。

2)抗剪钢筋

如果平板中带有抗剪钢筋,则平板深度应至少为200mm。

可按照6.9.2中6)相关规定确定抗剪钢筋的最小配箍率和最大间距。

在平板中,如果$|V_{Ed}|\leqslant 1/3\ V_{Rd,max}$(见6.5.3节),则抗剪钢筋可以完全由弯起钢筋或拉结筋组成。

箍筋的最大纵向间距:

$$s_{max}=0.75h_0/(1+\cot\alpha) \quad (6-222)$$

弯曲钢筋的最大纵向间距:

$$s_{max}=h_0 \quad (6-223)$$

抗剪钢筋的最大横向间距应不超过$1.5h_0$。

3)抗冲切钢筋

如果要求配置抗冲切钢筋,则至少绕集中力加载区域布置两周拉结筋,径向间距不超过$0.75h_0$(图6-48)。第一周拉结筋布置在控制周长范围内,环向间距不超过$1.5h_0$;第二周拉结筋布置在基本控制周长外,环向间距不应超过$2h_0$。如果采用弯起钢筋作为抗冲切钢筋,可布置一周。

如果要求配置抗冲切钢筋,则其最小配筋面积$A_{sw,min}$按下式计算:

$$A_{sw,min}\cdot(1.5\sin\alpha+\cos\alpha)/(S_r\cdot S_t)\geqslant 0.08\sqrt{(f_{ck})}/f_{yk} \quad (6-224)$$

式中:α——抗冲切钢筋与主筋方向的夹角;

S_r——抗冲切钢筋的径向间距;

S_t——抗冲切钢筋的环向间距;

只有那些穿过柱$0.5d$距离范围的预应力钢筋的垂直部分才可以纳入抗剪计算。

通过加载区或距离加载区不超过$0.25d$的弯起钢筋可以用作抗冲剪钢筋。支撑表面或加载区边界与设计中所考虑的最近抗剪钢筋之间的距离应不超过$d/2$。该距离应取在受拉钢筋表面。如果仅配置了一根弯起钢筋,则其坡度可以减至30°。

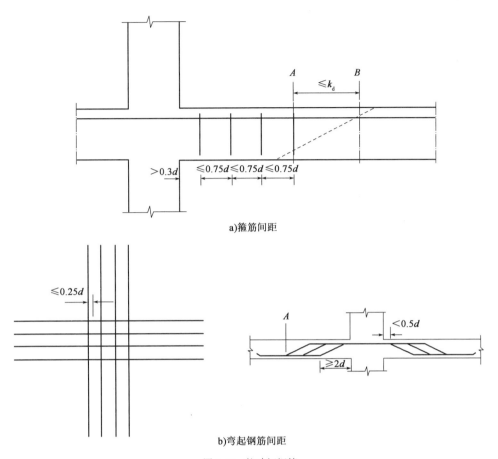

图6-48 抗冲切钢筋
A-需要抗剪钢筋的外部控制周长;B-需要抗剪钢筋的第一控制周长

6.9.5 钢筋和预应力钢筋构造要求

本节所述规则适用于主要承受静荷载影响的螺纹钢筋、钢筋网和预应力筋。

1)钢筋间距

(1)钢筋间距应确保能够浇筑混凝土并有效压实,以形成充分黏结。

(2)单根平行钢筋或平行钢筋水平层之间的净距离(水平或垂直)应不小于k_1钢筋直径、$(d_g + k_2 mm)$、20mm三者中的最大值,其中,d_g是指集料的最大尺寸。k_1推荐值为1,k_2推荐值为5mm。

(3)如果钢筋布置在独立的水平层,则每层的钢筋均应彼此垂直布置在上方。钢筋柱体之间应有足够的空间,以便放入振动机并有效振实混凝土。

(4)钢筋可以搭接,具体规则见后文。

2)弯曲钢筋的允许弯曲直径

(1)钢筋的最小弯曲直径应能够避免钢筋产生弯曲裂纹以及避免钢筋弯曲内的混凝土失效。

(2)为了避免钢筋损坏,钢筋的弯曲直径应不小于$\phi_{m,min}$,$\phi_{m,min}$推荐取值见表6-60。

避免钢筋损坏的最小弯曲直径　　　　　　　　表6-60

1. 对于钢筋和钢丝	
钢筋直径	弯曲钢筋、钩形钢筋和环形钢筋的最小弯曲直径(图6-49)
$\phi < 16mm$	4ϕ
$\phi \geq 16mm$	7ϕ
2. 对于焊后弯曲钢筋和焊后弯曲网状钢筋	
最小弯曲直径	
5ϕ	$d \geq 3\phi: 5\phi$ $d < 3\phi$ 或弯曲内焊接: 20ϕ

注:如果按照prEN ISO 17660附录B的要求进行焊接,则弯曲内的焊接弯曲尺寸可以减至5ϕ。

(3)在以下情况下,无需为了避免混凝土失效而检查弯曲直径:

①钢筋锚固不需超过弯曲末端5ϕ的长度。

②钢筋不是布置在边缘位置(接近混凝土表面的弯曲平面),并且弯曲部分中有一根横向钢筋,其直径不小于ϕ。

③弯曲直径至少等于表6-60中给出的推荐值。

否则,应按照以下公式计算增大弯曲直径$\phi_{m,min}$:

$$\phi_{m,min} \geq F_{bt}[(1/a_b) + 1(2\phi)]/f_{cd} \tag{6-225}$$

式中:F_{bt}——与弯曲前端接触的一根钢筋或一组钢筋内的极限拉力;

a_b——对已给定的钢筋(或接触的一组钢筋),指垂直于弯曲平面的钢筋(或钢筋组)之间的中心距离的一半;对于靠近构件表面的一根钢筋或一组钢筋,a_b应取为保护层加$\phi/2$;

f_{cd}——取值应不大于C55/67级混凝土的值。

6.9.6 纵向钢筋的锚固

(1)钢筋、钢丝和焊接网状纤维的锚固应确保黏结力可以安全转移至混凝土,以避免纵向开裂或剥落。如有必要,应配置横向钢筋。

(2)锚固方法见图6-49。

1)极限黏结应力

(1)极限黏结强度应足以防止黏结失效。

(2)对于带肋钢筋,极限黏结应力的设计值f_{bd}可以取为:

$$f_{bd} = 2.25\eta_1/\eta_2 f_{ctd} \tag{6-226}$$

式中:f_{ctd}——混凝土抗拉强度的设计值,由于随着混凝土强度的提高,其脆性也随之升高,因此,$f_{ctk,0.05}$对应混凝土强度应限制在C60/75以内,除非可以证明平均黏结强度超出该限制;

η_1——一个系数,该系数与混凝土浇筑过程中的黏结条件和钢筋位置有关(图6-50);浇筑条件"良好"时,$\eta_1 = 1.0$;$\eta_1 = 0.7$ 适用于各种其他情况以及滑模建造;

η_2——与钢筋直径有关:若$\phi \leqslant 32mm$,$\eta_2 = 1.0$;若$\phi > 32mm$,$\eta_2 = (132 - \phi)/100$。

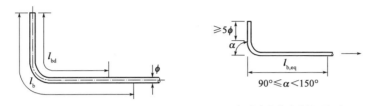

a)沿中心线测量的任意形状的基准拉伸锚固长度　　b)标准弯曲的等效锚固长度

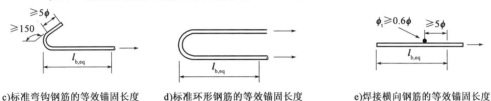

c)标准弯钩钢筋的等效锚固长度　　d)标准环形钢筋的等效锚固长度　　e)焊接横向钢筋的等效锚固长度

图 6-49　除直钢筋以外的锚固方法(尺寸单位:mm)

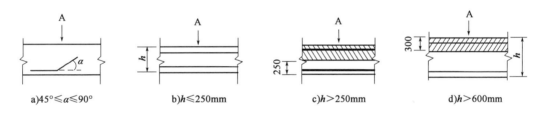

a)$45° \leqslant \alpha \leqslant 90°$　　b)$h \leqslant 250mm$　　c)$h > 250mm$　　d)$h > 600mm$

图 6-50　黏结状况的描述(尺寸单位:mm)

注:a)和b)所有钢筋均处于"良好"黏结状态;c)和d)非阴影部分处于"良好"黏结状态,阴影部分处于"不良"黏结状态;A 表示混凝土浇筑方向。

2)基准锚固长度

(1)要求锚固长度的计算应将钢筋类型和钢筋的黏结特性考虑在内。

(2)可以按照下列公式得出在直钢筋锚固力 $A_s \sigma_{sd}$ 所要求的基准锚固长度 $l_{b,rqd}$,假设黏结应力恒定为 f_{bd}:

$$l_{b,rqd} = (\phi/4)(\sigma_{sd}/f_{bd}) \tag{6-227}$$

式中:σ_{sd}——在锚固测量位置的钢筋的设计应力;

f_{bd}——值见 6.9.6 中 1)。

(3)对于弯曲钢筋,应沿着钢筋的中心线测量基准锚固长度 l_b 和设计长度 l_{bd}[图6-50a)]。

(4)如果由成对钢丝/钢筋形成焊接成网状,则公式(6-227)中的直径 ϕ 应替换为等效直径 $\phi_n = \phi\sqrt{2}$。

3)设计锚固长度

(1)设计锚固长度 l_{bd} 为:

$$l_{bd} = \alpha_1 \alpha_2 \alpha_3 \alpha_4 \alpha_5 l_{b,rqd} \geqslant l_{b,min} \tag{6-228}$$

式中：α_1，α_2，α_3，α_4、α_5——表6-61中给出的系数；

α_1——考虑钢筋形式影响的系数，假设有足够的保护层；

α_2——混凝土最小保护层影响的系数；

α_3——考虑横向钢筋约束效应的系数；

α_4——考虑沿设计锚固长度l_{bd}方向的一根或多根焊接横向钢筋（$\phi_t > 0.6\phi$）的效应；

α_5——考虑沿设计锚固长度开裂平面的横向压力效应。

$$\alpha_2 \alpha_3 \alpha_5 \geqslant 0.7 \tag{6-229}$$

$l_{b,min}$指最小锚固长度，如果没有其他限制：

拉伸锚固：$\qquad l_{b,min} > \max\{0.3 l_{b,rqd}; 10\varphi; 100\text{mm}\} \tag{6-230}$

压缩锚固：$\qquad l_{b,min} > \max\{0.6 l_{b,rqd}; 10\varphi; 100\text{mm}\} \tag{6-231}$

（2）作为6.9.6中3）的一种简化方法，可以为图6-49所示的特定形状的拉伸锚固提供一个等效锚固长度$l_{b,eq}$，$l_{b,eq}$定义如图所示，可取为：

$\alpha_1 l_{b,rqd}$，图6-49b）~图6-49d）所示的形状（α_1值见表6-61）；

$\alpha_4 l_{b,rqd}$，图6-49e）所示的形状（α_2值见表6-61）。

$l_{b,rqd}$可按公式（6-227）计算得出。

α_1、α_2、α_3、α_4、α_5系数值 表6-61

影响系数	锚固类型	钢 筋	
		拉伸状态	压缩状态
钢筋形状	直线	$\alpha_1 = 1.0$	$\alpha_1 = 1.0$
	非直条形[见图6-49b）、c）、d）]	若$c_d > 3\phi$，则$\alpha_1 = 0.7$，否则$\alpha_1 = 1.0$（c_d值见图6-51）	$\alpha_1 = 1.0$
混凝土保护层	直条形	$\alpha_2 = 1 - 0.15(c_d - \varphi)/\varphi$ $\geqslant 0.7$ $\leqslant 1.0$	$\alpha_2 = 1.0$
	非直条形[见图6-49b）、c）、d）]	$\alpha_2 = 1 - 0.15(c_d - 3\varphi)/\varphi$ $\geqslant 0.7$ $\leqslant 1.0$ （c_d值见图6-51）	$\alpha_2 = 1.0$
受没有焊接至主筋的横向钢筋限制	各种类型	$\alpha_3 = 1 - k\lambda$ $\geqslant 0.7$ $\leqslant 1.0$	$\alpha_3 = 1.0$
受焊接横向钢筋约束*	各种类型，位置和尺寸见图6-49e）	$\alpha_4 = 0.7$	$\alpha_4 = 0.7$

续上表

影响系数	锚固类型	钢筋	
		拉伸状态	压缩状态
横向压力限制	各种类型	$\alpha_5 = 1 - 0.04\rho$ $\geqslant 0.7$ $\leqslant 1.0$	—

$$\lambda = (\sum A_{st} - \sum A_{st,min})/A_s$$
$$\lambda = 0.25 A_s (对于梁); \lambda = 0 (对于平板)$$

式中：$\sum A_{st}$——沿设计锚固长度 l_{bd} 的横向钢筋横截面面积；

$\sum A_{st,min}$——最小横向钢筋的横截面面积；

A_{st}——最大钢筋直径的单一锚固钢筋面积；

K——图 6-52 所示的值；

P——沿 l_{bd} 在承载能力极限状态下的横向压力(MPa)。

* 对于直接支撑，l_{bd} 的取值可以小于 $l_{b,min}$，但是，至少有一根横向焊接钢筋支撑，应距离支撑表面至少 15mm

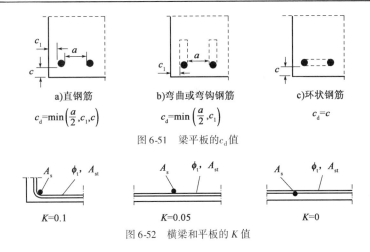

图 6-51 梁平板的 c_d 值

图 6-52 横梁和平板的 K 值

6.9.7 箍筋和抗剪钢筋的锚固

(1)通常,应使用弯钩形钢筋实现箍筋和抗剪钢筋的锚固,或通过焊接横向钢筋实现锚固。弯钩部分内应配置一根钢筋。

(2)锚固应符合图 6-53 中的要求。若采用焊接锚固,应根据 EN ISO 17660 进行焊接,并满足焊接钢筋的锚固。

注:弯曲角度的定义见图 6-49。

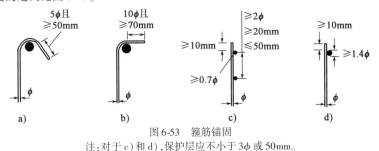

图 6-53 箍筋锚固

注:对于 c) 和 d),保护层应不小于 3ϕ 或 50mm。

6.9.8 焊接钢筋锚固

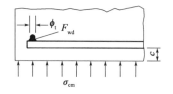

图6-54 作为锚固装置的焊接横向钢筋

(1)应该保证焊接接头的质量,如图6-54所示。

(2)焊接在主筋内部的单一焊接横向钢筋(直径在14~32mm之间)的锚固承载为F_{btd}。因此,公式(6-227)中的σ_{sd}可以减去F_{btd}/A_s,式中A_s是钢筋面积。F_{btd}的推荐值如下:

$$F_{btd} = l_{td}\phi_t\sigma_{td}; F_{btd} \leq F_{wd} \tag{6-232}$$

式中:F_{wd}——焊缝的设计抗剪强度;

l_{td}——横向钢筋的设计长度,$l_{td} = 1.16\phi_t(f_{yd}/\sigma_{td})^{0.5} \leq l_t$;

l_t——横向钢筋的长度,但不能超过所锚固钢筋的间距;

ϕ_t——横向钢筋的直径;

σ_{td}——混凝土应力,$\sigma_{td} = (f_{ctd} + \sigma_{cm})/y \leq 3f_{cd}$;

σ_{cm}——垂直于钢筋的混凝土压应力(平均值,受压为正);

y——一个函数,$y = 0.015 + 0.14e^{-0.18x}$;

x——一个几何函数,$x = 2(c/\phi_t) + 1$;

c——与两个方向的钢筋均垂直的混凝土保护层厚度。

(3)如果两根同一尺寸的钢筋焊接在需锚固钢筋的对立两侧,则按照(2)中计算出的锚固能力可以加倍,但是外侧钢筋的保护层需要符合保护层厚度的规定。

(4)如果两根钢筋被焊接在同一侧,最小间距为3ϕ,则其锚固能力应乘以系数1.41。

(5)对于名义直径在12mm及以下钢筋,焊接横向钢筋的锚固能力主要取决于焊缝的设计强度。可按下列公式计算:

$$F_{btd} = F_{wd} \leq 16A_s f_{cd}\phi_t/\phi_l \tag{6-233}$$

式中:F_{wd}——焊缝的设计抗剪强度;

ϕ_t——横向钢筋的名义直径,$\phi_t \leq 12mm$;

ϕ_l——需锚固钢筋的名义直径,$\phi_l \leq 12mm$。

如果使用最小间距为ϕ_t的两根焊接横向钢筋,则公式(6-233)中给出的锚固长度应乘以系数1.41。

6.9.9 搭接和机械连接

作用力从一根钢筋转移到另一根钢筋主要通过三种方式:搭接、焊接、机械连接。

1)搭接

(1)钢筋之间的搭接应确保:

①作用力从一根钢筋转移到另一根钢筋。

②接头附近不会出现混凝土剥落现象。

③不会出现影响结构性能的大裂缝。

(2)搭接。

通常,两根钢筋之间的搭接应错开,不得处于高力矩/作用力区域(如塑性铰区)。例外情

况见下述(4);

通常,任何截面的搭接应对称布置。

(3)搭接钢筋的布置应符合图6-55中的要求:

搭接钢筋之间的净距离不应大于4ϕ或50mm,否则搭接长度应增加一个等于净距离的长度(若超过4ϕ或50mm);

两个相邻搭接之间的纵向距离不应小于搭接长度l_0的0.3倍;

对于相邻搭接,相邻钢筋之间的净距离不应小于2ϕ或20mm。

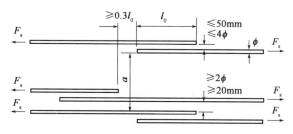

图6-55 相邻搭接

(4)如果符合上述(3)的规定,则张拉状态下的搭接钢筋允许百分比为100%(若钢筋处在同一层中)。如果钢筋处于多层中,则这个百分比应降至50%。

2)搭接长度

设计搭接长度为:

$$l_0 = \alpha_1 \alpha_2 \alpha_3 \alpha_5 \alpha_6 l_{b,rqd} \geq l_{0,min} \quad (6\text{-}234)$$

式中:$l_{b,rqd}$——由公式(6-227)计算得出。

$$l_{0,min} > \max\{0.3\alpha_6 l_{b,rqd}; 15\phi; 200mm\} \quad (6\text{-}235)$$

α_1、α_2、α_3和α_5的值可从表6-61中得出。然而,为了计算α_3,$\sum A_{st,min}$应取为$1.0 A_s (\sigma_{sd}/f_{yd})$,$A_s$为一根搭接钢筋的面积。

$\alpha_6 = (\rho_1/25)^{0.5}$,但不得大于1.5或少于1.0,式中,$\rho_1$指在距离所考虑搭接长度中心的$0.65 l_0$范围内的搭接长度百分比(见图6-56。$\alpha_6$值见表6-62)。

系数α_6值 表6-62

相对于总计横截面面积的搭接钢筋百分比	<25%	33%	50%	>50%
α_6	1	1.15	1.4	1.5

注:可通过插值法确定中间值。

3)搭接区内的横向钢筋

(1)受拉横向钢筋

①搭接区要求有横向钢筋,以抵抗横向拉力。

②如果搭接钢筋的直径ϕ小于20mm,或搭接钢筋的百分比在任一截面都小于25%,则可以假设由其他原因而配备的横向钢筋或箍筋足以在无需进一步校验的情况下抵抗拉力。

③如果搭接钢筋的直径ϕ大于或等于20mm,则横向钢筋应具有不小于单一搭接钢筋面积($\sum A_{st} \geq 1.0 A_s$)的总面积A_{st}(平行于拼接钢筋层的所有肢之和)。横向钢筋应垂直于搭接

钢筋方向布置,并且位于搭接钢筋与混凝土表面之间。

如果超过50%的钢筋搭接在一点上,并且截面上临近搭接之间的距离 $a \leqslant 10\phi$(图6-56),则应使用锚固在截面中的箍筋或U形钢筋来形成横向钢筋。

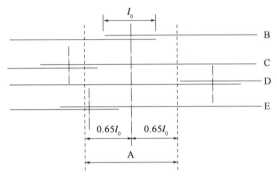

图6-56 单个搭接截面的搭接钢筋百分比
A-所考虑截面;B-钢筋Ⅰ;C-钢筋Ⅱ;D-钢筋Ⅲ;E-钢筋Ⅳ
例如:钢筋Ⅱ和钢筋Ⅲ不在所考虑截面范围内;搭接钢筋百分比取50%,$\alpha_6 = 1.4$

④上述③中的横向钢筋应布置图6-57a)所示搭接的外侧截面。

(2)永久受压横向钢筋

除了钢筋受拉外,在搭接长度各端的外侧以及在搭接长度末端的 4ϕ 范围内,应配备一根横向钢筋[图6-57b)]。

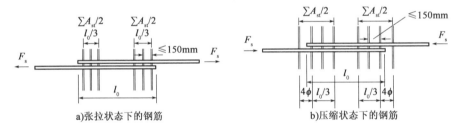

a)张拉状态下的钢筋　　　　　　b)压缩状态下的钢筋

图6-57 搭接头的横向加固钢筋

4)由螺纹钢筋制成的焊接钢筋网的搭接

(1)主筋搭接

①可以通过啮合或层叠进行搭接(图6-58)。

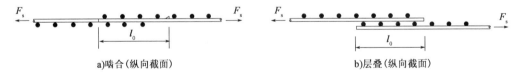

a)啮合(纵向截面)　　　　　　b)层叠(纵向截面)

图6-58 焊接钢丝的搭接

②如果出现疲劳荷载,则应采用啮合连接。

③对于啮合钢筋,纵向主筋的搭接布置应遵守6.9.9中1)的规定,应忽略横向钢筋的任何有利影响,因此,可以取 $\alpha_3 = 1.0$。

④对层叠钢筋,主筋的搭接一般应布置在钢筋在承载能力极限状态的计算应力不大于设计强度80%的区域内。

⑤如果不符合上述(4)中的条件,则应计算抗弯承载力钢筋的有效高度应用于距离受拉表面最远的层。另外,在靠近搭接末端确认出现裂缝时,考虑到搭接末端的不连续性,表6-38和表6-39中的钢筋应力应增加25%。

⑥可以在任意截面搭接的主要钢筋的百分比,应符合:

对于啮合钢筋,表6-61给出的值是适用的。

对于层叠钢筋,任一截面上的搭接开裂主筋的允许百分比取决于所提供焊接钢丝的特定横截面面积$(A_s/s)_{prov}$,其中,s指钢丝的间距。

a. 100%,若$(A_s/s)_{prov} \leq 1200 mm^2/m$;

b. 60%,若$(A_s/s)_{prov} > 1200 mm^2/m$。

多层接头应至少错开$1.3l_0$(根据8.7.3中的规定确定l_0)。

⑦在搭接区,不必补充横向钢筋。

(2)辅助配筋的搭接

所有辅助配筋可以搭接在同一个地方。表6-63给出了搭接长度l_0的最小值,两根辅助配筋的搭接长度应覆盖到两根主筋。

辅助网状钢丝的规定搭接长度 表6-63

辅助钢丝直径(mm)	搭 接 长 度
$\phi \leq 6$	≥150mm;搭接长度内至少一根钢丝
$6 < \phi \leq 8.5$	≥250mm;至少2根钢丝
$8.5 < \phi \leq 12$	≥350mm;至少2根钢丝

6.9.10 大直径钢筋的补充规则

(1)对于直径大于ϕ_{large}的钢筋,以下规则可作为6.9.6和6.9.9中规则的补充。有关某一国家所使用的ϕ_{large}值,可以查阅该国的国家附录,推荐值为32mm。

(2)如果使用了这种大直径钢筋,则可以使用表面钢筋或通过计算实现裂缝控制。

(3)如果使用这种大直径钢筋,则劈裂力会较大,并且销栓作用会增强。应使用机械装置来锚固这种钢筋。另外,也可以使用直钢筋来锚固,但必须使用箍筋作为约束钢筋。

(4)通常,大直径钢筋不应搭接。以下情况例外:最小尺寸为1.0m的截面,或者应力不大于设计极限强度80%的截面。

(5)除抗剪钢筋外,锚固区域内应配有横向钢筋(若没有横向压力),如图6-59所示。

(6)对于直线锚固长度,上述(5)中的其他钢筋应不小于:

在平行于受拉表面方向:

$$A_{sh} = 0.25 A_s n_1 \tag{6-236}$$

在垂直于受拉表面方向:

$$A_{sv} = 0.25 A_s n_2 \tag{6-237}$$

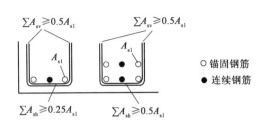

式中：A_s——锚固钢筋的横截面面积；

n_1——锚固在构件同一位置上的钢筋层数；

n_2——每一层中锚固的钢筋数量。

（7）其他横向钢筋应均匀分布在锚固区域内，钢筋间距应不超过纵向钢筋直径的5倍。

（8）表面钢筋的面积不应小于$0.01A_{ct,ext}$（在垂直于大直径钢筋方向），不小于$0.02A_{ct,ext}$（在平行于大直径钢筋方向）。

图6-59 锚固大直径钢筋的辅助配筋（若没有横向压缩力）

6.9.11 成束钢筋

1) 概述

（1）除非另有规定，否则，单根钢筋的规则也适用于成束钢筋。在一束钢筋中，所有钢筋应具有相同的特性（类型和等级）。不同尺寸的钢筋也可以绑成一束，但是，直径比不得超过1.7。

（2）在设计中，钢束可以替换为具有同一截面面积和重心的名义钢筋。名义钢筋的等效直径ϕ_n需要符合下列条件：

$$\phi_n = \phi\sqrt{n_b} \leq 55mm \tag{6-238}$$

式中：n_b——钢束中的钢筋数量，受限于以下条件：$n_b \leq 4$，受压的垂直钢筋和搭接处的钢筋；

$n_b \leq 3$，其他情况。

（3）对于钢束，6.9.5.1中有关钢筋间距的规定适用。应使用等效直径ϕ_n，但是钢束之间的净间距应从钢束的实际外部轮廓开始测量。混凝土保护层应从钢束的实际外部轮廓开始测量，但不应小于ϕ_n。

（4）如果两根彼此接触钢筋一根布置在另一根上方，并且黏结条件良好，则此类钢筋不必视为钢束。

2) 钢束的锚固

（1）受拉状态下的成束钢筋可在末端和中间支撑处截断。等效直径小于32mm的成束钢筋可以在靠近支撑处截断，无需错开排列。锚固在支撑件附近的、等效直径大于等于32mm的钢束应在垂直方向上错开布置，如图6-60所示。

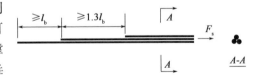

图6-60 钢束中错开距离较大的钢筋锚固

（2）如果单根钢筋锚固的错开距离大于$1.3l_{b,rqd}$（其中，$l_{b,rqd}$基于钢筋直径），则钢筋直径可用来评定l_{bd}（图6-60）。否则，应使用钢束的等效直径ϕ_n。

（3）对于受压锚固，钢束不必错开布置。对于等效直径大于等于32mm的钢束，在钢束末端至少应配备4根直径大于等于12mm的箍筋。另外，应在截断钢筋的末端配备一根箍筋。

3) 成束钢筋搭接

（1）应根据6.9.9中2）计算搭接长度，将ϕ_n作为钢筋的等效直径。

(2)对于由两根等效直径小于32mm的钢筋组成的钢束,可以不用单个错开进行搭接。这种情况下,计算l_0应使用等效钢筋尺寸。

(3)对于由两根或三根等效直径大于等于32mm的钢筋组成的钢束,单个钢筋需要在纵向上至少错开$1.3l_0$进行布置(图6-61),其中l_0基于单根钢筋。这种情况下,要有第4根钢筋用来搭接钢筋。需注意的是,在任一搭接横截面上的钢筋不能超过4根。3根以上钢筋组成的钢束不应进行搭接。

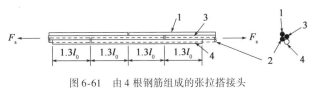

图6-61 由4根钢筋组成的张拉搭接头

6.9.12 预应力筋

1)预应力筋和导管的布置

导管或先张预应力筋的间距应确保能够顺利进行混凝土浇筑和压实,并且确保在混凝土和预应力筋之间实现有效的黏结。

2)先张预应力筋

(1)单个先张预应力筋的水平和垂直最小净间距应如图6-62所示。可以使用其他布置方式,但是,需要在以下方面证明极限性能达到要求:

①锚固处的受压混凝土。

②混凝土剥落。

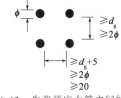

图6-62 先张预应力筋之间的最小净间距

③先张预应力筋的锚固。

④预应力筋之间的混凝土浇筑。

应充分考虑到在构件末端预应力筋的耐久性及腐蚀风险。

注:ϕ是指先张预应力筋的直径;d_g是指集料的最大尺寸。

(2)在锚固区域内不应出现成束的钢筋,除非能够顺利进行混凝土浇筑和压实,并且可以在混凝土与预应力筋之间实现有效的黏结。

3)后张法导管

(1)后张导管的位置和施工应符合下列条件:

①可以安全浇筑混凝土,不会损坏导管。

②在张拉前,混凝土可以抵抗导管弯曲部分的作用力。

③在灌浆过程中,不会有砂浆流入其他导管。

(2)通常,后张构件的导管不可成束,除非是一对导管,上下放置且互相垂直。

(3)导管之间的最小净间距应如图6-63所示。

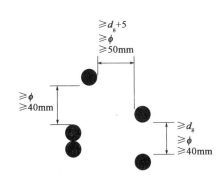

图6-63 导管间的最小净间距

注:ϕ是指后张导管直径;d_g是指集料最大尺寸。

4)先张预应力筋的锚固

在先张预应力筋的锚固区域内,应考虑以下长度系

数(图6-64):

(1)传递长度 l_{pt},在这个长度上,预应力(P_0)可以完全转移至混凝土。
(2)扩散长度 l_{disp},在这个长度上,混凝土应力逐渐扩散至混凝土截面上并线性分布。
(3)锚固长度 l_{bpd},在这个长度上,承载能力极限状态下的作用力完全锚固在混凝土中。

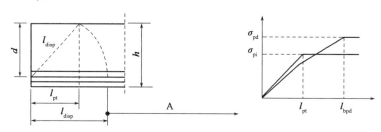

图6-64 先张构件中的预应力锚固区长度参数
A-构件横截面中的线性应力分布

5)预应力传递

(1)在预应力筋释放时,可以假设预应力按恒定的黏结应力 f_{bpt} 转移至混凝土:

$$f_{bpt} = \eta_{p1} \eta_1 f_{ctd}(t) \tag{6-239}$$

式中:η_{p1}——一个系数,该系数考虑了释放状态下的预应力筋类型和黏结情况,对于刻痕钢丝,$\eta_{p1} = 2.7$;对于3丝和7丝的钢绞线,$\eta_{p1} = 3.2$;

η_1——$\eta_1 = 1.0$,对于良好黏结条件 $\eta_1 = 0.7$,除非在施工过程中针对特殊情况调整至较大值。

$f_{ctd}(t)$——在释放状态下的抗拉强度设计值,$f_{ctd}(t) = \alpha_{ct} \times 0.7 \times f_{ctm}(t)/\gamma_c$。

注:可以根据"欧洲技术许可"的要求使用上述预应力筋类型以外的 η_{p1} 值。

(2)可以按照下式确定传递长度 l_{pt} 的基准值:

$$l_{pt} = \alpha_1 \alpha_2 \phi \sigma_{pm0} / f_{bpt} \tag{6-240}$$

式中,若为缓慢释放,则 $\alpha_1 = 1.0$;若为瞬间释放,则 $\alpha_1 = 1.25$;若预应力筋为环形横截面,则 $\alpha_2 = 0.25$;若为3丝或7丝钢丝,则 $\alpha_2 = 0.19$;ϕ 指预应力筋的名义直径;σ_{pm0} 为释放后瞬间的预应力筋应力。

(3)根据设计情况,传递长度的设计值应为以下两值中的较不利者:

$$l_{pt1} = 0.8 l_{pt} \tag{6-241}$$

$$l_{pt2} = 1.2 l_{pt} \tag{6-242}$$

注:通常,较小值用于验算释放状态下的局部应力,而较大值用于承载能力极限状态(如剪切、锚固等)的验算。

(4)可以假设混凝土应力在超过扩散长度时呈线性分布,见图6-66。

$$l_{disp} = \sqrt{l_{pt}^2 + d^2} \tag{6-243}$$

6)承载能力极限状态下的锚固拉力

(1)如果混凝土拉应力超过 $f_{ctk,0.05}$,则应分段检查其预应力筋的锚固情况。应计算开裂截面的预应力筋预应力,并考虑剪切效应。如果混凝土拉应力低于 $f_{ctk,0.05}$,则无需对锚固进行检查。

(2)可以按下式计算承载能力极限状态下的锚固黏结强度:

$$f_{bpd} = \eta_{p2} \eta_1 f_{ctd} \qquad (6-244)$$

式中:η_{p2}——系数,该系数考虑了预应力筋类型和锚固时的黏结情况。对于刻痕钢丝,$\eta_{p2}=1.4$;对于7丝钢绞线$\eta_{p2}=1.2$,η_1见6.9.12中5)的定义。可以根据"欧洲技术许可"的规定使用除上述类型预应力筋以外的η_{p2}值。

(3)由于脆性随着混凝土强度的增长而增长,因此,$f_{ctk,0.05}$应限制在C60/75,除非能够证明平均黏结强度超出该限制。

(4)以应力σ_{pd}锚固预应力筋时,总锚固长度为:

$$l_{bpd} = l_{pt2} + \alpha_2 \phi (\sigma_{pd} - \sigma_{pm\infty})/f_{bpd} \qquad (6-245)$$

式中:l_{pt2}——传递长度的设计上限值,α_2见6.9.12中5)的(2)的定义;

σ_{pd}——对应于上述(1)中所述作用力的预应力筋应力;

$\sigma_{pm\infty}$——全部损失之后的预应力。

(5)有关锚固区域的预应力筋应力,参见图6-65。

(6)对于普通和先张钢筋组合,可对各项锚固能力求和。

7)后张预应力构件的锚固区

(1)如果将预应力效应视为锚固区的集中作用力,则计算预应力筋设计值的分项系数取1.2,并且应使用较低的混凝土抗拉强度标准值。

(2)应根据"欧洲技术许可"的相关规定检查锚固板后面的承载应力。

(3)应通过拉压杆模型或其他合适的方法来评定由集中作用力引起的拉伸力。应通过假设钢筋以其设计强度起作用对钢筋予以说明。如果普通钢筋应力限制在300MPa,则无需检查裂缝宽度。

(4)作为简化方法,可以假设预应力以2β的扩展角分散(图6-66),开始于锚固装置的末端,其中,β值可以假设为$\arctan(2/3)$。

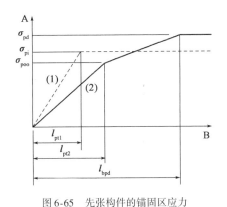

图6-65 先张构件的锚固区应力
(1)-在释放状态下;(2)-在承载能力极限状态下

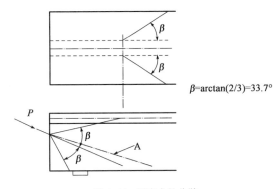

图6-66 预应力的分散

8)预应力筋的锚固件和连接器

(1)用于后张预应力筋的锚固装置应符合有关预应力系统的规定,对于先张预应力筋,锚固长度应确保能够发挥预应力筋的设计强度,同时考虑到任何重复的、快速变化的作用效应。

(2)如果使用连接器,则连接器应符合有关预应力系统的规定,并且在更换连接器时(考虑到由这些装置引起的干扰),应确保连接器不会影响到构件的承载能力,并且能够顺利运用在施工过程中可能需要锚固装置的地方。

(3)应按规定进行混凝土局部效应和横向钢筋计算。

(4)通常,连接器的位置应远离中间支撑位置。

(5)在横截面上,应避免将连接器布置在50%或以上的预应力筋上,除非能够证明布置不会造成结构安全方面的风险。

9)转向块

(1)转向块应满足以下要求:

①能够承受预应力筋所施加的纵向力和横向力,并将其转移至结构系统中;

②确保预应力筋的曲率半径不会造成过大应力或转向块损坏。

(2)在转向区域,形成外皮的导管应能够承受径向压力和预应力筋的纵向移动,而不会影响其正常使用。

(3)在转向区域内的预应力筋曲率半径应符合EN 10138和相应"欧洲技术许可"的规定。

(4)如果不使用转向块,则预应力筋的允许设计偏差可以达到0.01弧度。计算时,应考虑根据相关"欧洲技术许可"使用转向块时由于角度变化而形成的作用力。

参 考 文 献

[1] EN 1990:2002. Eurocode:Basic of Structural Design[S].2005.

[2] EN 1991-1-1:2002. Eurocode 1:Actions on Structures-Part 1-1:General Actions-Densities, Self-weight,Imposed Loads for Buildings[S].2009.

[3] EN 1991-1-5:2003. Eurocode 1:Actions on Structures-Part 1-5:Thermal actions[S].2004.

[4] EN 1991-1-6:2005. Eurocode 1:Actions on Structures-Part 1-6:General actions—Actions during execution[S].2005.

[5] EN 1991-2:2003. Eurocode 1:Actions on Structures-Part 2:Traffic Loads on Bridges[S].2010.

[6] EN 1991-1-1:2004. Eurocode 2:Design of Concrete Structures-Part 1-1,General Rules and Rules for Buildings[S].2010.

[7] EN 1992-2:2005. Eurocode 2:Design of Concrete Structures-Concrete Bridges Design and Detailing Rules[S].2008.

[8] EN 1993-1-1:2005. Eurocode 3:Design of steel structures-Part 1-1:General rules and rules for buildings[S].2005.

[9] EN 12390-3:2009. Testing Hardened Concrete-Part 3:Compressive Strength of Test Specimens[S].2001.

[10] EN 12390-5:2009. Testing hardened concrete-Part 5:Flexural strength of test specimens

[11] prEN 10138-3:2000. Prestressing Steels-Part 3:Strand[S].2000.

[12] L. H. Martin,J. A. Purkiss. Concrete Design to EN 1992[M]. Butterworth-Heinemann,2006.

第7章 路线交叉

7.1 路线交叉分类及选型

根据交叉的具体情况,参考当地的习惯,选择交叉方式及形式,无一定之规。

一般收费式互通立交选择喇叭形式,不收费的互通立交较多采用菱形及苜蓿叶形,菱形互通与地方道路的连接常采用普通平面交叉或环形交叉。

7.2 互通式立体交叉

7.2.1 互通区主线指标

互通立交有条件时尽量布置在直线段上,避免布置在半径小于$1.5R_{dn}$(R_{dn}为不设超高最小半径)的平曲线范围,尽量避开竖曲线,并对匝道分合流处做视距检验。

7.2.2 匝道形式

(1)匝道一般分为支线(高速公路之间)及连接线(高速公路与地方道路连接)。

(2)支线设计速度分为110km/h、90km/h及70km/h。

(3)连接线设计速度分为90km/h、70km/h及低于70km/h。

(4)根据交通量确定匝道的车道数量,一般通车时交通量超过1200uvp/h或者20年展望期超过1550uvp/h,需要设置双车道。

7.2.3 匝道横断面

匝道横断面由左路缘带、行车道、紧急停车带(或硬路肩)及两侧路肩组成。硬路肩最小宽度1m;在没有护栏设施的情况下,路肩的宽度至少为0.75m。在有护栏设施的情况下,路肩宽度由其护栏宽度确定,且不低于1m。

1)支线

(1)单车道支线,当限速为90km/h时,路面采用6.75m(左路缘带0.75m+1行车道3.50m+紧急停车带2.50m);当限速70km/h时,路面采用6m(左路缘带0.50m+1行车道3.50m+右路肩2.00m)。

(2)双车道支线,都配有紧急停车带(如果重型货车交通量PL>1000/d,取3.00m,反之则取2.50m)。

2）连接线

匝道路面宽度 5m（左路缘带 0.50m + 1 行车道 3.5m + 右路肩 1.00m），必要时（如重型车辆交通量大，或两个护栏设施限制了行车宽度），可增加路肩宽度，以确保行车宽度不低于 6m。

3）辅助车道

横断面由一个 3.50m 的行车道（毗邻与其相连的路面）和一个 1.00m 的右侧路肩构成。

4）集散车道

横断面与连接线相同。

7.2.4 匝道平纵指标

1）平曲线

平曲线指标见表 7-1。

平 曲 线 指 标　　表 7-1

匝道横断面	不设超高最小半径 R_{dn}	7%超高最小半径 R_m
行驶速度 110km/h 的双车道支线	650m	400m
行驶速度 90km/h 的双车道或单车道支线/连接线	370m	240m
行驶速度 70km/h 的单车道支线/连接线	300m	125m
行驶速度 70km/h 或更低的单车道连接线	300m	40m（环形出口外的第 1 条连接线至少为 100m）

2）缓和曲线

平曲线半径小于等于 $1.5R_{dn}$ 时设置回旋曲线，特殊情况时，可将其限定在连接线上半径小于或等于 R_{dn} 的曲线时使用。

回旋曲线的长度 L_{cl} 等于：

（1）对于单车道的连接线或支线，下面两个数值中的较大值：$6R^{0.4}$ 和 $7|\Delta d|$（超高）。其中，R 指曲线半径（单位：m），$|\Delta d|$ 指线路的相连线元的横坡差（单位：%）。

（2）对于双车道的连接线或支线，下面两个数值中的较大值：$R/9$ 和 $14|\Delta d|$（超高）。其中，R 指曲线半径（单位：m），$|\Delta d|$ 指线路的相连线元的横坡差（单位：%）。

3）减速区和加速区

（1）减速区域应能够使道路使用者从在 S.1.00m 处以 70km/h 的常规速度在遇到的第一个曲线后以 1.5m/s² 的减速度降至适当速度。

其最小长度见下式：

$$L_d = \frac{v_0^2 - v_R^2}{3(1+10P)} \tag{7-1}$$

式中：P——纵坡的代数值（例如 5%的坡度，$P = -0.05$）；

v_0——在 S.1.00m 的点上的常规速度（m/s）；

v_R——取决于下游第一个曲线半径的目标速度（m/s）。

（2）加速区应该使道路使用者能够从驶过的最后一个曲线半径的适当速度，以 1m/s² 的加速度在 E.1.00m 的点加速到 55km/h 的常规速度。

其最小长度如下：

$$L_d = \frac{v_R^2 - v_0^2}{2(1-10P)} \quad (7-2)$$

式中：P——纵坡的代数值(例如对于 5% 的坡度，$P=0.05$)；

v_0——在 E.1.00m 的点上的常规速度(m/s)；

v_R——取决于上游曲线半径的初始速度(m/s)。

4) 纵断面

纵断面指标见表 7-2。

纵断面指标　　　　　　　表 7-2

指　　标	最小凸形竖曲线 (m)	最小凹形竖曲线 (m)	最 大 纵 坡
可以 110km/h 的速度行驶的双车道支线	6000	3000	6%
可以 90km/h 的速度行驶的双车道或单车道支线/连接线	2700	1900	6%
可以 70km/h 的速度行驶的单车道支线/连接线	1500	1200	6%
可以 70km/h 的速度行驶	1500	800	6%

5) 横坡及超高

正常路拱为向右 2.5% 的单向横坡。

曲线最大超高一般采用 7%，易结冰地区采用 5%。超高横坡朝向曲线内侧，它的数值根据 1/R 进行线性计算，在对应 R_{dn} 半径的 2.5% 和对应 R_m 半径的 7% 之间。

6) 加宽

连接线在半径 R 小于 100m 的曲线段，曲线内侧每条车道增宽 50/R。该增宽沿回旋曲线线性布置。

7.2.5　出入口

1) 出口

典型的出口形式包括直接式、平行式及专用式。其中，直接式、平行式出口与中国规范类似，专用式为主线流出后缩减车道的形式，如图 7-1～图 7-12 所示。

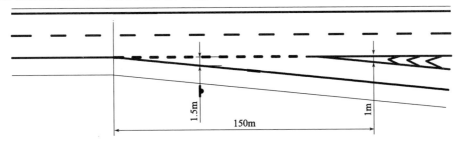

图 7-1　单车道直接式出口

注：斜边的长度为 150m。在地形陡峭路段的高速公路上，可减至 110m；单车道主线流出道路，可减至 90m。

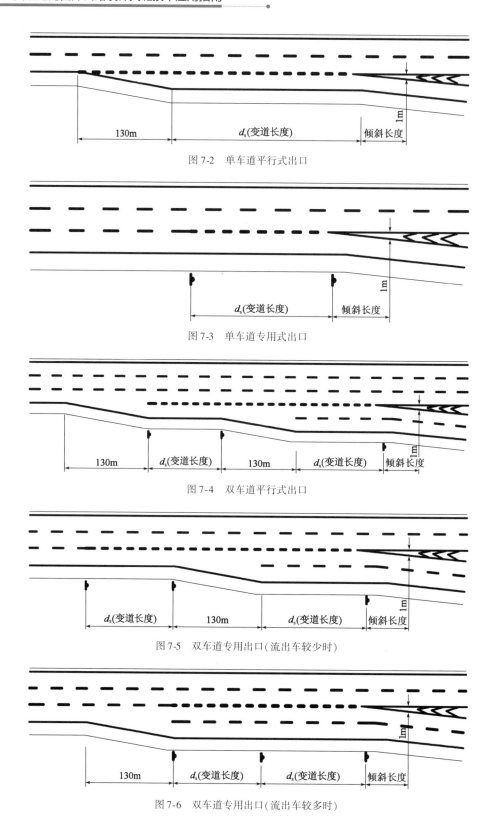

图 7-2 单车道平行式出口

图 7-3 单车道专用式出口

图 7-4 双车道平行式出口

图 7-5 双车道专用出口(流出车较少时)

图 7-6 双车道专用出口(流出车较多时)

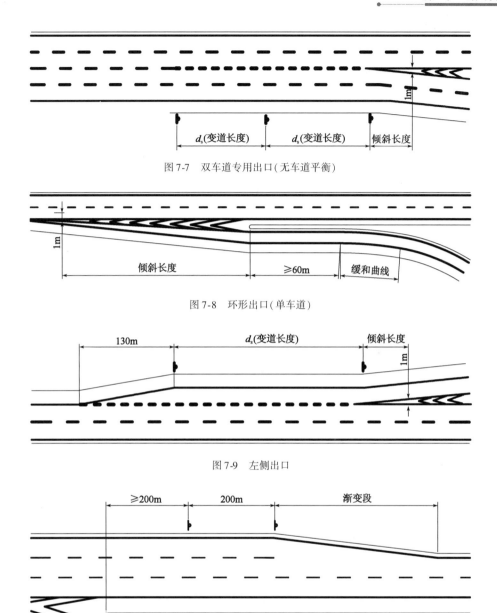

图 7-7 双车道专用出口(无车道平衡)

图 7-8 环形出口(单车道)

图 7-9 左侧出口

图 7-10 出口后减少车道

其他出口形式还包括双车道平行式、双车道专用式(出口流量小、出口流量大、简单分叉)、左侧出口、环形出口、主线出口车道减少、出口接匝道分叉(倾斜布置、平行布置)等。

2) 入口

采用平行式:典型的入口形式包括平行式及增加一条车道的入口,如图 7-13、图 7-14 所示。

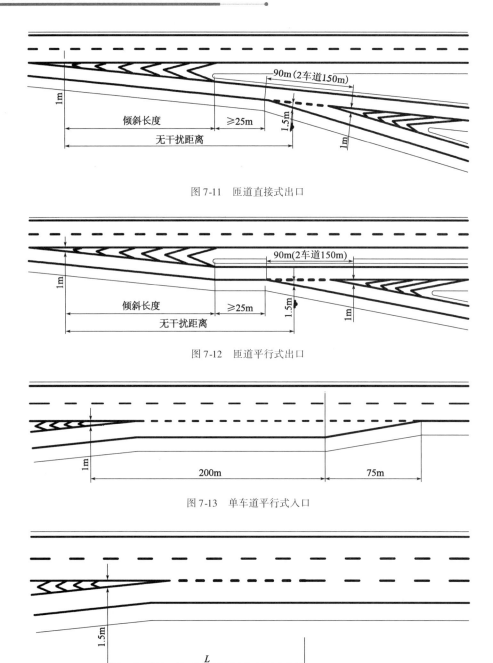

图 7-11 匝道直接式出口

图 7-12 匝道平行式出口

图 7-13 单车道平行式入口

图 7-14 单车道增加一条车道的入口

其他入口形式还包括双车道增加一条车道、左侧入口、入口后减少车道、匝道分叉接入（倾斜布置、平行布置）等，如图 7-15 ~ 图 7-19 所示。

3）连续出口

包括连续直接式出口、直接式 + 专用式出口、直接式 + 双车道专用式出口、专用式 + 直接式出口、双车道专用式 + 直接式出口、连续入口等，如图 7-20 ~ 图 7-24 所示。

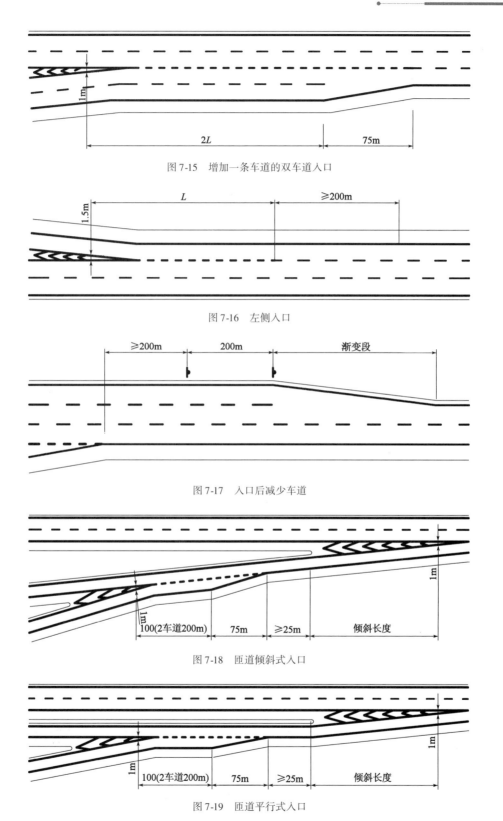

图 7-15 增加一条车道的双车道入口

图 7-16 左侧入口

图 7-17 入口后减少车道

图 7-18 匝道倾斜式入口

图 7-19 匝道平行式入口

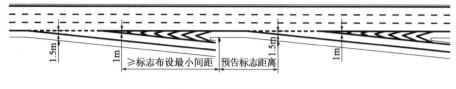

图 7-20　连续直接式出口

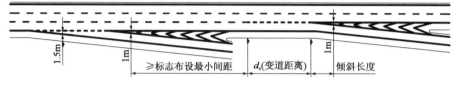

图 7-21　直接式 + 专用式出口

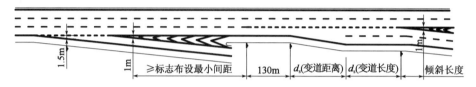

图 7-22　直接式 + 双车道专用式出口

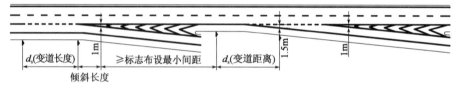

图 7-23　专用式 + 直接式出口

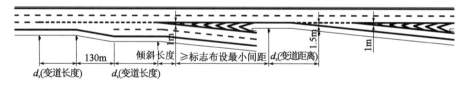

图 7-24　双车道专用式 + 直接式出口

4）连续入口

应在流入前汇合两个相邻的入口，除非第二个入口比第一个更大。两个连续入口的分隔距离（第一个入口的终点和第二个入口的 E.1.00m 点之间）不得小于主线规定的速度下的刹车距离，如图 7-25 所示。

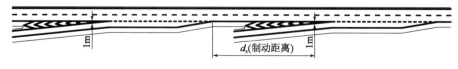

图 7-25　连续入口

5）入口与出口的连接
（1）直接连接

入口的 E.1.00m 点到出口的 S.1.50m 点之间的距离应大于1200m，如图 7-26 所示。

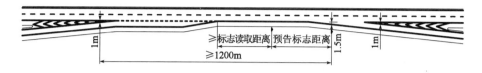

图 7-26　入口与出口的连接

（2）辅助车道连接

从 E.1.00m 点到 S.1.00m 点计算得到的交叉口距离 z 必须在 500～750m 之间，如图 7-27 所示。

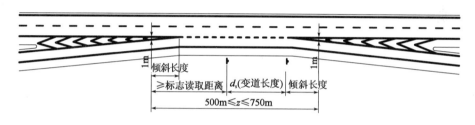

图 7-27　通过辅助车道连接

（3）集散车道连接

在距离 z 小于 500m 的情况下，通过集散车道来连接。z 不得小于 275m，如图 7-28 所示。

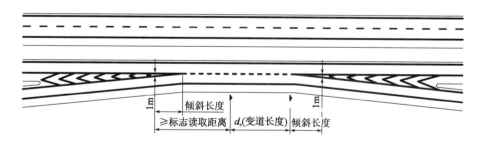

图 7-28　在集散车道上的交叉口连接

7.2.6　与普通公路连接的平面交叉

在连接线的末端，与普通公路连接，一般采用普通平交口或环形交叉口，如图 7-29 和图 7-30 所示。

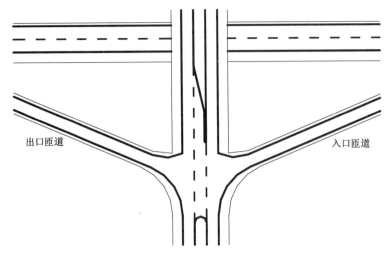

图 7-29　与普车道路的连接(普通交叉口的示例)

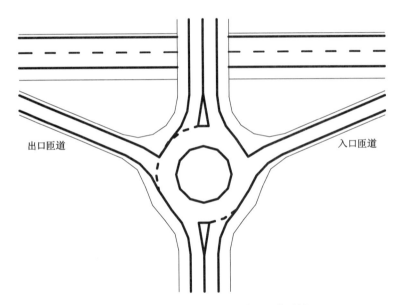

图 7-30　与普车道路的连接(环形交叉口的示例)

7.3　平面交叉

7.3.1　平面交叉选型

1) 平面交叉类型

平面交叉一般分为普通平交和环形交叉。

2) 交叉类型选择

(1) L形公路

采用立体交叉。

(2)T形公路(表7-3)

表7-3 适合于T形公路的布置及其使用一般条件一览表

可能的布置	一般使用条件
取消交叉口(回转合并在相邻交叉处或相邻的立交桥上)	小的次要交通量,已存在或布置平行道路
高低不平(无交叉点)	次要交通,主要横穿
见R形公路	大量交通,重要交叉点

(3)R形公路(表7-4)

表7-4 适合R形公路的布置及其一般使用条件一览表

可能的布置	一般使用条件
环形交叉	比较大的次要交通量,或安全问题
平面交叉(十字形、丁字形)	在其他情况下,排除在2×2车道的公路上或更多车道的公路上
特殊情况(半交叉)	2×2车道公路

次要交叉道路的交通量很小时,不建议使用环形交叉。

7.3.2 普通平面交叉

1)视距

由于安全上的原因,来自非干线公路或通道的驾驶员应该有必要的时间来了解在干线公路上另一个驾驶员的存在,在起初遮挡的优先行驶车辆突然出现之前决定其操作,开动并完成通行,见表7-5。

表7-5 根据跨越公路的宽度和优先规则确定的跨越时间(计算可见度距离)

公路干道的横截面		2车道	2车道+T.A.G车道	2×2车道:插入半交叉口右边
停止	建议时间	8s	9s	8s
	绝对最小时间	6s	7s	6s
减速	建议时间	10s	11s	9s
	绝对最小时间	8s	9s	7s
向次要公路左转	建议时间	8s		
	绝对最小时间	6s		

2)交叉口间距及数量

两个连续的交叉口之间的最小距离不能小于250m,见表7-6。

表7-6 两个连续布置的交叉口之间的最小推荐距离

v_{85}(km/h)	60~70	80~90	100~110
建议最小距离(m)	600	900	1200
提供超车可能(m)	300	450	600

交叉口的数量限制是特别有意义的。

3)平交范围平纵面指标

平纵断指标需要满足视距及停车距离,见表7-7。

根 V_{85} 的变化所提出的停车安全距离 d　　　表 7-7

V_{85}(km/h)	50	60	70	80	90	100
直线段安全距离 d(m)	50	65	85	105	130	160
曲线段安全距离 d(m)	55	72	95	121	151	187

4) 平交口范围车道数量

单方向的车道数量一般用一个车道。

5) 左转

公路干道左转行驶布置的一般规则见表 7-8。

公路干道左转行驶布置的一般规则　　　表 7-8

公路干道交通量	沿路通道	1. 丁字形交叉或沿路通道		
		重要的丁字形交叉或通道(左转交通量)		
		<100v/d	100~400v/d	>400v/d
双车道公路				
<8000v/d	维持现状或铺砌路肩	维持现状或铺砌路肩	左转专用车道	左转专用车道或环形交叉
>8000v/d		维持现状或开辟左行专用车道		
三车道公路				
<8000v/d	开辟左转专用道或取消交叉口转移到相邻的交叉口上	左向行驶专用车道或取消交叉口转移到相邻的交叉口上	左转行驶专用车道	左转行驶专用车道或环形交叉
>8000v/d			左转行驶专用车道或环形交叉	
2. 十字交叉口				
公路干道交通量		左转行驶交通量		
		少于 200v/d	200~400v/d	大于 400v/d
双车道公路				
<8000v/d	维持现状	开辟左转行驶专用道	开辟左转专用车道或环形交叉	
>8000v/d	维持现状或开辟左向行驶专用道			
三车道公路				
<8000v/d	开辟左向行驶专用道或取消交叉口转移到相邻的交叉口上	开辟左转行驶专用车道	开辟左转行驶专用车道或环形交叉	
>8000v/d		开辟左转行驶专用车道或环形交叉		

一般来说,对于从次要公路左转到主要公路的车辆运行不应该修建左加速车道。

6) 右转

单车道 R 形公路上不布置减速车道。

双车道 R 形公路的主要交叉口上布置减速车道,如图 7-31 所示。

单车道公路不设置加速车道。

双车道 R 形公路上的交叉口可以考虑修建加速车道,如图 7-32 所示。

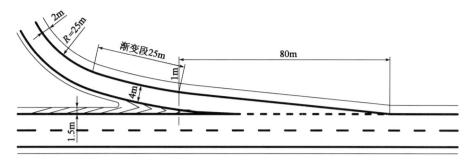

图 7-31　在分割式路面的 R 形公路上减速车道的典型示意图

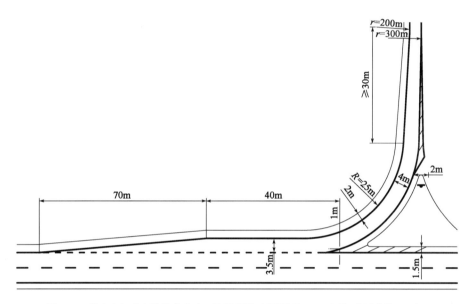

图 7-32　带有右加速车道的半交叉口的示意图(环形公路 2×2 车道,次要公路 6m 宽)

7.3.3　环形交叉

1)环形交叉的组成部分(图 7-33)

2)适应的交通量

通过观测高峰小时进入环交的总交通量(Q_{TE}),确定是否需要进行通行能力检验。

当 Q_{TE} < 1500v/h 时,不需要检验。

当 Q_{TE} = 1500～2000v/h 时,需要进行分布的检验。在这种情况下,如果交通量的总和进入或转向负荷最大的支道超过 1000v/h,建议进行能力检验。

当 Q_{TE} > 2000v/h 时,需要进行能力检验。

3)一般尺寸

(1)环岛

① 在单车道公路上:建议环道的外半径(R_g)在 15～25m 之间;

② 在双车道公路上:一般建议半径(R_g)为 25m,环形道的宽度不能小于 6m。

图 7-33 环形交叉

(2) 入口半径

入口平曲线半径一般为 30~100m。

(3) 纵坡

当纵坡小于 3% 时,建立环形交叉一般没有什么问题;在 3%~6% 之间时,一些布置显得不利于安全,特别是降低了重型车辆的稳定性(道路倾斜太明显、进口的速度太快等);当纵坡度大于 6% 时,修改坡度。

(4) 主要尺寸

进口车道和出口车道参数明细见表 7-9。

进口车道和出口车道参数明细表　　表 7-9

项　目	符号	参　数　式	常用值(m)			
外曲线半径	R_g	$12m \leqslant R_g \leqslant 25m$	$R_g=12$	$R_g=15$	$R_g=20$	$R_g=25$
环道宽度	l_a	$6m \leqslant l_a \leqslant 9m$	7	7	7	8
可跨越的加宽	S_{lf}	1.5m,当 $R_g \leqslant 15m$ 时	1.5	1.5	—	—
内曲线半径	R_i	$R_g - l_a - S_{lf}$	3.5	6.5	13	18
进口曲线半径	R_e	$10m \leqslant R_e \leqslant 15m$ 且 $\leqslant R_g$	12	15	15	15
进口车道宽度	l_e	$l_e = 4m$	4	4	4	4
出口曲线半径	R_s	$15m \leqslant R_s \leqslant 30m$ 且 $> R_i$	15	20	20	20
出口车道宽度	l_s	$4m \leqslant l_s \leqslant 5m$	4	4	4.5	5
并线曲线半径	R_r	$R_r = 4R_g$	48	60	80	100

参 考 文 献

[1] Instruction sur les conditions techniques d'amenagement des autoroutes de liaison[S]. PARIS: SETRA, ICPC, 2015.

[2] Les échangeurs sur routes de type《Autoroute》, COMPLEMENTS à ICTAAL-Les Echangeurs [S]. PARIS: SETRA, LCPC, 2013.

[3] Recommandations techniques pour la conception générale et al. géométrie de al route—Aménagement des routes principales(sauf les autoroutes et routes express à deux chaussées) [S]. PARIS: SETRA, LCPC, 1994.

[4] Instruction sur les Conditions Techniques d'amenagement des voies rapides urbaines[S]. Paris: Centre d'etudes sur les reseaux, les transports, l'urbanisme et les constructions publiques, 2009.

[5] Amenagement des Carrefours Interurbains sur les routes Principales Carrefours Plans[S]. PARIS: SETRA, LCPC, 1998.

第8章 安全设施

8.1 法国交通标志设计

法国交通标志设计主要包括标志版面(包括样式、颜色、字体、字高、字间距等)、结构、反光膜、标志布设等方面。

8.1.1 法国交通标志版面、结构和反光膜

1)版面设计

(1)法国公路标志的颜色一般情况下按照表8-1进行设置。

标志牌底色一览表 表8-1

标志牌底色	公 路 级 别	备 注
蓝色	高速公路	—
绿色	国省道	—
白色	其他	—
棕色	—	用于旅游标志
红色	—	用于警告类等标志
绿底白字	欧洲洲际高速公路 E + 数字	法国公路编号
红底白字	国家高速公路 A + 数字	法国公路编号
红底白字	一般国家公路 N + 数字	法国公路编号
黄底黑字	地方公路 D + 数字	法国公路编号

法国公路编号版面颜色可以参见图8-1,各级高速公路标志版面颜色可以参见图8-2。

图8-1 各类道路编号颜色照片

(2)法国标志版面的形状是按照类型进行划分,具有详细规定,在规范中都有每种类型标志的详细图片,基本可以分为以下类型:

A 型——警告标志牌。

AB 型——有关交叉和注明优先规定的标志牌。

B 型——规定指示牌,包括 3 类标志:禁止指示牌;必须(执行)指示牌;规定结束指示牌。

C 型——用于指导车辆行驶的导向指示牌。

CE 型——为道路使用者提供用途的固定设施的指示牌。

D 型——方向指示牌。

E 型——标记指示牌。

EB 型——居民(聚集)点开始和结束指示牌。

G 型——水平通道位置指示牌。

H 型——旅游标志指示牌。

AK、K、KC 和 KD 型——临时性指示牌。

图 8-2　各类公路标志颜色照片

(3)标志版面中采用的字体、字高和尺寸。

书写在交通标志牌上的文字由正体的字母 L1、L2 或 L5 型或斜体的字母 L4 型构成,它们具有标准样式,规范上有详细的规定,具体参见图 8-3 ~ 图 8-6。

图 8-3　L1 型字体示意

图 8-4　L2 型字体示意

A Â À Ä B C Ç D E É È Ê Ë
F G H I Î Ï J K L M N O Ô Ö Œ
P Q R S T U V W X Y Z

图 8-5　L4 型字体示意

A Â a à â B b C Ç c ç
D d E É È Ê Ë e é è ê ë
F f G g H h I Î Ï i î ï
J j K k L l M m N n

图 8-6　L5 型字体示意

法国交通标志中字母高度一般有 400mm、320mm、250mm、200mm、160mm、125mm、100mm 这几种类型,具体参见表 8-2,本表中字高只适用于大写字母,对于小写字母,一般是相对应大写字母的 0.7 倍。字母之间的间距法国规范中有详细的规定。

法国交通标志常用版面字高——适用于大写字母(单位:mm)　　表 8-2

序号	1	2	3	4	5	6	7
法国交通标志版面常用字高 H_c(mm)	100	125	160	200	250	320	400

对于警告标志、优先规定的标志牌,主要是 A、AB、B、C、CE 型指示牌,一般有七种尺寸系列,在表 8-3 中做了定义,各类标志图片可以参看图 8-7。

警告标志、优先规定标志一般尺寸表(单位:mm)　　表 8-3

尺寸系列	三角形(名义边长)	圆形(直径)	八边形(宽度)	方形(名义边长)
特殊型	—	—	—	1500
超大型	—	—	—	1200
较大型	1500	1250	1200	1050
大型	1250	1050	1000	900
标准型	1000	850	800	700
小型	700	650	600	500
缩小型	500	450	400	300

注:对于多边形其角部呈圆弧形,其边长的名义尺寸取两个理论顶点之距离。

图 8-7 警告标志、优先规定标志示意

对于 CE3d 型指示牌没有尺寸定义,可以根据实际情况确定。对于 B30、B51、C3、C14、C25a、C25b、Dp1 和 Dp2 型指示牌,其尺寸在表 8-4 中做了定义,各类标志图片可以参看图 8-8。

某类指示标志一般尺寸表　　表 8-4

指 示 牌	小型(mm)	标准型(mm)	大型(mm)
B30	500×650	700×900	900×1150
B51	500×650	700×900	900×1150
C3		600×800	
C14		900×1300	
C25a		1600×2400	
C25b		1600×2400	2400×3600
Dp1		600×120	
Dp2		700×120	

作为一般规则,交通标志应采用标准型尺寸。

特殊型和超大型系列是用于 C 型和 CE 型交通标志,专用于在道路和高速公路上预先提示附属的空间绿地。在 C 型和 CE 型基础上还可以加宽尺寸。

较大型尺寸系列的交通标志是用于高速公路的,除非在设置技术上不可行。

大型尺寸系列交通标志一般用于两车道以上的道路和一些两车道的国家公路上。

小型尺寸系列交通标志是当设置标准型尺寸指示牌有困难时使用(树木太接近道路、山区道路、路肩限制、隧道、窄人行道等)。

缩小型系列交通标志仅用于特殊场合,特别是居民聚集和隧道,为满足美学上的考虑,或在安装小型指示牌仍有困难的场合。

图 8-8　某类指示标志示意

当希望一个交通标志引起人们特别注意时(通常是危险路段),可以采用在相同道路上采用更高一级尺寸的交通标志。

对于 D、E、EB、H、KD 型交通标志(具体参见图 8-9),根据实际标志内容,按照规范规定字高、间距确定。

 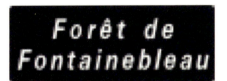

图 8-9　D、E、EB、H、KD 型交通标志示意

版面设计具体示例,可以参见图 8-10。

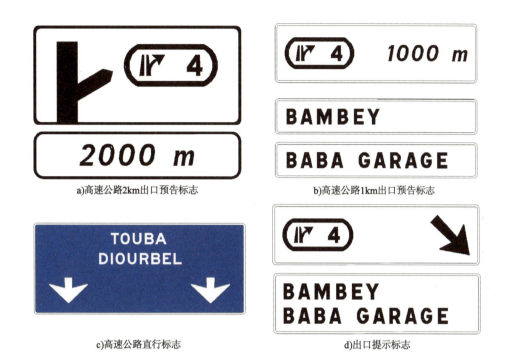

a) 高速公路2km出口预告标志　　b) 高速公路1km出口预告标志

c) 高速公路直行标志　　d) 出口提示标志

图 8-10　高速公路标志版面设计示例

2) 标志结构

在法国,对于标志支撑形式,基本采用单柱式、双柱式、悬臂式及门架式等支撑形式。中国和法国结构类型差不多,只是在结构上采用不同的样式,实际上中国交通标志的结构也不是统一样式,对于交通标志结构,只要满足设计强度就可以。

法国规范中,各类标志结构也是根据当地的风速要求,对结构进行计算后确定标志结构的尺寸,基本和中国规范一样,法国的标志需要提交结构计算书。

3) 标志采用反光膜

法国规范中对交通标志采用的反光材料有专门的规定。基本上公路采用的反光膜总计分为四级:T1级、T2级、1级和2级。其中,T1和T2反光膜主要用于临时交通标志,1级和2级用于永久交通标志,高速公路一般采用2级反光膜,具体参见表8-5。

法国交通标志反光膜级别表　　表8-5

级　别	使用类型	使用年限(y)
T1	临时交通标志	2
T2	临时交通标志	2
1	永久交通标志	5
2	永久交通标志	7

对于橙色涂层,T1和T2级的暴露周期为2年,1级和2级的暴露周期为3年。

8.1.2 法国交通标志基本布设原则

法国各类交通标志的设置原则依据公路不同等级会存在不同的情况,例如:一般公路、国家高速公路、欧洲高速公路等,每类公路的设置方式不尽相同,其主要包括指路标志、旅游区标志、警告标志、禁令标志等。

法国交通标志一般设置原则和中国比较相似,只是各类标志的版面表现形式、颜色、设置数量、设置位置存在一些差异,其基本原则如下:

1)路径指引标志

路径指引标志是为公路使用者提供从出发地到目的地沿途所经路线信息的交通标志,包括路线的编号(或名称)、沿线可达地区或地点的名称、行驶的方向及到达目的地或出口的距离等信息。根据公路使用者在行驶过程中对指路信息的需求,路径指引标志可分解为:

(1)高等级公路(法国国家高速公路和欧洲高速公路)

①入口指引标志,含入口预告标志、入口处地点方向标志等。

②行车确认标志,含地点距离标志等。

③出口指引标志,含出口远距离预告标志、出口预告标志、出口标志、出口处地点方向标志等。

从互通式立体交叉被交道路驶入高速公路至下一互通式立体交叉出口,这些标志一般情况下宜按照下列顺序出现在指路标志中:入口预告标志→入口处地点、方向标志→出口远距离预告标志→地点距离标志→出口预告标志→出口标志→出口处地点、方向标志。

实际项目标志设置可以参见图 8-11 示例。

(2)普通公路

①平面交叉预告标志。

②平面交叉告知标志。

③确认标志。

2)沿线信息指引标志

沿线信息指引标志是为公路使用者提供所处位置的信息。包括:高速公路起、终点标志;著名地点标志;大型交通设施标志;地点识别标志;里程牌、百米牌等。

3)沿线设施和指引标志

沿线设施和指引标志包括对沿线服务设施、管理设施、爬坡车道等设施的指引标志,以及普通公路设置的观景台、错车道等的指引标志。

4)旅游区标志

旅游区标志包括对沿线旅游景区设置的指引标志和旅游符号。

5)警告标志

警告标志是指在公路需要提醒警示的位置附近设置警告标志。

6)禁令标志

禁令标志是指在公路需要禁止某类行为或者设施等情况下设置禁令标志。

第8章 安全设施

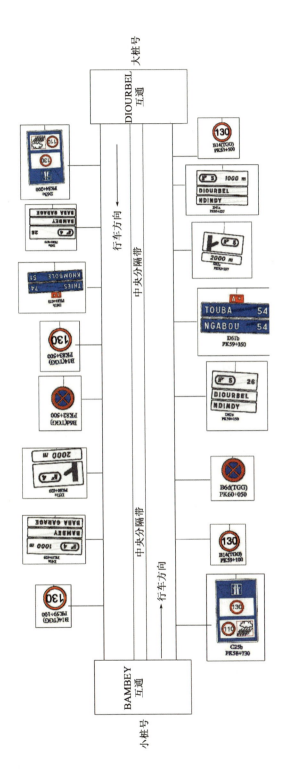

图8-11 某项目高速公路互通之间标志设置示例

255

8.2 法国交通标线设计

法国交通标线设置主要是道路纵向标线(包括边缘线、分界线)、横向标线和其他标线。

1)交通标线的线形

纵向标线主要是遵循一定原则,具体可以参见表8-6和图8-12,纵向标线分为T1~T4线形,适用于不同等级的公路。

不同类型纵向标线表　　表8-6

标线类型	线段模型类型	线条长(m)	两个连续线条间的间隔(m)	线条与间隔的比例
纵向轴心	T1	3	10	1/3
	T′1	1.5	5	1/3
	T3	3	1.33	3
车道线及边线	T2	3	3.5	1
	T′3	20	6	3
	T′4	39	13	3
横线	T′2	0.5	0.5	1

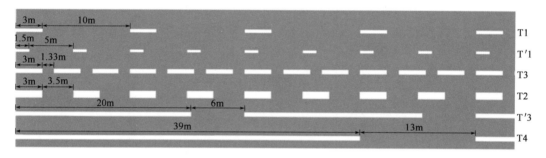

图8-12 法国纵向标线示意

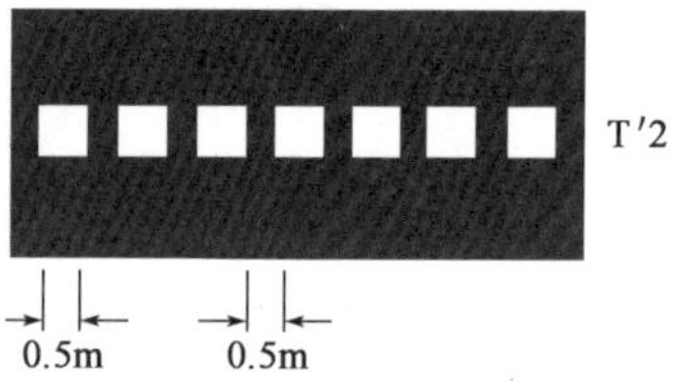

对于横向标线,线段模型(T′2型)中有0.5m的线条和0.5m的间隔,具体参数如表8-6和图8-13所示。

2)交通标线的宽度

法国交通标线的宽度是以一个宽度单位"u"确定的,根据公路类型的不同而不同,按下面的方式确定"u"的取值:

图8-13 法国横向标线示意

在高速公路,行车道隔离开的公路,乡村旷野处四个行车道的公路上:$u=7.5cm$;

在重要公路,特别是交通量大的公路上:$u=6cm$;

在其他类型的公路上:$u=5cm$;

在公路上的自行车道上:$u=3cm$。

3)交通标线的设置颜色

(1)行车道上的标线为白色。

(2)黄色用于:禁止停车或停靠车辆;之字形曲线处公共汽车站点;临时标线。
(3)蓝色用于:蓝色停车区的界线。
(4)红色用于:用于避险车道起始处,为红白相间的方格板。
4)各类不同等级公路标线标准设置形式
(1)乡村旷野处双行车道公路,标线具体设置形式参见图8-14。

图8-14 乡村旷野处双行车道公路标线示意

(2)乡村旷野处的三车道公路,标线具体设置形式参见图8-15。

图8-15 乡村旷野处的三车道公路标线示意

(3)四行车道公路,标线具体设置形式参见图8-16。

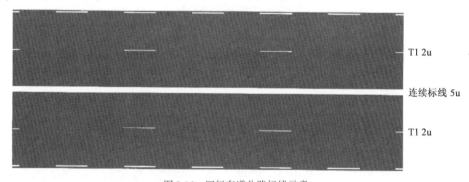

图8-16 四行车道公路标线示意

(4)2×2行车道公路,标线具体设置形式参见图8-17。

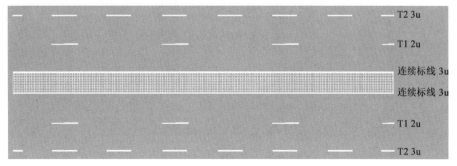

图8-17 2×2行车道公路标线示意

（5）高速公路标线具体设置形式参见图8-18。

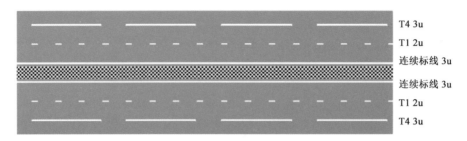

图8-18　高速公路标线示意

5）其他交通标线设置形式

（1）停车让行标线和减速让行标线，具体参见图8-19和图8-20。

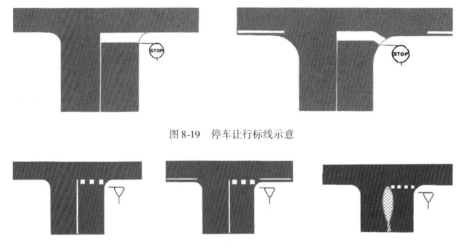

图8-19　停车让行标线示意

图8-20　减速让行标线示意

（2）人行横道标线和人字形减速标线，具体参见图8-21。

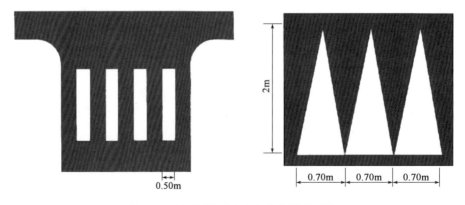

图8-21　人行横道标线和人字形减速标线示意

（3）导向箭头和文字要求。

转向箭头一般长度为6m,方向指示箭头一般长度为4m,在高速公路和不平坦的十字分叉路口,所使用的箭头尺寸是前面尺寸的4/3。法国规范中有示意样式,具体参见图8-22。

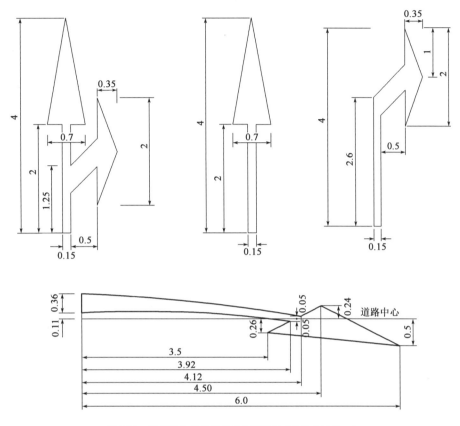

图8-22　转向箭头和方向指示红箭头示意(尺寸单位:m)

地面文字法国规范也有规定,对于设计速度≤70km/h 的公路,字母和文字的尺寸一般为长1.5m×宽0.5m,具体参见图8-23;对于设计速度>70km/h 的公路,字母和文字的尺寸一般为长4m×宽0.5m,具体参见图8-24。

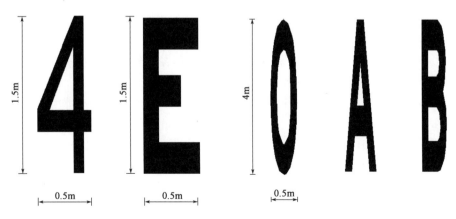

图8-23　设计速度≤70km/h 路面文字尺寸示意　　图8-24　设计速度>70km/h 路面文字尺寸示意

6）交通标线采用材料

法国交通标线材料主要采用热熔标线材料，也会采用一些双组分和其他新型标线材料。

7）突起路标的设置

法国公路上可以设置突起路标，主要作为交通标线的补充，设置在交通标线反光效果不佳地方，一般设置在互通匝道出口三角端处，高速公路也可以全线设置，主线设置间距一般为13m，具体根据实际情况确定，高速公路互通匝道设置间距一般为6m。

其他公路根据实际情况确定是否需要设置突起路标。

8.3 法国护栏设施设计

1）法国护栏主要防撞等级

法国规范公路护栏等级主要分为七级，分别为N1、N2、H1、H2、H3、H4a、H4b，具体可以参见表8-7，可以看出，N级别主要适用于小车比较多的公路，H级别主要适用于大车比较多的公路。

法国护栏防撞等级表 表8-7

级 别	认可试验条件		
	车速(km/h)	角度(°)	车辆载重(t)
N1	80	20	1.5
N2	110	2020	1.5
	100	20	0.9
H1	70	15	10
H2	70	20	13
H3	80	20	16
H4a	65	20	30（坚硬的）
H4b	65	20	38（半拖挂车）

法国规范在公路护栏设置中一般采用适量设置原则，在规范中引入功能宽度 W 值和ASI指数的概念。

当ASI指数<1时，对于车辆中系安全带的乘客受到碰撞后的影响有限，也就是对车辆中人员伤害较少。

当1≤ASI指数≤1.4时，对于车辆中系安全带的乘客受到碰撞后的影响比较大，也就是对车辆中人员伤害会比较严重。

当ASI指数>1.4时，对于车辆中系安全带的乘客受到碰撞后的影响非常大，也就是对车辆中人员伤害会非常严重。

因此，根据上述原则，法国规范在护栏设置过程中，除了规定护栏采用的防撞等级以外，还需要规定功能宽度 W 值，使得该护栏具有一定的功能宽度，缓冲能量，保证ASI指数在安全范围内，降低对车辆中人员的损伤。

功能宽度 W 值的不同等级具体可以参见表8-8，表中规定了不同等级下 W 的具体数值，一般等级越高，W 值越大，对车辆碰撞后人员的损伤越少。一般在设计中会结合项目具体情况综合考虑 W 值的选取,这样既能保护人员,又能达到最佳的效益比。

法国规范中不同 W 等级数值表　　　　表 8-8

功能宽度等级	功能宽度数值要求	功能宽度等级	功能宽度数值要求
W1	$W \leq 0.6$	W5	$W \leq 1.7$
W2	$W \leq 0.8$	W6	$W \leq 2.1$
W3	$W \leq 1.0$	W7	$W \leq 2.5$
W4	$W \leq 1.3$	W8	$W \leq 3.5$

N 级别的护栏主要是为轻型车辆提供保护;H 级护栏主要为重型车辆提供保护;一般公路设置 N 级别护栏,只有在大型车比例比较高的情况下才采用 H 级护栏或者在一些比较特殊的高填方或者危险路段情况下采用。

法国各个防撞等级的护栏多以产品的形式呈现。

2) 路侧护栏设置原则

法国公路中在路侧安全净区内存在下列情况时会设置护栏:

(1) 有障碍物的情况下,例如公路边有树、桩、水泥砌体、大型标志等障碍物。

(2) 深度超过 50cm,没有盖板的排水沟的情况。

(3) 路堑坡面或墙墩,斜度超过 70%的情况。

(4) 高度超过 4m,斜度超过 25%的填方,或突然路面起伏不平超过 1m 的情况。

在这些情况下会设置 N 级别护栏。

如果公路起伏落差很大或者是所穿越区域是铁路或河流,且重型车辆车道出口风险较大,护栏会提高防护等级,采用 H 级的护栏(用于重型车辆的防撞保护)。

对于各个防护等级的护栏类型,法国公路采用的类型比较多,只要能够满足规范规定的级别就可以。

在法国公路护栏设置中,一般需要标明护栏等级的功能宽度 W 值,例如,N2(W2)护栏、N2(W5)等;N2(W2)表示采用 N2 级别的护栏,其功能宽度 W 为 2 级,一般设置在高填方或者危险路段,提出对路侧宽度的具体要求值,且立柱间距比较密,W 值会要求低一些。

3) 中央分隔带护栏设置原则

法国规范中,公路中央分隔带可以采用波形梁护栏,也可以采用混凝土护栏,近年来高速公路通常都是采用整体式混凝土护栏(DBA),具体参见图 8-25。

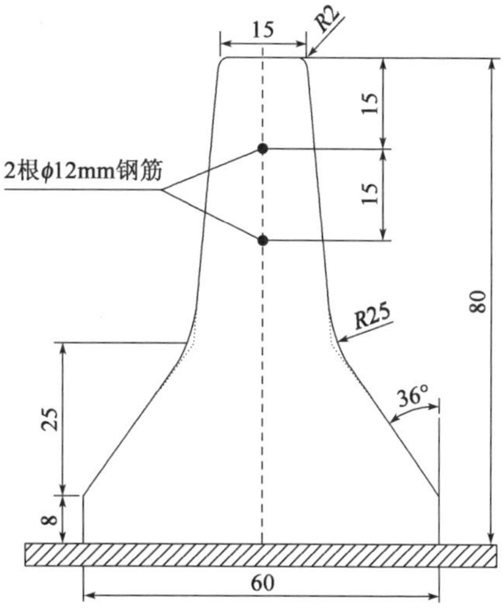

图 8-25　DBA 混凝土护栏示意图(尺寸单位:cm)

对于中央分隔带设置波形梁护栏的情况可以参见图 8-26。

对于中央分隔带设置各类混凝土护栏的情况可以参见图 8-27。

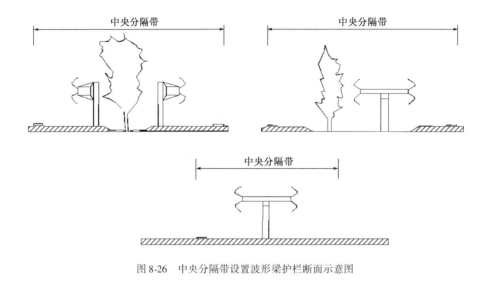

图 8-26 中央分隔带设置波形梁护栏断面示意图

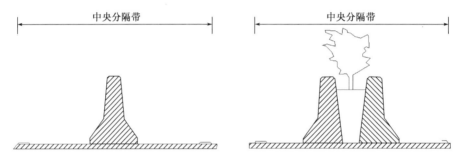

图 8-27 中央分隔带设置混凝土护栏断面示意图

4) 中央分隔带开口护栏设置原则

法国对于公路中央分隔带开口护栏主要是要求能在特殊情况下开启就可以,多以各类产品形式出现,但也有很多公路是和前后护栏一致。法国开口护栏如果是波形梁护栏,一般会在立柱上粘贴黄色反光膜标示。如果是混凝土开口护栏,具体可参见图 8-28。

5) 护栏端头和缓冲设施设置

法国公路中的护栏端头形式也基本是以产品类居多,公路上常见的端头参见图 8-29。

对于公路鼻端的缓冲设施,法国规范中也有规定,在规范中是以信号标的形式呈现,分别为 J14a 和 J14b 型信号标,除此之外也以其他产品的形式呈现。

J14a 和 J14b 型信号标是用于分权路口的标识。其颜色为白色和绿色,两级反光涂层。

J14a 型信号标由单一的半圆形构成,具体参见图 8-30。它设置在用油漆线画出的扩散分支区域。

J14b 型信号标是由 6 个、8 个、10 个或 12 个元素系列构成,具体参见图 8-31,形成一个 V 形,预示着两个交通方向,它用于标识一些分叉路口,也可以用于标示交通非常繁忙的扩散分支口。这些系列信号元素从凸堤中央开始设置并延伸扩散。

第8章 安全设施

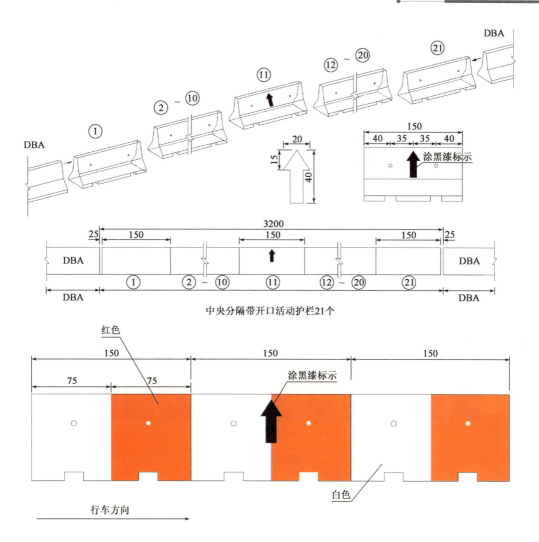

图 8-28 法国公路中央分隔带混凝土开口护栏(护栏上粘贴反光标记,尺寸单位:cm)

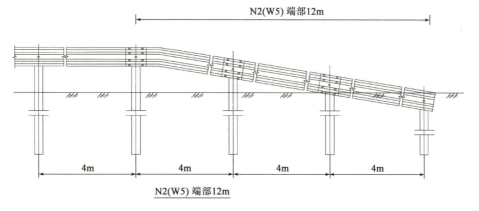

图 8-29 护栏端头示意图

263

a) J14a-普通型号(φ2m)　　　　　　b) J14a-小型(φ1m)

图 8-30　J14a 信号标示意图

a) J14b-普通型号(12条)(高2.2m)

b) J14b-小型(12条)(高1.66m)

图 8-31　J14b 信号标示意图

8.4　法国轮廓标、隔离栅等其他设施设计

8.4.1　轮廓标

1）轮廓标的主要类型

法国公路中轮廓标主要分为波形梁上的轮廓标、混凝土护栏上的轮廓标以及无护栏路段的轮廓标等，其形式多样，但基本归为几类，具体可以参见图 8-32 和图 8-33。

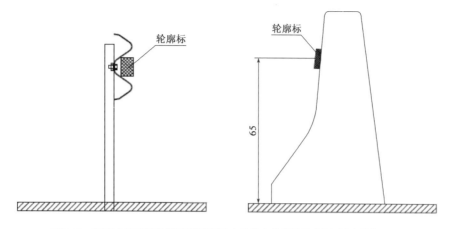

图 8-32 附着在波形梁护栏和路侧混凝土护栏上轮廓标示意图(尺寸单位:cm)

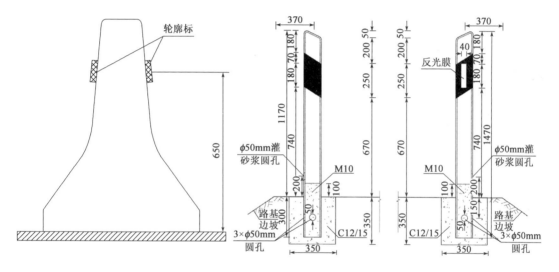

图 8-33 附着在中央带混凝土护栏上以及无护栏路段轮廓标示意图(尺寸单位:mm)

2)轮廓标的基本设置原则

法国规范中规定的轮廓标颜色为:高速公路主线段采用白色轮廓标,匝道部分采用绿色轮廓标,其中特殊的是匝道部分采用双面轮廓标,一面为绿色,另一面为红色,如果有车辆逆行进入匝道,则看到的为红色轮廓标。

法国包括欧洲国家在高速公路中央分隔带大量采用整体式混凝土护栏(DBA),中央分隔带处的轮廓标会设置于水泥混凝土护栏顶部或者两侧。

法国轮廓标设置间距一般为:主线 26m,匝道 13m,设置间距每条公路存在差异,一般主线设置间距不会超过 50m。

8.4.2 隔离栅

法国公路隔离栅的主要作用是将可能影响交通安全的人和畜等与高速公路分离开来,保证高速公路的正常运营。法国公路设置隔离时一般都是在高速公路两侧设置。

1)隔离栅的主要类型

在法国公路中,隔离栅按网格形式不同可分为网格渐密式金属网隔离栅、矩形网格式金属网隔离栅及刺钢丝式金属网隔离栅三种类型,其中网格渐密式金属网隔离栅和矩形网格式金属网隔离栅比较常用(矩形网格式金属网隔离栅可以参见图8-34),主要还是依据公路的具体实际情况而定。

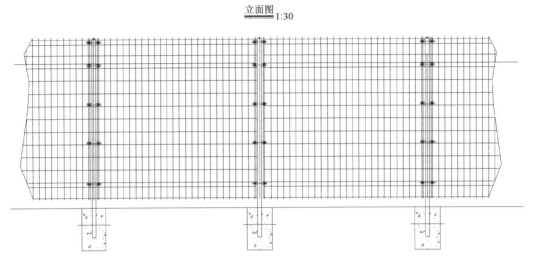

图8-34　矩形网格式金属网隔离栅示意图

2)隔离栅的基本设置原则

法国高速公路也全线设置隔离栅,防止行人及动物进入高速公路。

高速公路隔离栅应进行全封闭布设,在遇到桥梁、通道或天然障碍物时应断开封死,不应留有人、畜进入的空隙,如遇到小涵洞或小障碍物时,隔离栅应直接跨过,隔离栅设置需要考虑地形起伏的影响。

同时,法国规范中要求隔离栅在有善于打洞的动物出没处需埋入土中30cm,这是和中国规范有出入的地方。

8.4.3　防眩设施

法国高速公路很多都不设置防眩设施,源于高速公路上驾驶员的习惯和法律规定,高速公路上的车辆很少会开大灯,因此造成法国高速公路上很少设置防眩设施,但对于一些大型车辆比较多的公路,也会设置防眩设施,其类型和中国比较类似,但多以产品的形式出现。

参 考 文 献

[1] Signalisation routière verticale-Catalogues des décors des panneaux de signalisation et des panonceaux-Partie 4: Caractéristiques typologiques des panneaux directionnels(NF P98-532-4)[S]. France,1991.

[2] Signalisation routière verticale-Portiques, potences et hauts mats-Partie 1: spécifications de calcul, mise en oeuvre, contrôle, maintenance, surveillance(NF XP P98-550)[S]. France,2008.

[3] Signalisation routière verticale-Panneaux de grandes dimensions de type SD3 posés sur portiques, potences, hauts mats et ouvrages d'art-Caractéristiques et spécifications techniques(NF P98-551)[S]. France,1993.

[4] Signalisation routière verticale-Panneaux de grandes dimensions de type SD3 implantés sur accotement-Caractéristiques et spécifications techniques(NF P98-552)[S]. France,1993.

[5] Signalisation routière verticale-Décors pour panneaux de signalisation-Performances, caractéristiques techniques et spécificatio (NF XP P98-520)[S]. France,1997.

[6] Signalisation routière verticale-Généralités (NF XP P98-501)[S]. France,2002.

[7] Signalisation routière verticale permanente-Panneaux de siqnalisation et supports-Caractéristiques techniques et spécifications (NF XP P98-530)[S]. France,1999.

[8] Signalisation routière verticale permanente-Dimensions principales des panneaux de signalisation et de leurs supports-Valeurs et tolérances dimensionnelles(NF XP P98-531)[S]. France,1999.

[9] Signalisation routière verticale-Catalogue des décors des panneaux de signalisation et des panonceaux(NF XP P98-532)[S]. France,2001.

[10] Signalisation routière verticale-Panneaux de signalisation-Méthodes de mesure des dimensions (NF P98-533)[S]. France,1991.

[11] Signalisation routière verticale-Catalogue des décors des panneaux de signalisation et des panonceaux(NF XP P98-542)[S]. France,1995.

[12] Insertion de la signalisation de bifurcation autoroutière dans les séquences de signalisation de direction[Z]. Setra,2002

[13] INSTRUCTION INTERMINISTÉRIELLE SUR LA SIGNALISATION ROUTIÈRE 7ème PARTIE:Marques sur chaussée[Z]. France,1998.

[14] Road restraint systems-Part 1:Terminology and general criteria for test methods(BS EN 1317-1)[S]. 2010.

[15] Road restraint systems-Part 2:Performance classes, impact test acceptance criteria and test methods for safety barriers including vehicle parapets(BS EN 1317-2)[S]. 2010.

[16] Barrières de sécurité routières-Séparateurs et murets en béton coulé en place-Définitions, fonctionnement et dimensions(NF P98-430)[S]. France,1991.

[17] Équipements de la route-Balisage des obstacles et dangers temporaires-Caractéristiques des barrières, clôtures et palissades(NF P98-470)[S]. France,1991.

[18] Barrières de sécurité routières-Critères de performances, de classification et de qualification (NF P98-409)[S]. France,1996.

[19] Équipement de la route-Balisage permanent-Délinéateurs:caractéristiques, performances, essais(NF P98-580)[S]. France,1991.

第9章 机电工程

9.1 一般规定

本指南中,机电工程包括照明系统、收费系统和监控系统。

机电工程应与主体工程相协调,应做到安全实用、经济合理、维护便利,并应能兼顾未来发展需求。

我国公路的机电工程规范自成体系,是基于国内公路建设和运营实践,并结合中国公路发展理念逐步建立和完善的,其专业性和可操作性强于欧洲规范,便于设计师掌握。但是欧洲公路机电工程没有现成的规范体系,仅有一些约定俗成的习惯以及标准组织制定的关于设备、接口的一些标准,而且与所在国和项目业主要求密切有关,因此在欧洲进行机电工程设计时要充分在当地进行调查研究,要有一定的灵活性,并且还要摒弃对规范的过度依赖。

9.2 照明系统

9.2.1 设计原则

在欧标照明系统设计中,照明系统应满足公路安全性要求,具有良好的视觉诱导性;照明灯具和布置方式应结合桥梁、互通等主体结构和周围景观而定,灯具光源色调应与景观照明相匹配;照明灯具应防止眩光,不得对驾驶员和周围环境造成不利影响。

9.2.2 设计规范

欧标照明系统设计应根据所在区域选择 CIE 115 或 EN 13201 作为参考规范。

CIE(国际照明委员会)是一个致力于成员国之间照明技术等事项进行国际合作与信息交流的组织,其负责制定光、照明等领域计量的基本标准和程序。

EN 13201 规范由 CEN(欧洲标准化委员会)制定,该规范包括五个部分,分别是第1部分:照明类别选择指南、第2部分:性能要求、第3部分:性能计算、第4部分:测量照明性能的方法和第5部分:能源绩效指标。

根据 CEN 内部规定,欧盟等国家必须参照此欧洲标准,因此欧盟国家优先采用 EN 13201,其他采用欧(法)标的国家可采用 CIE 115。

9.2.3 设计指标

国内照明系统通常包括道路照明、收费广场照明、互通照明、停车场照明等;欧标照明系统通常也在以上位置设置照明,其中道路照明与国内类似,仅在特大桥设置;但是收费广场照明通常与互通照明合并,在整个互通区域设置照明,并且每个互通均设置;停车场区域也相应设置照明。

欧标照明系统首先应根据所处区域、功能需求明确照明等级,根据 CIE 115 照明系统包含机动车道照明、人行道照明以及交会区域照明等。照明等级定义了一系列光度学的需求来满足特定的道路区域和环境下道路使用者的视觉需要,通常采用 CIE 115 第七章中提出亮度概念的 M 等级。

对于 M 等级的选取,需要根据不同参数的加权值的和来选取,选择 M 等级的参数值,见表 9-1。

M 等级的参数值 表 9-1

参　　数	选　项	权　重　值
速度	非常高	1
	高	0.5
	中等	0
交通量	非常高	1
	高	0.5
	中等	0
	低	−0.5
	非常低	−1
交通组成成分	非机动车比例较高	2
	混合有非机动车	1
	仅机动车	0
车道分离	否	1
	是	0
交汇密度	高	1
	中等	0
停放车辆	存在	0.5
	不存在	0
环境亮度	高	1
	中	0
	低	−1
视觉引导/交通控制	较差	0.5
	中度或良好	0

根据道路的功能、设计速度、总体布局、交通量和组成,以及环境条件选择适当的照明等级。

机动车道 M 等级照明应用取决于相关区域的路况以及交通和时间相关的环境,M 等级表如表 9-2 所示。

M 等级表　　　　　　　　　　　　　　　　　　　　表9-2

照明等级	道路路面状况				阈值增量	环境比
	干燥			湿润		
	Lav(cd/m²)	U_0	U_1	U_0	f_{Ti}(%)	R_s
M1	2.0	0.40	0.70	0.15	10	0.5
M2	1.5	0.40	0.70	0.15	10	0.5
M3	1.0	0.40	0.60	0.15	15	0.5
M4	0.75	0.40	0.60	0.15	15	0.5
M5	0.50	0.35	0.40	0.15	15	0.5
M6	0.30	0.35	0.40	0.15	20	0.5

在CIE 132第五章中提出简单准确的设计方法,首先选取照明指标,选择灯具类型。在灯具类型的选取中,CIE 132特别提出了灯具的配光曲线,并且提出根据照射区域的以及灯具适用区域的不同选择相应配光曲线的灯具类型,并且对照度亮度的计算提出了CIE 140中相对简易的方法。另外,定义了灯具的利用系数的选取,在CIE 132中提出机动交通照明的需求,如表9-3所示。

机动交通照明的需求　　　　　　　　　　　　　　　　表9-3

照明等级	适用范围				
	所有道路	所有道路	所有道路	很少或没有交叉口的道路	环境比
	Lav(cd/m²)最小维持值	总均匀度最小值	眩光限制阈值增量TI(%)最大初始值	u'最小值	SR最小值
M1	2.0	0.4	10	0.7	0.5
M2	1.5	0.4	10	0.7	0.5
M3	1.0	0.4	10	0.5	0.5
M4	0.75	0.4	15	不作要求	不作要求
M5	0.5	0.4	15	不作要求	不作要求

9.2.4 节能要求

欧标照明系统也应考虑节能要求。在CIE 115第10节提出照明系统的能量节约,提出能量节约的目的在于节约电能,在考虑交通量和组成变化及其他相关参数的情况下,同时考虑交通安全和人身安全,让照明水平的高低随时间变化给予相适应性的变化,以便与非自适应设计相比,降低能源消耗。

国内照明系统主要是参照规范中照明功率密度(LPD)值的限制要求。

9.2.5 系统方案

欧标照明系统设计包括照明指标确定、照明灯具、照明灯杆、照明配电、电气计算、照度计算以及照明控制等内容。

1) 照明灯具

照明灯具应具有 CE 认证,并要进行 LM79 测试。

2) 照明灯杆

照明灯杆布置应保持线性布置,并尽量与路侧边沿保持固定间距;灯杆挑臂选择应结合灯基础设置位置,挑臂与杆体插接处应考虑防水性能。

3) 照明配电

电缆选型需要进行过电流保护、电压降、短路电流等电气计算。

4) 照明控制

照明控制采用定时控制较多。

9.3 收费系统

9.3.1 设计原则

欧标收费系统设计应遵循便于统筹规划、统一标准、联网运营的原则,并根据建设成本、所在地习惯、业主运维要求、收费效率等因素选择收费制式。

9.3.2 设计规范

欧标收费系统设计应根据所在区域选择作为 EU 2004/52/EC、CEN TC 278、CEN TC 224、ISO TC 204 和德国 TLS 协议等参考规范。

EU 2004/52/EC 是欧洲议会和理事会发布的关于欧盟内不同国家间实现电子收费互联互通的纲领性指令文件。

CEN TC 278 阐述了欧洲高速公路电子收费设施的通信架构、数据格式和设备兼容性等。

CEN TC 224 对电子收费设备的安全性与隐私保护提出要求。

ISO TC 204 是 ISO 组织在世界范围内推行高速公路电子收费制定的专项标准,其内容与 CEN TC 278 基本类似。

德国高速公路技术交付条件(Technische Lieferbedingungen für Streckenstationen,TLS)对高速公路交通信息控制层级架构、数据格式、交通车辆车型划分等做了明确要求,欧洲 28 种不同车型可以按照 TLS 协议要求划分为 TLS 8+1、TLS 5+1、TLS 2+0 等不同组别,其中 TLS 5+1 目前为欧洲各收费站收费车型划分常用组别。

9.3.3 系统方案

1) 收费系统层级架构

欧洲国家高速公路收费系统层级架构基本与国内一致,即对于短途高速公路普遍采用"收费车道级+收费站级"两级架构,对于长途高速公路普遍采用"收费车道级+收费站级+收费中心控制级"三级架构,且各层级架构硬件设置基本与国内一致,满足收费系统硬件设备独立成网的要求。

但是由于欧洲各国间不同的制度结构和监管体制,各国高速公路联网互通缺乏长期规划,收费费率与收费方式各异,加之各国不同区域间光纤通信系统不发达,造成不同范围内高速公路层级架构间一定程度上都存在互联互通的问题,收费系统设计应充分考虑各国不同地域间互联互通问题。

2)收费中心和收费站

收费中心控制级和收费站级设备只需要进行处理、存储收费数据,设备功能与种类与国内类似。

3)收费车道

收费车道设备与中国基本相同,设置有收费亭、雾灯、费额显示屏、自动发卡机、自动栏杆机、ENP(即不停车收费,ETC)设备、车道摄像机、车辆抓拍等常规设备,部分公路也设置有计重设备以及车型自动检测仪、轴型自动检测仪等非常规设备。

9.3.4 收费车道

1)ETC 与 OBU

ETC 收费系统在欧洲各国应用由来已久,技术方案比较成熟,遵从 CEN DSRC 系列标准,通信频点应采用 5.8GHz,ETC 的 RSU 宜采用立柱式安装在车道侧面的收费车道上或采用吊装法安装在收费车道上方的门架上。其中吊装在门架上的车道 ETC 天线,其设计高度应不低于 5.5m,天线的通信区域宽度应小于 3.3m,长度在 4~9m 之间可调。

相比与国内 ETC 收费系统,欧洲 ETC 收费系统还是具有很多特异性:

(1)欧标 ETC 收费系统采用被动式通信,电子标签(OBU)采用单片式通信,这就造成欧标 ETC 设备与国标 DSRC 标准的"主动式+双片式"ETC 设备间无法实现通信。

(2)欧标虽强制要求 ETC 设备生产厂商遵循欧标 DSRC 系列标准,但实际产品中还是会写入各厂家特异性通信协议以达到垄断市场的目的,造成不同生产厂商间的 ETC 设备无法实现完全兼容。

(3)不同公路的 ETC 设备用户信息存储方式不尽相同,部分公路在收费站或者收费中心单独设置一台数据存储服务器,将用户信息(用户名、密码、车型、金额等)存储于服务器中,ETC 用户在扣通行费过程中需与服务器进行数据通信;而部分公路将用户信息写入 OBU 中,在通行过程中与 ETC 通信进行扣费,因此收费系统设计过程中需首先调查 ETC 设备用户信息的存储方式。

2)自动发卡机与自动读卡机

欧标收费系统的自动发卡机位于收费车道入口,可独立放置也可布设于收费亭内,入口收费普遍采用自动收费方式,也可采用自动+人工复合收费方式。自动读卡机位于收费车道出口,用于读取自动发卡机写入的车辆收费信息。自动发卡机与自动读卡机与国内收发卡机工作机制相似,即入口自动发卡机写入车辆信息,包括入口站点、车型类别、进入时间等数据,部分高速公路还会要求写入车牌数据。出口自动读卡机读取这些数据并由收费软件计算收费费用。

与国标自动收发卡机收发 IC 芯片卡片不同,欧标自动收发卡机收发的是磁性票据,这种磁性票据不仅无法回收利用,而且通行过程中取用也多有不便,优点是价格较 IC 卡片便宜,由于欧洲各国高速公路普遍采用磁性票据通行方式,从系统互联互通和成本考虑,收费系统设计过程中需要采用磁性票据通行方式。

3）自动车型识别与自动轴型识别

由于欧洲高速公路允许车辆配置拖车上路，导致车型种类繁多，总共约 28 种，采用人工方式按照收费车型分类具有一定难度，故欧标收费系统普遍采用自动车型识别设备和自动轴型设备，配合计重系统将 28 种车型按照 TLS 5+1 划分为 6 种收费类别，具体见表 9-4。

收费车型划分表　　　　　表 9-4

TLS 5+1 类别	收费车型划分依据
1	摩托车
2	双轴机动车，首轴高度低于 1.3m； 双轴机动车，首轴高度高于 1.3m 低于 1.9m 且重量小于 3.5t
3	三轴机动车，首轴高度低于 1.3m； 三轴机动车，首轴高度高于 1.3m 低于 1.9m 且重量小于 3.5t； 双轴机动车，首轴高度高于 1.9m 且重量小于 3.5t
4	双轴或三轴机动车，首轴高度高于 1.3m 且重量大于 3.5t； 三轴或四轴车，首轴高度高于 1.9m 且重量小于 3.5t
5	四轴或更多轴车，首轴高度高于 1.3m 且重量大于 3.5t
6	其他车型

4）电子限高设备

收费站前方 100m 左右均设置电子限高系统，普遍限高 4.4m，当超高车辆驶入收费站时，将由收费站工作人员导引超高车辆从预留超高车辆驶离专用通道中驶离。

5）其他设备

收费车道其他设备如自动栏杆机、费额显示器、车牌识别等与国内设备工作原理类似。

9.4 监控系统

9.4.1 设计原则

欧标监控系统设计应遵循合理性和完善性等原则，设备布设应遵循当地习惯，设备参数应以最新欧洲标准为依据。

9.4.2 设计规范

欧标监控系统设计没有明确的参照规范，但是部分设备有相关规范可以参照，例如 VMS 需要参照 EN 12966 规范。

9.4.3 系统方案

欧标监控系统设计包括摄像机、情报板（VMS）、气象站和紧急电话等，系统方案如下：

（1）欧标开放道路摄像机没有全程监控的理念，仅布设于收费站匝道出入口和收费广场出入口位置，一般每个收费站匝道均匀布设 4~5 处，实现对匝道通行车辆的实时监控；摄像机采用自动变焦，具备夜视功能。

（2）欧标开放道路气象站均匀布设于沿线长桥梁上，监控桥梁路面降水、结冰、降雪、湿滑、能见度、温度、湿度、风速风向、实时图像等气象条件，当气象条件不佳时，可以采用人工或者软件自动控制程序在高速公路情报板发布预警信息，当气象条件恶劣时降落长臂栏杆机封闭隧道。

（3）欧标开放道路情报板分为两种。一种均匀布设于收费站匝道出入口处和气象条件不佳的长桥梁入口处，用于实时显示路面气象状况和交通信息；另一种位于隧道入口前方100m处，用于紧急情况配合长臂栏杆机封闭隧道。

（4）欧标在开放道路沿线紧急停车港湾设置紧急电话，而国内道路上早已取消紧急电话。

相比于国内监控系统，欧标监控系统在邻近隧道设置监控设备时对安全有更高要求，主要如下：

（1）隧道入口前方100m左右处设置门架或F形钢结构，在钢结构上方安装有显示隧道信息的情报板和交通灯，钢结构后方2m左右位置设置电动长臂栏杆机。当隧道内发生紧急情况时，情报板和红绿灯将显示报警信息，电动长臂栏杆机将按照软件程序封闭道路。

（2）隧道内部自洞口开始，约每150m间距设置一组红绿灯，按照程序要求和危险警示级别决定红黄闪烁方式。

（3）开放道路监控设备通信路由直接进入收费站，再上传至监控中心，不允许接入隧道通信路由或其他通信路由，以保证隧道发生紧急情况通信中断的情况下，监控中心可以及时发布道路预警信息。

（4）车流量检测普遍采用线圈式，位于隧道出入口，设置间隔1km，隧道长度大于1km的位置需设置洞内车流量检测器，开放道路上收费站出入口位置处各设置1处。

9.4.4 设备选型

监控设备中的情报板（VMS）选型应按照如下要求执行：

（1）根据EN 12966第4章第1节交通显示类产品应对技术指标、光学性能、电气安全和可靠性进行严格定义与要求，在EN 12966中允许用户自定义情报板的尺寸、形状及其他物理参数、字符间距，但对显示字符的尺寸和图形的尺寸进行了明确规定。

（2）应根据EN 12966第4章第4.4.2节对VMS设备的颜色显示进行设计。VMS设备的可视性能以及耐用性能与标准EN 12899-1：2007相同。VMS的显示颜色较多，有红、橙、黄、白、绿、蓝，根据CIE 1931定义色彩空间，它由国际照明委员会于1931年创立，并可划分为C1和C2类色彩空间（表9-5、表9-6），其中C2等级最高。

C1类颜色的色度区域的角点（CIE 1931色度坐标xy）　　　　表9-5

颜色		角点的颜色坐标					
		1	2	3	4	5	6
红色	x	0.660	0.680	0.735	0.721	—	—
	y	0.320	0.320	0.265	0.259	—	—
橙色	x	0.624	0.605	0.650	0.669	—	—
	y	0.370	0.370	0.331	0.331	—	—

续上表

颜色		角点的颜色坐标					
		1	2	3	4	5	6
黄色	x	0.536	0.547	0.613	0.593	—	—
	y	0.444	0.452	0.387	0.387	—	—
白色	x	0.300	0.440	0.500	0.500	0.440	0.300
	y	0.342	0.432	0.440	0.382	0.382	0.276
绿色	x	0.310	0.310	0.209	0.028	—	—
	y	0.684	0.562	0.400	0.400	—	—
蓝色	x	0.109	0.204	0.233	0.149	—	—
	y	0.087	0.196	0.167	0.025	—	—

C2 类颜色的色度区域的角点（CIE 1931 色度坐标 xy） 表 9-6

颜色		角点的颜色坐标			
		1	2	3	4
红色	x	0.660	0.680	0.710	0.690
	y	0.320	0.320	0.290	0.290
橙色	x	0.624	0.605	0.650	0.669
	y	0.370	0.370	0.331	0.331
黄色	x	0.536	0.547	0.613	0.593
	y	0.444	0.452	0.387	0.387
白色	x	0.300	0.440	0.440	0.300
	y	0.342	0.432	0.382	0.276
绿色	x	0.009	0.284	0.209	0.028
	y	0.720	0.520	0.400	0.400
蓝色	x	0.109	0.173	0.208	0.149
	y	0.087	0.160	0.125	0.025

（3）应根据 EN 12966 第 4 章第 4.5.1 节对 VMS 设备的温度、耐腐蚀、防水防尘、临时挠度等物理性能进行选型。VMS 设备物理性能要求分类见表 9-7。

VMS 设备物理性能要求分类 表 9-7

外部环境	指定等级	备注
温度	T1,T2,T3,T4	—
防水防尘	IP44,IP45,IP54,IP55,IP56	最高等级 IP56
耐腐蚀	SP0,SP1,SP2	最高等级 SP2
风荷载引起的暂时挠度	WL0-WL9	最高等级 WL9
弯曲引起的暂时变形	TDB0-TDB6	最高等级 TDB1
积雪造成的永久挠度	DSL0-DSL4	最高等级 DSL4

(4) 应依据 EN 12966 第 5 章第 5.4.3 节对 VMS 设备抗撞击性能进行设计,见表 9-8。VMS 常布设于高速公路空旷地带,其经常会受到外力撞击,如汽车、风沙扬起的石子以及冰雹、飞行动物等都会对 VMS 结构造成一定程度的撞击,因此,VMS 的抗撞击性能是指使用 0.51kg 的钢球于 1.3m 高度以自由落体方式正面撞击 VMS,VMS 被撞击后,其外观、结构不存在明显损坏且通电点亮 VMS 屏幕正常。

VMS 设备抗撞击性能设计 表 9-8

抗撞击 EN 60598-1	VMS 的抗撞击测试:使用直径 50mm、质量为 0.51kg 的钢球从高度 1.3m 以自由落体方式正面撞击 VMS,产生 6.5Nm 的冲击能量	
	VMS/测试模块应在(20±2)℃的温度下,在 VMS/测试模块的正面最薄弱处选择三个独立点进行抗撞击测试	
	将 VMS/测试模块应冷却至(-5±2)℃并保持 3h,并在 VMS/测试模块的正面最薄弱处选择三个独立点进行抗撞击测试	
	测试后,VMS/测试模块的正面或其部分应无损坏,除了前表面有小凹痕外,不得有裂纹。VMS/测试模块应仍然满足标准的所有要求	
	通常在与制造商协商后确定	

(5) 应依据 EN 12966 第 5 章第 5.4.3 节对 VMS 设备进行抗振动设计。VMS 的抗振动性能是衡量 VMS 产品在运输过程中的颠簸和实际离地 5.5m 高应用时由风力所带来的晃动等情况下机械性能和电气性能是否正常,是较为重要的指标。

(6) 应依据 EN 12966 第 5 章第 5.4.3 节对 VMS 设备进行抗腐蚀设计,见表 9-9。在不同区域、不同气候状况或汽车尾气侵蚀等环境下对 VMS 会造成不同程度的腐蚀。VMS 抗腐蚀性要求其在中度盐雾试验条件下,经历 240h 的试验,VMS 结构、屏体未出现腐蚀或锈蚀的现象。

VMS 设备抗腐蚀设计 表 9-9

EN ISO 9227:2012 盐雾试验	初始试验	外观检查和功能测试
	测试期间 VMS/测试模块的状态	打开包装,上锁并关闭
	测试时长	240h
	运行条件	(35±2)℃中性盐雾
	测试后处理	用洁净水冲洗
	最终试验	外观检查和功能测试。测试后,不得在 VMS/测试模块内部或外部的任何部件上存在腐蚀情况

(7) 根据 EN 12966 第 4 章第 4.5.2.1 节,布设区域地理环境不同,VMS 的设计温度可选择 T1、T2、T3、T4。温度测试又分为高温、低温、干热、湿热循环等多个项目,每个循环对 VMS 的亮灭和控制都有具体要求。VMS 设备设计温度见表 9-10。

VMS 设备设计温度 表 9-10

温 度 等 级	环境温度(℃)	
	最小	最大
T1	−15	60
T2	−25	55
T3	−40	40
T4	−15	55

注：T4 级要求进行太阳辐射测试。

（8）根据 EN 12966 第 5 章第 5.4.4 节，应依据标准 EN 50293、EN 55022、EN 61000 对 VMS 设备的抗电磁辐射和抗电磁干扰性能进行设计。

参 考 文 献

[1] International Commission on Illumination. CIE 115 Lighting of Roads for Motor and Pedestrian Traffic[S]. Vienna:CIE,2010.

[2] European Committee for Standardization. EN 13201 PARTS1-5 Road lighting[S]. Brussels: CEN,2015.

[3] International Commission on Illumination. CIE 132 Design Methods for Lighting of Roads[S]. Vienna:CIE,1999.

[4] International Commission on Illumination. CIE 140 Road Lighting Calculations[S]. Vienna: CIE,2000.

[5] European Parliament and Council. On the interoperability of electronic road toll systems in the Community:Directive 2004/52/EC[R]. France Strasbourg:The European Parliament and the Council of the European Union,2004.

[6] European Committee for Standardization Technical Committee 224. Personal identification and related personal devices with secure element,systems,operations and privacy in a multi sectorial environment[S]. Brussels:CEN/TC 224,2013.

[7] European Committee for Standardization Technical Committee 278. Intelligent transport systems[S]. Brussels:CEN/TC 278,2013.

[8] International Organization for Standardization Technical Committee 204. Intelligent transport systems[S]. Geneva:ISO/TC 204,1992.

[9] Technische Lieferbedingungen für Streckenstationen (TLS)[S]. German,2012.

[10] European Committee for Standardization. EN 12966 Road vertical signs-variable message traffic signs [S]. Brussels:CEN,2018.

第10章 岩土工程勘察

10.1 勘察等级

勘察等级应按照法国规范 NF P94-262 附录 P 要求,按表 10-1 划分。

岩土工程勘察等级划分表　　　　　　　　　　表 10-1

工程重要性等级 A	场地复杂程度 B	勘察等级	项目复杂程度	地基验算
CC1-后果较小	简单、已知	1	由业主或其代表确定,或根据设计工作的逐步展开确定	经确认的定性地质勘察及经验
CC1-后果较小	复杂	2		岩土勘察及必要计算
CC2-后果中等	简单	2		岩土勘察及必要计算
CC2-后果中等	复杂	3		岩土勘察及详细计算
CC3-后果严重	简单或复杂	3		岩土勘察及详细计算

10.2 岩土工程勘察任务分级

勘察任务分级应按 CCTP 要求,结合 NF P94-500-2013 等规范确定,为按照 NF EN 1997-2 规范确定勘察工作量提供依据,各阶段主要工作内容可按表 10-2 确定。

岩土工程勘察任务分级　　　　　　　　　　表 10-2

勘察阶段分级	项目阶段	主要工作内容
G1	APS	初步研究,现场调查,了解场地岩土特性及存在的风险
G2	APD/AVP	初步方案阶段,定义、比较项目各种方案,提出针对已识别风险的预防措施
G2	PRO	项目及岩土研究阶段,查明场地特征及项目复杂程度
G2	DCE/ACT	项目招标阶段,采取预防措施,以减少已识别风险的危害
G3	EXE/VISA	施工图设计阶段,进行 G3 级岩土工程研究及监测,针对已识别风险,提出调整施工方法的建议
G3	DET/AOR	项目执行阶段,跟进 G3 级岩土工程研究,对岩土环境及邻近建筑物的功能及结构进行观测
G4	EXE/VISA	针对 G3 级岩土工程研究所执行的监督,与 G3 同时展开
G4	DET/AOR	针对 G3 级岩土工程研究的跟进所执行的监督,与 G3 同时展开
G5	任何阶段	岩土工程鉴别,针对项目任何阶段或现有结构执行

10.3 岩土的鉴别与分类

按照 NF P94-011 第 6.1.1 条规定,岩土粒组应参照按 NF P94-056 及 NF P94-057 规范测定的颗粒分析试验成果,按表 10-3 划分。

粒 组 划 分 表　　　表 10-3

名称	细粒土分类				粗粒土分类						砾石	块石
	黏土	砂质黏土			砂土			砾石				
		细	中	粗	细	中	粗	细	中	粗		
粒径 (mm)	0.002	0.006	0.02	0.06	0.2	0.6	2	6	20	60	200	

进一步分类应以表 10-3 为基础,结合 CCTG62-V 附件 E.1 第 4 条,参照其他研究成果进行划分。对粗粒土,应按表 10-4 进行分类与命名。

粗粒土的试验室分类　　　表 10-4

粒径小于 0.08mm 颗粒含量小于 50%				
条件 1	条件 2	代号	条件 3	命名
粒径大于 2mm 含量 >50%	≤0.08mm 含量 <5%	Gb	$C_u>4$ 且 $C_c=1\sim3$	分选好的净砾
		Gm	不满足 Gb 的任一条件	分选差的净砾
	≤0.08mm 含量 >12%	GL	塑性指数低于 A 线	粉土质砾石
		GA	塑性指数高于 A 线	黏土质砾石
粒径小于 2mm 含量 >50%	≤0.08mm 含量 <5%	Sb	$C_u>6$ 且 $C_c=1\sim3$	分选好的净砂
		Sm	不满足 Sb 的任一条件	分选差的净砂
	≤0.08mm 含量 >12%	SL	塑性指数低于 A 线	粉土质砾石
		SA	塑性指数高于 A 线	黏土质砾石
≤0.08mm 含量介于 5%~12% 时,将采用双代号				

对于砂土,NF P94-011 第 6.2.5 条按三种原位测试指标及相对密度进行划分(表 10-5);对于细粒土,分别按照塑性指数(表 10-6)、稠度指数及不排水抗剪强度划分其状态,或同步采用稠度指数及不排水抗剪强度进行划分(表 10-7)。

砂 土 综 合 分 类　　　表 10-5

密 实 度	I_D	P_1(MPa)	q_c(MPa)	φ(°)	N(实测值)
极松	≤0.2	<0.2	<1.5	<29	<4
松散	>0.2,≤0.4	0.2~0.5	1.5~4.0	29~30	4~10
中密	>0.4,≤0.6	0.5~1.0	4~10	30~36	10~30
密实	>0.6,≤0.8	1~2	10~20	36~41	30~50
极密	>0.8	>2	>20	41~45	>50

细粒土的塑性指数分类　　　　　　　　　　　表10-6

塑性指数(%)	塑 性 状 态
$I_P \leqslant 12$	无塑性
$12 < I_P \leqslant 25$	低塑性
$25 < I_P \leqslant 40$	可塑
$I_P > 40$	高塑性

细粒土综合分类　　　　　　　　　　　表10-7

细粒土的状态	稠度指数 I_c	不排水抗剪强度 C_u
极软	<0	<20
软塑	>0,≤0.25	>20,≤40
可塑	>0.25,≤0.50	>40,≤75
硬	>0.50,≤0.75	>75,≤150
极硬	>0.75,≤1.00	>150,≤300
坚硬(固态)	>1.0	>300

10.4 勘察工作量布置

勘察工作量的布置应依据勘察阶段、项目专用技术条款(CCTP)及业主要求,按 NF EN 1997-2 附录 B.3 确定。

10.4.1 勘探点数量及间距

按照 NF EN 1997-2 附录 B.3,勘探点数量及间距按表10-8确定。

勘探点数量及间距　　　　　　　　　　　表10-8

建筑物类型	布孔形式/数量	勘探点间距(m)
高层建筑和工业结构	方格网	15~40
大面积结构	方格网	≤60
线性结构(公路、铁路、沟渠、管道、堤防、隧道、挡墙)	中线	20~200
特殊结构(如桥梁、烟囱、机械设备底座)	每个基础2~6个	—
坝堰	按截面布置	25~75

10.4.2 勘探点深度

按照 NF EN 1997-2 附录 B.3,勘探点深度按表10-9确定。

勘 探 点 深 度 表 10-9

结构物名称	勘察深度 z_a(m,自基底或设计施工基面处起算)	
	一般规定	特殊规定($z_a=2.0$m 为入岩深度)
高层建筑	$z_a \geqslant 6.0$m;$z_a \geqslant 3.0 b_F$(短边长)	坚硬地层 $z_a=2.0$m,至少 1 处 $z_a=5.0$m
筏板基础	$z_a \geqslant 1.5 \times b_B$(短边长)	
堤坝	$0.8h < z_a < 1.2h$(填高);$z_a \geqslant 6.0$m	
挖方	$z_a \geqslant 2.0$m;$z_a \geqslant 0.4h$(挖深)	
道路和机场	$z_a \geqslant 2.0$m	
沟渠或管道	$\text{Max}[z_a \geqslant 2.0\text{m}, z_a \geqslant 1.5 b_{AH}(挖宽)]$	遵照有关填方和挖方的建议
小型隧道和平硐	$b_{Ab} < z_a < 2.0 b_{Ab}$(挖宽)	—
挖方 1	$\text{Max}\{z_a \geqslant 0.4h(挖深), z_a \geqslant [t(支护埋深) + 2.0]\}$	地下水位低于开挖基底
挖方 2	$\text{Max}\{z_a \geqslant [1.0H(水头) + 2.0], z_a \geqslant (t(支护埋深) + 2.0]\}$	地下水位高于开挖基底
挡水结构	由水位、水文及施工条件确定	—
防渗墙	进入水下隔水层不小于 2.0m	—
桩基础	$z_a \geqslant 1.0 b_g$(群桩短边);$z_a \geqslant 5.0$m;$z_a \geqslant 3D_F$(桩径)	坚硬地层 $z_a=2.0$m,至少 1 处 $z_a=5.0$m

注:除以上规定外,勘探点深度的预计应结合法国工程师习惯,钻孔深度应达到桩端以下至少 5D(D 为桩径)的深度。

10.5 常见原位测试及其成果应用

10.5.1 标准贯入试验

1) 定义

标准贯入试验是一种现场操作的地质力学试验,通过试验可获取地层常规特性及扰动样品,并建立贯入阻力与岩土特性与变化之间的关联。

标准贯入试验参数需符合 NF EN ISO22476-3 相关规定,见表 10-10。

标准贯入试验相关参数表 表 10-10

规范及条款	NF EN ISO22476-3-2005,标准贯入试验
适用范围	适用于对颗粒最大粒径不超过 20mm 的地层
系统组成	夯锤、锤垫(可测定 Er)、钻杆、取样器、探头、钻杆和取样器接头等
限定深度	不超过 50m
夯锤质量	64kg
总质量	不超过 115kg
落距	75cm
锤击频率	15~30 击/min
初始速度	0
钻杆平直度	钻杆挠度应小于长度的 0.1%

续上表

试验终止条件	当 N_1 或 N_2 大于 50 击时（其中 N_1、N_2 为连续两次贯入 15cm 的锤击数）
挠度检查	每个月或每 20 次钻孔
编写单位	法国技术标准协会

2）测试成果修正及应用

（1）按照 NF EN ISO22476-3-2005 附录 A 及 NF EN 1997-2-2007 附录 F 第 1 条第 4 款，将标准贯入试验的击数修正为将实测值 N 的锤击能量转化率为 60%，有效上覆应力为 100kPa 时的击数 $(N_1)_{60}$。SPT 值的修正及 $(N_1)_{60}$ 的计算采用以下步骤及方法：

①杆长修正，见表 10-11。

杆长修正系数表　　　　　　　　　　　　　　　　表 10-11

杆长（m）	修正系数 λ
>10	1.0
6～10	0.95
4～6	0.85
3～4	0.75

②对于细砂，应以 55∶60 的比率折减 N 值；对于粗砂，应以 65∶60 的比率增加 N 值。

③进行砂土液化判别时，对深度小于 3.0m 的 N 值，代入计算 $(N_1)_{60}$ 时应按 25% 折减。

（2）覆盖层效应标准化修正，采用系数 $C_N = \sqrt{(100/\sigma'_{v0})}$。

（3）能量标准化修正，采用系数 $E_r/60$（均为能量转化率百分数分子），E_r 由 SPT 分析仪现场测定。

$$(N_1)_{60} = \frac{E_r \times N \times C_N}{60} \tag{10-1}$$

（4）$(N_1)_{60}$ 与相对密度 I_D 的相关性，见表 10-12。

$(N_1)_{60}$ 与相对密度 I_D 的相关性　　　　　　　　表 10-12

$(N_1)_{60}$	极松	松散	中密	密实	极密
	0～3	3～8	8～25	25～42	42～58
I_D	0～15%	15%～35%	35%～65%	65%～85%	85%～100%

（5）推导砂土有效内摩擦角，见表 10-13。

砂土相对密度（I_D）与有效内摩擦角（φ'）之间的相关性　　　　表 10-13

相对密度 I_D	细 砂		中 砂		粗 砂	
%	均匀	良好级配	均匀	良好级配	均匀	良好级配
40	34	36	36	38	38	41
60	36	38	38	41	41	43
80	39	41	41	43	43	44
100	42	43	43	44	44	46

10.5.2 动力触探试验

1）基本规定

按照 NF P94-116、NF EN ISO 22476-2 及 NF EN ISO 22476-3，法国规范体系下纳入的动力触探设备主要包括 5 种，即 DPL、DPM、DPH、DPSH-A 及 DPSH-B 型。其中 DPL 为轻型触探仪，测试击数为 N_{10L}；DPM 为中型触探仪，测试击数为 N_{10M}；DPH 为重型触探仪，测试击数为 N_{10H}；DPSH-A 及 DPSH-B 为超重型动力触探仪，锤重与国内重型触探仪相当，测试击数为 N_{10A}、N_{10B}、N_{10SA} 和 N_{10SB}。

2）成果应用

对于粗粒土，可采用动力触探获得与岩土参数及野外测试成果的相关关系，该相关关系可用于基础设计的定量评价，但应保证杆周摩擦力可忽略不计或适当修正。对于黏土，测试中杆周摩擦力受黏土类型影响较大，需要修正，触探成果必须在有公认的当地经验或特殊关系前提下用于定量评价。

(1) 动力触探成果的应用

① 锤击数与相对密度

针对不同的均匀系数值 (C_u)（有效范围 $3 \leqslant N_{10} \leqslant 50$），结合与动力触探试验中推导出的相对密度 ($I_D$)，可建立以下相关关系：

地下水以上不良级配砂 ($C_u \leqslant 3$)：

$$I_D = 0.15 + 0.260 \lg N_{10L} \text{(DPL)}$$
$$I_D = 0.10 + 0.435 \lg N_{10H} \text{(DPH)}$$

地下水以下不良级配砂 ($C_u \leqslant 3$)：

$$I_D = 0.21 + 0.230 \lg N_{10L} \text{(DPL)}$$
$$I_D = 0.23 + 0.380 \lg N_{10H} \text{(DPH)}$$

地下水以上良好级配砂-砾石 ($C_u \geqslant 6$)：

$$I_D = -0.14 + 0.550 \lg N_{10H} \text{(DPH)}$$

② 有效内摩擦角及相对密度

粗粒土承载力计算所需的有效内摩擦角 φ'，可按表 10-14 所示的相对密度 (I_D) 推导。

I_D 与有效内摩擦角 φ' 的推导关系　　　　表 10-14

土层类型	级配	I_D 的范围(%)		有效内摩擦角 φ'(°)
砂土、砂砾石、砾石	不良级配 ($C_u < 6$)	15~35	松散	30
		35~65	中密	32.5
		>65	密实	35
砂、砂砾石	良好级配 ($6 \leqslant C_u \leqslant 15$)	15~35	松散	30
		35~65	中密	34
		>65	密实	38

(2) 动力触探成果与其他指标

① NF EN 22476-2 附录 E 规定动贯入阻力 q_d 采用荷兰公式计算：

$$q_{\mathrm{d}} = \frac{M}{M+m} \cdot \frac{M \cdot g \cdot H}{A \cdot e} \tag{10-2}$$

式中：M——落锤质量(kg)；

m——圆锥探头及杆件(包括锤垫、导向杆等)的质量(kg)；

H——落距(m)；

A——圆锥探头面积(cm^2)；

e——贯入度，等于D/N，D为规定贯入深度，N为规定贯入深度的击数；

g——重力加速度，取$9.81m/s^2$。

②根据Edwin Waschkowski等人1983年研究成果，不同地层的q_{d}及其与侧摩阻力f_{d}、静力触探锥尖阻力q_{c}、旁压试验极限压力P_{l}和旁压模量E_{m}存在以下推导关系，见表10-15~表10-17。

动贯入阻力q_{d}经验值　　　　　　　　　　　表10-15

地 层 名 称	动贯入阻力 q_{d}(MPa)
淤泥	0.1~1
软塑有机质土	0.6~1.5
软塑黏土	0.1~1.5
可塑黏土	1.5~3
硬塑黏土	3~5
含砾黏土	3~7
松散砂土	0.2~4
密实砂土	5~30
黏土质砂	4~7
松散细砂及砂砾	0.5~4
密实细砂及砂砾	7~35
软质白垩	0.7~4
硬质白垩	10~50
泥灰岩	6~15
硬质泥灰岩	20~100

动贯入阻力q_{d}与侧摩阻力f_{d}的关系　　　　　　　　　　表10-16

地 层 名 称	$q_{\mathrm{d}}/f_{\mathrm{d}}$
硬塑黏土	13~20
含砂黏土	49~84
淤泥质砂、含砂淤泥、松散细砂	30~68
含砂砾淤泥质黏土、不均匀细砂、密实细砂	54~113
淤泥、淤泥质砂土、软塑黏土等	50~200
硬塑黏土	350
密实细砂或砂砾	—

q_d 与静力触探及旁压指标的推导关系   表 10-17

地层名称	q_d/q_c	q_d/P_l	q_d/E_m
黏土、淤泥、淤泥质砂、松散~密实砂土	≈1	1.4~2.5	0.1~0.3
黏土及密实粉土	1~2	3~5	0.2~0.4
细砂、砂砾、淤泥质砂或硬塑、坚硬黏土	0.5~1	5~10	0.4~1.5

10.5.3 静力触探试验

1)定义

静力触探指利用压力装置将探头压入试验土层,通过量测系统测定土的贯入阻力,可确定土的某些基本物理力学特性,如土的变形模量及容许承载力等。

静力触探试验参数应符合 NF P94-113 相关规定,见表 10-18。

静力触探试验参数表   表 10-18

采用规范	法国规范 NF P94-113
应用范围	粒径不超过20mm 的地基土
试验方法	双桥(可加装测水压装置)
试验原理	利用探头贯入阻力了解土层性质
压入速度	±5mm/s 公差范围内
数据记录	自动采集(10cm 间距)
仪器标定	探头率定
成果曲线	锥尖阻力、侧壁阻力、摩阻比
试验成果	q_c、f_s、R_f
成果应用	划分地层、地基承载力、单桩承载力、沉降

2)成果应用

静力触探试验成果的应用应采用 NF EN 1997-2 附录 D 规定的方法。

(1)推导砂土有效内摩擦角及排水杨氏模量

见表 10-19。

砂土 q_c 与有效内摩擦角及排水杨氏模量的推导   表 10-19

相对密度	锥尖阻力 q_c（MPa）	有效内摩擦角[1] φ'(°)	排水杨氏模量[2] E'(MPa)
极松	0.0 – 2.5	29 – 32	<10
松散	2.5 – 5.0	32 – 35	10 – 20
中密	5.0 – 10.0	35 – 37	20 – 30
密实	10.0 – 20.0	37 – 40	30 – 60
极密	>20.0	40 – 42	60 – 90

注:1. 上述值适用于砂土。对于粉砂,应折减3°;对于砾石,应增加2°。

2. E' 近似为与应力和时间有关的正割模量。针对排水模量给出的值与10年的沉降相对应。上述值是在假定垂直应力分布遵循2:1的近似比例的情况下得出的。此外,某些勘察显示,对于粉砂,上述值会降低50%,而对于砾质土,会增加50%。对于超固结粗粒土,模量会高很多。承载能力极限状态下地基应力大于设计承载力的2/3的情况下计算沉降时,模量取表中值的一半。

(2)q_c 与有效内摩擦角的相关性

q_c 与有效内摩擦角主要相关性如下：

$$\varphi' = 13.5\lg q_c + 23$$

式中：φ'——有效内摩擦角(°)；

q_c——锥头贯入阻力(MPa)。

上式适用于地下水以上不良级配砂($C_u < 3$)以及锥尖阻力在 $5\text{MPa} < q_c < 28\text{MPa}$ 范围内的地层。

(3)浅基础沉降计算

本方法用于计算粗粒土中浅基础的沉降，其中杨氏弹性模量(E')值由锥尖阻力(q_c)推导得出：

①对于轴对称(圆形和方形)基础，$E' = 2.5q_c$。

②对于平面应变(条形)基础，$E' = 3.5q_c$。

③荷载压力(q)作用下的基础的沉降(s)计算为：

$$s = C_1 \cdot C_2 \cdot (q - \sigma'_{v0}) \cdot \int_0^{z_i} \frac{I_z}{C_3 \cdot E'} dz \tag{10-3}$$

式中：C_1——荷载修正系数，按 $1 - 0.5 \times [\sigma'_{v0}/(q - \sigma'_{v0})]$ 计算；

C_2——时间修正系数，按 $1.2 + 0.2 \times \lg t$ 计算；

C_3——浅基础形状的修正系数，矩形基础取 1.25，对于 $L > 10B$ 的条形基础取 1.75。

σ'_{v0}——地基层面上的初始有效垂直应力；

t——时间(年)；

I_z——应变影响系数，图10-1 给出了轴对称(圆形和方形)浅基础和平面应变基础(条形浅基础)的垂直应变影响系数(I_z)的分布；

z_i——受地基压力和宽度影响的深度(m)。

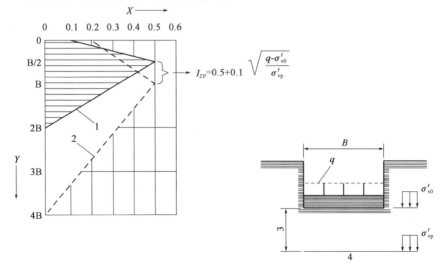

图 10-1 垂直应变影响系数(I_z)的分布图

X-刚性基础垂直应变影响系数 I_z；Y-基底下相对深度；1-轴对称应力状态($L/B = 1$)；2-平面应变($L/B > 10$)；3-$B/2$(轴对称应力状态)；B(平面应变)；4-至 I_{zp} 的深度

(4) 计算地基承载力

静力触探试验施工周期短,携带便捷,可准确划分地层。对法标体系下路基及涵洞等结构物的勘察,具有较强的优越性及针对性。CCTG62-V、NF P94-261 及 NF P94-262 等法国地基设计规范,均对采用静力触探结果进行地基承载力计算的方法与步骤予以详细介绍,参见本指南 10.7.2 部分。

10.5.4 旁压试验

1) 基本规定

旁压试验于 1893 年起源于德国,旁压仪最初是在钻孔内进行侧向荷载试验的仪器。1957 年,法国工程师路易斯·梅纳尔成功研制三腔式旁压仪。梅纳旁压仪是评价多数岩土工程问题较为经济而有效的试验设备。

旁压试验又称横压试验,主要利用旁压器对孔壁施加横向均匀应力,使孔壁土体发生径向变形直至破坏,利用量测仪器量测压力和径向变形的关系推求地基土力学参数的一种原位测试技术。

按 NF P94-110 规定,旁压试验类型分为预钻式和自钻式,具体参数见表 10-20。

法国规范旁压试验特性表　　　　表 10-20

试 验 类 型	预钻式、自钻式
试验仪器	梅纳旁压仪
执行规范	NF P94-110/NF EN ISO22476-4
试验原理	横压产生应力-应变,求岩土参数
额定压力	10.0MPa
探头类型	三腔式,测量腔长度 210mm
探头直径	AX44mm、5BX8mm、NX70mm
数据记录	手动-A 型、自动-B 型
读数时间	15s – 30s – 60s
仪器标定	弹性膜约束力、仪器综合变形
旁压曲线	初始、似弹性、塑性三个阶段
试验成果	P_f、P_l、E_m
成果应用	地基承载力、沉降、单桩承载力

2) 试验成果

通过测试(基于控制压力产生的体变,见图 10-2)获取试验位置处的应力-应变关系曲线,可计算出下列参数:旁压模量 E_m;蠕变压力 P_f;极限压力 P_l。

3) 成果应用

法规旁压试验成果主要应用于地基承载力计算及单桩承载力计算,参见本章第 10.7.2 部分。

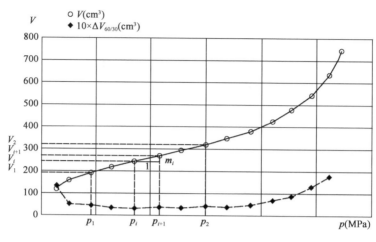

图 10-2 梅纳旁压曲线

10.6 地下水监测及水和土的腐蚀性评价

10.6.1 地下水监测

1) 地下水的测量

土层及岩石中地下水的测量应遵循 NF EN 1997-2 第 3.6 条的规定。

(1) 通过实施地下水勘察,提供岩土工程设计和施工所需的所有与地下水相关的信息。

(2) 地下水勘察应适时提供的信息包括:

①地基含水层的深度、厚度、范围及渗透性,以及岩石中的节理体系。

②含水层水面或测压水面的高度、含水层随时间的变化、适当极限水位及其重现期的实际地下水位。

③孔隙水压力分布。

④地下水的化学成分和温度。

(3) 地下水评估:

①评估地下水降水工程的范围和性质。

②评估地下水可能对挖方或边坡产生的有害影响(如水压破坏风险、过大渗透压力或过度侵蚀)。

③为保护结构而采取的各种必要措施(如防水、排水和应对侵蚀水的措施)。

④评估降水、除湿、蓄水等对周围环境造成的影响。

⑤评估地基对施工工程期间注入的水的吸收能力。

⑥评估化学成分给定的情况下,开采局部地下水用于施工的可能性。

2) 地下水的测量计划和实施

NF EN 1997-2 第 3.6 条对地下水的测量计划和实施做出以下规定:

(1) 按照 EN ISO 22475-1 的规定测量地下水和取样。

(2) 应根据场地的类型及渗透性、测量目的、所需观测时间、预计地下水波动以及设备和地面的响应时间来选择拟用于地下水测量的设备类型。

（3）测量地下水压力有两种主要方法：开放系统和封闭系统。在开放系统中，通常配备有一条开管的观测井来测量地下水测压水头。在封闭系统中，通过一个压力传感器来直接测量选定点处的地下水压力。

（4）开放系统适用于渗透性相对较高的岩土（含水层和弱含水层），如砂、砾或高裂隙岩石。若岩土具有较低的渗透性，则开放系统可能会导致由填满和排空压力管的时滞引起的错误判读。在开放系统中，使用与小直径软管连接的过滤嘴会减小时滞。

（5）封闭系统可用于各类岩土。封闭系统应用于渗透性较低的岩土（隔水层），如黏土或低裂隙岩石。处理高自流水压力时，亦建议使用封闭系统。

（6）监控短期变化或快速孔隙水波动，应针对各类岩土，通过传感器和数据记录器使用连续记录。

（7）对于地表水位于勘察区域范围内或接近勘察区域的情况，判读地下水测量结果时，应考虑水位，亦应注意孔中水位、泉水和自流水的出现。

（8）应选择测量站的数量、位置和深度，选择时需考虑测量目的、地形、地层及地层条件，尤其是地基或已确认含水层的渗透性。

（9）对项目实施过程中的地下水位下降、挖方、填料和隧道等问题及结构物的监控，应根据需要监控的预期变化选择监控位置。

（10）基于参考目的，应在受实际项目影响的区域之外测量地下水的天然波动。

（11）为使测量反映出岩土预定点处的孔隙压力，应按照 EN ISO 22475-1 的要求编制规定，确保测量点相对其他地层或含水层充分封闭。

（12）应针对给定项目计划出读数数量、频率及测量时长，计划时需考虑测量目的和稳定时间。

（13）初试阶段之后，应根据实际读数变化对所采用的标准进行调整。

（14）评估地下水波动应按小于拟描述特性的天然波动间隔测量，并保证较长的测量周期。

（15）钻孔过程中，通过观测一天结束时以及第二天开始时（重新钻孔前）的水位，可详细显示地下水状态，应记录观测结果及钻孔过程中出现的任何突发的水流入或流失现象，以获取额外的有用信息。

3）地下水测量结果评估

NF EN 1997-2 第 3.6 条对地下水测量结果的评估做出以下规定：

（1）应考虑场地地质及岩土工程技术条件、单次测量结果的精确性、孔隙水压力随时间的波动、观察期的时长、测量季节以及测量期间和测量期开始前的气候条件。

（2）评估结论应包括观测到的最大和最小水位高程，或孔隙压力以及相应的测量期。

（3）应通过针对极限情况或正常情况加上或减去预计波动或折减后的预计波动，从测量值中推导出极限情况和正常情况下的上限和下限，必须提供基于有限可用信息估算保守导出值。

（4）现场勘察期间及在编写场地勘察报告时，应评估是否需要进一步测量或安装额外的测量站。

4)施工过程中的地下水监控

NF EN 1997-1 第4.3.2条对施工过程中的地下水监控作了以下规定:

(1)应将施工过程中遇到的地下水位、孔隙水压力及地下水化学性质与设计中假设的情况进行比较。

(2)对于已经确定地基类型和渗透性存在重大变化的场地,应进行更全面的检查。

(3)对于第1类岩土工程,检查结果应符合该地区的此前经验记录或间接证据。

(4)对于第2、3类岩土工程,如果地下水条件将显著影响施工方法或结构性能,应对地下水条件进行直接观测。

(5)应通过压力计获得地下水流特性和孔隙水压力状态,且必须在施工开始之前安装好压力计。某些情况下需将压力计安装在距离现场较远的位置,以作为监测系统的一个组成部分。

(6)孔隙水压力在施工期间发生变化时(这种变化可能会影响到结构性能),应监测孔隙水压力,直至施工完成,或直至孔隙水压力已消散至安全值。

(7)对于在地下水位(可能出现上升)下方的结构,应监测孔隙水压力,直到结构重量足以消除上升的可能。

(8)永久性或临时性工程的某些部分受化学侵蚀影响显著时,则应对流动水进行化学分析。

(9)应检查施工操作(包括排水、灌浆和隧道开挖等过程)对地下水状态的影响。

(10)应及时报告与设计中假设地下水特性的偏差情况。

(11)应检查设计中使用的原理,以确保它们适合施工中遇到的地下水特性。

10.6.2 水和土的腐蚀性评价

对水和土的腐蚀性评价采用FD P18-011规范。

1)化学侵蚀等级

见表10-21。

化学侵蚀等级　　　　　　　表10-21

侵蚀等级	说明
XA1	弱腐蚀环境
XA2	中等腐蚀环境
XA3	强腐蚀环境

2)侵蚀介质类型

(1)液体介质

侵蚀环境的液体介质主要有以下几种类型:

①纯净水:矿物质含量低的水,可浸出混凝土中最易溶的成分(硅酸盐)。

②酸性溶液:pH<7的无机酸,如HCl、HNO_3、H_2SO_4,以及对水泥有很强溶解作用的有机酸和腐殖酸等。

③碱性溶液:pH>7。

④盐溶液:氯化镁或硫酸盐-氯化铵或硫酸盐及硝酸盐-海水:氯离子(Cl^-),硫酸根离子(SO_4^{2-}),镁离子(Mg^{2+})。

⑤酸性油脂。

(2)气态介质

在水或湿气存在的条件下,腐蚀性气体主要为SO_2、H_2S及CO_2。

(3)固态介质

固态介质指含有侵蚀剂并经过水循环的土的侵蚀性,侵蚀剂主要为硫酸盐、碳酸及有机酸,相当于国内规范规定的土的腐蚀性。

3)腐蚀性评价

各介质类型对混凝土结构的腐蚀性评价见表10-22~表10-24,如果侵蚀剂的浓度超过XA3级的限值,则必须对混凝土进行保护(外部和内部保护)。

水对混凝土结构的腐蚀性评价   表10-22

腐蚀介质	测试标准	根据NF EN 206-1标准划分的等级		
		XA1	XA2	XA3
侵蚀性CO_2(mg/L)	NF EN 13577	[15,40]	(40,100)	>100 直至饱和
SO_4^{2-}(mg/L)	NF EN 196-2	[200,600]	(600,3000)	(3000,6000]
Mg^{2+}(mg/L)	NF EN ISO 7980	[300,1000]	(1000,3000)	>3000 直至饱和
NH_4^+(mg/L)	ISO 7150-1 或 ISO 7150-2	[15,30]	(30,60)	(60,100)
pH	NF T 90-008	[5.5,6.5]	[4.5,5.5)	[4.0,4.5)
TAC(me/L)	NF EN ISO 9963-1、NF EN ISO 9963-2	[0.4,1.0]	[0.1,0.4)	<0.1

土对混凝土结构的腐蚀性评价   表10-23

腐蚀介质	测试标准	根据NF EN 206-1标准划分的等级		
		XA1	XA2	XA3
SO_4^{2-}(mg/kg,105℃±5℃时的干燥土层)	NF EN 196-2	[2000,3000]	(3000,12000]	(12000,24000]
酸度	附录A	>200	—	—

潮湿环境中有氧气时气体的腐蚀性>75%   表10-24

腐蚀介质	测试标准	根据NF EN 206-1标准划分的等级		
		XA1	XA2	XA3
SO_2(mg/m³)	NF EN 14794	[0.15,0.5]	(0.5,10]	(10,200]
H_2S(mg/m³)	NF EN ISO 19739	<0.10	[0.1,10]	(10,200]

4)水泥选择

针对不同侵蚀等级,在含硫酸盐(土层)的介质、含硫酸盐的介质(不含海水的溶液)、酸性环境及纯水中水泥的选择见表10-25~表10-28。

含硫酸盐(土层)的介质水泥的选择　　　　　　　　　　　　　表 10-25

腐 蚀 等 级	水 泥 选 择
XA1	无特别建议
XA2	符合标准 NF P 15-317(PM)或 NF P 15-319(ES)的水泥
XA3	符合标准 NF P 15-319(ES)的水泥

含硫酸盐的介质(不含海水的溶液)水泥的选择　　　　　　　　表 10-26

腐 蚀 等 级	水 泥 选 择
XA1	无特别建议
XA2	符合标准 NF P 15-317(PM)或 NF P 15-319(ES)的水泥
XA3	符合标准 NF P 15-319(ES)的水泥

酸性环境中水泥的选择　　　　　　　　　　　　　　　　　　表 10-27

腐 蚀 等 级	水 泥 选 择
XA1	CEM II/B-S,CEM II/B-V,CEM II/B-P,CEM II/B-Q,CEM II/B-M(S-V) 符合 NF EN 197-1 的 CEM III/A 符合 NF EN 197-4 的 CEM III/A 根据标准 NF P 15-317(PM)或 NF P 15-319(ES)的水泥 符合 NF EN 197-1 的 EMC IV/A 和 B
XA2	CEM II/B-S,CEM II/B-V,CEM II/B-P,CEM II/B-Q,CEM II/B-M(S-V) 符合 NF EN 197-1 的 CEM III/A 符合 NF EN 197-4 的 CEM III/A 根据标准 NF P 15-319(ES)的水泥 符合 NF EN 197-1 的 EMC IV/A 和 B
XA3	符合标准 NF P 15-319 的 EMC II/A 和 C,EMC V/A 和 B 符合标准 NF P 15-313 的 CSS 超硫酸盐水泥 符合 NF EN 14647 的铝酸钙水泥 符合 NF EN 197-1 标准的 EMC IV/B

纯水中水泥的选择　　　　　　　　　　　　　　　　　　　　表 10-28

腐 蚀 等 级	水 泥 选 择
XA1	符合 NF P 15-319 标准的 EMC III/A,B 和 C,EMC V/A 和 B 符合标准 NF P 15-313 的 CSS 超硫酸盐水泥
XA2	符合 NF EN 14647 的铝酸钙水泥
XA3	符合 NF P EN 197-1 的 EMC IV/B

5)预防内部硫酸盐病害的保护措施

见表 10-29 ~ 表 10-32。

内部硫酸盐病害类别

表 10-29

工作类别	疾病程度	工作实例或部分工作
I	低或可接受	强度等级<C16/20 非承重混凝土结构
II	中等	大多数土木工程建筑和结构的承重结构
III	不可接受或几乎不可接受	核电站反应堆建筑物、水坝、隧道及高架桥

混凝土的暴露 RSI 等级划分表

表 10-30

暴露等级	侵蚀环境	信息举例
XH1	干燥或中等湿度	混凝土结构的一部分位于建筑物内,周围空气的湿度较低或中等,混凝土结构的一部分位于建筑物的外部并防雨
XH2	干湿交替	位于周围湿度较高的建筑物内部的混凝土结构的一部分,不受涂层保护的混凝土结构的一部分,并暴露于构件中
XH3	长期浸水	永久浸没在水中的混凝土结构的一部分,海洋结构要素中经常暴露于潮汐范围内的混凝土结构的一部分

保护等级划分表

表 10-31

病害类别	暴露等级		
	XH1	XH2	XH3
I	As	As	As
II	As	Bs	Cs
III	As	Cs	Ds

采取的预防措施

表 10-32

保护等级	混凝土最高温度 T_{max}	混凝土极限温度 T_{limite}	温度在 T_{max} 和 T_{limite} 之间时要遵守的条件
As	85℃	—	
Bs	75℃	85℃	专门热处理或水泥适应或性能测试
Cs	70℃	80℃	专门热处理或水泥适应或性能测试
Ds	65℃	75℃	由 RSI 的独立实验室专家验证配方的适应水泥

10.7 岩土参数的统计推荐与地基承载力计算

10.7.1 参数统计与推荐

(1)NF EN 1997-2 第 1.6 节规定对岩土参数的选取依赖于试验结果及推导值,构成了拟用于 NF EN 1997-1 第 2.4.3 条所述的岩土工程结构设计的地基特性特征值选择的基础。

(2)岩土工程设计流程包括几个连续阶段(图 10-3),第一阶段包括场地勘察和试验,第二阶段为确定特征值,最后的阶段包括设计验算。现行标准给出了适用于第一阶段的规则。NF EN 1997-1 中的内容包括特征值的确定和结构设计。

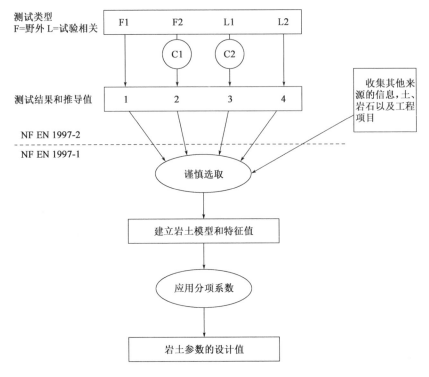

图 10-3　NF EN 1997-1 参数处理流程图

（3）试验结果可从岩土工程参数的试验曲线或数值中获取。

（4）根据理论、相关性或经验，从试验结果中得出岩土工程参数及系数的导出值，已在 NF EN 1997-2 第 4 章附录中给出相关性示例。基于这些相关性，可将岩土工程参数或系数值与试验结果联系起来，也可通过理论（如从旁压试验结果或塑性指数中推导出抗剪角 φ' 值）结合岩土工程参数与试验结果来实现。

（5）在特定情况下，确定特征值之前，在完成对试验结果进行修正或转化为保守估值时，无法通过相关性推导出岩土工程参数。

（6）岩土参数特征值的确定。

①岩土参数特征值的选择应基于实验室和现场试验的结果及导出值，并有这方面的经验作指导。

②岩土参数特征值应选择为一个保守估算值，该值可能影响到极限状态的出现。

③在确定 c' 与 $\tan\varphi'$ 的特征值时，应考虑采用 c' 与 $\tan\varphi'$ 变量中的较大值。

④岩土参数特征值的选择应考虑以下几方面：

a. 岩土及其他背景信息，如先前工程的相关数据；

b. 测量特性值的变化和其他相关信息，如通过已有知识获得的信息；

c. 现场及实验室调查的范围；

d. 样品的种类及数量；

e. 在所考虑的极限状态下决定岩土结构特性的场地；

f. 岩土结构将荷载从弱区转移到强区的能力。

⑤特征值可能为下限值(小于最可能值)或为上限值,取两者中的较大者。

⑥每次计算时,应使用独立参数下限值与上限值的最不利组合形式。

⑦通常,在极限状态下,决定岩土结构特性的场地要大于试验样品或受到现场试验影响的场地。因而,主导参数值通常为覆盖较大场地或场地体积的平均范围值。该特征值应为平均值的一个保守估算值。

⑧如果在所考虑极限状态下的岩土结构特性取决于地基特性的最小值或最大值,则特征值应为在决定该特性的区域中出现的最小值或最大值的一个保守估算值。

⑨在极限状态下选择决定岩土结构特性的地基区域时,应注意该极限状态可能取决于所支撑结构的特性。如在考虑一个支撑在几个持力层上的建筑物的承载能力极限状态时,主导参数应为持力层的平均强度(如果该建筑物无法抵抗局部破坏)。在建筑物足够牢固的情况下,主导参数应为建筑物下整个地基区域或其部分区域上的平均值。

⑩如果在地基特性特征值的选择中采用了统计方法,则应在局部和区域取样之间对此类方法加以区别。

⑪采用统计方法时应导出特征值,以便使所考虑极限状态的主导不利值出现的概率不超过5%。因此,平均值的保守估算值应为选择岩土参数值有限集合的平均值,其可信度达95%;若考虑局部破坏,则下限值的保守估算值为5%分位值。

⑫若采用有关土层研究参数特征值的标准表格,则特征值应选择保守值。

(7)法国规范在实施 G2 及 G3 级岩土工程勘察时,均引入旁压试验及静力触探结果作为地基计算的依据,其特征值的推荐方法按(6)的要求执行。

10.7.2 地基承载力计算

1)地基承载力计算方法

法国规范中关于地基承载力的计算方法主要有旁压法、静力触探法及剪切指标法,详细规定见表10-33。

地基承载力计算方法统计表　　　　表10-33

基础形式	采用规范	计算方法
浅基础	CCTG62-V	旁压试验法、静力触探法
	NF P94-261	剪切指标法、旁压试验法、静力触探法
深基础	CCTG62-V	旁压试验法、静力触探法
	NF P94-262	旁压试验法、静力触探法

2)浅基础地基承载力计算

(1)剪切指标法

法国规范体系下,勘察过程中必将遇到浅基础地基承载力计算问题,NF P94-261 附录 F 详细介绍了采用剪切试验指标的计算地基承载力的方法,其关键步骤可归纳如下。

①不排水条件

a. 地基承载力计算公式

$$q_{net} = (\pi + 2)c_u b_c s_c i_c + q \tag{10-4}$$

式中：C_u——持力层不排水黏聚力指标(kPa)；
b_c、s_c、i_c——基底倾斜系数、形状系数和荷载倾斜系数；
q——基底以上土的自重应力(kPa)。

b. b_c、s_c、i_c 在不排水条件下的取值

不排水条件下 b_c、s_c、i_c 的取值按表10-34中给出的公式计算。

不排水条件下 b_c、s_c、i_c 值　　　　　表10-34

系　数	符　号	表　达　式
基底倾斜	b_c^1	$1 - \dfrac{2\alpha}{\pi + 2}$
形状	s_c	$1 + 0.2\dfrac{B'}{L'}$
荷载倾斜	i_c^2	$\dfrac{1}{2}\left(1 + \sqrt{\dfrac{H}{A'c_u}}\right)$，同时 $H \leqslant A'c_u$

注：α 为基底相对于水平线的倾斜度；H 为平行于表层基础底部平面的力的设计值；B'、L' 为有效基底宽度及长度；A' 为有效基底面积。

②排水条件

a. 地基承载力计算公式

$$q_{net} = c'N_c b_c s_c i_c + q'_0 N_q b_q s_q i_q + q N_q b_q s_q i_q + 0.5\gamma' B' N_\gamma b_\gamma s_\gamma i_\gamma - q'_0 \qquad (10\text{-}5)$$

式中：c'——持力层不排水黏聚力值(kPa)；
N_c、N_q、N_γ——承载力系数；
γ'——基底以下土的有效重度(kN/m^3)。若地下水位于基底以下大于 $1.5B$ 的深度处，取天然(湿)重度；如果地下水位于地基底部正下方，取浮重度；其他情况下，取浮重度与天然重度之间的值；
q'_0——工程完工后基底覆土的有效应力；
b_c、b_q、b_γ——基底倾斜系数；
s_c、s_q、s_γ——形状系数；
i_c、i_q、i_γ——荷载倾斜系数。

b. m 值的计算

指数值 m 应按照以下表达式确定：

a) 当荷载水平向分力作用于 B' 方向时：

$$m = m_B = \dfrac{2 + \dfrac{B'}{L'}}{1 + \dfrac{B'}{L'}} \qquad (10\text{-}6)$$

b) 当荷载水平向分力作用于 L' 方向时：

$$m = m_L = \dfrac{2 + \dfrac{L'}{B'}}{1 + \dfrac{L'}{B'}} \qquad (10\text{-}7)$$

c) 在荷载水平向分力以 θ 角度方向作用于方向 L' 时：

$$m = m_\theta = m_L\cos^2\theta + m_B\sin^2\theta \tag{10-8}$$

d）承载力系数、基底倾斜系数、形状系数及荷载倾斜系数

其值应按照表10-35中给出的表达式确定。

排水条件下承载力、形状、基底倾斜及荷载倾斜系数 表10-35

系 数	额外荷载(附加应力)或深度项	黏聚力项	表 面
承载力	$N_q = e^{\pi\tan\varphi'}\tan^2\left(\dfrac{\pi}{4}+\dfrac{\varphi'}{2}\right)$	$N_c = \dfrac{N_q - 1}{\tan\varphi'}$	$N_\gamma = 2(N_q - 1)\tan\varphi'^5$
形状[1]	$s_q = 1 + \dfrac{B'}{L'}\sin\varphi'$	$s_c = \dfrac{s_q N_q - 1}{N_q - 1}$	$s_\gamma = 1 - 0.3\dfrac{B'}{L'}$
基底倾斜[2]	$b_q = (1 - \alpha\tan\varphi')^2$	$b_c = \dfrac{b_q(1 - b_q)}{N_c\tan\varphi'}$	$b_\gamma = (1 - \alpha\tan\varphi')^2$
荷载倾斜[3,4]	$i_q = \left(1 - \dfrac{H}{V + \dfrac{A'c'}{\tan\varphi'}}\right)^m$	$i_c = i_q - \dfrac{1 - i_q}{N_c\tan\varphi'}$	$i_\gamma = \left(1 - \dfrac{H}{V + \dfrac{A'c'}{\tan\varphi'}}\right)^{m+1}$

注：上述公式同时适用于方形或圆形基础，在这种情况下 $B' = L'$；α 是基础底面与水平向之间的倾斜度；V、H 分别是与浅基础底面平行的法向作用力计算值；m 由公式(10-6)~公式(10-8)确定；公式仅适用于粗糙底面的基础（$\delta \geqslant \varphi'/2$，$\delta$ 为作用力合力与基底法线的夹角）。

（2）旁压试验法

①CCTG62-V 计算方法

a. 极限承载力 q'_u 的计算

a）计算公式：

$$q'_u = q'_0 + k_p \cdot p^*_{le} \tag{10-9}$$

$$p^*_l = p_l - \mu - 0.5 \cdot \sigma'_{v0} \tag{10-10}$$

式中：q'_0——完工后基底的有效垂直应力，由式(10-11)及图10-4确定；

p^*_{le}——等效净极限压力，按式(10-13)确定。

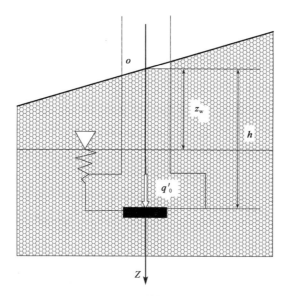

图10-4 计算示意图

$$q'_0 = \int_0^h \gamma \cdot dz - (h - z_w) \cdot \gamma_w \qquad (10\text{-}11)$$

b) 计算 k_p：

k_p 的计算需先按表 10-36 确定地基土类型，再根据式(10-12)及图 10-5 求取等效埋置深度 D_e，再按照表 10-37 表达式求取。

地基土类别划分　　　　表 10-36

土 层 类 别			极限压力 P_1(MPa)	锥尖阻力 q_c(MPa)
黏土、粉土	A	松软黏土及粉土	<0.7	<3.0
	B	可塑黏土、中密粉土	1.2~2.0	3.0~6.0
	C	硬塑黏土、密实粉土	>2.5	>6.0
砂、砾石	A	松散	<0.5	<5
	B	中密	1.0~2.0	8.0~15.0
	C	密实	>2.5	>20.0
白垩	A	松散	<0.7	<5
	B	蚀变	1.0~2.5	>5.0
	C	密实	>3.0	—
泥灰岩,泥灰质石灰岩	A	松散	1.5~4.0	—
	B	密实	>4.5	—
岩石	A	全风化	2.5~4.0	—
	B	强风化	>4.5	—

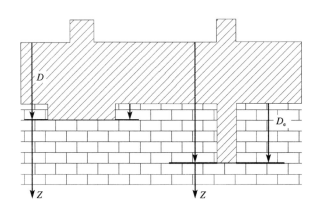

图 10-5　D_e 计算示意图

等效埋置深度 D_e 不能与基础埋深 D 相混淆，它是常规的计算参数，旨在考虑覆盖地层的力学特性，通常比承重土层的力学特性低（通常 D_e 小于 D）。一般来说，等效埋置深度 D_e 是根据埋深 D 和所用试验类型来确定的，D_e 的求取过程如下：

$$D_e = \frac{1}{P^*_{le}} \int_d^D P_1^*(z) \, dz \qquad (10\text{-}12)$$

式中：d——通常取 0。

k_p 计 算 公 式   表 10-37

土 的 分 类	k_p 表达式
黏土及粉土 A，白垩 A	$0.8 \times [1 + 0.25 \times (0.6 + 0.4B/L) D_e/B]$
黏土及粉土 B	$0.8 \times [1 + 0.35 \times (0.6 + 0.4B/L) D_e/B]$
黏土 C	$0.8 \times [1 + 0.5 \times (0.6 + 0.4B/L) D_e/B]$
砂土 A	$1 + 0.35 \times (0.6 + 0.4B/L) D_e/B$
砂砾 B	$1 + 0.5 \times (0.6 + 0.4B/L) D_e/B$
砂砾 C	$1 + 0.8 \times (0.6 + 0.4B/L) D_e/B$
白垩 B 和 C	$1.3 \times [1 + 0.27 \times (0.6 + 0.4B/L) D_e/B]$
泥灰岩、泥灰质石灰岩、风化岩	$1 + 0.27 \times (0.6 + 0.4B/L) D_e/B$

对均质地层，在基础之下计算深度至少达到 $1.5B$，需绘制 $[D;D+1.5B]$ 深度范围的示意性线性剖面图（图 10-6），计算如下：

$$\left. \begin{array}{l} P_1^*(z) = az + b \\ P_{1e}^* = P_1^*(z_e) \\ z_e = D + \dfrac{2}{3}B \end{array} \right\} \quad (10\text{-}13)$$

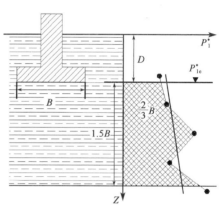

图 10-6 均质地层 P_{1e}^* 计算示意图

式中：a、b——等效净极限压力计算参数；

　　　a——拟合后直线斜率；

　　　b——基底处的旁压净极限压力。

对于非均质地层 P_{1e}^* 计算示意见图 10-7，计算如下：

$$P_{1e}^* = \sqrt[n]{P_{l1}^* P_{l2}^* \cdots P_{ln}^*} \qquad (10\text{-}14)$$

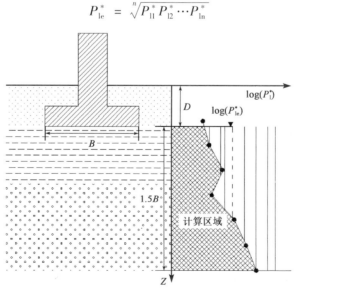

图 10-7 非均质地层 P_{1e}^* 计算示意图

b. 浅基础地基稳定性验算

a) 参照应力 q'_{ref} 的计算。

$$q'_{ref} = \frac{3q'_{max} + q'_{min}}{4} \tag{10-15}$$

式中：q'_{max}、q'_{min}——通过基础（底）板作用在基础土层上的正应力图表中的最大应力和最小应力（也可能不存在）。

b) 地基稳定性评价。

由上式计算的参照应力 q'_{ref}，应按下式分别进行承载力极限状态及正常使用极限状态下的地基稳定性验算：

$$q'_{ref} \leq \frac{1}{\gamma_q}(q'_u - q'_0)i_{\delta\beta} + q'_0 \tag{10-16}$$

式中：γ_q——安全系数，承载力极限状态验算时取2，正常使用极限状态时取3；

$i_{\delta\beta}$——折减系数，按下述要求计算，其中，δ 表示相对于基础所承受垂直荷载的倾斜绝对值，用度表示。

对于黏土、粉土、白垩、泥灰岩、泥灰质石灰岩等岩石，地基土类型按照表10-36定义，折减系数 $i_{\delta\beta}$ 取值为：

$$i_\delta = \Phi_1(\delta) = \left(1 - \frac{\delta}{90}\right)^2 \tag{10-17}$$

对于砂土和砾石，折减系数 $i_{\delta\beta}$ 按式（10-18）及图10-8取值：

$$i_\delta = \Phi_2(\delta) = \left(1 - \frac{\delta}{90}\right)^2 (1 - e^{-\frac{D_e}{B}}) + \left[\max\left\{\left(1 - \frac{\delta}{45}\right); 0\right\}\right]^2 \cdot e^{-\frac{D_e}{B}} \tag{10-18}$$

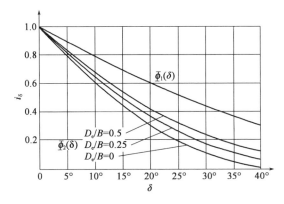

图10-8 砂砾 Φ_1 及 Φ_2 作用关系图

c) 流变系数 α。

流变系数 α 在地基计算中应用较为广泛，可用于沉降计算及短期作用荷载互相作用的表面模量 K_f 的计算，CCTG62-V 附录 C.5 关于 α 的定义见表10-38及表10-39。

土 的 流 变 系 数 表10-38

土的状态	地基土名称								
	泥炭	黏土		粉土		砂土		砂砾石	
	α	E_m/P_l	α	E_m/P_l	α	E_m/P_l	α	E_m/P_l	α
超固结或极密	—	>16	1	>14	2/3	>12	1/2	>0	1/3
一般固结或一般密实	1	9~16	2/3	8~14	1/2	7~12	1/3	6~10	1/4
风化、欠固结或松散	—	7~9	1/2	5~8	1/2	5~7	1/3		

注：当 $E_m/P_l < 5$ 时，旁压试验可认为是不成功的。

岩 石 流 变 系 数 表10-39

类 型	α
不太破碎(微风化)	2/3
一般破碎(中风化)	1/2
非常破碎(强风化)	1/3
严重风化(全风化)	2/3

②NF P94-261 计算方法

a. 地基承载力 q_{net} 计算

$$q_{net} = k_p P_{le}^* i_\delta i_\beta \tag{10-19}$$

式中：i_δ——与荷载的倾斜度相关的承载力折减系数，荷载垂直时取1.0；

i_β——与坡度 β 附近相关的承载力折减系数，基础距离坡度足够远（$d > 8B$）时取1.0。

b. 等效净极限压力的计算

$$P_{le}^* = \sqrt[n]{\prod_{i=1}^{n} P_{l;k;i}^*} \tag{10-20}$$

式中：$p_{l;k;i}^*$——D 与 $D+h_r$ 之间的土层范围内包括的 i 层土层的净极限压力特征值或代表值（MPa）；

h_r——按规定计算（m）。

c. 基底下地层计算厚度 h_r 的确定

a)准永久组合下的正常使用极限状态和特征组合下的正常使用极限状态：$h_r = 1.5B$；

b)对于最大极限状态下的荷载组合、永久和瞬时荷载阶段以及偶然荷载阶段和地震荷载阶段：

(a)对于宽度为 B 的条形基础，若 $1 - \dfrac{2e}{B} \geq \dfrac{1}{2}$，则 $h_r = 1.5B$；若 $1 - \dfrac{2e}{B} < \dfrac{1}{2}$，则 $h_r = 3B - 6e$；

(b)对于宽度为 B 的圆形基础，若 $1 - \dfrac{2e}{B} \geq \dfrac{9}{16}$，则 $h_r = 1.5B$；若 $1 - \dfrac{2e}{B} < \dfrac{9}{16}$，则 $h_r = \dfrac{8B}{3} - \dfrac{16e}{3}$；

（c）对于宽度为 B、长度为 L 的矩形形基础，若 $\left(1-\dfrac{2e_B}{B}\right)\left(1-\dfrac{2e_L}{B}\right) \geqslant \dfrac{1}{2}$，则 $h_r = 1.5B$；若 $\left(1-\dfrac{2e_B}{B}\right)\left(1-\dfrac{2e_L}{B}\right) < \dfrac{1}{2}$，则 $h_r = \min(3B-6e_B;3B-6e_L)$。

c）当基础以下直至 h_r 深度位置的土层是由同一种土层或者同类土层以及净极限压力相当的土层构成时，土层的旁压代表值可根据净旁压极限压力及深度的关系式来确定。

d）当基础以下直至 h_r 深度位置的土层不由同一种土层、同类土层以及净极限压力相当的土层构成时，土层的旁压代表值应在剔除过大的异常数值之后考虑取每种不同类型土层中的实测值。

e）基底下方存在基岩并且基岩与基础之间被更加容易变形和强度更低的土层分隔的情况下，应减小 h_r 值，从而无需考虑在此基岩中测得的净极限压力值。

d. 等效埋置深度 D_e 的确定

等效埋置深度按照本指南式(10-12)确定。

e. 承载力系数 k_p 的确定

a）承载力系数 k_p 见图10-9或当 $D_e/B \leqslant 2$ 时，按照式(10-21)确定：

$$k_{p;\frac{B}{L}} = k_{p0} + \left(a + b\dfrac{D_e}{B}\right)\left(1 - e^{-\frac{D_e}{cB}}\right) \qquad (10\text{-}21)$$

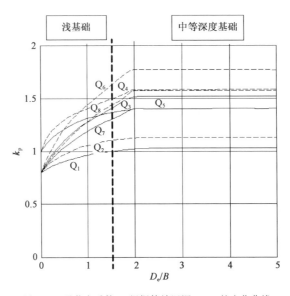

图10-9　承载力系数 k_p 根据等效埋深 D_e/B 的变化曲线

对条形($B/L \approx 0$，B 为基础短边，L 为基础长边)或方形($B/L=1$)基础，表10-40给出了 k_p 计算参数 a、b 和 c 的数值。对矩形基础，按式(10-22)计算：

$$k_{p;\frac{B}{L}} = k_{p;\frac{B}{L}=0}\left(1-\dfrac{B}{L}\right) + k_{p;\frac{B}{L}=1}\dfrac{B}{L} \qquad (10\text{-}22)$$

b）对于较小的净极限压力（对于黏土和淤泥，小于0.2MPa；而对于砂土，小于0.3MPa），宜确保浅基础下面土层的承载力处于持久状态，应通过专项研究以对此类假定方案进行说明。

桩端承载力系数 k_p 表 10-40

土层类别-承载系数的变化曲线		k_p 表达式			
		a	b	c	k_{p0}
黏土及粉土	条形基础 – Q_1	0.2	0.02	1.3	0.8
	方形基础 – Q_2	0.3	0.02	1.5	0.8
砂土及砂砾	条形基础 – Q_3	0.3	0.05	2	1
	方形基础 – Q_4	0.22	0.18	5	1
白垩	条形基础 – Q_5	0.28	0.22	2.8	0.8
	方形基础 – Q_6	0.35	0.31	3	0.8
泥灰岩和石灰石泥灰岩	条形基础 – Q_7	0.2	0.2	3	0.8
风化岩	方形基础 – Q_8	0.2	0.3	3	0.8

注:"过渡状态土"将按照以下方式与粉土或黏聚力强的土结合在一起:
(1)"黏土和粉土"类型的黏聚力强的土也包括粉质黏土、粉土和砂质粉土(图10-8)。
(2)"砂土和砂砾"类型的土也包括黏土质砂、粉土质砂和砂土(图10-8)。

f. 过渡性土及地基土类型划分

根据 NF P94-261 附录 A,图 10-10 及表 10-41 分别给出了过渡性土的划分标准及地基土的类别划分。

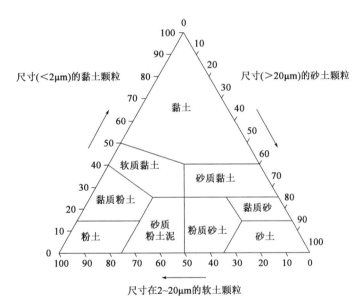

图 10-10　土层分类三元图(根据 1948 年 Demolon 的著作)

地基土类别划分 表 10-41

土层	等级	I_c	P_l^* (MPa)	q_c (MPa)	$(N_1)_{60}$	c_u (kPa)
黏土及粉土	极软至软	<0.50	<0.4	<1.0		<75
	坚实	0.50~0.75	0.4~1.2	1.0~2.5		75~150
	硬塑	0.75~1.00	1.2~2	2.5~4.0		150~300
	极硬	≥1.00	≥2	≥4.0		≥300

续上表

土 层 等 级		I_c	P_l^*(MPa)	q_c(MPa)	$(N_1)_{60}$	c_u(kPa)
砂及砂砾	极松散		<0.2	<1.5	<3	
	松散		0.2~0.5	1.5~4	3~8	
	中密		0.5~1	4~10	8~25	
	密实		1~2	10~20	25~42	
	极密实		≥2	≥20	42~58	
白垩	软		<0.7	<5		
	风化		0.7~3	5~15		
	未风化		≥3	≥15		
泥灰岩及泥灰质石灰岩	软		<1	<5		
	硬		1~4	5~15		
	极硬		≥4	≥15		
岩石	风化		2.5~4			
	破碎		≥4			

g. 承载能力极限状态 ELU 计算

a) 在最大极限状态下,对于永久的和瞬时的情况,为了证明浅基础在因土层承载力不够而导致基础破坏时能够安全地承受计算荷载的影响,以及证明在所有的荷载及荷载组合情况下都能够满足要求,须按照式(10-23)进行验算:

$$V_d - R_0 \leq R_{v;d} \tag{10-23}$$

式中:V_d——浅基础传递到土层的垂直荷载合力计算值;

R_0——施工后基础覆土压力,按 $R_0 = Aq_0$ 计算,q_0 为完工后基底垂直应力,不包括基础自重;

$R_{v;d}$——浅基础以下土层的承载力计算值。

b) 荷载 V_d 应包括浅基础传递到土层垂直方向的全部荷载,包括全部施加在浅基础上的荷载、施工后地下浅基础的重量及施工后浅基础及地面之间可能存在的土层重量;对于选择进行 V_d 计算所允许的分项系数,应能取得所检查计算情况最不利的计算值,不需要与最大值相符。

c) 浅基础地基承载力 $R_{v;d}$ 的计算值应根据以下关系予以确定:

$$R_{v;d} = \frac{R_{v;k}}{\gamma_{R;v}} \tag{10-24}$$

$$R_{v;k} = \frac{A'q_{net}}{\gamma_{R;d;v}} \tag{10-25}$$

式中:$R_{v;k}$——浅基础地基承载力特征值;

$\gamma_{R;v}$——分项系数值,可针对永久的及瞬时的情况在最大极限状态下进行承载力的计算,按表10-42取值取1.4,该值涉及 NF P94-261 规范所推荐的一切承载力计算方法,并且涉及长期、瞬时情况以及地震情况的最大极限状态;

$\gamma_{R;d;v}$——与计算方法相关的分项系数,对于采用旁压或静力触探方法计算时,根据浅基础试验结果予以确定;

A'——基底的实际面积,按式(10-26)~式(10-30)确定。

针对浅基础强度的分项系数　　　　表10-42

抗　力	符　号	组　合		
		R_1	R_2	R_3
支撑抗力	$\gamma_{R;v}$	1.0	1.4	1.0
滑动抗力	$\gamma_{R;h}$	1.0	1.1	1.0

注:R 为对应于 NF EN 1997-1 中 2.4.7.3.4 的设计方法的抗力组合。

对于条形基础:

$$A' = A\left(1 - 2\frac{e}{B}\right) = LB\left(1 - 2\frac{e}{B}\right) = LB' \tag{10-26}$$

对于圆形基础:

$$A' = A\left[2\frac{\arccos\left(\frac{e}{R}\right)}{\pi} - \frac{2e}{\pi R}\sqrt{1 - \left(\frac{e}{R}\right)^2}\right] = \pi R^2\left[2\frac{\arccos\left(\frac{e}{R}\right)}{\pi} - \frac{2e}{\pi R}\sqrt{1 - \left(\frac{e}{R}\right)^2}\right] \tag{10-27}$$

$$B' = \sqrt{A'\frac{R-e}{\sqrt{R^2-e^2}}} \tag{10-28}$$

$$L' = \sqrt{A'\frac{\sqrt{R^2-e^2}}{R-e}} \tag{10-29}$$

对于矩形基础:

$$A' = A\left(1 - 2\frac{e_B}{B}\right)\left(1 - 2\frac{e_L}{L}\right) = (B - 2e_B)(L - 2e_L) = B'L' \tag{10-30}$$

式中:e——偏心距;

e_L——沿基础长边偏心距;

e_B——沿基础短边偏心距;

R——基础半径;

A——基底面积;

A'——有效基底面积;

L——基础长边;

L'——有效基础长边;

B——基础短边;

B'——有效基础短边。

h. 正常使用极限状态(ELS)计算

传递给基础的荷载限制标准需在准永久及特征的正常使用极限状态下进行核实,采用式(10-4)、式(10-24)及式(10-25)计算,其中,分项系数 $\gamma_{R;v}$ 在准永久和特征的正常使用极限状态下取2.3。

(3) 静力触探法

①CCTG62-V 计算方法

极限承载力 q'_u 的计算公式为：

$$q'_u = q'_0 + k_c \cdot q_{ce} \tag{10-31}$$

式中：q'_0——按式(10-11)及图 10-4 确定。

k_c 的计算需先按表 10-36 确定地基土类型，再根据式(10-32)及式(10-33)求取等效锥尖阻力 q_{ce} 及等效埋置深度 D_e，再按照表 10-43 中的表达式求取。

k_c 计算公式　　　　表 10-43

土 的 分 类	k_c 表 达 式
黏土及粉土	$0.32 \times [1 + 0.35 \times (0.6 + 0.4B/L) D_e/B]$
砂土 A	$0.14 \times [1 + 0.35 \times (0.6 + 0.4B/L) D_e/B]$
砂砾 B	$0.11 \times [1 + 0.5 \times (0.6 + 0.4B/L) D_e/B]$
砂砾 C	$0.08 \times [1 + 0.8 \times (0.6 + 0.4B/L) D_e/B]$
白垩 B	$0.17 \times [1 + 0.27 \times (0.6 + 0.4B/L) D_e/B]$

$$q_{ce} = \frac{1}{b+3a}\int_{D-b}^{D+3a} q_{cc}(z) \cdot dz \qquad b = \min\{a, h\} \tag{10-32}$$

式中：a——如果基础构件宽度超过 1m，a 值取其宽度的一半；如果不超过 1m，a 值取 0.5m；

h——承重地层中基础构件的高度；

$q_{cc}(z)$——修正锥尖阻力，通过下列方式得出：

在 $b + 3a$ 高度上，按照式(10-32)，计算光滑锥尖阻力 q_{cm} 的平均值，必要时可把图 10-11 的 $q_c(z)$ 折减到 $1.3q_{cm}$。

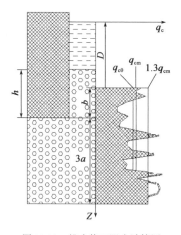

图 10-11　锥尖修正阻力计算图

等效埋置深度 D_e 按下式计算：

$$D_e = \frac{1}{q_{ce}}\int_d^D q_c(z)\,dz \tag{10-33}$$

式中：d——通常取值为 0。

②NF P94-261 计算方法

a. 极限承载力 q_{net} 计算公式

$$q_{net} = k_c q_{ce} i_\delta i_\beta \qquad (10\text{-}34)$$

式中：i_δ——与荷载的倾斜度相关的承载力折减系数，荷载垂直时取 1.0；

i_β——与坡度 β 附近相关的承载力折减系数，基础距离坡度足够远（$d > 8B$）时取 1.0。

b. 等效锥尖阻力 q_{ce} 计算公式

$$q_{ce} = \frac{1}{h_r}\int_{D}^{D+h_r} q_{cc}(z)\cdot dz \qquad (10\text{-}35)$$

式中：h_r——基底下地层计算厚度，定义及计算参见本指南基于 NF P94-261；规范采用旁压法计算浅基础地基承载力部分内容；

$q_{cc}(z)$——修正极限锥尖阻力，可取计算深度 D 与 $D+h_r$ 之间的锥尖阻力的平均值 q_{cm}，必要时将曲线（图 10-11）上的 $q_c(z)$ 折减至 $1.3 q_{cm}$。

c. 承载力系数 k_c 的计算

$D_e/B \leq 2$ 时，桩端承载系数 k_c 应根据图 10-12 或式（10-36）确定：

$$k_{c;\frac{B}{L}} = k_{c0} + \left(a + b\frac{D_e}{B}\right)\left(1 - e^{-c\frac{D_e}{B}}\right) \qquad (10\text{-}36)$$

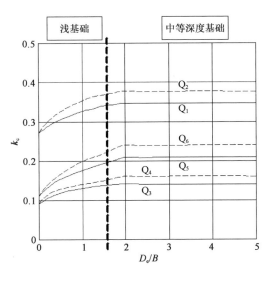

图 10-12　承载力系数 k_c 随 D_e/B 的变化曲线

对于条形（$B/L \approx 0$，B 为基础短边，L 为基础长边）或方形（$B/L = 1$）基础，表 10-44 中给出了参数 a、b、c 的数值。对任一形状的基础，k_c 将采用以下关系式计算：

$$k_{c;\frac{B}{L}} = k_{c;\frac{B}{L}=0}\left(1 - \frac{B}{L}\right) + k_{c;\frac{B}{L}=1}\frac{B}{L} \qquad (10\text{-}37)$$

承载力系数 k_c 确定表　　　　表10-44

土壤类别-承载力系数变化曲线		k_c 表达式			
		a	b	c	k_{c0}
黏土和软泥	条形基础-Q_1	0.07	0.007	1.3	0.27
	方形基础-Q_2	0.1	0.007	1.5	0.27
砂子和砂砾	条形基础-Q_3	0.04	0.006	2	0.09
	方形基础-Q_4	0.03	0.02	5	0.09
白垩	条形基础-Q_5	0.04	0.03	3	0.11
	方形基础-Q_6	0.05	0.04	3	0.11
泥灰岩和石灰石泥灰岩	条形基础-Q_5	0.04	0.03	3	0.11
风化岩	方形基础-Q_6	0.05	0.04	3	0.11

注："过渡状态土"将按照以下方式与粉土或黏聚力强的土结合在一起：
(1)"黏土和粉土"类型的黏聚力强的土也包括粉质黏土、粉土和砂质粉土(图10-8)。
(2)"砂土和砂砾"类型的土也包括黏土质砂、粉土质砂和砂土(图10-8)

d. 模型系数

采用静力触探方法计算地基承载力时，模型系数 $\gamma_{R;d;v}$ 取值为1.2。

3）深基础

(1)旁压试验法

①CCTG62-V 计算方法

a. 单桩极限承载力验算

按照 CCTG62-V，单桩极限承载力计算相关公式及参数求取方法如下：

$$Q_u = Q_{pu} + Q_{su} \tag{10-38}$$

$$Q_c = 0.5Q_{pu} + 0.7Q_{su} \tag{10-39}$$

$$Q_{pu} = A \cdot q_u \tag{10-40}$$

$$q_u = k_p \cdot P_{le}^* \tag{10-41}$$

$$Q_{su} = P \cdot \int_0^h q_s(z) \cdot dz \tag{10-42}$$

$$P_{le}^* = \frac{1}{b+3a} \int_{D-b}^{D+3a} P_l^*(z) \cdot dz \tag{10-43}$$

式中：Q_u——单桩极限承载力(kN)；

Q_c——单桩受压极限承载力(kN)；

Q_{pu}——单桩极限端阻(kN)；

Q_{su}——单桩极限侧阻(kN)；

P_{le}^*——等效净极限压力(kN)，由桩端处净极限压力计算；

$P_l^*(z)$——地基土净极限压力，由旁压试验极限压力 P_l 扣除试验位置地基土总水平应力计算；

k_p——承载力系数，见表10-45；

q_s——桩周单位侧摩阻力值(kPa);

D——桩长(m);

a、b——等效净极限压力计算参数(m),$a = \max(0.5, d/2)$,$b = \min(a, h)$;

d——桩径(m);

h——桩端进入持力层的深度(m)。

承载力系数 k_p 的取值　　　　　　表 10-45

土 层 性 质		非 挤 土 桩	挤 土 桩
黏土-粉土	A	1.1	1.4
	B	1.2	1.5
	C	1.3	1.6
砂砾石	A	1	4.2
	B	1.1	3.7
	C	1.2	3.2
白垩	A	1.1	1.6
	B	1.4	2.2
	C	1.8	2.6
泥灰岩,泥灰质石灰岩		1.8	2.6
风化岩石		1.1~1.8	1.8~3.2

b. 桩侧单位侧摩阻力值

单位侧摩阻力的取值需按照旁压试验获得的地基土各深度的极限压力,首先确定地基土的类别(表10-36),再按照桩基成孔类型确定侧摩阻力曲线(表10-46),并最终依据 P_1^* 及曲线编号,按照图10-13确定 q_s 值。

桩侧单位侧摩阻力 q_s 曲线求取表　　　　　　表 10-46

桩 类 型	黏土及粉土			砂 及 砾 石			白 垩			泥灰岩		岩石
	A	B	C	A	B	C	A	B	C	A	B	—
简单钻孔桩	Q_1	Q_1、$Q_2$①	Q_2、$Q_3$①	—	—	—	Q_1	Q_3	Q_4、$Q_5$①	Q_3	Q_4、$Q_5$①	Q_6
泥浆护壁钻孔桩	Q_1	Q_1、$Q_2$①	Q_1	Q_2、$Q_1$②	Q_3、$Q_2$②	Q_1	Q_3	Q_4、$Q_5$①	Q_3	Q_4、$Q_5$①	Q_6	
套管钻孔桩(回收管)	Q_1	Q_1、$Q_2$③	Q_1	Q_2、$Q_1$②	Q_3、$Q_2$②	Q_1	Q_2	Q_3、$Q_4$③	Q_3	Q_4	—	
套管钻孔桩(不回收管)	Q_1			Q_1		Q_2	④			Q_2	Q_3	—
人工挖孔桩⑤	Q_1	Q_2	Q_3				Q_1	Q_2	Q_3	Q_4	Q_5	Q_6
钢管桩	Q_1	Q_2		Q_2		Q_3	④			Q_3	Q_4	Q_4
预制混凝土桩	Q_1	Q_2		Q_3			④			Q_3	Q_4	Q_4
沉管灌注桩	Q_1	Q_2		Q_2		Q_3	Q_1	Q_2		Q_3	Q_4	—
混凝土灌入钢桩	Q_1	Q_2		Q_3		Q_4	④			Q_3	Q_4	—

续上表

桩 类 型	黏土及粉土			砂及砾石			白垩			泥灰岩		岩石
	A	B	C	A	B	C	A	B	C	A	B	—
低压注浆桩	Q_1	Q_2		Q_3			Q_2	Q_3	Q_4	Q_5		—
高压注浆桩⑥	—	Q_4	Q_5	Q_5	Q_6		—	Q_5	Q_6	Q_6		$Q_7$⑦

注:①钻孔后扩孔或开槽;②长桩(大于30m);③干钻,套管裸露;④白垩地层,某些桩的侧摩阻力可能很小,需根据不同情况进行专门研究;⑤无套管也无防腐涂层;⑥小剂量多次压注;⑦先针对存在裂缝或破碎的岩体实施压浆充填处理,再进行小剂量多次压注。

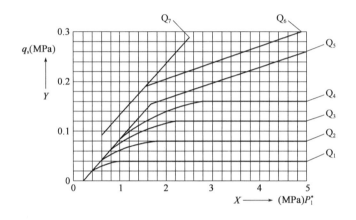

图 10-13 桩周单位侧摩阻曲线

②NF P94-262 计算方法

a.计算方法介绍

旁压试验法是按 NF P94-262 规范计算单桩承载力的一种重要方法,即根据地基土旁压试验数据计算。

a)从地基土原位测试剖面结果计算承载力特征值方法(半经验方法)可应用以下两个程序:

(a)"地层模型"程序,该程序基于现有的测深产生代表性岩土模型,对于模型的每一层,确定特征值;主要根据现场岩土模型不同层中的单点端阻和单位轴向摩擦力特征值确定承载力特征值。

(b)如图 10-14~图 10-16 所示。"桩模型"程序,包括直接对旁压试验或静力触探试验所获得的每层土的承载力进行计算,以确定每种测深的极限承载力,并考虑空间扩散;按照均质岩土工程区内的 N 个钻孔计算的 N 个单桩极限承载力,从而确定单桩极限承载力特征值,并对其进行统计分析。

b)如图 10-17~图 10-20 所示。根据已证明其有效性的计算程序,也可采用根据桩荷载测试结果计算单桩承载力。

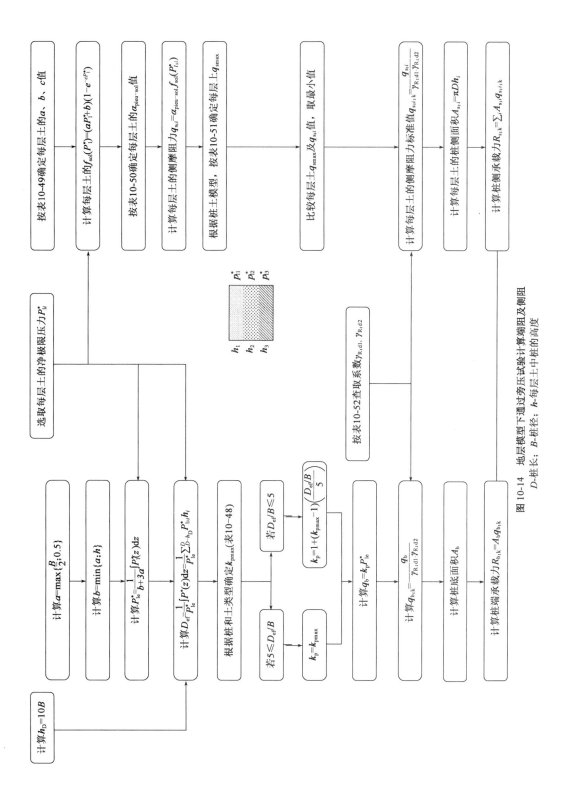

图 10-14 地层模型下通过旁压试验计算端阻及侧阻

D-桩长；B-桩径；h-每层土中桩的高度

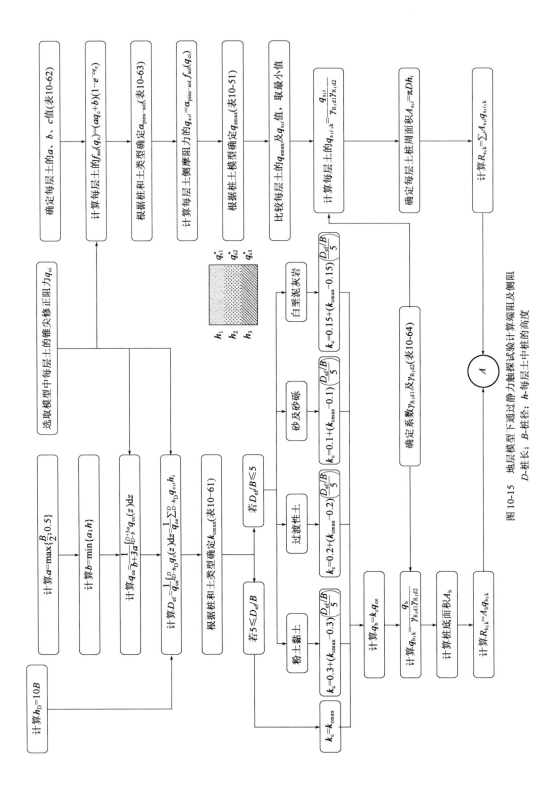

图10-15 地层模型下通过静力触探试验计算端阻及侧阻
D-桩长；B-桩径；h-每层土中桩的高度

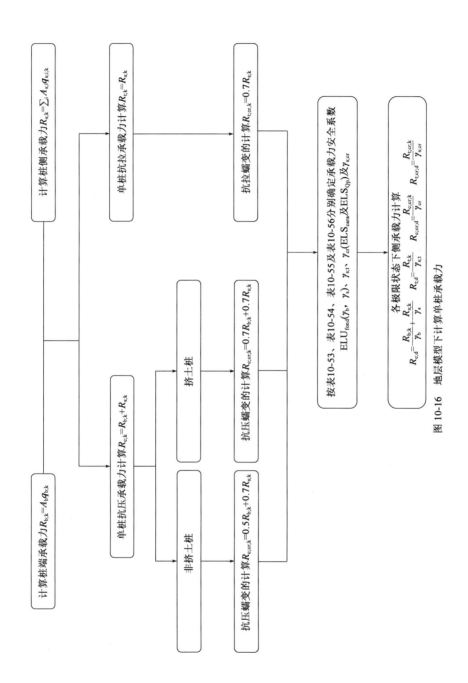

图10-16 地层模型下计算单桩承载力

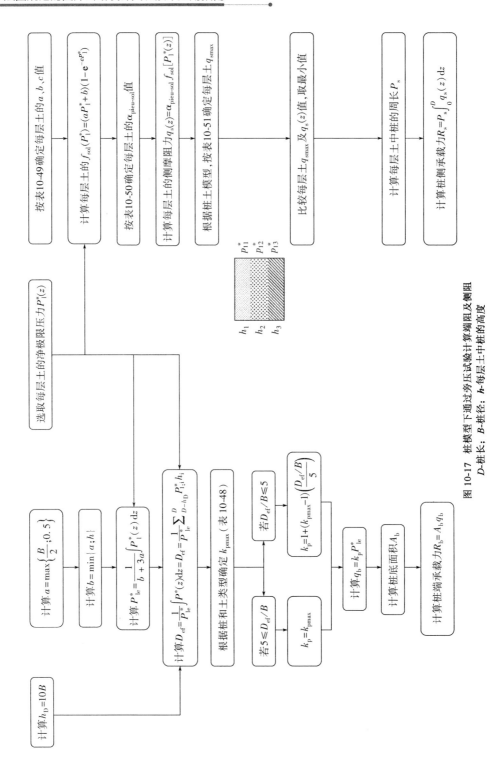

图 10-17 桩模型下通过旁压试验计算桩端阻及侧阻
D-桩长；B-桩径；h-每层土中桩的高度

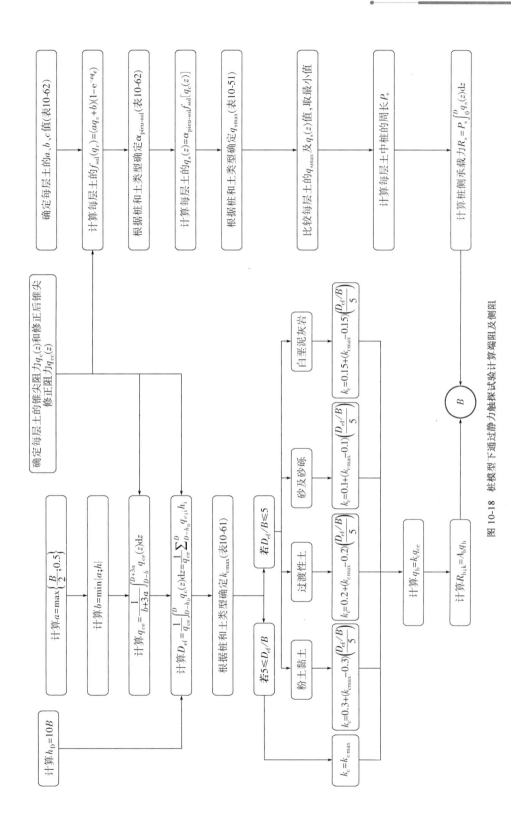

图 10-18 桩模型下通过静力触探试验计算端阻及侧阻

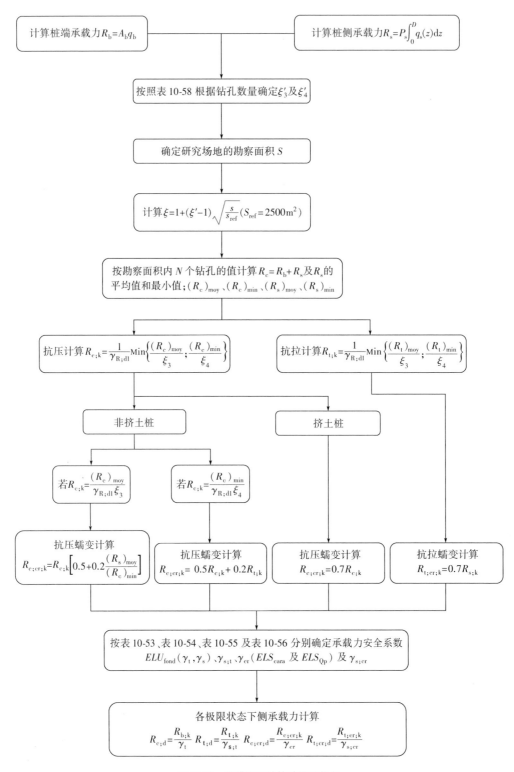

图 10-19 桩模型下计算单桩承载力

b. 计算所需参数

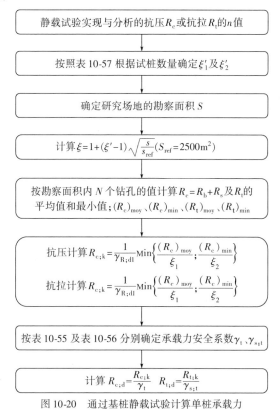

图10-20 通过基桩静载试验计算单桩承载力

a）基本桩型

按照桩的施工技术差异，桩按照表10-47进行分类。

桩的等级和类别 表10-47

等级	类别	施工技术	缩写	参考标准
1	1	简易钻孔桩（桩及条形桩）	FS	NF EN 1536
	2	泥浆护壁钻孔桩（桩及条形桩）	FB	
	3	套管钻孔桩（一次性管箍）	FTP	
	4	套管钻孔桩（回收管箍）	FTR	
	5	带开槽的简易钻孔桩、泥浆护壁钻孔桩或沉井桩	FSR,FBR,PU	
2	6	单旋转或双旋转空心钻钻孔桩	FTC,FTCD	NF EN 1536
3	7	灌注螺旋桩	VM	NF EN 12699
	8	套管螺旋桩	VT	
4	9	预制或预应力混凝土打入桩	BPF,BPR	NF EN 12699
	10	扩底钻孔灌注桩（混凝土—砂浆—灰浆）	BE	
	11	灌注打入桩	BM	
	12	闭口式打入钢桩	BAF	
5	13	开口式打入钢桩	BAO	NF EN 12699

续上表

等级	类别	施工技术	缩写	参考标准
6	14	打入 H 型钢桩	HB	NF EN 12699
	15	喷注打入 H 型钢桩	HBi	
7	16	打入钢板桩	PP	NF EN 12699
8	17	一型微型桩	M1	
	18	二型微型桩	M2	
9	19	IGU 模式注浆桩或微型桩（三型）	PIGU，MIGU	
	20	IRS 模式注浆桩或微型桩（四型）	PIRS，MIRS	

b）k_{pmax} 取值

在等效埋置深度与桩径的比值 $D_{ef}/B > 5$ 情况下，旁压承载力系数 k_{pmax} 值按表 10-48 查取。

$D_{ef}/B > 5$ 情况下的 k_{pmax} 值   表 10-48

地层 桩的等级[3]	黏土、碳酸钙含量 <30% 粉土及过渡性土	过渡性土、砂及砂砾	白垩	泥灰岩和泥灰质石灰岩	风化和破碎岩石[1]
1	1.15[2]	1.1[2]	1.45[2]	1.45[2]	1.45[2]
2	1.3	1.65	1.6	1.6	2.0
3	1.55	3.2	2.35	2.10	2.10
4	1.35	3.1	2.30	2.30	2.30
5[5]	1.0	1.9	1.4	1.4	1.2
6[5]	1.20	3.10	1.7	2.2	1.5
7[5]	1.0	1.0	1.0	1.0	1.2
8	1.15[2]	1.1[2]	1.45[2]	1.45[2]	1.45[2]

注：①风化和破碎岩石的 k_p 值，必须取与表格中相关材料最为类似的松散地层的 k_p 值。在未风化岩石的情况下，应评估基于 NF P94-262 所给方法进行的论证是否足够，是否应该借助岩石力学方面的特殊方法。
② 对于微型桩，通常不考虑桩端阻力。
③ 选择计算中要考虑的桩面积和周长时，应参考 NF P94-262 第 A.10 节。
④ 对于通过振动下沉而不是锤击打入的 BAO、HB 和 PP 桩，有必要将系数 k_p 降低 50%。
⑤ 若满足 NF P94-262 第 1 节第 9 条的条件，就可使用其他 k_{pmax} 值。

c）f_{sol} 曲线参数 a、b 及 c 的取值

f_{sol} 曲线参数 a、b 及 c 的值应根据图 10-21 确定曲线名称，并结合地层类型，按照表 10-49 查取。

f_{sol} 曲线参数 a、b 和 c 值   表 10-49

土层类型	黏土碳酸钙含量 <30% 粉土过渡性土	过渡性土砂砂砾	白垩	泥灰岩和泥灰质石灰岩	风化或破碎岩石
曲线选择	Q_1	Q_2	Q_3	Q_4	Q_5
a	0.003	0.01	0.007	0.008	0.01

续上表

土层类型	黏土碳酸钙含量<30%粉土过渡性土	过渡性土砂砂砾	白垩	泥灰岩和泥灰质石灰岩	风化或破碎岩石
b	0.04	0.06	0.07	0.08	0.08
c	3.5	1.2	1.3	3	3

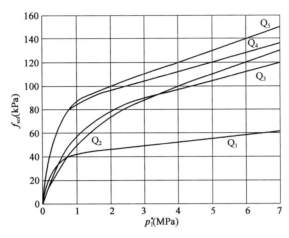

图 10-21　旁压法 f_{sol} 曲线

d) 确定 $\alpha_{pieu\text{-}sol}$

$\alpha_{pieu\text{-}sol}$ 为同时取决于桩类型和土层类型的无量纲参数，按照旁压法，$\alpha_{pieu\text{-}sol}$ 的值按照表 10-50 确定。

$\alpha_{pieu\text{-}sol}$ 值的确定　　　表 10-50

N°	缩写	施工技术	黏土、碳酸钙含量<30%的粉土及过渡性土	过渡性土、砂、砂砾	白垩	泥灰岩及泥灰质石灰岩	风化或破碎岩石
1	FS	简易钻孔桩（桩及条形桩）	1.1	1	1.8	1.5	1.6
2	FB	泥浆护壁钻孔桩（桩及条形桩）	1.25	1.4	1.8	1.5	1.6
3	FTP	套管钻孔桩（一次性套管）	0.7	0.6	0.5	0.9	
4	FTR	套管钻孔桩（回收套管）	1.25	1.4	1.7	1.4	
5	FSR、FBR、PU	带开槽的简易钻孔桩或泥浆护壁钻孔桩或沉井桩	1.3				
6	FTC、FTCD	单旋转或双旋转空心钻孔桩	1.5	1.8	2.1	1.6	1.6
7	VM	灌注螺旋桩	1.9	2.1	1.7	1.7	
8	VT	套管螺旋桩	0.6	0.6	1	0.7	

续上表

N°	缩写	施工技术	黏土、碳酸钙含量<30%的粉土及过渡性土	过渡性土、砂、砂砾	白垩	泥灰岩及泥灰质石灰岩	风化或破碎岩石
9	BPF BPR	预制或预应力混凝土打入桩	1.1	1.4	1	0.9	
10	BE	扩底钻孔灌注桩(混凝土—砂浆—灰浆)	2	2.1	1.9	1.6	
11	BM	灌注打入桩	1.2	1.4	2.1	1	
12	BAF	闭口式打入钢桩	0.8	1.2	0.4	0.9	
13	BAO	开口式打入钢桩	1.2	0.7	0.5	1	1
14	HB	打入H型钢桩	1.1	1	0.4	1	0.9
15	HBi	IGU或IRS喷注打入H型钢桩	2.7	2.9	2.4	2.4	2.4
16	PP	打入钢板桩	0.9	0.8	0.4	1.2	1.2
17	M1	一型微型桩					
18	M2	二型微型桩					
19	PIGU、MIGU	注浆桩或微型桩(三型)	2.7	2.9	2.4	2.4	2.4
20	PIRS、MIRS	注浆桩或微型桩(四型)	3.4	3.8	3.1	3.1	3.1

e) 单位极限侧壁摩阻力 q_s

单位极限侧壁摩阻力 q_s 的最大值按照表10-51求取,且 q_s 值按照"三控"原则求取,首先应进行计算,计算值不能超过表10-51中的限值,且对于长桩桩端以上25m范围内 q_s 值折减50%。

单位极限侧壁摩阻力 q_s 的最大值(kPa)　　　　表10-51

N°	缩写	施工技术	黏土碳酸钙含量<30%粉土	过渡性土	砂砂砾	白垩	泥灰岩及泥灰质石灰岩	风化或破碎岩石
1	FS	简易钻孔桩(桩及条形桩)	90	90	90	200	170	200
2	FB	泥浆护壁钻孔桩(桩及条形桩)	90	90	90	200	170	200
3	FTP	套管钻孔桩(一次性套管)	50	50	50	50	90	
4	FTR	套管钻孔桩(回收套管)	90	90	90	170	170	
5	FSR、FBR、PU	开槽简易钻孔桩或泥浆护壁钻孔桩或沉井	90	90				
6	FTC、FTCD	单旋转或双旋转空心钻钻孔桩	90	90	170	200	200	200
7	VM	灌注螺旋桩	130	130	200	170	170	
8	VT	套管螺旋桩	50	50	90	90	90	

续上表

N°	缩写	施工技术	黏土碳酸钙含量<30%粉土	过渡性土	砂砂砾	白垩	泥灰岩及泥灰质石灰岩	风化或破碎岩石
9	BPF、BPR	预制或预应力混凝土打入桩	130	130	130	90	90	
10	BE	扩底钻孔灌注桩(混凝土—砂浆—灰浆)	170	170	260	200	200	
11	BM	灌注打入桩	90	90	130	260	200	
12	BAF	闭口式打入钢桩	90	90	90	50	90	
13	BAO	开口式打入钢桩	90	90	50	50	90	90
14	HB	打入 H 型钢桩	90	90	130	50	90	90
15	HBi	IGU 或 IRS 喷注打入 H 型钢桩	200	200	380	320	320	320
16	PP	打入钢板桩	90	90	50	50	90	90
17	M1	一型微型桩						
18	M2	二型微型桩						
19	PIGU、MIGU	注浆桩或微型桩(三型)	200	200	380	320	320	320
20	PIRS、MIRS	注浆桩或微型桩(四型)	200	200	440	440	440	500

f) 旁压法模型系数

旁压法模型系数按照表 10-52 查取。

旁压法模型系数　　　　表 10-52

地层及桩类型	"桩模型"程序(使用系数 ξ 或 NF EN 1990 标准附件 D)、"地层模型"程序		"地层模型"程序	
	$\gamma_{R;d1}$ 压缩	$\gamma_{R;d1}$ 拉伸	$\gamma_{R;d2}$ 压缩	$\gamma_{R;d2}$ 拉伸
非锚固在白垩岩内的第 1 类至第 7 类桩,第 10 类及第 15 类桩除外	1.15	1.4	1.1	1.1
锚固在白垩岩内的第 1 类至第 7 类桩,第 10 类及第 15 类桩除外	1.4	1.7	1.1	1.1
砂土、过渡性土及岩石内的第 10、15、17、18、19 和 20 类桩	1.4	1.7	1.1	1.1
黏土、白垩岩及泥灰岩内的第 10、15、17、18、19 和 20 类桩	2.0	2.0	1.1	1.1

g) 深基础极限工作状态下的强度分项系数(γ_R)

深基础极限工作状态下的特征荷载组合及准永久荷载组合强度分项系数分别按照表 10-53 及表 10-54 取值。

特征荷载组合分项系数　　　　表 10-53

强度	符号	数值
抗压桩	γ_{cr}	0.9
抗拉桩(包括微型桩)	$\gamma_{s;cr}$	1.1

准永久荷载组合分项系数　　　　　　　　　　　　　表 10-54

强　度	符　号	数　值
抗压桩	γ_{cr}	1.1
抗拉桩(包括微型桩)	$\gamma_{s;cr}$	1.5

h) 桩的阻力分项系数

桩基础的阻力分项系数在持久或短暂状况及偶然状况下分别按照表 10-55 及表 10-56 取值。

持久或短暂状况下桩的阻力分项系数(γ_R)　　　　　表 10-55

阻　力	符　号	打入桩	钻孔桩	连续空心钻孔桩(CFA)
桩尖	γ_b	1.1	1.1	1.1
桩身(受压)①	γ_s	1.1	1.1	1.1
总计/组合(受压)①	γ_t	1.1	1.1	1.1
受拉桩身①	$\gamma_{s;t}$	1.15	1.15	1.15

注：①符合标准 NF EN 1997-1 附件 A 的表 A.6～表 A.8 中的 R2 组。

偶然状况下桩的阻力分项系数(γ_R)　　　　　表 10-56

阻　力	符　号	打入桩	钻孔桩	连续空心钻孔桩(CFA)
桩尖	γ_b	1.0	1.0	1.0
桩身(受压)	γ_s	1.0	1.0	1.0
总计/组合(受压)	γ_t	1.0	1.0	1.0
受拉桩身	$\gamma_{s;t}$	1.05	1.05	1.05

i) 桩的承载力特征强度和抗拉强度的相关系数 ξ 的确定

ξ 的确定可按照基桩静载试验或者土层试验得出,见表 10-57、表 10-58。

从基桩静载试验得出的特征值相关系数　　　　　　　　表 10-57

ξ'	n				
	1	2	3	4	≥5
ξ_1'①	1.40	1.30	1.20	1.10	1.00
ξ_2'①	1.40	1.20	1.05	1.00	1.00

注：①符合标准 NF EN 1997-1 附件 A 中的表 A.9，n 为试桩数量。

从地层试验结果得出的特征值相关系数　　　　　　　表 10-58

ξ'	n						
	1	2	3	4	5	7	10
ξ_3'①	1.40	1.35	1.33	1.31	1.29	1.27	1.25
ξ_4'①	1.40	1.27	1.23	1.20	1.15	1.12	1.08

注：①符合标准 NF EN 1997-1 附件 A 中的表 A.10，n 为设定勘察面积内为钻孔数量。

（2）静力触探法

①CCTG62-V 计算方法

采用静力触探数据计算单桩极限承载力,亦采用本指南式（10-38）~式（10-41）,其余数据按以下方法计算。

a. 极限承载力 q_u 的计算

q_u 按照以下公式计算：

$$q_u = k_c \cdot q_{ce} \tag{10-44}$$

式中：q_{ce}——按式（10-35）计算。

b. 承载力系数 k_c

承载力系数 k_c 应先依据静力触探锥尖阻力,按表 10-36 确定地基土类型,并根据桩类型,按表 10-59 查取。

深基础承载力系数 k_c 表 10-59

地基土类型		非挤土桩	挤土桩
黏土—粉土	A	0.40	0.55
	B		
	C		
砂砾	A	0.15	0.50
	B		
	C		
白垩		0.20	0.30
		0.30	0.45

c. 单位极限侧壁摩阻力 q_s

深度 Z 处的单位侧极限摩阻力值 $q_s(z)$,由下式确定：

$$q_s(z) = \min\left[\frac{q_s(z)}{\beta}; q_{smax}\right] \tag{10-45}$$

式中：$q_c(z)$——深度 z 处的锥尖阻力（MPa）；

β——土特性系数,无量纲。

应注意,表 10-60 给出的 β 和 q_{smax} 的数值,取决于所考虑的基础元素的类型和相关地层性质。

当 $q_c(z) < 1$ MPa 时,侧壁摩阻力忽略不计。

横向性能模型中 β 与 q_{smax} 取值 表 10-60

桩 型		地 层 类 型							
		黏土—粉土			砂砾石			白垩	
		A	B	C	A	B	C	A	B
钻孔桩	β	—	75①	—	200	200	200	125	80
	q_{smax}（kPa）	15	40	80①	40	80①	—	120	40	120

续上表

桩 型		地 层 类 型								
		黏土—粉土			砂砾石			白垩		
		A	B	C	A	B	C	A	B	
套管钻孔桩（套管回收）	β	—	100	100②	—	100②	250	250	300	125	100
	q_{smax}(kPa)	15	40	60②	40	80②	—	40	120	40	80
封闭打入钢桩	β	—	120		150		300	300	300	③	
	q_{smax}(kPa)	15	40		80		—	—	120		
混凝土预制桩	β	—	75		—		150	150	150	③	
	q_{smax}(kPa)	15	80		80		—	—	120		

注：①为钻孔进行扩孔和开槽。
②干法钻孔，钻孔套管不能迂回曲折。
③在白垩地带，某些类型的桩的侧向摩擦力甚微，必须针对每一种情况进行专门研究。

②NF P94-262 计算方法

a. 计算方法介绍

静力触探法是按 NF P94-262 规范计算单桩承载力的另一种重要方法，即在"地层模型"或"桩模型"程序下，根据地基土静力触探测试数据中的 q_c 值进行计算。按照 NF P94-262 规范规定，采用静力触探测试数据计算所采用的计算模型与采用旁压试验测试数据计算所采用的计算模型一致。

b. 计算所需参数的确定

a) 基本桩型

计算所采用的基本桩型采用表 10-47 所示桩型。

b) 关于等效锥尖阻力 q_{ce} 及等效埋置深度 D_{ef} 的计算详见后附计算流程中相关公式。

c) k_{cmax} 取值

在等效埋置深度与桩径的比值 $D_{ef}/B>5$ 的情况下，旁压承载力系数 k_{cmax} 值按表 10-61 查取；对于 $D_{ef}/B<5$ 的情况，k_c 计算参见后附计算流程中所示公式。

$D_{ef}/B>5$ 情况下 k_{cmax} 值　　　　表 10-61

地层 桩的等级③	黏土、碳酸钙含量<30%粉土	过渡性土	砂及砂砾	白垩	泥灰岩和泥灰质石灰岩	风化和破碎岩石①
1	0.4②	0.3②	0.2②	0.3②	0.3②	0.3②
2	0.45	0.3	0.25	0.3	0.3	0.3
3	0.5	0.5	0.5	0.4	0.35	0.35
4	0.45	0.4	0.4	0.4	0.4	0.4
5 #	0.35	0.3	0.25	0.15	0.15	0.15
6 #	0.4	0.4	0.4	0.35	0.2	0.2

续上表

地层 桩的等级③	黏土、碳酸钙含量<30%粉土	过渡性土	砂及砂砾	白垩	泥灰岩和泥灰质石灰岩	风化和破碎岩石①
7#	0.35	0.25	0.15	0.15	0.15	0.15
8	0.45②	0.3②	0.2②	0.3②	0.3②	0.25②

注：①风化和破碎岩石的 k_c 值必须取表格中与相关材料最为类似的松散地层的 k_c 值。在未风化岩石的情况下，应评估基于本附件所给方法进行的论证是否足够，是否应该借助岩石力学方面的特殊方法。
②对于微型桩，通常不考虑桩端阻力。
③选择计算中要考虑的桩面积和周长时，应参考 NF P94-262 第 A.10 节。
④只要满足 NF P94-262 第 1 节第 9 条的条件，就可使用其他 k_{pmax} 值。
⑤对于通过振动下沉而不是锤击打入的 BAO、HB 和 PP 桩，有必要将系数 k_c 降低 50%。

d) f_{sol} 曲线参数 a、b 及 c 的取值

f_{sol} 曲线参数 a、b 及 c 的值应根据图 10-22 确定曲线名称，按照表 10-62 查取。

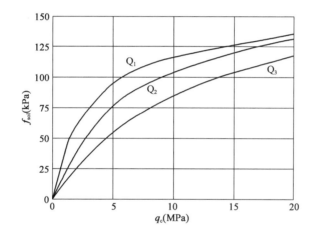

图 10-22 静力触探法 f_{sol} 曲线

f_{sol} 曲线参数 a、b 和 c 值 表 10-62

土层类型	黏土碳酸钙含量<30%粉土	过渡性土	砂及砂砾	白垩	泥灰岩和泥灰质石灰岩	风化或破碎岩石
曲线选择	Q_1	Q_2	Q_3	Q_2	Q_2	Q_2
a	0.0018	0.0015	0.0012	0.0015	0.0015	0.0015
b	0.1	0.1	0.1	0.1	0.1	0.1
c	0.4	0.25	0.15	0.25	0.25	0.25

e) 确定 $\alpha_{pieu-sol}$

$\alpha_{pieu-sol}$ 为同时取决于桩类型和土层类型的无量纲参数，按照静力触探法，$\alpha_{pieu-sol}$ 的值按照表 10-63 确定。

$\alpha_{\text{pieu-sol}}$ 值的确定 表10-63

N°	缩写	施工技术	黏土、碳酸钙含量<30%的粉土	过渡性土	砂及砂砾	白垩	泥灰岩及泥灰质石灰岩	风化或破碎岩石
1	FS	简易钻孔桩(桩及条形桩)	0.55	0.65	0.70	0.80	1.40	1.50
2	FB	泥浆护壁钻孔桩(桩及条形桩)	0.65	0.80	1.00	0.80	1.40	1.50
3	FTP	套管钻孔桩(一次性套管)	0.35	0.40	0.40	0.25	0.85	
4	FTR	套管钻孔桩(回收套管)	0.65	0.80	1.00	0.75	0.13	
5	FSR、FBR、PU	带开槽的简易钻孔桩或泥浆护壁钻孔桩或沉井桩	0.70	0.85				
6	FTC、FTCD	单旋转或双旋转空心钻孔桩	0.75	0.90	1.25	0.95	1.50	1.50
7	VM	灌注螺旋桩	0.95	1.15	1.45	0.75	1.60	
8	VT	套管螺旋桩	0.30	0.35	0.40	0.45	0.65	
9	BPF、BPR	预制或预应力混凝土打入桩	0.55	0.65	1.00	0.45	0.85	
10	BE	扩底钻孔灌注桩(混凝土—砂浆—灰浆)	1.00	1.20	1.45	0.85	1.50	
11	BM	灌注打入桩	0.60	0.70	1.00	0.95	0.95	
12	BAF	闭口式打入钢桩	0.40	0.50	0.85	0.20	0.85	
13	BAO	开口式打入钢桩	0.60	0.70	0.50	0.25	0.95	0.95
14	HB	打入H型钢桩	0.55	0.65	0.70	0.20	0.95	0.85
15	HBi	IGU或IRS喷注打入H型钢桩	1.35	1.60	2.00	1.10	2.25	2.25
16	PP	打入钢板桩	0.45	0.55	0.55	0.20	1.25	1.15
17	M1	一型微型桩						
18	M2	二型微型桩						
19	PIGU、MIGU	注浆桩或微型桩(三型)	1.35	1.60	2.00	1.10	2.25	2.25
20	PIRS、MIRS	注浆桩或微型桩(四型)	1.70	2.05	2.65	1.40	2.90	2.90

f) 单位极限侧壁摩阻力 q_s

单位极限侧壁摩阻力 q_s 的最大值按照表10-51求取,且 q_s 值按照"三控"原则求取。应先进行计算,对于计算值,不能超过表10-51中的限值,且对于长桩,桩端以上25m范围内 q_s 值折减50%。

g) 静力触探法模型系数

旁压法模型系数按照表10-64查取。

静力触探法模型系数　　　　　　　　　　　　　表10-64

地层及桩类型	"桩模型"程序(使用系数 ξ 或标准 NF EN 1990 附件 D)、"地层模型"程序		"地层模型"程序	
	$\gamma_{R;d1}$ 压缩	$\gamma_{R;d1}$ 拉伸	$\gamma_{R;d2}$ 压缩	$\gamma_{R;d2}$ 拉伸
非锚固在白垩岩内的第1类至第7类桩,第10类及第15类桩除外	1.18	1.45	1.1	1.1
锚固在白垩岩内的第1类至第7类桩,第10类及第15类桩除外	1.45	1.75	1.1	1.1
砂土、过渡性土及岩石内的第10、15、17、18、19和20类桩	1.45	1.75	1.1	1.1
黏土、白垩岩及泥灰岩内的第10、15、17、18、19和20类桩	2.0	2.0	1.1	1.1

(3)计算流程

通过对 NF P94-262 的研究与理解,归纳零散的规范条文,图10-14～图10-20 详细归纳了基于地层模型和桩模型下通过旁压试验、静力触探试验以及静载试验结果所进行桩基计算的流程,便于理解。

参 考 文 献

[1] NF EN 1997-1:Eurocode 7 Calcul géotechnique Partie 1:règles générales[S]. afnor. 2004.

[2] NF EN 1997-2:Eurocode 7 Calcul géotechnique Partie 2:Reconnaissance des terrains et essais[S]. afnor. 2007.

[3] NF EN ISO 22476-1:Reconnaissance et essais géotechniques Essais en place Partie 1:Essai de pénétration au cône électrique et au piézocône[S]. afnor. 2013.

[4] NF EN ISO 22476-2:Reconnaissance et essais géotechniques Essais en place Partie 2:Essai de pénétration dynamique[S]. afnor. 2005.

[5] EN ISO 22476-3:Reconnaissance et essais géotechniques Essais en place Partie 3:Essai de pénétration au carottier[S]. afnor. 2005.

[6] NF EN ISO 22476-4:Reconnaissance et essais géotechniques Essais en place Partie 4:Essai de pressiomètre Ménard[S]. afnor. 2015.

[7] NF EN ISO 22476-12:Reconnaissance et essais géotechniques Essais en place Partie 12:Essai de pénétration statique[S]. afnor. 2010.

[8] NF EN ISO 14689-1:Recherches et essais géotechniques Dénomination et classification des roches Partie 1:Dénomination et description[S]. afnor. 2005.

[9] NF EN ISO 14689-2:Reconnaissance et essais géotechniques Dénomination et classification des roches-Partie 2:Principes pour une classification[S]. afnor. 2005.

[10] Fascicule n°62-Titre V du CCTG:Règles techniques de conception et de calcul des fondations des ouvrages de Génie civil. Ministère de l'Equipement,du Logement et des Transports. Cahi-

[11] FD P18-011：Béton-Définition et classification des environnements chimiquement agressifs-Recommandations pour la formulation des bétons[S]. afnor. 2009.

[12] NF P94-110：Soil：Investigation and testing Menard pressuremeter test Part 2：test with un-load-reload cycle[S]. afnor. 1999.

[13] NF P94-261：Justification of geotechnical work-National application standards for the implementation of Eurocode 7-hallow foundations [S]. afnor. 2013.

[14] NF P94-262：Justification of geotechnical work-National application standards for the implementation of Eurocode 7-Deep foundations[S]. afnor. 1999.

[15] NF P94-500：Missions d'ingénierie géotechnique-Classification et spécifications [S]. afnor. 2013.

[16] NF P94-400-1：Geotechnical investigation and testing-Identification and classification of soil-Part 1：Identification and description[S]. afnor. 1999.

[17] NF P94-400-2：Geotechnical investigation and testing-Identification and classification of soil-Part 2：Princip[S]. afnor. 1999.

[18] NF P94-523-3：Geotechnical investigation and testing Geohydraulic testing Part 3：Water pressure tests in rock[S]. afnor. 2009.

[19] NF P94-523-4：Geotechnical investigation and testing Geohydraulic testing Part 4：Pumping tests[S]. afnor. 2014.

[20] NF P94-523-5：Geotechnical investigation and testing Geohydraulic testing Part 5：Infiltrometer tests[S]. afnor. 2014.

[21] ISSN 1151-1516 ：Commande et controle des reconnaissances geotechniques de traces[S]. LCPC. 2001.

[22] Eurocode 7：Application aux fondations profondes（NF P94－262）[M]. Sétra. 2014.

[23] 刘卫民,丁小军,谷志文,等.欧美岩土工程勘察标准解读[M].北京：中国建筑工业出版社,2018.

[24] EN 1993-1-9：2005. Eurocode 3：Design of steel structures-Part 1-9：Fatigue[S]. 2005.